# 以消费舒适感为导向的无烟烟草关键技术研究与应用

杨 继 米其利 高 茜 编著

RESEARCH AND APPLICATION OF KEY TECHNOLOGIES
FOR SMOKELESS TOBACCO GUIDED BY SENSORY COMFORT

华中科技大学出版社
http://press.hust.edu.cn
中国·武汉

## 内 容 简 介

本书深度聚焦于无烟烟草消费舒适感的提升,巧妙融合满足感、清新感、轻松感及特征味感四大感官维度,创新性地援引中医药理论精髓,全面系统地研发了烟碱精准可控缓释技术、口腔微环境优化技术、口感体验深化与特征味感重塑技术、配方精细化调控技术、先进生产制造工艺技术以及严谨的产品质量与安全评价技术等一系列创新科技成果。所集成的产品不仅具备清新口气、保健口腔的显著效果,更赋予了丰富的味觉享受。本书不仅是对传统烟草产品内涵的深刻传承,更是对其表现形式的一次大胆创新,承载着引领行业发展的使命与重大责任。

**图书在版编目(CIP)数据**

以消费舒适感为导向的无烟烟草关键技术研究与应用 / 杨继,米其利,高茜编著. -- 武汉:华中科技大学出版社, 2024. 8. -- ISBN 978-7-5772-1124-4

Ⅰ. F416.89

中国国家版本馆 CIP 数据核字第 20240HA000 号

**以消费舒适感为导向的无烟烟草关键技术研究与应用**  　　杨　继　米其利　高　茜　编著
Yi Xiaofei Shushigan Wei Daoxiang de Wuyan Yancao Guanjian Jishu Yanjiu yu Yingyong

| | |
|---|---|
| 策划编辑: | 吴晨希 |
| 责任编辑: | 狄宝珠 |
| 封面设计: | 原色设计 |
| 责任监印: | 朱　玢 |
| 出版发行: | 华中科技大学出版社(中国·武汉)　　电话:(027)81321913 |
| | 武汉市东湖新技术开发区华工科技园　　邮编:430223 |
| 录　　排: | 华中科技大学惠友文印中心 |
| 印　　刷: | 湖北新华印务有限公司 |
| 开　　本: | 889mm×1194mm　1/16 |
| 印　　张: | 16.5　插页:2 |
| 字　　数: | 511 千字 |
| 版　　次: | 2024 年 8 月第 1 版第 1 次印刷 |
| 定　　价: | 148.00 元 |

本书若有印装质量问题,请向出版社营销中心调换
全国免费服务热线:400-6679-118　　竭诚为您服务
版权所有　侵权必究

# 编辑委员会

| | | | | |
|---|---|---|---|---|
| **编　著** | 杨　继 | 米其利 | 高　茜 | |
| **副主编** | 张　伟 | 刘春波 | 司晓喜 | 杨乾栩 |
| | 张凤梅 | 陈建华 | 李　超 | 尹志虹 |
| | 胡月航 | | | |
| **编　委** | 秦云华 | 田　然 | 唐石云 | 李振杰 |
| | 何　沛 | 蒋　薇 | 朱瑞芝 | 曾婉俐 |
| | 李志强 | 王　岚 | 张兴月 | 张子龙 |
| | 向海英 | 徐艳群 | 陈芳锐 | 朱洲海 |
| | 刘　泽 | 彭琪媛 | 袁大林 | 黄海涛 |
| | 吴亿勤 | 许　力 | 苏钟璧 | 汤丹瑜 |
| | 冒德寿 | 蔡昊城 | 武　凯 | 樊　瑛 |

# 前言
PREFACE

无烟烟草制品,作为一类无须燃烧、直接通过口腔或鼻腔吸食的烟草产品,其历史可追溯至北美洲土著印第安人数百年的传统习俗。自公元1500年左右,无烟烟草逐渐从北欧国家扩展至整个欧洲市场,并在全球范围内占据一席之地。据2010年N. Grey与J. E. Henningfield等向CORESTA提交的研究报告,相较于传统卷烟,无烟烟草在健康风险上展现出更低的危害性。其特点鲜明:无燃烧过程,显著减少焦油及有害物质;无二手烟排放,减轻公共环境负担;同时,能较好地满足消费者的生理需求。

随着全球烟草控制政策的收紧,传统卷烟市场遭遇挑战,而尼古丁需求不减反增,促使各国烟草行业将目光投向包括无烟烟草在内的新型烟草产品,将其视为行业发展的新引擎。无烟烟草现已覆盖全球70国,惠及约73%的人口,预示着其作为未来烟草制品重要发展方向的潜力。

经典口用型无烟烟草如瑞典Snus、美式Snuff等,以其便捷、卫生、易于保存携带的特点,赢得了消费者的青睐,并在中国市场展现出巨大的潜力。当前研发聚焦于提升产品的安全性、品质、口感及生产效率,同时,关于其成分释放机制、毒理学评估等基础研究也成为国际学术热点。特别地,将中医"药食同源"理念融入无烟烟草开发,探索天然植物成分的应用,对提升产品舒适度与安全性至关重要,也是拓展市场的重要技术支撑。

本书聚焦于无烟烟草消费舒适感,从满足感、清新感、轻松感及特征味感四个维度,创新性地集成了烟碱可控缓释、口腔微环境优化、口感体验提升、配方调控、生产工艺及质量安全评价等关键技术,旨在推动中式新型无烟烟草制品的研发。

云南中烟工业有限责任公司秉持"国家利益至上、消费者利益至上"的核心价值观,致力于生产低害、高品质的烟草产品,满足消费者需求,保护其健康,体现了强烈的社会责任感。本书不仅开辟了低害烟草制品的新路径,更是对传统烟草产品内涵与表现形式的深刻传承与创新,承载着推动行业发展的历史使命与责任。

由于编者学识水平有限,书中欠缺和不妥之处在所难免,恳请专家、读者批评指正。

编 者
2024年3月10日

# 目录 CONTENTS

### 第一章 无烟烟草制品绪论    1
    1.1 无烟烟草制品概述    1
    1.2 国内开发无烟烟草制品的紧迫性和必要性    11
    1.3 无烟烟草制品专利分析与市售典型产品分析    14

### 第二章 消费舒适感界定    38
    2.1 满足感    41
    2.2 清新感    42
    2.3 轻松感    42
    2.4 特征味感    43

### 第三章 适用于无烟烟草制品的天然植物功效作用机理查证及筛选    48
    3.1 引言    48
    3.2 药食同源的源流与内涵    48
    3.3 发扬药食同源理论,完善药食两用政策    50
    3.4 药食同源天然植物主要功效机理查证    51
    3.5 药食同源天然植物应用于无烟烟草制品的法律法规及文献调研    57

### 第四章 提升满足感关键技术开发    61
    4.1 袋装型口含烟烟碱释放行为研究    61
    4.2 胶基型嚼烟关键成分释放行为研究    79
    4.3 本章小结    88

### 第五章 提升清新感关键技术开发    90
    5.1 清新感与口腔微环境    90

5.2　无烟烟草制品对口腔细胞的影响　92
　　5.3　无烟烟草制品对微生物的影响　114
　　5.4　无烟烟草制品对志愿者口气的影响　122
　　　　5.5　本章小结　126

## 第六章　提升轻松感关键技术开发　130
　　6.1　基于质构仪物理指标检测　130
　　6.2　胶基型嚼烟轻松感测定　132

## 第七章　提升特征味感关键技术开发　143
　　7.1　基于电子舌的味觉评价　143
　　7.2　电子舌味觉特征分析　147

## 第八章　配方调控技术集成　159
　　8.1　袋装型口含烟配方调控　159
　　8.2　胶基型嚼烟配方调控　167
8.3　有益于口腔健康的口含烟产品开发及论证　180

## 第九章　生产制造工艺技术　188
　　9.1　无烟烟草制品生产加工工艺　188
　　9.2　袋装口含烟生产加工工艺确定　189
9.3　袋装口含烟生产加工工艺参数影响研究　192
　　9.4　胶基型嚼烟生产加工工艺　196
　　9.5　粒状胶基型嚼烟　199
　　　　9.6　本章小结　203

## 第十章　产品质量和安全评价技术　204
　　10.1　无烟烟草评价体系的构建　204
　　10.2　袋装型口含烟质量和安全性评价技术　205
　　10.3　胶基型嚼烟产品质量和安全性评价技术　222

# 第一章
# 无烟烟草制品绪论

## 1.1 无烟烟草制品概述

### 1.1.1 无烟烟草制品的来源

无烟烟草制品拥有悠久而丰富的历史篇章。据记载，早在1493年，哥伦布第二次探险新大陆之际，随行的天主教圣方济会传教士罗曼·佩恩（Ramon Pane）便首次发现并详细记载了无烟烟草的存在，而此前，北美洲的土著印第安人已传承这一习俗长达数世纪之久。公元1500年前后，无烟烟草迅速跨越大西洋，被引入挪威、瑞典等北欧国家，随后其影响力逐渐辐射至整个欧洲烟草市场。起初，这一产品主要在北欧国家的矿工、炼油工人、伐木者及海员等重体力劳动者中流行，因他们的工作环境限制明火使用，且烟草是他们缓解疲劳、放松身心的必需品。1770年，法国人不忘其源，将改良后的无烟烟草重新带回北美大陆，在纽约开设了首家专卖店铺，此时的无烟烟草已远非其美洲原始形态所能比拟。随后，1778年美国第二家无烟烟草商店的问世，更是加速了其在北美的再次普及。至19世纪，无烟烟草一度在欧洲烟草消费领域占据主导地位，尽管这一辉煌在20世纪被卷烟的兴起所掩盖。

在全球控烟运动日益高涨的当下，卷烟销量在发达国家普遍下滑，而无烟烟草制品却逆势上扬，展现出强大的生命力。其无烟特性显著降低了消费者的健康风险，同时几乎不对公众及环境造成负面影响。2010年，N. Grey等专家在CORESTA会议上提交的研究报告明确指出，无烟烟草相较于卷烟，对健康的危害更为轻微。世界卫生组织亦在其特别报告中强调，如Snus等部分无烟烟草制品中多环芳烃及N-亚硝胺类物质含量较低，被视为卷烟的理想替代选择。

随着世界卫生组织烟草控制框架公约（WHO FCTC）对公共场所烟草烟雾的严格限制，传统卷烟面临前所未有的挑战，全球烟草行业纷纷将目光投向无烟烟草制品的研发与市场推广，视其为行业未来发展的关键路径。目前，无烟烟草制品已在多国获得快速发展，逐步成为全球烟草制品的重要发展方向之一。

### 1.1.2 无烟烟草制品的定义

无烟烟草制品,通过口含、吸吮、咀嚼等多种方式,为人体提供所需的烟碱,涵盖了口含烟、鼻烟及嚼烟等多种形态,其中,袋装型口含烟与胶基型嚼烟尤其受到消费者的青睐,成为市场消费的主流。

在使用无烟烟草制品进行消费时,由于其不经过燃烧过程,因此避免了卷烟燃烧所产生的多种有害成分的释放,尤为关键的是,它彻底消除了"二手烟"这一社会公害,成为禁烟环境下烟草消费的理想替代与重要补充。在全球控烟运动日益高涨的背景下,这一类型的烟草制品正逐步成为国际烟草行业发展的重要趋势与方向。

### 1.1.3 无烟烟草制品的分类

国际上,无烟烟草制品展现出丰富的多样性。2009年,CORESTA 无烟烟草制品分学组(STPs, smokeless tobacco products subgroup)对全球范围内销售的各类无烟烟草产品进行了全面汇总、细致分类与明确定义,并依据其消费方式将其划分为三大类别:口用型(oral)、鼻用型(nasal)以及口鼻两用型(图1-1)。顾名思义,口用型产品主要通过口腔的咀嚼、含化等方式进行消费;鼻用型则侧重于通过鼻腔的嗅闻或吸入方式享用;而口鼻两用型兼具两者特点,既可通过口腔也可通过鼻腔灵活使用,为消费者提供了更多元化的选择。

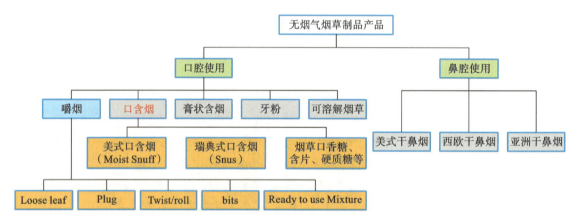

图1-1 无烟烟草制品分类图

具体分类和简介如下。

1. 鼻烟(鼻腔吸食类烟草产品,tobacco products for snuffing)

定义:鼻烟作为一种无烟烟草制品,其独特之处在于通过鼻腔逐小片吸食。在此过程中,烟草中的尼古丁直接通过鼻腔黏膜被吸收进入体内。

制作过程:鼻烟的制作始于将精细研磨的烟叶粉末(主要包括弗吉尼亚烟草与东方烟草)置于氯化钠水溶液中进行发酵。随后,添加一系列广泛使用的芳香化合物及精油,以赋予其独特风味。最终产品保持约20%的水分含量,使得鼻烟呈现出湿润的质地(图1-2)。

消费习惯:每次吸食鼻烟,需要30~40 mg的烟草量。使用一段时间后,这些烟草会从鼻腔下方轻轻移除。鼻烟在中欧地区尤为流行,特别是在那些禁止明火作业的场所,如煤矿、农场等,其应用更为广泛。鼻烟不仅能促进胰液分泌,还有助于保持细胞膜上黏液的湿润状态,这有助于将煤矿粉尘或土壤微粒等颗粒物黏附在黏液上,从而有效防止它们被吸入体内,保护呼吸系统健康。

经典的德国鼻烟当属"Schmalzler",其独特之处在于仅于巴伐利亚地区精心制作。"Schmalzler"以其深邃的棕黑色泽和颗粒状形态著称,主要原料精选自用于雪茄制作的巴西烟叶,并巧妙融入富含黑色叶片与浓郁香料的巴西烟草,以打造非凡风味。在精心调配阶段,根据口味的细腻差别,适量添加石蜡

图 1-2 典型的鼻烟图

油及各式香精、香料,随后以轻柔而缓慢的手法进行研磨,再历经特定的发酵工艺,最终成就这一独特的无烟烟草珍品。往昔,为减少成品中的粉尘,甚至会将熔化的黄油作为特殊成分融入其中,这一传统做法对提升产品品质功不可没。每袋"Schmalzler"成品重约 0.1 g,含水量精准控制在 12% 左右,深受巴伐利亚成年男性消费者的青睐。

15 世纪的欧洲便已存在着传统的烟草粉末,那时无烟型烟草风靡一时,其形态与鼻烟颇为相似,故常被归入同类范畴。然而,时至今日,在市面上销售的卷烟中,已难觅这种传统烟草粉末的踪迹,其消费群体也日渐稀少。

另外,美国干鼻烟以发酵后的烤烟为原料,成品呈现细腻的粉末状,水分含量精心控制在 4%~6% 之间。最初,这种鼻烟专为鼻腔吸食而设计,因此得名"苏格兰鼻烟",承载着深厚的文化与历史底蕴。

2. 口含烟(口腔吮吸类烟草产品,tobacco products for sucking)

目前,市场上存在三种主要的口含型无烟烟草制品,它们分别是美国口含烟(Snuff)、瑞典口含烟(Snus)以及喉片式含烟。

1)美国口含烟"Snuff"

定义:美国口含烟,亦称蘸烟(dipping tobacco),其历史可追溯至 19 世纪,最初主要流行于美国南部的女性群体中。作为一种发酵产品,它以类似茶包的小袋形式分装,使用者通常将其置于牙龈与脸颊之间。这些产品口味多样,各不相同。美国口含烟是美国最受欢迎的吸烟形式之一,在 1986 年至 2005 年间,其销量实现了翻倍增长。

制作过程:美国口含烟的制作始于晾晒烟与烤烟的混合,形成较粗的颗粒。随后,这些颗粒经过混合发酵、细切或长切处理,并分装成小袋以便于使用。值得注意的是,此类烟草产品的含水率可高达 50%~60%。其独特的晾晒、烤制及发酵工艺,使得美国口含烟中的氮氧化物及 N-亚硝胺含量相对较高。此外,为了提升口感,制造商还常添加各种香料,如鹿蹄草油、留兰香、果香及香草等(图 1-3)。

图 1-3 美国口含烟

2)瑞典口含烟"Snus"

定义:瑞典口含烟"Snus"是一种精细研磨的湿润烟草制品,以散装或小巧的袋装形式销售,专为用户放置于上唇下方使用而设计。

消费习惯:"Snus"中的烟碱含量与传统卷烟相当,每小袋内含 0.4～1.5 g 的烟草,其含水量保持在大约 50% 的水平。使用时,消费者可直接将其置于口中,无须咀嚼或频繁吮吸,通常放置约半小时后即可取出丢弃。每日的使用量则根据个人习惯和偏好而有所不同。

制作过程:"Snus"的制作工艺包括高温杀菌处理,采用磨碎的晒烟和晾烟烟叶作为基料,并添加适量的水、盐(以增强口感)以及保湿剂。随后,通过类似巴氏杀菌法的加热过程进行处理,这一环节显著降低了烟草中可能产生的致癌化学物质 N-亚硝胺的含量。因此,世界卫生组织(WHO)认为,相较于普通卷烟,"Snus"的危害性较小,被视为一种更为健康的卷烟替代品(图 1-4)。

图 1-4　瑞典口含烟 Snus

3)喉片式含烟

喉片式含烟作为近期美国市场上的创新产品,其独特之处在于采用约 60% 的紧实烟叶为基础,并巧妙融入无机盐、桉树油、薄荷脑等成分进行发酵处理。这一设计使得普通烟民在使用一片喉片式含烟时,所摄取的烟碱量大致等同于吸食一支传统卷烟所吸收的烟碱总量,为烟民提供了一种新颖且便捷的替代选择。

3.嚼烟(口腔咀嚼类烟草产品,tobacco products for chewing)

嚼烟以其多样化的形式存在,涵盖了插入式嚼烟、散叶式嚼烟以及旋转式嚼烟等多种类型。

插入式嚼烟:其制作工艺独特,精选优质烟叶,先将烟叶浸泡于天然蜂蜜之中,随后置于山胡桃木或枫木大桶内进行精心发酵。发酵完成后,烟叶被压制成大块并妥善储存,最终切割成小块以供使用。根据水分含量的不同,可细分为水润型(水分含量超过 15%)和硬质型(水分含量低于 15%)。曾几何时,这种嚼烟在美国市场上占据重要地位,但近年来其市场份额已显著缩减。

散叶式嚼烟:采用晾晒烟作为主要原料,制作过程中先将烟叶精心切丝,并巧妙地融入多种香气四溢的香料。此类嚼烟曾是美国郊区居民的常见消费品,然而近年来其销量亦呈现出下滑趋势(图 1-5)。

旋转式嚼烟:作为欧洲传统嚼烟的一种,旋转式嚼烟曾在中欧与北欧地区广受欢迎,销量一度十分可观。但时至今日,其使用者已日渐稀少。旋转式嚼烟的独特之处在于其制作工艺,即将卷叶巧妙地编织于一根绳子上,这根绳子有时也采用烟叶制成,直径范围介于 2.5～12.5 mm 之间。值得一提的是,旋转式嚼烟是目前唯一一种完全依赖手工制作的无烟烟草制品,其独特魅力可见一斑(图 1-6)。

图1-5　散叶式嚼烟

图1-6　旋转式嚼烟

4. 胶基型嚼烟(chewing gum-style tobacco product)

由瑞典火柴公司(Swedish Match)在2003年率先研发并推向市场的胶基型嚼烟是一种创新的烟草制品，又称新型嚼烟、袋装口含烟、烟草口香糖或胶基烟(图1-7)。它巧妙地将烟草和/或烟草提取物作为效用成分，融入可食用的胶基基质中，通过简单的咀嚼动作，使包埋于胶基中的烟碱等成分在唾液的作用下溶解，并随后通过口腔黏膜被人体吸收。这种独特的设计为用户提供了一种新颖、便捷的烟碱摄取方式。

图1-7　胶基型嚼烟产品示意图

5. 其他无烟烟草制品

在亚洲、非洲及南美洲的广袤地域中，存在着众多以传统工艺制作的无烟烟草制品。在亚洲的某些地区，有一种独特的"烟草糨糊"类制品，其水分含量远超15%，使用者习惯将其置于嘴唇或脸颊之间细细咀嚼。此外，印度作为无烟烟草制品的多样化代表，拥有诸如"Zarda""Guthka""Kathhini"及"Nas"等多种嚼烟形式，每一种都承载着独特的文化与风味。

值得一提的是，印度还盛行一种名为红色牙粉的无烟烟草制品，它巧妙地将极细的烟草粉末与药草、香料及其他成分相融合，呈现出鲜明的红色。这种牙粉不仅具有烟草的特性，更在印度被广泛应用于牙齿的清洁与护理之中，成为当地文化的一个独特符号(图1-8)。

广受欢迎的还有一类可溶性无烟烟草制品，亦称烟草含片。此类产品通常由精细研磨的烟草粉末精心配制而成，其独特之处在于，放置于口腔后能够自然溶解，无须吐出，为用户提供了更为便捷与舒适的体验(图1-9)。以骆驼球(Camel Orbs)为例，该产品巧妙地将微粒化的烟草与多种源自植物提取物的添加剂相融合，包括但不限于水、调味剂、黏合剂、天然颜料、pH调节剂、缓冲剂、填充物、崩解助剂、保湿成分、抗氧化剂、口腔护理精华以及防腐剂等，旨在为用户带来纯净而丰富的味觉享受与口腔护理效果。

图1-8　红色牙粉

图 1-9　可溶性烟草含片

### 1.1.4　无烟烟草制品的市场概况

无烟烟草制品的市场主要集中在美国和北欧地区,欧洲各国的具体情况则呈现出一定的差异性。尽管多家无烟烟草制品生产商不遗余力地开拓市场,但当前欧盟的成员国中,除瑞典外,其余国家均对口含烟实施了禁令。相比之下,印度则成为全球无烟烟草制品市场的中坚力量,其中嚼烟制品更是占据了举足轻重的地位。

权威统计数据显示,近年来印度无烟烟草制品市场中的嚼烟产品销售量持续攀升,年均零售量已高达 6 亿千克之巨。这一数字不仅彰显了嚼烟在印度市场的广泛普及与深厚基础,也反映了印度消费者对嚼烟制品的浓厚兴趣与依赖。更值得一提的是,在印度全国范围内,嚼烟制品的受众群体相当庞大,约有三分之一的男性和五分之一的女性表示对嚼烟制品持有浓厚的兴趣与偏好。

#### 1.1.4.1　欧洲市场

欧洲地区烟草消费的数据显著聚焦于卷烟,而无烟烟草产品的相关数据则相对稀缺且收集方式不一。关于"使用无烟烟草产品"的定义,不同调查之间存在明显差异:有的关注过去 30 天的使用情况,有的则采用其他时间段标准;有的询问日常或间歇性使用,还有的提及"当前使用"却未给出明确界定。

全球青年烟草调查覆盖了 12 个国家/地区,揭示了 13~15 岁青少年中无烟烟草产品的使用情况,其当前使用率范围从黑山的 1.1% 到爱沙尼亚的 6.9%。值得注意的是,除了波兰华沙地区外,无烟烟草产品的使用者中,男性青少年比例普遍高于女性。

在瑞典,口含烟的成年消费者占比超过 25%,人均年消费量高达 800 g,而吸烟者比例则低于 15%。欧盟各国虽对干鼻烟和嚼烟保持开放态度,但消费趋势各异。挪威便是例证,其普通卷烟消费者数量逐年减少,而鼻烟消费者显著增加。据挪威卫生部数据,成人中卷烟消费者比例从 2009 年的 21% 降至当前的 16%,而无烟烟草产品(尤其是鼻烟)消费者比例则从 6% 上升至 9%。

美国烟草市场同样展现出无烟烟草产品的强劲增长势头。烟草制品零售总额中,无烟烟草(如 Snuff 和 Snus)约占 40 亿美元,加上嚼烟的 4 亿美元,已超越雪茄烟的 42 亿美元零售额。尽管卷烟消费以每年 1%~3% 的速度递减,无烟烟草产品的销量却以超过 6% 的年增长率攀升。美国约有 4500 万成年烟草消费者,其中 2200 万卷烟用户寻求替代品,而无烟烟草产品的消费者已超过 600 万,占成年人口的 3%,且以 18~25 岁男性为主要消费群体,预示着未来市场的巨大潜力。

预测显示,2010 年至 2015 年间,全球口含烟销量增长约 23%,嚼烟销量增长约 4%;在销售额上,口含烟增幅超过 40%,嚼烟也有 10% 左右的增长。

欧洲多国关于无烟烟草产品的使用率数据揭示了该类产品在 15 岁以上成年人中的使用情况,数据来源于全球成年人烟草调查、人口健康调查、世界卫生组织监测系统及各国独立调查等多元渠道。由于各研究采用的方法不一,在利用这些数据进行跨国比较时需持审慎态度,以确保评估的准确性。已公布的数据显示,在无烟烟草产品的成年使用者中,男性占比较高,如瑞典为17%,挪威为17%,乌兹别克斯坦高达22.5%,瑞典更是达到了26%。

#### 1.1.4.2 美国市场

美国是全球最大的湿烟(口含烟)市场,其规模约为北欧口含烟市场的五倍。近年来,传统卷烟巨头利用其品牌影响力,纷纷涉足STPs(无烟烟草产品)市场。例如,美国两大烟草巨头通过收购STPs生产商成功进军该领域。2006年,雷诺烟草公司收购了当时美国第二大STPs生产商Conwood Tobacco Company(后于2010年1月21日更名为American Snuff Company),其市场份额占据了美国湿烟市场的三分之一。同样,菲莫国际旗下的奥驰亚集团(Altria Group)在2009年收购了美国最大的STPs公司USSTC,其产品份额目前超过美国湿烟市场的一半。

此外,一些规模较小的烟草公司也不甘落后,如Lorillard和Liggett Group在2008年便推出了STPs试验产品,试图在这一新兴市场分一杯羹。

自1987年起,美国联邦贸易委员会(FTC)每年都会对本国市场上的STPs进行详尽调查,并向国会提交报告,同时向公众公布。2015年,FTC发布的最新STPs报告聚焦于美国本土最大的五家STPs生产商,包括Altria Group、North Atlantic Trading Company、Reynolds American、Swedish Match North America以及Swisher International Group。报告覆盖的STPs类别广泛,包括Scotch Dry Snuff、Moist Snuff、Loose Leaf、Chewing Tobacco以及Plug Twist Chewing Tobacco,并自2008年起新增了Snus这一类型。

报告显示,2012年美国本土STPs总销量达到5.69万吨,较2011年的5.57万吨略有增长;销售额则攀升至30.77亿美元,同比增长4.8%,较2011年的29.37亿美元有显著提升(图1-10)。在各类STPs中,嚼烟和干烟的销售额持续走低,而湿烟则呈现出强劲的增长态势,2012年的销售额不仅超过了其他所有类型的STPs总和,还占据了STPs总销售额的85.9%。

表1-1详细列出了美国湿烟市场的主要生产商及其代表品牌,进一步揭示了这一市场的竞争格局与发展趋势。

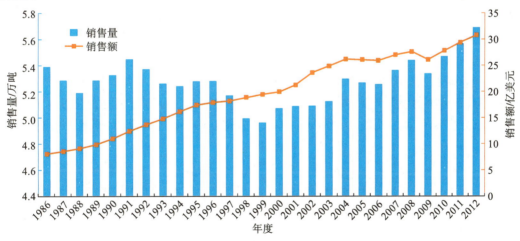

图1-10 1986—2012年美国市场STPs的销售量及销售额

表1-1 美国湿含烟生产商及品牌

| 序号 | 生产商 | 代表品牌 |
| --- | --- | --- |
| 1 | US Smokeless Tobacco Company 美国无烟烟草公司 | Copenhagen,Skoal,Red Seal,Husky |
| 2 | American Snuff Company 美国含烟公司 | Grizzly,Kodiak,Hawken,Cougar |
| 3 | Swedish Match North America 瑞典火柴 | Longhorn,Timber Wolf,Red Man,General Camel |

续表

| 序号 | 生产商 | 代表品牌 |
|---|---|---|
| 4 | R J Reynolds Tobacco Company 雷诺烟草公司 | Camel |
| 5 | Philip Morris USA 美国菲莫公司 | Marlboro |

### 1.1.5 无烟烟草制品的管制情况与法律法规概况

#### 1.1.5.1 国际公约和国外立法借鉴

无烟烟草产品在部分国家和地区,如欧盟、中国香港及泰国等,受到了限制或禁止,然而,在世界卫生组织的官方公约和法律文献中,并未直接强制要求各成员全面禁止这类产品。相反,美国、加拿大、瑞典及印度等国家均明确承认了无烟烟草产品的法律地位,使得它们逐渐成为这些国家烟草产业中不可或缺的一环。

1. 世界卫生组织文献资料

1)《世界卫生组织烟草控制框架公约》

2003年5月,世界卫生组织(WHO)第56届世界卫生大会上,其192个成员一致通过了《烟草控制框架公约》(WHO Framework Convention on Tobacco Control,简称《公约》或 FCTC)。我国紧随其后,于2003年11月正式签署了该公约,并经第十届全国人民代表大会第十七次会议批准,于2006年在我国正式生效。

FCTC 的第一条(术语定义)中明确指出:(f)"烟草制品"涵盖所有或部分以烟叶为原料,用于抽吸、吸吮、咀嚼或鼻吸(smoking,sucking,chewing,or snuffing)的制品。因此,依据《公约》的界定,口嚼型及鼻吸型无烟烟草产品同样被视为烟草制品范畴,应受到《公约》的相应管理和约束。

2)《公约》的实施准则

迄今为止,缔约方会议已审议并通过了七项详尽的准则(guidelines),这些准则紧密围绕《公约》中的八项核心条款展开,具体涉及第5.3、8、9、10、11、12、13及14条的内容。其中,两项关键准则直接关联到无烟烟草产品的监管:

(1)第9条与第10条实施准则。

第9条(烟草制品成分管理)明确指出:缔约方会议需与相关国际机构紧密合作,共同制定烟草制品成分及其燃烧释放物的检测与测量指南,以及相应的管制措施。各缔约国需在获得本国权威机构批准后,积极采取并实施有效的立法、行政或其他必要措施,以确保这些检测、测量及管制工作的有效执行。

第10条(烟草制品信息披露)强调:每一缔约国均应根据其国内法律框架,制定并执行强有力的立法、行政或其他措施,要求烟草制品的生产商及进口商向政府主管部门全面披露其产品成分及释放物的详细信息。此外,各缔约国还应进一步推进信息的公开透明,采取有效措施确保公众能够便捷地获取到关于烟草制品中有害成分及其潜在释放物的知识。

在第9条与第10条实施准则的第1.3条(术语界定)中,特别对无烟类烟草产品的"释放物"概念进行了清晰阐述:"释放物"系指烟草制品在正常使用过程中所产生的物质。具体而言,对于卷烟等燃烧型产品,释放物主要指烟雾中的成分;而对于口嚼型无烟烟草产品,释放物则是指在咀嚼或吮吸过程中释放出的物质;至于鼻腔吸入型无烟烟草产品,释放物则特指鼻吸过程中微粒所释放的物质。这一界定为无烟烟草产品的监管提供了科学的依据和明确的方向。

(2)第11条实施准则。

《公约》的第11条聚焦于烟草制品的包装与标签规范,其配套实施准则中的第36条明确指出:各缔约方应审慎考虑,针对不同类型的烟草产品,包括但不限于纸烟、雪茄、无烟烟草、烟斗烟草、印度式雪茄以及水烟烟草等,采用差异化的健康警示语与信息,旨在更精准地凸显每种产品特有的健康风险与后果。

值得注意的是,在目前已通过的各项实施准则中,均未发现直接禁止无烟烟草生产与销售的具体条款。

2. 瑞典法

虽然欧盟禁止无烟烟草在市场上销售,但是瑞典却得到豁免。瑞典对无烟烟草实施"双重规制"。

1)将鼻烟与咀嚼烟草视为"食品"管理

依据瑞典2006年颁布的《食品法》(Swedish Food Act,SFS 2006:804)第三条之规定,该法律全面覆盖了食品生产、加工及分销的各个环节。鉴于瑞典将鼻烟与咀嚼烟草归类为"食品"范畴,因此,这两类产品的生产和销售活动均须严格遵循《食品法》的各项规定。

原材料方面:用于制作鼻烟与咀嚼烟草的原材料,必须满足《食品法》中关于添加剂与调味料的严格要求,即所有成分均须为食品中合法添加的物质。值得注意的是,虽然瑞士食品法规LIVSFS 2004:7针对鼻烟与咀嚼烟草的铅含量设立了特定标准(每千克产品中铅含量不得超过3 mg),但除此之外,《食品法》并未对无烟烟草产品的具体成分提出额外限制。

生产过程:在生产环节,制造商同样需要确保无烟烟草产品达到《食品法》所规定的卫生标准,以保障产品的安全与质量。

2)烟草类法律

瑞典的《烟草法》并未对烟草产品给出明确定义,同时也未清晰界定鼻烟及其他无烟烟草产品是否纳入其监管范畴。然而,欧盟的89/622/EEC指令清晰地将"烟草产品"界定为全部或部分由烟草制成,旨在供抽吸、鼻吸、吮吸或咀嚼使用的物品,这一定义无疑涵盖了无烟烟草产品。鉴于瑞典为欧盟成员国,该指令自然在瑞典境内具有法律效力。

此外,瑞典的《烟草税法》(Tobacco Tax Law,SFS 1994:1563)详细列出了需缴纳税费的烟草产品种类,包括雪茄、小雪茄、卷烟、吸用烟草、鼻烟、口含烟以及咀嚼类烟草。特别指出,鼻烟和口含烟的税率为每千克123瑞典克朗,而咀嚼类烟草的税率则为每千克201瑞典克朗。

综上所述,在瑞典,无烟烟草产品明确被归类为烟草产品,并受到包括《烟草法》在内的相关烟草法律的严格规制。

3. 美国法

1)美国联邦立法——《家庭吸烟预防与烟草控制法案》(Family Smoking Prevention and Tobacco Control Act)

本法之第101条款,作为对《联邦食品、药品及化妆品法》的重要修正,对"烟草产品"进行了全面而详尽的界定:"烟草产品"一词广泛涵盖任何以烟草为原料或源自烟草,旨在供人类消费的产品及其所有成分、部分或附件(唯独排除那些非直接用于烟草产品制造的原材料,烟草本身除外)。

此外,该条款在《联邦食品、药品及化妆品法》原有框架的基础上,创新性地增设了"第九章——烟草制品"专章。在这一新章节中,无烟烟草产品被明确界定为:任何由切细、包裹、碾碎等方式处理的烟草或烟叶构成,并通过口腔或鼻腔摄入的烟草制品。

综上所述,依据上述法定定义,无烟烟草产品无疑被纳入了烟草制品的范畴,因此受到《联邦食品、药品及化妆品法》及相关法规的全面监管与约束。

2)行政规章

《控制香烟与无烟烟草产品销售与分发以保护儿童与青少年规章》(Regulations Governing the Sale and Distribution of Cigarettes and Smokeless Tobacco to Safeguard Children and Adolescents)由FDA于2010年颁布实施,旨在通过限制香烟及无烟烟草产品的销售、分发与使用,削减儿童及青少年

接触此类产品的机会,并减轻烟草对人体健康的危害。

该规章对香烟及无烟烟草产品实施了一系列更为严格的管控措施,具体包括以下措施:全面禁止向未满18岁人群出售香烟或无烟烟草;严格限制无烟烟草产品的免费样品分发;以及明确禁止在体育赛事、音乐会或其他社会、文化活动中使用烟草品牌作为赞助方等,以营造更加健康的无烟成长环境。

4. 加拿大法

1)《烟草法》(Tobacco Act)

《烟草法》第二条对"烟草制品"(tobacco product)进行了明确界定,即"全部或部分由烟草(含烟叶及其任何提取物)所构成的产品范畴,涵盖卷烟纸、烟管、过滤嘴等配件,但明确排除了任何依据《食品与药品法》(Food and Drug Act)监管的、含有尼古丁的食品、药品或装置"。鉴于无烟烟草制品无一例外地含有烟叶或其提取物,因此,这类产品同样归属于上述"烟草制品"的定义内,与香烟产品相同,均需接受《烟草法》的全面监管。

2)《消费税法》(Excise Act)

加拿大的《消费税法》在其第三部分中,为烟草商品设立了专项条款。具体而言,该法第2条中的定义明确指出,"成品烟"涵盖了除雪茄及直接包装的原烟叶外,所有通过任何加工过程、部分或全部由原烟叶制成的物质。同时,"烟草制品"的范畴广泛包括成品烟、包装好的原烟叶以及雪茄。鉴于此,无烟烟草产品显然符合"成品烟"及"烟草制品"的界定,因此,其生产与销售均需遵循《消费税法》的相关规定。

3)《烟草产品印制和标记规则》(Stamping and Marking of Tobacco Products Regulations)

此法规在其第2条中,针对产品包装的要求进行了详细分类,主要区分为原烟叶(raw leaf tobacco)与烟草制品(tobacco product)两大类。依据加拿大《烟草法》中关于"烟草制品"的明确定义,无烟烟草产品被明确纳入烟草制品的范畴之内。因此,无烟烟草产品的包装与标记同样需严格遵守《烟草产品印制与标记规则》的各项规定。

5. 印度法

印度的烟草控制法律体系主要包含以下几部关键立法:《2003年卷烟及其他烟草制品(广告禁令与贸易、生产、供应及销售规则)法案》(COTPA)、《2004年卷烟及其他烟草制品(广告禁令与贸易、生产、供应及销售规则)规则》《2004年禁止卷烟及其他烟草制品在教育机构周边销售规则》,以及《2005年卷烟及其他烟草制品(广告禁令与贸易、生产、供应及销售规则)修订规则》。

COTPA法案的第3条(定义)中明确界定了一系列术语,其中:

(k)"产品"范畴广泛,涵盖了卷烟、雪茄、嚼烟、任何含有烟草成分的咀嚼物,以及鼻烟。

(p)"烟草制品"则特指"安排表"内所列明的产品,而该"安排表"的第6项与第7项明确列出了嚼烟与鼻烟,从而确认了它们在法律框架下的地位。

据此,上述法律体系不仅将无烟烟草视为烟草制品的一部分纳入其监管范畴,而且并未明文禁止无烟烟草的销售,显示出法律在平衡控烟与健康需求之间的考量。

### 1.1.5.2　中国关于口用型无烟烟草制品的立法现状

1. 食品管制类法律

鉴于部分无烟烟草产品通过口腔进行消费,它们有可能被界定为食品范畴。《中华人民共和国食品安全法》(简称《食品安全法》)作为我国食品生产、加工、流通等环节的基本法律框架,将中国境内所有与食品相关的活动均纳入其监管之下。若无烟烟草被认定为食品,则其生产、销售、出口、安全控制及管理等各个环节均需严格遵循《食品安全法》的规定,并接受包括国家卫生部门、国家市场监督管理总局等多个监管机构的监督与管理。

《食品安全法》的第十章附则部分明确界定了食品的概念。具体而言,《食品安全法》第九十九条阐述道,本法中涉及的"食品"一词,指的是各种可供人类食用或饮用的成品与原料,以及那些按照传统既被视为食品又具备药用价值的物品,但明确排除了以治疗疾病为主要目的的产品。

基于上述定义,食品的核心属性在于其"可供人类食用或饮用"。因此,任何成品或原料,只要符合这一条件,即应被纳入食品的范畴之内。对于"无烟烟草"而言,它指的是在不燃烧状态下,通过口腔或鼻腔进行消费的烟草制品。这些产品,如咀嚼式、吸吮式或敷贴于牙齿与牙龈上的无烟烟草,其所释放的物质会通过口腔及食道被人体吸收。根据这一特性,无烟烟草似乎可以被合理归类为"食品"。

但是,我们注意到,无烟烟草在两个方面和一般食品不同:

其一,安全乃是食品不可或缺的基本要素。《食品安全法》明确界定了"食品安全"为食品需确保无毒、无害,且符合必要的营养标准,不得对人体健康构成任何形式的急性、亚急性或慢性损害。然而,值得注意的是,无烟烟草中同样含有卷烟所具备的多环芳烃、N-亚硝胺等有害化学成分,因此其安全性值得质疑。

其二,《食品安全法》的适用范围明确将药品排除在外,尽管药品在形式上往往也是供食用或饮用,并具备食品的一些基本属性。但鉴于药品特有的药理作用及其潜在的毒性风险,其监管需遵循更为严格的专门法律法规。由此观之,无烟烟草在性质上与药品存在相似之处,即均含有对人体健康可能产生不利影响的成分,因此,从法律规制的角度来看,无烟烟草亦应被置于《食品安全法》的管辖范围之外。

2.烟草管制类法律

我国实行烟草专卖制度,烟草专卖局对烟草行业的全链条——包括生产、销售、进出口等环节——实施统一领导与垂直管理。这一制度框架由《烟草专卖法》及其实施条例共同构建,对烟草相关活动进行全面规制。若无烟烟草被视为国家烟草专卖体系下的"烟草制品",则其生产、流通等各个环节均需严格遵循《烟草专卖法》及其实施条例的各项规定。

依据《烟草专卖法》第二条的明确定义,烟草专卖品涵盖卷烟、雪茄烟、烟丝、复烤烟叶、烟叶原材料以及卷烟纸、滤嘴棒等配套材料,还有烟草专用机械。其中,卷烟、雪茄烟、烟丝及复烤烟叶被统称为烟草制品。而《烟草专卖法实施条例》第三条进一步细化了烟丝的定义,指出其是由烟叶、复烤烟叶或烟草薄片经加工制成的丝状、粉末状或粒状商品。

从现行烟草管制类法律条文的字面表述上审视,其并未直接将无烟烟草制品纳入其范畴。然而,鉴于无烟烟草本质上仍由烟叶加工而成,无论其最终形态为粉末状、粒状或是它们的结合体,还是以小袋装、透孔袋装或类似食物形态呈现,其生产过程涉及晾晒、烤制、发酵及研磨等物理形态的转变,而非化学性质的改变。

# 1.2 国内开发无烟烟草制品的紧迫性和必要性

## 1.2.1 行业层面

在全球新型烟草制品市场迅猛发展的背景下,2013年国家烟草专卖局(下文简称国家局)迅速响应,成立了由高层领导亲自挂帅的新型烟草制品领导小组,旨在全面规划、精心设计和高效推进新型烟草产品的创新发展,确保每一步都走在时代前沿。

次年,即 2014 年 3 月 13 日,在全国烟草行业计划工作会议上,进一步强调了新型烟草制品研究的重要性。面对卷烟等传统烟草制品日益严峻的发展挑战和更为严格的监管环境,无论是国内外烟草巨头,还是跨界企业,均已加大力度投入到新型烟草产品的研发与市场拓展之中。烟草行业必须深刻认识到这一形势的紧迫性,将发展新型烟草制品视为关乎行业未来命运的战略抉择,以高度的责任感和使命感,推动这一领域的创新与突破。

2015 年 3 月 24 日,在烟草行业科技工作会议上深刻指出,当前应集中力量于中式卷烟与新型烟草制品的发展战略任务之上。烟草从业人员应持续深挖科技在品牌发展、新型烟草制品创新、烟叶可持续发展及现代企业管理中的巨大潜力。当前及未来一段时间内,科技工作的核心应聚焦于'中式卷烟发展'与'新型烟草制品发展'这两大战略支柱,不断提升科技创新、减害增效的能力水平,以达成'稳固中式卷烟市场主导地位'与'确保新型烟草制品形成竞争优势'的两大战略目标,为烟草行业的长远发展注入强大的科技动力。

尤为值得一提的是,2016 年将重点推进新型烟草制品研发水平的提升视为行业发展的风向标与关键驱动力。鉴于全球烟草巨头在新型烟草制品领域的巨额投入、市场的迅速扩张以及消费者观念的深刻转变,该领域的竞争态势愈发激烈,技术制高点与话语权的争夺更为白热化。因此,我们必须采取高起点、超常规、跨越式的发展策略,力求在关键技术上实现重点突破,掌握技术主导权与发展主动权。

此外,需加速加热不燃烧卷烟、电子烟、无烟烟草制品等新型烟草制品的关键技术攻关与产品研发,力求在加热不燃烧卷烟结构原理、电子烟雾化技术、口含烟工艺技术体系及材料科学等方面取得重大突破。同时,加速核心专利的创造与积累,努力打破跨国烟草公司的专利壁垒,推动行业自有知识产权的升级、整合与共享,逐步构建起完善的新型烟草制品专利保护体系。我们务必做好充分的技术储备与产品准备,确保一旦产品上市,即能引领市场潮流。

2016 年 3 月 25 日,在烟草行业科技工作会议上,针对 2016 年科技创新工作的重点之一——新型烟草制品研发,提出了以下几点意见:

(1)深耕技术研发领域。首要任务是攻克核心专利难关,这是新型烟草制品研发的核心驱动力。我们必须紧抓核心专利这一关键环节,运用创新策略,抢占先机,确保关键技术安全可控、自主可靠。同时,强化技术合作,认识到仅凭行业内部力量难以满足发展需求,需高标准筛选合作项目与伙伴,深化合作层次,加速成果产出,促进已有专利的深度挖掘与共享。此外,还应凸显中式特色,认识到口味对于新型烟草制品成功的关键作用,努力在产品研发与口味塑造上双管齐下,打造出与中式卷烟一脉相承的独特风味。

(2)强化平台建设支撑。一方面,加速上海新型烟草制品研究院的建设与发展,作为国家局应对新型烟草制品发展挑战、把握机遇的关键布局,上海院需全面执行国家局战略部署,构建集基础研究、资源整合、合作研发、产品孵化为一体的综合平台,推动思维、体制、技术、风格等多方面的突破性进展,并协调好与卷烟企业的协作关系,发挥上海的地域、人才与科研优势,力争成为国际领先的新型烟草制品研发高地与产业先锋。另一方面,加快装备工程中心的建设,整合国内外优质装备资源,提升新型烟草制品产业化的装备支撑能力,将其打造为行业的"装备引擎"与"试制工厂",提供全方位的技术装备解决方案与产品试制服务,确保技术安全。

在国家局的强力推动下,郑州烟草研究院、上海新型烟草制品研究院及各大中烟公司纷纷加大投入,设立重大技术专项,深入探索电子烟、加热不燃烧卷烟及无烟烟草制品等领域,并取得了一系列技术突破,部分产品已接近商业化门槛。特别是云南中烟,在新型烟草制品研发领域持续领跑,通过重大专项全面覆盖三类产品开发,其中无烟烟草制品的研发尤为关键,对于填补行业空白、推动产业升级具有不可估量的紧迫性与重要性。

## 1.2.2 市场层面

在国外,无烟烟草制品的受众群体持续扩张,尤为显著的是白领阶层正日益成为其消费大军中的核心力量。据数据显示,近年来,美国多数州推行了严格的局部禁烟措施,约60%的公共场所(如办公室、电梯及建筑内的公共区域)均明文禁止吸烟。这一政策转变促使众多原本依赖卷烟的消费者转而投向无烟烟草制品的怀抱。为迎合这一新兴消费趋势,无烟烟草制品企业纷纷推出高端产品线,如PSnus(口含烟),其销量正经历着迅猛的增长。相较于传统烟气烟草制品(如卷烟),口含烟的显著优势在于不产生二手烟污染,这一特性使其迅速成为禁烟环境下烟草消费的重要替代选择。随着禁烟政策的深化,对烟草消费的新需求进一步推动了口含烟市场的蓬勃发展。消费群体结构也悄然发生变化,从以往以体力劳动密集型行业的蓝领工人为主,逐渐拓展至办公环境中的白领阶层。同时,产品风格也在向更加柔和、香味多样化的方向转变,以满足不同消费者的偏好。在产品形式上,传统粗糙包装的散装产品正逐渐被设计精美、携带便捷的袋装产品所取代,其中袋装口含烟的增长势头尤为强劲。这一变化不仅反映了消费者对品质与便利性的追求,也体现了市场需求的深刻变革。受此影响,全球各大烟草企业正不断加大在无烟烟草制品领域的研发投入,力推口含烟成为国际烟草市场的重要发展趋势,引领行业的新一轮变革。

全球领先的卷烟跨国企业,包括菲莫国际、雷诺美国、英美烟草、日本烟草等巨头,纷纷涉足无烟烟草市场,加大研发投入,积极推广自有品牌与产品,力争在该领域占据领先地位。雷诺美国自2006年斥资35亿美元成功并购美国第二大无烟烟草制造商康伍德公司后,陆续推出了Camel Snus、Grizzly、Kodiak等一系列无烟烟草产品,持续扩大市场份额。紧随其后,英美烟草于2008年收购了瑞典第二大Snus品牌Fiedler&Lundgren,并借此平台推出了Granit、Mocca、Lucky Strike等备受瞩目的无烟烟草品牌,进一步巩固了其市场地位。日本烟草公司则在更早的1999年,通过78亿美元的交易从雷诺士公司手中收购了雷诺士烟草国际,并成立了Japan Tobacco International(JTI)。该公司以LD、Camel、Gustavus等品牌深耕瑞典市场,并于2010年后在日本本土市场推出了Zerostyle Mint、Zerostyle Snus Regular、Zerostyle Snus Mint等创新无烟烟草产品,引领消费新风尚。此外,帝国烟草也不甘落后,于2008年完成了对瑞典知名Snuff制造商Skruf的收购,随后推出了Skruf、KNOX、Smalands、Nord66等一系列无烟烟草产品,展现了其在该领域的雄心与实力。这一系列举措标志着全球烟草行业正加速向多元化、健康化转型,无烟烟草市场正成为新的竞争焦点。

我国作为全球最大的烟草生产和消费国,拥有庞大的消费群体,烟草税收在财政收入中占据举足轻重的地位。然而,近年来全球控烟运动的兴起,加之我国作为世界卫生组织《烟草控制框架公约》的签署国,国内卷烟产品的消费环境正面临前所未有的挑战,其限制变得更加严格。在此背景下,无烟烟草制品作为烟草消费的替代形式,正逐渐获得禁烟环境下消费者的青睐。遗憾的是,长期以来,我国市场上缺乏以传统烟草为原料的无烟烟草制品,且卷烟消费习惯根深蒂固,导致无烟烟草制品的接受度有限。但值得注意的是,日益强化的控烟政策和禁烟环境催生了新的市场需求,为无烟烟草制品的兴起提供了潜在的市场空间。市场上开始涌现出以戒烟为卖点的卷烟替代品,如含有烟碱或烟碱盐的戒烟糖、戒烟灵、真顺、如烟等产品,它们在一定程度上填补了市场空白,成为烟草消费的补充选项。从政策层面看,国内对于无烟烟草制品尚无明确界定,也缺乏针对性的法律法规,导致戒烟产品及卷烟替代品在市场定位上模糊不清,游走在药品与烟草制品的边界,无形中扰乱了烟草市场的正常秩序。与此同时,在国际舞台上,无烟烟草制品正经历着快速发展,近年来迅速崛起为烟草消费的重要分支和增长点。国际烟草巨头纷纷加大研发投入,积极抢占这一新兴市场,预示着无烟烟草制品将成为全球烟草行业发展的重要趋势。这一国际趋势为我国烟草行业的转型升级提供了重要启示,也促使我们思考如何在国内市场合理引导和规范无烟烟草制品的发展。

### 1.2.3 消费层面

无烟烟草制品的两大主流形式为袋装口含烟与胶基型嚼烟。袋装口含烟使用方式简便,只需将产品轻置于牙龈与嘴唇间,经由唾液溶解,即可吸收其中的烟碱等有效成分。而胶基型嚼烟是将烟草或其提取物融入可食用胶基之中,通过咀嚼的方式释放烟碱,其消费体验与口香糖颇为相似。后者作为广受欢迎的清新口气、缓解压力的日用品,为胶基型嚼烟的市场接受度奠定了良好基础。胶基型嚼烟不仅保留了烟草的本香,还巧妙融入了水果、薄荷等香气提取物,让用户在享受烟草韵味的同时,也能感受到清新口气的愉悦,实现了自我愉悦与社交和谐的双重体验。更进一步地,通过添加功能性提取物,这类产品不仅能满足消费者心理与生理上对烟草的需求,还能有效缓解吸烟引起的呼吸系统不适,赋予其改善口腔、咽喉乃至呼吸道健康的保健功能,从而丰富了嚼烟的品类与价值。胶基型嚼烟凭借其独特的结合——烟草提取物或烟碱与口香糖载体的创新融合,不仅为消费者带来了满足感,更在无烟环境下展现出无二手烟、不扰人的显著优势,彰显了其作为消费品的卓越性。其结构简单、制造便捷、使用卫生安全,加之低含水量设计便于长期保存与携带,以及多彩的外包装设计,均大大提升了产品的吸引力与接受度。因此,胶基型嚼烟在国内市场拥有庞大的潜在消费群体与广阔的发展空间,其目标受众包括有吸烟需求却受环境限制者、注重健康的吸烟者及潜在的烟草消费者。

审视当前中国市场,虽尚无胶基型嚼烟直接销售,但口含烟、戒烟贴片等类似产品已初现端倪,然其目标人群与产品特性各异。鉴于此,开发一系列融合"中式"特色、多样化风格、以消费舒适度为核心的无烟烟草制品,以精准对接我国消费者的多元化需求,已成为亟待解决的关键议题。

## 1.3 无烟烟草制品专利分析与市售典型产品分析

### 1.3.1 无烟烟草制品专利分析

鉴于无烟烟草制品领域的专利技术呈现高度分散状态,各公司研发焦点存在广泛的重叠与交叉,目前尚未有企业能够独树一帜,形成清晰独特的技术发展轨迹。相关专利的主题多聚焦于产品配方的创新与优化。为了推动无烟烟草制品的研发进程,项目组深入剖析了全球主流烟草公司在中国提交的相关专利,进行了详尽的技术剖析,旨在为无烟烟草制品的研发工作奠定坚实的理论和技术基础。同时,针对可能构成商业化路径障碍的核心专利,项目组还提出了有效的规避策略与思路。表1-2详细列出了各专利申请人/专利权人公司的具体情况,以便进一步分析与参考。

表1-2 专利申请情况表

| 公司全称 | 公司简称 | 缩写 | 国籍 |
| --- | --- | --- | --- |
| 菲利普莫里斯生产公司 | 菲莫 | PM | 瑞典 |
| R·J·雷诺兹烟草公司 | 雷诺 | LN | 美国 |
| 日本烟草产业株式会社 | 日烟 | JP | 日本 |
| 英美烟草(投资)有限公司 | 英美 | YM | 英国 |
| 美国无烟烟草公司 | 无烟烟草 | WY | 美国 |

续表

| 公司全称 | 公司简称 | 缩写 | 国籍 |
|---|---|---|---|
| 其他国外公司 | 其他 | QT | — |
| 国内烟草公司或个人 | 国内 | GN | 中国 |

#### 1.3.1.1 产品外在形态

袋装口含烟的使用方式是将之置于口中,唾液穿透包装袋浸润其中的烟草粉末,使烟草成分溶解,随后在口腔内被吸收或可能随唾液进入胃部。使用完毕后,需将包装袋及残留的烟草渣吐出并丢弃。此类产品中,北欧的 Snus 型鼻烟作为湿型烟草的代表,已在国际市场上发展得相当成熟。

为丰富产品风味,部分袋装烟在包装袋内嵌入了特殊胶囊,这些胶囊能在遇水或受外力作用时破裂,释放出内置的香料,为产品增添层次感。专利 LN-1 便揭示了这种含胶囊袋装烟的巧妙设计,其结构简洁却高效,成为该领域技术创新的核心专利之一。

在袋装烟的制造中,透水性包装袋与胶囊均扮演着关键辅材的角色。关于这些辅材的详细信息,后文将有进一步阐述。

袋装烟的优势在于其简约的产品形态与便捷的加工流程,然而,它也存在着不容忽视的缺点:

a. 高达 30%~60% 的含水量使得产品容易受潮发霉,保质期相对较短,通常需要冷藏保存以确保品质;

b. 使用后留下的湿润包装袋不仅处理起来不够雅观,还增加了用户的处理负担;

c. 烟碱释放过程不够均匀,从初入口时的无味,到唾液充分浸润后烟草成分的突然大量释放带来的强烈刺激,再到后续成分的减少导致的口感寡淡,整个过程影响了用户的体验;

d. 产品在外观与颜色上缺乏多样性,难以满足消费者对个性化的追求。

鉴于上述提到的诸多不足,袋装烟在国内市场尚未获得消费者的广泛接纳,尽管它在欧美,特别是北欧地区已深入人心。为了克服上述缺点 a,即在保持袋装烟基本形态的同时提升其存储稳定性,专利 GN-61 创新性地提出了一种解决方案:将低含水量的烟草粉末与水分分开存放,并在使用前即时混合。该专利具体揭示了一种新型袋装口含烟外包装结构,其特色在于采用两个上下对置、四周密封连接的铝箔层,其中一层铝箔上额外密封有一层 PVC 膜,形成独立的水袋,内部充满纯净水。此设计的核心优势在于,它有效解决了传统袋装口含烟因高含水量(30%~60%)而易发霉的问题,即便在冷藏条件下,保质期也仅能维持三个月左右。GN-61 专利则通过采用更为干燥的烟草粉末(如含水量降至 12% 左右),并在使用前刺破水袋进行即时加湿,使烟草恢复至适宜口中使用的 30%~60% 含水量。这种即时加湿技术显著降低了产品的初始含水量,从而延长了保质期,即便在常温下也能保存一年以上。此种将烟草成分分离并在使用前整合的策略,为行业提供了宝贵的借鉴。

针对缺点 b 和 d,即湿包装袋的不便处理及产品外观单调的问题,主要依赖于开发其他形态的无烟烟草制品,如烟草口香糖(其嚼后胶基相比湿袋更易处理)和含化烟(完全无须吐渣),后续将详细探讨这些产品的具体形态。

为解决缺点 c,即烟碱释放不均匀的问题,一种有效的策略是研发烟碱缓释技术。这涉及将烟草粉末包裹在可控制的包膜材料内形成微胶囊,并精确调控胶囊的溶解与破裂时机,以实现烟碱的均匀释放。在此方面,专利 GN-25、GN-26 及 GN-32 提供了宝贵的参考与启示。

专利 WY-4 创新性地揭示了一种以烟草口香糖为核心理念的咀嚼型无烟烟草产品。该产品巧妙地将烟草组合物(烟草与成型剂的混合)嵌入不溶性的多孔基质之中,如多孔聚氨酯泡沫体,该基质设计为可咀嚼且呈橡胶状外观,使用后易于吐出并废弃。特别地,优选粒径精细的烟草颗粒,逐级细化至小于 25 μm,以优化口感与释放效果。成型剂则主要扮演黏合剂角色,确保烟草颗粒紧密成型。

专利WY-10则另辟蹊径,推出了一种采用"整体模塑"技术的无烟烟草制品,其精髓在于通过加热混合热塑性聚合物颗粒与烟草颗粒,利用边缘软化现象使聚合物颗粒"烧结"成多孔基质,自然包裹烟草颗粒,形成独特结构。此过程中,通过精细调控热塑性颗粒的粒径分布,可实现对多孔基质孔径的精准控制,进而影响唾液渗透的效能。进一步地,调整热量与温度分布策略,还能创造出孔径分布不均的多孔基质,提升产品多样性。

专利GN-43则展现了一种融合传统与现代的创新之作——含烟草成分的花生糖嚼烟。此产品在传统花生糖配方(脱皮花生仁、芝麻、麦芽糖、蔗糖、食用油、食盐)的基础上,创造性地融入了占总重5%～15%的烟草组合物,该组合物由烟草提取物、烟草净油、食用浸膏、食用精油及适量食用溶剂精心配比而成,比例范围分别为15%～30%、1%～10%、10%～15%、1%～5%。尽管此专利的核心在于产品形态的创新,即花生糖形式的应用,但其配方本身亦不失为一次有趣的尝试。

专利GN-44创新性地推出了一种烟草口香糖,其核心亮点在于其独特的烟草提取物处理工艺。该提取物源自烟草提取液的浓缩液或干燥粉形式,且在浓缩过程中精心融入了赋香剂,如β-环糊精、多样化糖类、纤维素衍生物及糖醇类物质,以提升产品的感官体验。此专利的核心技术优势在于:通过在烟草提取液浓缩阶段加入赋香剂,不仅有效捕捉并保留了烟草中的珍贵香气成分,防止其在高温浓缩过程中的大量散失,还避免了提取液颜色的不利变化。赋香剂内富含的羟基与香气成分中的低分子量氨基酸、脂肪酸等形成稳定的氢键,有效抑制了低沸点香气成分的逃逸。同时,糖类物质中的醛基与氨基酸的氨基发生美拉德反应,生成色泽与烟草提取物原色相协调的产物,进一步增强了产品的色泽与香气表现。

顺应中国市场需求与消费者偏好,当前袋装口含烟趋势倾向于减少包装使用与避免残渣吐出,以更好地适应成年男性这一烟草制品主要消费群体,并满足商务场合的优雅需求。鉴于此,GN-44专利中的烟草提取物设计为可溶性,无须吐出残渣,且能灵活应用于多种载体之上,便于加工成型,大大拓宽了产品的使用场景与受众范围,使其更加贴近并满足消费者的期待。

在汲取上述专利灵感的基础上,我们可以进一步探索并创造出更多别具一格的外在形态,这些形态将深入借鉴当前丰富多样的食品形式,并着重考虑产品的便携、小份化包装需求以及无残渣吐出的便捷性。例如,我们可以设计出爆米花型产品,其中烟草本身被精心膨化,或是利用膨化的淀粉类物质作为载体,巧妙吸附烟草提取物,带来新颖的口感体验。同时,海苔型产品也是一个创意之选,通过在海苔片上均匀撒布烟草粉末或吸附烟草提取物,为传统海苔增添一抹独特风味。

此外,我们还可以借鉴锅巴或薯片的形态,将烟草粉末或烟草提取物融入其中,打造出既满足味蕾又便于携带的零食产品。对于追求新颖体验的消费者,液滴胶囊型产品则是一个不错的选择,它类似于婴幼儿补充维生素的小胶囊,内含烟草提取物浓缩液,使用时轻轻咬破即可释放,既方便又卫生。

为了满足更多元化的市场需求,我们还可以开发烟草口服液型和烟草功能饮料型产品。烟草口服液型产品采用类似葡萄糖酸锌口服液的包装设计,内含高浓度的烟草提取物,消费者可通过吸管轻松饮用。而烟草功能饮料型产品则借鉴了红牛等能量饮料的概念,将烟草提取物融入饮料中,为消费者提供全新的提神醒脑选择。这些创意形态不仅丰富了烟草产品的种类,也进一步拓宽了其在不同消费场景下的应用潜力。

### 1.3.1.2 产品减害化

鉴于无烟烟草制品的特殊使用方式——直接进入口腔乃至消化道,而非传统燃烧吸入,其对于烟草内各类有害物质的含量标准自然更为严苛,减害研究因而成为至关重要的探索领域。烟草中所含的多种有害物质,包括但不限于烟草特有亚硝胺(TSNAs)、重金属、苯并芘、丙烯酰胺、醛类化合物及多酚类物质,乃至过量的烟碱,均可能对口腔及消化道黏膜构成潜在威胁,其中相当一部分危害源自对过氧化物酶的破坏,进而引发自由基介导的损伤。

无烟烟草制品作为传统点燃型卷烟的替代品,其核心优势与卖点在于对消费者健康的关怀与保护。因此,在产品开发过程中,减害策略的制定与实施显得尤为关键。具体而言,减害途径可归纳为两大方向:一是从源头上着手,采用先进技术有效减少或去除烟草中的有害物质;二是通过添加具有保护性的功能化制剂,作为防护屏障,进一步降低潜在危害。这两种策略相辅相成,共同致力于提升无烟烟草制品的安全性与健康效益。

1. 减少烟草特有亚硝胺 TSNAs

专利 LN-11 提出了一种高效减少 TSNAs 含量的方法:鉴于 TSNAs 易溶于水的特性,该专利利用制备型 HPLC 技术,通过精确测定并排除富含 TSNAs 的馏分,实现有效去除。此外,还探索了分子印迹聚合物(MIP)及非印迹聚合物(NIP,源自 Biotage LLC, Charlotte, NC)的应用,这些聚合物能选择性吸附 TSNAs,从而进一步净化烟草水提取物。

专利 PM-3 则另辟蹊径,聚焦于减少 TSNAs 前体的生成。研究发现,使用极性质子溶剂(如水)提取烟草时,会引入亚硝酸盐,这些亚硝酸盐在后续处理中易与烟草生物碱反应生成 TSNAs,既损失了烟碱又产生了致癌物质。为此,PM-3 专利引入抗氧化剂与亚硝酸盐反应,将其清除,从而从源头上减少了 TSNAs 的生成。随后,通过不溶性聚合物等材料的吸附作用,将抗氧化剂从体系中移除,确保了产品的纯净度。

专利 QT-11 则综合了多种策略,以协同作用降低 TSNAs 含量。首先,考虑到烟草茎中 TSNAs 含量仅为烟草叶的一半,该专利建议在烟草原料中适量掺入烟草茎以降低整体 TSNAs 水平。其次,利用微波或高频电磁波在烟草熟化过程中的照射作用,有效抑制亚硝化反应的发生。再者,通过常规消毒手段(如巴氏消毒)去除微生物,防止其诱导的亚硝化反应。最后,强调在熟化过程中避免厌氧条件,以减少 TSNAs 的生成环境。这些方法既可单独实施,也可根据具体情况灵活组合,以达到最佳的减害效果。

2. 减少重金属

专利 PM-3 提供了减少重金属的方法,其中用于去除抗氧化剂的不溶性聚合物,如聚乙烯咪唑(PVI)、聚乙烯吡咯烷酮(PVP)、聚乙烯聚吡咯烷酮(PVPP)等,同时具有吸附重金属的作用。

3. 减少苯并芘

专利 LN-11 提出了减少苯并芘的有效方法。其原理基于苯并芘不溶于极性质子溶剂(如水)的特性。因此,当采用水浸提法处理烟草(以火烤烟草为例)时,所得的水性提取液中会富集烟草的特征香味成分,而苯并芘的含量可显著降低至烟草原有苯并芘含量的 1% 以下。这一发现凸显了使用烟草提取物相较于直接使用烟草粉末的显著优势。然而,在某些情况下,若需采用烟草粉末或其水浸提后的残渣作为无烟烟草制品的原料,则必须进一步处理以去除其中残留的苯并芘。此时,可采用 $CO_2$ 超临界萃取技术,有效地将苯并芘从这些物质中萃取并去除。

4. 减少丙烯酰胺

专利 LN-12 详尽地揭示了有效降低烟草材料中丙烯酰胺含量的新方法:该方法通过采用特定添加剂的水溶液对烟草材料进行热处理,相较于未经此处理的烟草,能够显著地将丙烯酰胺的含量降低 60%~96%。所提及的添加剂种类广泛,包括但不限于赖氨酸、甘氨酸、组氨酸、丙氨酸、甲硫氨酸、谷氨酸、天冬氨酸、脯氨酸、苯丙氨酸、缬氨酸、精氨酸等氨基酸,以及二价阳离子、三价阳离子、门冬酰胺酶、糖类、酚类化合物、还原剂、含有游离硫醇基团的化合物、氧化剂(例如过氧化氢)和氧化催化剂等。

此方法的核心在于,添加剂溶液的热处理过程,能够有效阻断烟草中天冬酰胺与还原糖之间发生反应生成丙烯酰胺的途径。进一步地,专利还提出了利用酶或益生菌作为额外的策略,以抑制丙烯酰胺的生成,从而为烟草产品的安全性提供了多重保障。

5. 减少醛类物质

专利 LN-12 创新性地披露了一种利用含胺官能团的离子交换材料高效去除烟草提取物中醛类化

合物的新方法。这一技术通过特异性地结合并去除有害的醛类成分,为提升烟草产品的安全性和品质开辟了新途径。

**6. 减少黄曲霉素**

在烟草加工流程中,必经的醇化(生物发酵)阶段不可避免地促成了强致癌物黄曲霉素的生成。鉴于传统卷烟通过燃烧吸食,故黄曲霉素问题未显紧迫;然而,无烟烟草产品因需直接入口,故有效去除黄曲霉素成为必要考量。

当前已公开的专利文献中,鲜有专门针对烟草中黄曲霉素去除的方法。通过跨领域检索,我们借鉴了食品加工行业的几种潜在解决方案及其相关专利:

(1)高温高压处理:此方法基于黄曲霉素在高温高压环境下易分解的原理,尽管有效,但能耗巨大,经济上不划算,故非首选。

(2)溶剂萃取法:鉴于黄曲霉素在有机溶剂中的高溶解度,乙腈、乙醇、氯仿、二甲基亚砜等被提出用于萃取。然而,多数溶剂存在毒性问题,不适合用于无烟烟草原料的处理,仅乙醇等少数溶剂较为安全可行。

(3)伽马射线辐照:如专利CN101491310A所示,$^{60}Co$辐照虽能去除部分黄曲霉素,但在高辐射剂量下效率有限(约60%),不足以作为单一解决方案。

(4)吸附剂法:此法展现出较高潜力,如专利CN101366467介绍的改性蒙脱土离子筛,通过特定处理显著提升了对黄曲霉素的吸附能力(约80%)。另一专利CN102836694A则进一步优化了吸附剂的制备,实现了对多种霉菌毒素的广谱吸附,尽管具体针对黄曲霉素的效果数据不详。

鉴于烟草行业的特殊性,建议优先考虑对烟草提取液采用伽马射线辐照结合高效特异性吸附剂的处理方式,以确保在去除黄曲霉素的同时,尽量保留烟香等有益成分。对于烟草粉末,鉴于其不适于直接吸附处理,伽马射线辐照虽效率有限但仍为可行选择;若需更高效的处理方式,则需权衡溶剂萃取后额外干燥处理带来的成本与复杂度,或考虑在产品设计中避免使用粉末形态,仅采用提取液形式。

**7. 防止口腔/消化道黏膜损伤**

鉴于无烟烟草产品直接与口腔、鼻腔及消化道接触,其强烈的刺激可能引发黏膜上的自由基损伤,进而诱发包括口腔癌、牙龈炎、黏膜白斑在内的多种口腔病变以及上呼吸道的多种损害。为有效减轻这些健康风险,必须采取措施以减少无烟烟草产品对黏膜的损伤,核心策略之一是向产品中添加防护性成分,比如含硒化合物、酶类以及中药制剂等。

已授权的专利QT-1介绍了一种创新的口内组合物,该组合物专为缓解由烟草制品引发的自由基损害而设计。其独特的配方能够显著降低自由基导致的口腔病变风险,包括预防口腔癌、牙龈炎及黏膜白斑的发生,并减轻对上呼吸道的潜在损害,从而在享受烟草制品的同时,实现更为显著的减害效果。

专利QT-4提出了一种创新方法,即向无烟烟草或其包装材料中融入氰化物螯合剂或铁螯合剂,旨在减轻或预防呼吸道及消化道内由烟草引发的过氧化物酶失活现象。这里所指的过氧化物酶特指口腔过氧化物酶,包括唾液过氧化物酶与髓过氧化物酶,它们对于抵御烟草中过氧自由基及超氧自由基对口腔细胞的侵害至关重要。然而,烟草中的有害物质往往能导致这些酶失活,因此,本专利引入的特定物质能有效缓解或阻止这一失活过程,进而减少或防止因烟草引起的细胞损伤。

专利GN-34则揭示了另一种提升无烟烟草制品安全性的策略,即添加具有茉莉花茶香味的黏膜保护剂。这类保护剂在唾液的作用下能迅速形成一层黏液膜,紧密覆盖并保护口腔黏膜,显著降低烟碱带来的刺激感及烟草对口腔黏膜的潜在危害。具体而言,该黏膜保护剂属于凝胶类,包括胶态铋剂、欧柏宁凝胶、蜂胶、卡拉胶、黄原胶、阿拉伯胶、壳聚糖、低聚葡萄糖胺、决明子胶、白及、魔芋胶等多种成分,均展现出卓越的黏膜保护效果。

此外,专利GN-36致力于提升无烟烟草制品的使用体验,在传统配方中融入润喉中药材与上述凝胶类黏膜保护剂。这些黏膜保护剂同样能在唾液作用下形成保护膜,不仅可减轻烟碱刺激与苦涩口感,还进一步强化了对口腔黏膜的全方位保护。

8.使用烟草替代品

减害策略的核心在于采用富含生物碱或具备类似烟草香气的其他植物来部分或全部替代传统烟草,从而达到减轻健康风险的目的。

专利GN-5创新性地推出了一种生化发香保健吸品,该产品巧妙融合了多种非烟草属植物的精华,包括荷叶、苦麻菜、桑叶及莲房等,这些植物富含生物碱类、羰基化合物、萜烯类、有机酸类及芳香醇类物质。通过模拟烟草的醇化、润叶、加香等复杂工艺,不仅成功模拟了常规烟草的感官体验,还进一步融入了功能性中草药组合物与精选香料,旨在为用户带来独特的功能体验与愉悦香气。

而专利GN-12与GN-13聚焦于无烟烟草产品的优化,其原料构成中虽然保留了烟草这一基础元素,但创造性地引入了茶叶、可可、咖啡中的至少一种作为重要配料。这些配料不仅自身富含生物碱,具备提神醒脑的功效,而且均被广泛认可为安全成分。它们的加入有效替代了部分烟叶的使用,显著降低了烟草制品对健康的潜在危害,为消费者提供了更为健康、多样的选择。

9.减害领域研发思考

从源头上削减烟草成分中的有害物质含量,无疑是实现减害目标的根本途径,其效果远胜于单纯依赖添加防护剂的减害策略。在减害过程中,一个常见的挑战便是"投鼠忌器"现象,即减害措施往往不经意间也影响了烟碱等关键烟香成分的保留,导致风味受损。

因此,我们需系统性地评估现有无烟烟草制品中各类典型有害物质的含量,明确哪些成分偏高,从而锁定减害工作的重点。随后,沿着从烟草原料到最终无烟产品的完整加工链条,深入探究每种有害物质的生成、存在及传递机制。这包括但不限于烟叶品种的科学选择、烟叶的醇化处理、粉碎加工、浸提及化学处理、浓缩、干燥等关键环节。通过细致研究某一特定有害物质在这些环节中的分布与传递路径,我们可以精准定位其产生的源头及扩散的关键节点,为后续采取针对性措施提供科学依据。

将减害技术与烟草提取物制备技术有机融合,将极大地促进减害工作的实施。利用烟草中有效成分与有害物质在溶剂中溶解度的显著差异,我们可采用物理分离的方法有效去除有害物质,同时最大限度保留烟草的天然风味和有效成分。在此过程中,优先选择对烟草提取液进行操作,因为相较于固体物料,液体物料在处理上更为便捷,且反应或吸附效率更高,从而能够更有效地实现减害目标。

### 1.3.1.3 口味调控和产品功能化

鉴于无烟烟草产品直接入口的特性,其口味成为至关重要的感官性能指标,直接关联到对消费者的吸引力及产品的商业化成功。为了在竞争激烈的市场中脱颖而出,赋予产品独特的特定功能成为吸引消费者目光的有效策略。鉴于此,针对口味优化与产品功能化创新,业界涌现了大量专利,尤其是国内专利,这些创新成果不仅丰富了无烟烟草产品的多样性,也推动了行业的持续进步与发展。

1.口味温和化和口味一致性

口味温和化旨在减轻烟碱带来的强烈辛辣与刺激感,以适应不同消费群体的偏好。鉴于国外无烟烟草产品多采用明火烤烟作为原料,其显著的辛辣气味虽符合欧美消费者追求刺激的口味,却难以满足东方人偏好的温和口感。因此,进行口味温和化处理显得尤为重要。同时,口味一致性调控也是关键,它确保烟碱在整个使用过程中能够均匀释放,提升口感的持久性与稳定性。由于两者在技术手段上常有交集,故在此合并讨论。

目前,已公开的专利方法主要包括采用中国特有的温和型烤烟原料,利用烟碱缓释技术控制释放速度,以及通过调节口腔pH值至偏酸性环境,促使烟碱以质子盐形式溶出,从而减少其分子形态下的强烈刺激性。值得注意的是,部分欧美厂家致力于增强口感的刺激性,其专利多聚焦于提高烟碱的生物利用率。若要实现口味温和化,则需采取与这些欧美专利相反的策略。

以下将介绍几种典型的专利方法,这些方法均能有效实现无烟烟草产品的口味温和化与一致性调控:

专利 PM-1 揭示了一种创新方法,可显著提升烟碱的生物利用率,其关键在于两点:一是采用薄片状设计,极大地增加了烟草与口腔的接触面积;二是烟草粉末经过精细处理,比表面积达到最大化,从而促进了烟碱的有效吸收。

授权专利 WY-1 则通过添加特定材料实现了口味的温和化,具体为一种嚼烟或鼻烟产品,其中烟草质量分数超过 7.5%,而薄荷植物材料(由薄荷叶与薄荷茎混合而成)的质量分数则低于 92.5%。这种独特的组合不仅有效减轻了烟草本身的不良味道(如苦涩、辛辣、涩味)及喉咙与胃部不适等,而且展现出了出人意料的协同增效作用。相比之下,仅添加等量的外源性薄荷油并未达到相同效果,进一步验证了该专利的创新性与实用性。该专利看似简单,却历经专利无效程序的考验而屹立不倒,足见其原创价值,实为一项核心专利。

专利 WY-4 引入了天然苦味阻断剂 Comax,作为缓解烟草苦味的新策略。

专利 GN-15 与 GN-16 聚焦于无烟烟草产品的原料配方优化,均采用了晾晒烟作为中国特有原料,替代了国外常见的明火烤烟,实现了产品的口味温和化及原料本土化,满足了特定市场的需求。

授权专利 GN-25 则通过烟草提取物微胶囊技术,实现了烟碱的缓释效果,延长了口感的持久性,并改善了口味的一致性。微胶囊外壳采用多种包膜材料制成,如阿拉伯胶、海藻酸钠等,内部封装烟草提取物。该微胶囊的制备采用常规的乳液干燥法,确保了高效与稳定。

专利 GN-26 则另辟蹊径,利用缓释碱微胶囊控制口腔 pH 值,维持在 6~8 的中性范围,从而优化烟碱的释放形式,增强其口感的持久性。相比之下,非缓释碱会导致口腔环境酸碱度波动,影响烟碱的口感体验。

专利 GN-29 将茶氨酸应用于胶基咀嚼型无烟烟草制品中,凭借其酸性与独特风味,不仅促使烟碱以质子盐形式温和释放,还带来了甜味与鲜爽感,有效降低了烟碱的辛辣刺激,同时提升了使用者的生理愉悦感,降低了对烟碱的依赖。

专利 GN-32 针对烟碱释放不均的问题,提出了在烟末中加入缓释剂的解决方案,有效改善了无烟烟草制品的口味一致性,确保了全程口感的均衡与稳定。

专利 GN-34 与 GN-36 则通过添加黏膜保护剂,利用其在唾液作用下形成的黏液膜,为口腔黏膜提供了有效保护,显著降低了烟草的刺激感,实现了口味的温和化。

专利 GN-39 则通过避免使用白肋烟、采用烟草超微粉末以及引入泡腾崩解剂(碳酸氢钠与枸橼酸)等技术手段,成功降低了产品的辛辣刺激性,并提高了烟碱的生物利用率,使最终产品呈现出适中的刺激性。同时,该专利融入了复合维生素的补充功能,提升了产品的健康价值。

专利 GN-40 同样采用了烟草超微粉末作为核心原料,打造出压片型无烟烟草产品,其细腻的口感、清凉舒适的体验以及低刺激性,均得益于独特的配方设计,为消费者带来了全新的使用体验。

2. 口味特色化和产品功能化

口味特色化策略旨在通过融入具有鲜明特色的物质,如食盐、甜味剂、香料以及特定风味的植物成分(如酸梅、大枣、槟榔、橄榄等),为无烟烟草制品赋予独一无二的口味与香气,满足消费者的多样化需求。

产品功能化则侧重于添加具备特定功效的添加剂与中药制剂,尤其是中药制剂的加入,不仅丰富了产品的功能属性,还赋予其传统医学的保健作用。

专利 WY-3 创新性地提出了一种低成本且长效的增香方法,通过固体增香剂(如豆、坚果、榛子等,可事先磨碎)与烟末的混合存放,实现香味成分的自然转移,相较于传统的香料溶液喷洒法,该方法不仅简化了工艺,还显著增强了香味的持久性。然而,由于其思路较为常规,该专利未获授权。

专利 GN-29 则将茶氨酸巧妙融入胶基咀嚼型无烟烟草制品中,茶氨酸的酸性特性促使烟碱以更为温和的质子盐形式释放,同时其自带的甜味与鲜爽感有效缓解了烟碱的辛辣刺激,为口腔带来清新感受。此外,茶氨酸还能促进多巴胺的释放,提升使用者的生理愉悦感,降低对烟碱的依赖。

授权专利GN-30通过向口含型无烟烟草制品中掺入梅子粉或梅子提取物,利用其丰富的有机酸特性中和烟碱,有效减轻了烟碱带来的辛辣苦涩感,同时梅子本身的酸甜口味也大大提升了产品的口感体验。

授权专利GN-2与GN-4分别展示了超氧化物歧化酶在功能化口含烟中的应用,该酶据称具有缓解疲劳、改善动脉硬化、降低血脂及淡化色斑等多重功效。其中,GN-4还特别强调了胶基的存在,不仅模拟了口香糖的清洁与口气清新效果,还避免了烟草粉末的使用。

专利GN-7虽提出了以木糖醇为唯一甜味剂的口香糖配方,旨在满足糖尿病患者需求并保护牙齿,但由于其技术属于公知常识,故未获授权。

专利GN-8则介绍了一种常规的烟草口香糖配方,其特点在于可能添加的食用浸膏类物质,用于赋予产品特定的植物风味,但在技术创新方面并无显著突破。

授权专利GN-17则是一次大胆的尝试,其将槟榔与咖啡引入无烟烟草制品中。槟榔生物碱的兴奋作用与咖啡的提神效果相辅相成,不仅模拟了卷烟的焦甜香气,还通过咖啡的温热性平衡了槟榔与烟草可能带来的寒凉感,为用户带来更为舒适愉悦的口感体验,同时避免了肠胃不适的问题。

授权专利GN-18揭示了一种创新的爽口片型无烟烟草制品,其成分包括羧甲基纤维素钠、阿拉伯胶、甘油、普鲁兰多糖、羧甲基壳聚糖、调味剂及烟草提取物(与GN-14所示烟草爽口片成分相同),并特别添加了质量百分数为5%~40%的沙棘制剂。沙棘制剂形式多样,如沙棘粉、提取液及其精制物,乃至沙棘茶细末,不仅丰富了产品风味,还赋予了产品独特的医疗保健效益。此外,该沙棘制剂还可灵活应用于硬质糖型、胶基型及巧克力型无烟烟草制品中。

授权专利GN-19则推出了袋装无烟烟草制品,其配方经过精心配比,包括35%~70%的烟草材料、1%~30%的枣类制剂(涵盖水提取物、乙醇提取物、超临界$CO_2$提取物及枣粉等多种形式)、1%~6%的酸碱调节剂、0.5%~5%的矫味剂、1%~8%的甜味剂、1%~10%的香味剂、0~6%的赋香烟用枣精,并加水至总量100%。该专利的亮点在于枣类制剂的加入,不仅为产品增添了红棕色泽与油润光泽,还赋予产品醇厚的枣香,同时具备生津液、补脾益气、安神养血的健康益处。

授权专利GN-20聚焦于含罗汉果的无烟烟草制品,其配方比例科学,融合了30%~70%的烟草材料、1%~25%的罗汉果制剂(形式多样,如粉末、提取液、精制物、罗汉果茶及甜甙提取物)、1%~8%的酸碱调节剂、0~8%的矫味剂、0~10%的甜味剂、1%~10%的香味剂及0~5%的清凉剂,水含量控制在5%~40%。罗汉果制剂的引入,使得产品兼具清热润肺、止咳化痰、润肠护肝的保健功能。

专利GN-21创新性地推出了具有可可风味的口含烟,其配方包含30%~70%的烟草材料、10%~40%的可可制品(如碱化可可粉、可可脂或可可提取物)、1%~7%的可可风味增强剂(由可可壳酊、可可粉酊、可卡醛、香兰素、麦芽粉及食用乙醇精心调配而成)、1%~8%的甜味剂、1%~10%的香味剂及0~5%的清凉剂。该专利的核心在于可可制品与风味增强剂的完美结合,赋予了产品浓郁的可可风味。

专利GN-22则带来了具有雪茄风味的口含烟,其独特配方包括50%~70%的烟草材料、10%~30%的水、1%~5%的朗姆酒、1%~5%的矫味剂、1%~5%的碳酸氢钠、1%~5%的甜味剂及1%~10%的香味剂。朗姆酒的加入,为产品增添了醇正浓郁的雪茄风味,令人回味无穷。

授权专利GN-25再次展示了技术创新,其无烟烟草产品通过烟草提取物微胶囊实现烟碱缓释,延长口感持久性;同时,加入膳食纤维,促进肠道蠕动,有助于粪便排出,提升了产品的健康价值。

专利GN-31则带来了榴梿风味的无烟烟草,榴梿制剂的加入不仅赋予了产品独特的榴梿风味,还利用其富含的有机酸中和烟碱,有效降低了烟碱带来的辛辣苦涩感。

专利GN-34推出的茉莉花茶香味无烟烟草制品,通过添加茉莉花茶与黏膜保护剂,实现了双重功效:茉莉花茶赋予产品清新香气,而黏膜保护剂在唾液作用下形成黏液膜,保护口腔黏膜,减轻烟碱刺激,让茉莉花茶的香味更加突出。

专利 GN-35 则摒弃了传统外加香味源的做法,采用新鲜烟叶直接制备无烟烟草制品。这种方法保留了烟草中的天然成分,如类蛋白、多糖类物质及香味物质,使得产品色泽黄绿、油分充足,带有新鲜烟叶的特有香味,口感平和舒适,适合国内消费者。

专利 GN-36 则在常规无烟烟草制品的基础上,加入了润喉中药材与黏膜保护剂,不仅润喉利咽、滋阴生津,还显著减弱了烟碱的刺激感,提升了产品的使用体验。

专利 GN-54 则专注于槟榔风味的无烟烟草制品,其技术亮点在于利用槟榔中的鞣酸与烟草中的烟碱相互中和,既减轻了鞣酸的酸涩感,又降低了烟草的辛辣刺激性,实现了风味的和谐统一。

专利 GN-63 创新性地公开了一款保护胃黏膜型口含烟,该产品在传统口含烟配方的基础上,巧妙融入了保护胃黏膜的中药制剂。这些制剂形式多样,包括中药材细粉、水煎剂及醇提取液,它们共同发挥健脾益气、疏肝和胃、理气活血、化瘀止痛、散结制酸、敛疡生肌及清热化湿等多重功效,为胃黏膜提供全面保护。

专利 GN-64 则带来了含啤酒花成分的口含烟,其精心设计的配方包含 20~50 份烟草原料、1~30 份啤酒花或啤酒花制品(如鲜酒花、压榨酒花及其加工品如酒花粉、颗粒、浸膏、酊、油等)、适量咸味剂(0.5~5 份)、甜味剂(1~30 份)、天然香味剂(0.5~15 份)、保润剂(1~5 份)、赋形剂(0~10 份)、抗氧化剂(0.005~1 份)以及水(30~60 份),并辅以适量酸度调节剂。该专利的特色在于啤酒花或其制品的加入,不仅赋予了产品独特的啤酒花风味,还通过与其他成分的协同作用,提供了生理上的满足感和愉悦的口感体验。同时,该产品还展现出抗菌抗氧化、镇静安神、健胃消食及化痰止咳等多重健康益处,并显著降低了对口腔黏膜、咽喉、食道及胃黏膜的刺激性。

专利 GN-65 公开了一款含荞麦属植物颗粒的口含烟,其独特之处在于将荞麦属植物颗粒融入传统口含烟配方中。这些颗粒不仅带来了独特的麦香与焦香,还富含芦丁、赖氨酸、有机硒等珍稀营养元素,这些元素在其他谷物中几乎不含,具有降血糖血脂、预防心血管疾病、抗自由基、抗疲劳、保护胃黏膜及提升免疫力等多重健康功效。

专利 GN-66 则专注于含花粉的口含烟研发,通过在常规配方中添加花粉,实现了产品的又一创新。花粉在此不仅作为香料载体,还发挥保香与缓释的双重作用。配方中各成分相辅相成,有效减轻了烟碱的刺激作用,并降低了因烟碱摄入过多可能导致的胃酸过多、胃溃疡及十二指肠溃疡等不良影响,为用户提供了更加健康、舒适的吸烟体验。

3.口味调控和产品功能化的研发思考

广撒网不如深耕细作。与其分散精力进行多种口味的广泛研发,且需付出额外精力引导消费者接受,不如聚焦于几种广为消费者所喜爱的经典口味的开发,比如借鉴饮料或口香糖行业中广受欢迎的口味类型(如薄荷味、各类水果味),这样的策略更有可能快速打造出具有强大商业化潜力的产品。

#### 1.3.1.4 辅材及其制备工艺

1.透水性包装袋

透水性包装袋的主要功能是包裹烟草材料,并具备透水性,以允许唾液顺畅通过。在口含烟使用过程中,需确保包装膜的完整性不受损。

专利 LN-1 详尽阐述了透水性包装膜的形式与材质选择,其形式灵活多样,包括但不限于网状、筛状、多孔纸、可渗透织物等;而材质可选自米纸、多孔米纸,或是水分散性成膜材料,如藻酸盐、羧甲基纤维素、黄原胶及支链淀粉,亦可为上述材料与磨碎纤维素的复合物。当水分散性物质溶解后,仅留下纤维素骨架网,继续发挥透水性包装的作用。

专利 LN-5 进一步介绍了透水性包装膜的材质范畴,具体包括以下材料:

(1)无纺羊毛织物,如 BFF 品牌下的 SDH27 自然级与 SDH27 褐色级羊毛织物,鉴于其已商业化,可直接采购使用。

（2）水溶性成膜材料，涵盖海藻酸盐、羧甲基纤维素、黄原胶、树胶、支链淀粉等，或这些材料与纤维素细粉的混合体。

（3）聚丙烯与聚酯材料，通常通过丙烯酸或聚酯的挤压成丝，再经熔喷、纺黏或纺丝成网技术制成无纺布，具体工艺细节可参考专利 LN-5。

针对羊毛织物袋易变色的问题，提出了解决方案：可添加乙基纤维素、硝化纤维，或在其表面涂覆烷基烯酮二聚体，亦可采用内外双层羊毛织物袋的设计来避免。

此外，专利 LN-15 揭示了采用纤维结构设计的透水性包装膜，该结构能部分乃至完全封闭烟草组合物，确保所制成的无烟烟草产品在口含过程中持续保持其完整性。纤维结构的具体形式包括但不限于以下四种。

（1）经编针织结构。

（2）连接至烟草组合物的多根增强纤维。

（3）编织套管，如同水果包装袋。

（4）间隔织物。

这些纤维结构的材质选择广泛，涵盖藻酸盐、蛋白质、棉、尼龙、黏胶纤维、聚酯、丙烯酸类、亚麻、黄麻、竹子、人造纤维、聚乙烯醇、淀粉、聚氨酯、顺式聚异戊二烯、聚酸酐、聚丁二酸丁二醇酯等多种材料，其中，纤维素材料、聚乳酸及聚羟基烷酸酯因其优越性能而被优先选用。

从功能上来看，上述纤维结构无疑是对传统可透水羊毛袋的有效替代。通过对国外产品的深入分析，我们发现这些袋装烟产品的透水性包装袋即便长时间接触高湿度的烟草粉末，也依然能够保持不发霉的状态，这主要归功于其材质中大量采用了非生物质原料，如尼龙、黏胶纤维、聚乙烯醇、丙烯酸类、聚酯、聚氨酯等，这些材料相较于易发霉的生物质原料，具有显著的防霉优势。

此外，值得注意的是，尽管国外袋装烟内部烟草粉末湿润度极高，但其包装袋却未出现浸渍现象，这很可能得益于包装袋所采用的纤维材质本身具备良好的疏水性，其透水性并非依赖于纤维材质的亲水性浸润，而是通过纤维结构间精妙的孔隙设计来实现，从而确保了产品的干燥与舒适使用体验。

专利 GN-33 创新性地提出了在包装袋表面应用促唾液分泌剂的处理方法，这些成分包括青梅、果醋、麦芽糖醇、花椒、维生素 C、喹诺酮化合物及乙酰胆碱等。此举旨在实现包装袋一入口即能激发唾液分泌，确保袋内烟草物质得以均匀溶解并平稳释放。此举有效避免了初尝时因唾液分泌不足导致的烟草物质不溶、口感乏味的问题，同时也防止了唾液累积后烟草味道突然爆发、烟碱浓度急剧上升所带来的强烈刺激感，从而显著提升消费者的使用体验。

专利 GN-42 则聚焦于包装袋表面的抑菌处理，采用黄芪、黄芩、黄檗、大黄、黄连、厚朴、连翘、金银花、五倍子、蜂房、乌梅、血藤、广藿香、三七、丁香、桔梗及甘草等天然植物提取物，针对变形链球菌及乳酸杆菌进行有效抑制。此举不仅提升了产品的卫生标准，还具备预防龋齿的积极作用。

专利 LN-5 则揭示了利用神秘果蛋白对透水性包装袋进行处理的独特技术，该蛋白通过 US5886155 所述方法精心提纯。在酸性环境下，神秘果蛋白展现出卓越的改味效果，为包装袋增添了新的功能维度。

此外，专利 LN-6 进一步拓展了透水性包装袋的应用范畴，通过引入花色苷型化合物（如花葵素、甲基花青素、矢车菊素、飞燕草素、二甲花翠素及其葡糖苷形式，如矢车菊素 3 吡喃葡糖苷和飞燕草素 3 吡喃葡糖苷）进行表面处理或涂层。这些花色苷型化合物源自天然或可经合成获得，能显著增强产品的风味体验，并可能具备潜在的防癌效果，为消费者带来更加健康、愉悦的吸烟替代品体验。

2. 胶基

在开发新型烟草产品时，我们可以从成熟的饮料或口香糖工业中汲取灵感，尤其是那些广受欢迎的口味类型，如清新的薄荷味和多样的水果味，这些元素有助于快速打造出具有强大商业潜力的产品。

胶基作为口香糖工业的核心基石，其原料经历了从自然馈赠到科技合成的演变。最初，胶基主要依赖于稀有的天然高分子材料，如糖胶树胶、节路顿树胶及索马胶等，然而这些材料的有限产量极大地限制了生产规模。随着科技的进步，如今胶基几乎完全采用合成高分子材料制成，如聚醋酸乙烯酯、聚异丁烯、丁苯橡胶等，这些材料不仅性能稳定，且供应充足，满足了大规模生产的需求。

鉴于胶基在口香糖工业中的广泛应用和成熟技术，烟草行业能够直接借鉴并应用于其产品创新中，因此，在烟草领域的专利文献中，关于胶基配方的详细阐述相对较少。尽管如此，仍有一些创新性的尝试，如专利WY-4所提及的，该专利授权了使用聚氨酯多孔泡沫体作为胶基的创新应用，尽管该专利并未具体披露胶基的配方成分，但其探索精神为烟草产品的多样化发展开辟了新路径。

3. 包衣

在制造烟草口香糖或含化烟等产品时，包衣技术显得尤为重要。这些包衣材料大多选用可溶性或纤维质材料，具体如邻苯二甲酸丁酸纤维素、邻苯二甲酸羟丙基甲基纤维素、羧甲基乙基纤维素等纤维质材料，以及丙烯酸、甲基丙烯酸及其酯类的聚合物和共聚物，相关技术细节可参见专利LN-12。

专利LN-2则揭示了另一种独特的包衣配方，该配方通过将藻酸钠、米淀粉、半乳蔗糖、甘油及调味剂精心混合于水中，形成特定黏度的液体混合物（在25℃下，其布氏黏度介于20000～25000 cP之间）。此混合物干燥后，可作为高效的外包衣层材料，广泛应用于烟草制品中。

谈及包衣工艺，流化床包衣工艺因其高效性而备受推崇，专利WY-9便详细介绍了适用于商业化生产的流化床设备。此外，专利LN-12还提及了无气喷涂、应用包衣锅等多种包衣技术，进一步拓展了包衣工艺的选择范围。

值得注意的是，包衣技术并非烟草制品所独有，它在制药和糖果等行业中同样扮演着重要角色。例如，肠溶片表面那层保护性的包衣，以及五彩斑斓的巧克力豆外层诱人的光泽，都是包衣技术的杰作。因此，我们可以从这些成熟领域中汲取灵感，探索更多适用于烟草制品的包衣成分。

此外，微胶囊技术中的壳材也为包衣材料的选择提供了新的思路。这些壳材材料多样、性能各异，有望成为未来烟草制品包衣领域的重要创新点。

4. 微胶囊

微胶囊化技术，尤其是乳液喷雾干燥技术，在专利GN-25与GN-26中均有详尽阐述。该技术核心在于，通过将水不溶性成分（如油性物质或固体微粒）与水溶性物质的水溶液进行高速搅拌混合，构建出水包油型乳液体系。随后，该乳液经历喷雾干燥处理，过程中水层迅速蒸发，促使水溶性物质析出并围绕不溶性物质凝结成壳，从而成功包裹不溶性物质作为内核。

专利WY-2则具体揭示了香料微胶囊化技术的细节，包括其独特的香料包埋策略，为香料在各类产品中的稳定应用提供了创新方案。

进一步地，专利QT-9介绍了一种专为无烟烟草产品设计的胶囊，该胶囊展现出独特的核壳结构，且壳外还可灵活添加外涂层以增强性能。具体而言，胶囊的核部由多种载体材料构成，如聚乙二醇、聚乙烯醇、水溶性糖类、脂质或蜡等，这些材料可呈现液态或固态，并可根据需求承载各类香料及调味剂等添加剂。胶囊的壳层则选用多糖、乙酸纤维素、蛋白质、聚乙烯醇、聚乙酸乙烯酯、聚乳酸-乙醇酸共聚物及聚乳酸等优质材料，其中乙酸纤维素及其衍生物尤为推荐。为进一步提升壳层的不透水性，可选择性添加增塑剂。

该胶囊的制备过程采用了先进的扩散法：首先，制备出核材料的颗粒；随后，利用标准的涂布工艺，在核材料表面均匀覆盖一层由壳材料构成的成膜聚合物，形成坚实的壳层；接着，将核壳结构的颗粒置于添加剂溶液中，利用扩散作用使添加剂渗透壳层并驻留于核内。另一种制备方法是在制备核材料时，直接将其与可溶性载体材料及添加剂混合，再涂布壳材料。之后，将核壳颗粒置于溶剂中，溶剂通过壳层渗透至核内，溶解并去除可溶性载体材料，最终仅留下添加剂于核中，实现精准包埋。

**5. 关于辅材的研发思考**

绝大多数辅材可商业化购买,且其制备技术已经超出烟草领域,没必要自行研发。

#### 1.3.1.5 加工/检测设备和工艺

加工/检测设备,尤其是实验室用的加工/检测设备,是项目研究中必不可少的客观条件。

**1. 烟草微粉化技术**

在无烟烟草产品的制造过程中,烟草的微粉化是不可或缺的关键步骤。针对这一需求,业界已发展出多种高效的烟草微粉化技术,其中主要包括机械破碎微粉化和喷雾干燥微粉化两种主流方法。

机械破碎微粉化技术,以其对固体烟草原料(如烟草梗、烟草叶等)的卓越处理能力而著称。专利GN-39详细披露了多款已商业化的超微粉碎设备,如山东三清不锈钢设备有限公司的三清细胞破壁机、郑州中原华通机械厂的超微粉碎机,以及济南达微机械有限公司的达微机械-细胞级微粉碎机等。这些先进设备能够在不超过45 ℃的低温条件下,将烟草原料精细粉碎至粒径小于10 $\mu m$ 的微粒。这一过程不仅实现了细胞的破壁,促进了烟草中有效成分的充分释放,还赋予产品入口即化、口感细腻的独特优势,显著提升了生物吸收效率。

喷雾干燥微粉化技术则专注于对富含烟草有效成分的提取液进行高效微粉化处理。这一技术能够将液态的烟草提取物迅速转化为细腻的粉末状产品,既保留了原料中的有效成分,又便于后续的加工与应用。

**2. 烟草提取技术**

烟草提取技术涵盖多种常规方法,包括但不限于溶剂提取、超临界流体提取及分子蒸馏等先进技术。

专利LN-8创新性地提出,利用非烟草植物材料作为载体,有效吸收水性烟草提取物。此举不仅降低了生产成本,还巧妙地融入了非烟草植物的独特风味,为产品增添了新的维度。

专利LN-12则揭示了使烟草提取物实现(半)透明化的精妙工艺。通过超滤、纳滤、微滤、反渗透及尺寸排阻色谱法等高效手段,精准去除提取物中的高分子量杂质(如美拉德褐变聚合物、蛋白质、多糖、特定颜料及细菌),显著提升提取物的澄清度,使其呈现透明或半透明的清澈状态,并富集低分子量糖、烟碱及氨基酸等关键成分。随后,将这一处理后的烟草提取物与熔融的糖醇替代物(优选不吸湿糖醇)及糖醇糖浆精心混合,待冷却至室温后,熔融糖醇凝固成玻璃状基质,稳固地包裹并分散着烟草提取物,最终制得(半)透明且质地独特的无烟烟草产品。

专利LN-13则聚焦于烟草果胶的提取与应用,开创性地将其用作无烟烟草产品的黏合剂,甚至作为唯一黏合剂使用。相比传统黏合剂,烟草果胶的引入显著增强了产品的刚度,同时降低了其胶黏感,提升了使用体验。该提取过程使用水浸烟草并辅以果胶促释剂(如草酸、草酸铵、无机酸、酶、磷酸氢二铵或螯合剂),必要时辅以加热,促使果胶有效释放。随后,收集并浓缩富含果胶的水性提取物,再通过加入第二溶剂诱导果胶沉淀析出,完成提取。

此外,专利LN-2的第21页首段亦引用了美国专利5099864、5339838及5501237中的专利技术,进一步丰富了烟草果胶释放方法的多样性。

**3. 烟草处理技术**

专利LN-4详细披露了一种创新的烟草加工技术,该技术通过一系列精心设计的步骤制备出优质的无烟烟草组合物。具体流程如下:首先,准备烟草材料浆或保持适当湿度的烟草材料;随后,通过加热实施巴氏杀菌处理,以确保产品的卫生和安全;接着,加入碱液以提升材料的pH值,促进后续化学反应的进行;再对混合物进行加热,此过程中pH值会降低至少0.5个单位,这标志着烟草中的酸性物质与加入的碱发生了有效反应;最后,将这一经过多重处理的烟草材料整合至无烟烟草产品中,必要时还可在结合前进行浓缩处理。此技术的显著优势在于,通过碱与烟草内酸性物质的充分作用,显著增强最终产品 pH 值的储存稳定性，确保产品的长期品质。特别地，步骤中的 pH 值回调现象，正是碱被烟草中酸性物质部分中和的直接体现。

专利 LN-6 则开创性地提出了四种非传统的烟草熟化方法，分别是糖熟化、盐熟化、糖盐结合熟化，以及采用植物油进行油炸熟化。这些方法突破了传统风干、烟熏、晒干或火烤的技术局限，为烟草熟化过程带来了全新的视角和可能性。然而，该专利在介绍这些方法时，并未直接阐述它们各自带来的具体益处，留下了进一步探索和应用的空间。

4. 产品成型技术

产品成型技术的多样化体现在多个方面，主要包括挤出成型技术（利用挤出机实现）、熔纺技术（常见于棉花糖机等类似设备）以及无纺纺织技术中的聚合物热熔成膜技术。在再造烟草领域，挤出成型技术因其高效性和适用性而得到了广泛的应用，该技术不仅成熟可靠，而且能够直接借鉴并应用于烟草产品的生产过程中，有效提升了生产效率和产品质量。

5. 检测设备和工艺

在无烟烟草产品的质量控制与研发过程中，检测设备和工艺扮演着至关重要的角色。这主要包括体外模拟溶出技术的运用，以及针对特定关键组分（如烟碱、TSNAs、薄荷醇）的精准定量分析技术。

专利 GN-10 揭示了一种专为无烟烟草制品香味成分提取设计的介质溶液，实质上是一种人工模拟唾液，旨在体外环境中精确模拟该类产品香味成分的释放过程。其独特配方详述于权利要求 1 中，显著特点在于融入了多种 pH 缓冲成分，确保溶液 pH 值稳定维持在 6.6～7.1 的理想范围内。

专利 GN-37 则探讨了利用人工唾液在体外模拟无烟烟草制品烟碱释放的试验方法，其溶出产物经高效液相色谱技术进行细致分析，属于分析检测范畴。然而，该方案因技术思路相对传统，未能获得授权。尽管如此，其提供的一系列分析参数仍具有较高的参考价值。

相比之下，授权专利 GN-38 则聚焦于一种实验装置，该装置专为实施 GN-37 所述分析方法而设计，用于体外模拟无烟烟草制品的烟碱溶出过程，属于分析检测设备领域。尽管其获得授权，但考虑到实用新型的授权标准较为宽松，其创新性可能有限。不过，该装置以结构简便、易于实验室操作的特点，为技术借鉴提供了便利。

另一项授权专利 GN-41 创新性地结合了模拟咀嚼机与人工唾液，实现了对烟草口香糖烟碱溶出过程的体外高效模拟。其核心部件——带齿气动夹子，通过模拟真实咀嚼的反复开合动作，增强了实验的仿真度。

专利 GN-53 则提出了一种针对无烟烟草制品口感预判的新颖方法，该方法同样基于检测原理，通过综合分析制品的甜碱比（所有甜味剂按相对甜度折算后总量与烟碱量的比值，具体折算规则与计算公式见权利要求 5）、水分含量及 pH 值，预判其口感特征。若该方法能全面公开，其对于口感评估的工具性和方法论价值将不言而喻。尽管声称预测结果与实际品尝高度一致，但遗憾的是，专利中未明确给出甜碱比、水分及 pH 值与口感之间的具体关联算法，这或许是其未能获得授权的原因之一。

最后，授权专利 GN-58 介绍了一种利用毛细管柱气相色谱结合火焰离子化检测器测定无烟烟草制品中薄荷醇含量的方法。尽管该专利已成功获得授权，但其分析技术本身并未展现出显著的独特性或创新性，更像是通过常规实验探索得出的标准方法。

6. 加工/检测设备和工艺方面的研发思考

若希望在产品形态上有所创新，则需针对性地研发相应的加工技术。若系借鉴自非烟草领域的食品、药品类产品形态，则需克服在技术移植过程中遭遇的挑战，确保被借鉴技术的有效融合。因此，加工工艺的研发紧密依赖于产品形态的明确界定。至于分析检测技术，它通常被视为一项相对成熟的技术，除非针对某些特殊或特定组分的需求，否则无须另行研发，可充分借鉴并应用现有技术成果。

## 1.3.2 市售典型袋装口含烟产品剖析

### 1.3.2.1 样品收集

我们收集了具有代表性的国外市售口含烟产品样品34个,其中包括不同品牌、不同厂家、不同口味特征、不同烟碱含量、不同包装特征的口含烟样品,如图1-11所示。具体信息如表1-3所示。

表1-3　国外口含烟样品信息表

| 编号 | 品牌 | 生产商 | 口味或产品特点 | 内包装形式 | 包装规格 | 盒标烟碱 |
|---|---|---|---|---|---|---|
| 1 | General ONYX | 瑞典火柴 | 原味 | 常规小袋 | 22 g/盒 | 12 mg/g |
| 2 | General | 瑞典火柴 | 超浓烈口味 | 常规小袋 | 22 g/盒 | 14 mg/g |
| 3 | General | 瑞典火柴 | 薄荷味,迷你小袋 | 迷你小袋 | 10 g/盒 | 8 mg/g |
| 4 | General | 瑞典火柴 | 甘草味 | 常规小袋 | 24 g/盒 | 8.5 mg/g |
| 5 | General | 瑞典火柴 | 白色小袋,浓烈口味 | 常规小袋 | 21.6 g/盒 | 12 mg/g |
| 6 | General G.3 | 瑞典火柴 | 白色小袋,超浓烈口味 | 常规小袋 | 21.6 g/盒 | 18 mg/g |
| 7 | General G.3 | 瑞典火柴 | 超浓烈口味 | 常规小袋 | 21.6 g/盒 | 20 mg/g |
| 8 | General | 瑞典火柴 | 白色小袋 | 常规小袋 | 21.6 g/盒 | 8 mg/g |
| 9 | General | 瑞典火柴 | 白色小袋 | 常规小袋 | 16 g/盒 | 8 mg/g |
| 10 | SKOAL bandits | 美国无烟 | 薄荷味 | 常规小袋 | 14.1 g/盒 | 无 |
| 11 | Skruf | Skruf snus AB | 白色小袋,薄荷味 | 常规小袋 | 16.8 g/盒 | 无 |
| 12 | Skruf | Skruf snus AB | 浓烈原味 | 常规小袋 | 21.6 g/盒 | 12 mg/g |
| 13 | Kronan | 瑞典火柴 | 白色小袋,传统口味 | 常规小袋 | 19.2 g/盒 | 8 mg/g |
| 14 | Kronan | 瑞典火柴 | 白色小袋,原味 | 常规小袋 | 21.6 g/盒 | 8 mg/g |
| 15 | Ettan | 瑞典火柴 | 白色小袋 | 常规小袋 | 21.6 g/盒 | 8 mg/g |
| 16 | Granit | 英美烟草 | 白色小袋 | 常规小袋 | 35.1 g/盒 | 无 |
| 17 | Granit | 英美烟草 | 原味 | 常规小袋 | 21.6 g/盒 | 无 |
| 18 | Granit | 英美烟草 | 大号包装,浓烈型 | 大号小袋 | 19.8 g/盒 | 无 |
| 19 | Grov | 瑞典火柴 | 白色小袋 | 常规小袋 | 21.6 g/盒 | 8 mg/g |
| 20 | Grov | 瑞典火柴 | 原味 | 常规小袋 | 24 g/盒 | 8.5 mg/g |
| 21 | Grov | 瑞典火柴 | 浓烈口味 | 常规小袋 | 24 g/盒 | 15 mg/g |
| 22 | Onica | 瑞典火柴 | 白色小袋 | 常规小袋 | 24 g/盒 | 0 mg/g |
| 23 | Onica Enbar | 瑞典火柴 | 白色小袋,原味 | 常规小袋 | 24 g/盒 | 0 mg/g |
| 24 | L.D | 日烟国际 | 白色小袋,混合香型 | 常规小袋 | 18 g/盒 | 无 |
| 25 | L.D | 日烟国际 | 原味迷你 | 迷你小袋 | 18 g/盒 | 8 mg/g |
| 26 | SKOAL | 美国无烟 | 经典冬青 | 散装 | 34 g/盒 | 无 |
| 27 | SKOAL | 美国无烟 | 浓烈口味 | 散装 | 34 g/盒 | 无 |
| 28 | SKOAL | 美国无烟 | 薄荷味 | 散装 | 34 g/盒 | 无 |
| 29 | Copenhagen | 美国无烟 | 原味 | 散装 | 34 g/盒 | 无 |

续表

| 编号 | 品牌 | 生产商 | 口味或产品特点 | 内包装形式 | 包装规格 | 盒标烟碱 |
|---|---|---|---|---|---|---|
| 30 | Copenhagen | 美国无烟 | 浓烈口味 | 散装 | 34 g/盒 | 无 |
| 31 | Longhorn | 美国无烟 | 自然口味 | 散装 | 34 g/盒 | 无 |
| 32 | Grizzly | 美国无烟 | 中度自然口味 | 散装 | 34 g/盒 | 无 |
| 33 | Camel | 美国无烟 | 冬青味 | 散装 | 21.6 g/盒 | 无 |
| 34 | Camel | 美国无烟 | 薄荷味 | 散装 | 21.6 g/盒 | 无 |

图 1-11 国外口含烟产品样品

#### 1.3.2.2 物理指标分析

下面从包装、色泽、烟粉颗粒度等几个方面对收集到的国外市售口含烟样品进行分析。

**1. 包装**

口含烟作为一种口腔消费型产品,其包装材料的选择对产品质量具有举足轻重的影响。通常,口含烟的包装由两大部分组成:一是内置的小袋子,用于封装烟草粉粒,设计类似于茶叶袋,此类包装材料直接关联到烟碱与香味成分的释放效率;二是外包装盒,即我们常说的烟盒,它在产品的长期保存中扮演着关键角色。

评估方法简述:采用直观观察与对比分析,即打开包装后,通过肉眼细致观察并比较不同样品的包装特性。

主要发现如下:

(1)外包装多样性:收集到的口含烟样品外包装材料丰富多样,涵盖铁盒、塑料盒及纸盒等类型,其中塑料盒占据主导地位。值得注意的是,为延长产品保质期,待售产品普遍采用一圈胶带紧密密封盒盖与盒体的接缝处。内包装方面,小袋包装逐渐占据市场主流,约七成样品采用此种包装形式,展现出便捷与实用的优势(图 1-12)。

(2)小袋包装的精细化:小袋包装进一步细化为迷你、常规及大号三种规格,分别对应 0.4~0.5 g、0.8~1.0 g 及 1.4~1.6 g 的重量范围(图 1-13)。这一现象深刻反映了国外袋装口含烟市场的成熟度,通过精细划分包装规格,精准对接消费者的多样化需求。

(3)小袋材料特性分析:深入拆解分析显示,袋装口含烟的小袋多采用无纺布或热封纸作为原材料。特别是热封纸,作为一种具备优异热封性、透气性,同时兼具耐油、耐水及安全无毒特性的包装材料,其应用不仅确保了产品的密封性,还兼顾了使用的便捷与安全。

图1-12 口含烟产品的典型包装形式

图1-13 口含烟产品的不同规格小袋(大号、常规、迷你)

2.色泽

方法:对于散装样品,将烟粉直接取出;而对于袋装型产品,用剪刀将小袋产品从中间剪开,将袋中烟粉及小袋置于白色瓷盘上,然后通过肉眼观察,对口含烟的色泽进行比较分析。

结果发现:国外无烟烟草制品的包装小袋颜色有深色和白色两种,而袋中的烟粉色泽一般为棕色、褐色至深棕色、深褐色(图1-14)。

图1-14 不同颜色的袋装口含烟烟粉

3.烟粉颗粒度

方法:取适量的样品,经适当干燥后,通过筛网将其筛分成目数不同的部分,称量各部分的重量,计算目数不同的烟粉颗粒所占的比重;同时测量各部分烟粉颗粒的直径,粗略估计各部分颗粒的尺寸。

结果发现:国外产品中,散装产品的烟粉粒径较大,甚至有部分呈丝状;而袋装产品的烟粉粒径相对较小,大部分在20~60目范围内。

#### 1.3.2.3 化学指标分析

依据烟草行业的相关标准及 CORESTA 提供的口含烟专项检测方法,我们对精选的部分典型样品进行了全面的化学指标检测。检测范围涵盖水分、pH 值、烟碱含量、TSNAs(烟草特有亚硝胺)、硝酸盐及重金属等多个关键指标。

在水分检测中,我们发现国外不同品牌的口含烟产品间水分含量存在显著差异,范围广泛,介于 12%~55%之间。尤为突出的是,相较于传统卷烟,袋装口含烟普遍展现出较高的水分含量,多数产品集中在 35%~50%的区间内。

烟碱含量检测则揭示了另一层面的差异性。结果显示,各产品间烟碱含量差异明显,以湿重计,含量范围从 5.41~27.68 mg/g 不等,其中约半数产品的烟碱含量落在 10~20 mg/g 的区间内。

关于 pH 值的检测,我们同样观察到了显著的差异。样品的 pH 值跨度较大,从 5.55~8.98 不等,但多数产品的 pH 值集中分布在 6.80~7.20 的狭窄范围内,显示出一定的集中趋势。

TSNAs(烟草特有亚硝胺)的检测结果尤为引人关注。四种主要 TSNAs(NNN、NNK、NAB、NAT)的含量分别达到了 310~17000 ng/g、70~6000 ng/g、110~6510 ng/g 以及 10~2540 ng/g 的水平,总含量则介于 540~31910 ng/g 之间。这一数据凸显了国外口含烟产品在 TSNAs 含量上的高水平,成为该类产品的显著短板,很可能与其原料烟叶中较高的 TSNAs 含量直接相关。

在重金属含量方面,检测结果显示,以湿重计,各重金属的含量范围相对可控。具体而言,铬的含量为 0.41~3.80 μg/g,镍的含量为 0.74~2.20 μg/g,砷和铅的含量则多数低于检测限,分别为低于检出限至 0.68 μg/g 和低于检出限至 0.91 μg/g,而镉的含量范围为 0.16~1.81 μg/g。综合五种重金属的总含量,多数国外产品保持在 1.31~9.40 μg/g 的较低范围内。

#### 1.3.2.4 感官质量评价

根据国外袋装口含烟产品的烟碱含量情况,所收集的样品可明确划分为三类:零烟碱含量(0 mg/g)、常规烟碱含量(约 8 mg/g)、高烟碱含量(大于 16 mg/g)。针对这三类样品,我们分别进行了感官质量评价。

感官质量评价结果显示:

(1)零烟碱含量的产品展现出浓郁的香味,略带一丝苦味,对口腔和喉部的刺激较小,但因此带来的劲头和满足感相对较弱。

(2)常规烟碱含量的产品,其苦味与咸味较为显著,对口腔和喉部产生明显的刺激感,部分用户可能感受到胃肠道的刺激,劲头较为强劲,生理满足感相对较好。

(3)高烟碱含量的样品,苦味更为突出,对口腔和喉部的刺激异常强烈,常导致胃肠道明显不适,劲头极大,满足感过于强烈,可能超出部分消费者的接受范围。

总体而言,对于中国消费者而言,国外袋装口含烟产品的接受度普遍较低。

### 1.3.3 市售典型胶基型嚼烟剖析

#### 1.3.3.1 国外市售代表性胶基型嚼烟调研

当前市场上,胶基型嚼烟产品相对稀缺。其中,Firebreak 作为全球首款融合烟草风味的木糖醇口香糖,其外观沿袭了传统木糖醇口香糖的经典设计。2010 年,英国真顺国际集团有限公司授权深圳市东焕技术有限公司推出了一款形似传统口香糖的类似烟草制品——"真顺"品牌,该产品于同年 2 月 8 日在国内市场亮相,标榜为可咀嚼的烟草替代品。但其并不含任何烟草成分或有害化学品,而是精选天然草本精华精制而成,旨在提供一种绿色健康的戒烟辅助选择。

然而，后续的实验检测揭示了真相："真顺"嚼烟实际上含有一定量的烟碱，具体为 0.38±0.17 mg/片，同时还检测到了微量的烟草特有有害物质——亚硝胺(TSNAs)，含量范围在 0.001～0.002 μg/g，这与其先前的宣传存在出入。

当前，网络平台上销售的胶基型嚼烟产品多冠以"烟碱咀嚼片"或"烟碱戒烟糖咀嚼胶"之名，如图 1-15～图 1-19 所示。项目组已收集的样品详情列于表 1-4 中。

针对国外进口的 6 种嚼烟样品进行重量分析后发现，每粒的重量稳定在 1.00～1.26 g，且经过 5 次重复称量，其相对标准偏差保持在低于 2.62% 的水平，这充分证明了这些产品质量的均匀性和稳定性。同时，这些产品的烟碱含量标注多为每粒 2 mg 或 4 mg，为消费者提供了多样化的选择。

表 1-4　代表性市售胶基型嚼烟普查表

| 品牌 | 产地 | 规格/(粒/盒) | 口味 | 盒标值/mg | 测定值/g | 平均值/g | 相对标准偏差/(%) |
|---|---|---|---|---|---|---|---|
| Nicotinell | 澳大利亚 | 24 | Mint | 4 | 1.1848 | 1.1941 | 2.62 |
| | | | | | 1.1880 | | |
| | | | | | 1.2437 | | |
| | | | | | 1.1577 | | |
| | | | | | 1.1963 | | |
| | | | Mint | 2 | 1.1881 | 1.2006 | 1.25 |
| | | | | | 1.1820 | | |
| | | | | | 1.2160 | | |
| | | | | | 1.2044 | | |
| | | | | | 1.2177 | | |
| | | | Fruit | 2 | 1.2314 | 1.2124 | 1.42 |
| | | | | | 1.1873 | | |
| | | | | | 1.2034 | | |
| | | | | | 1.2201 | | |
| | | | | | 1.2200 | | |
| Habitrol | 美国 | 384 | Fruit | 2 | 1.1907 | 1.2004 | 1.68 |
| | | | | | 1.2197 | | |
| | | | | | 1.2163 | | |
| | | | | | 1.1706 | | |
| | | | | | 1.2048 | | |
| | | | Mint | 4 | 1.2077 | 1.2062 | 1.81 |
| | | | | | 1.1949 | | |
| | | | | | 1.2209 | | |
| | | | | | 1.1759 | | |
| | | | | | 1.2316 | | |

续表

| 品牌 | 产地 | 规格/（粒/盒） | 口味 | 盒标值/mg | 测定值/g | 平均值/g | 相对标准偏差/(%) |
|---|---|---|---|---|---|---|---|
| KIRKLAND（Nicotine Polacrilex） | 丹麦 | 190 | Original | 2 | 1.0178 | 1.0087 | 0.97 |
| | | | | | 0.9980 | | |
| | | | | | 1.0020 | | |
| | | | | | 1.0057 | | |
| | | | | 4 | 1.0201 | 1.0045 | 0.98 |
| | | | | | 1.0013 | | |
| | | | | | 0.9948 | | |
| | | | | | 1.0185 | | |
| | | | | | 1.0105 | | |
| | | | | | 0.9975 | | |
| Apofri（Nikotin） | 丹麦 | 96 | Mint | 4 | 1.1947 | 1.2249 | 1.87 |
| | | | | | 1.2417 | | |
| | | | | | 1.2237 | | |
| | | | | | 1.2520 | | |
| | | | | | 1.2123 | | |
| Equate | 美国 | 100 | Cool Mint | 2 | 1.2617 | 1.2624 | 1.12 |
| | | | | | 1.2778 | | |
| | | | | | 1.2587 | | |
| | | | | | 1.2725 | | |
| | | | | | 1.2413 | | |

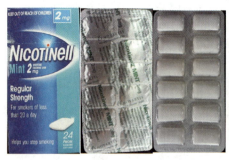
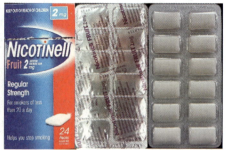

图 1-15　Nicotinell 品牌 2 mg Mint 和 Fruit 口味嚼烟

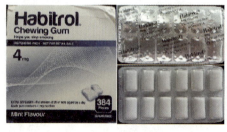
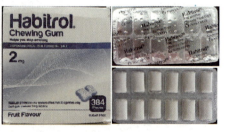

图 1-16　Habitrol 品牌 4 mg Mint 口味和 2 mg Fruit 口味嚼烟

图 1-17　KIRKLAND 品牌 2 mg 和 4 mg Original 口味嚼烟

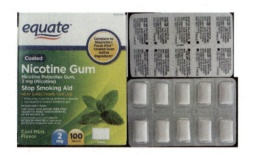

图 1-18　Equate 品牌 2 mg Cool Mint 口味嚼烟

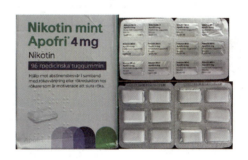

图 1-19　Nikotin 2 mg Mint 口味嚼烟

### 1.3.3.2　国外市售代表性胶基型嚼烟分析

瑞典火柴公司的口含烟产品作为该领域的典型代表，其化学分析指标详尽列于表 1-5 中。据瑞典火柴公司官方网站公布的数据，该产品所遵循的限制性指标多达 16 项，且每项标准的设定均极为严格。瑞典火柴公司对其所有产品均实施了严格的化学指标分析检测，确保产品中的各项成分含量远低于公司自设的限量标准。

相比之下，关于胶基型嚼烟的化学限制成分及其具体指标，公众几乎难以获取相关信息。为此，项目组特地对收集到的典型样品进行了四项关键化学指标的分析，包括水分、烟碱、TSNAs（烟草特有亚硝胺）以及 pH 值，分析过程严格遵循了 CORESTA 无烟烟草制品分学组共同推荐的实验方法，具体结果已整理于表 1-6 中。

此外，项目组还委托了云南省产品质量监督检验研究院，针对上述样品的外观、形态及重金属含量等关键指标进行了专业的第三方检测。检测过程中，参考了 SB/T 10023《糖果 胶基糖果》（低糖、咀嚼口香糖 固态）及 SP-I-02—2012《酒及酒精中人工甜味剂的测定 液相色谱-质谱法》等相关标准，以确保检测结果的准确性和权威性。

表 1-5　瑞典火柴公司口含烟的限制性成分表

| 成分 | 限量 | 含量（置信区间,95%） | 成分 | 限量 | 含量（置信区间,95%） |
| --- | --- | --- | --- | --- | --- |
| 亚硝酸盐/(mg/kg) | 3.5 | 1.3 (1.2~1.3) | 镉/(mg/kg) | 0.5 | 0.28 (0.28~0.29) |
| NNN+NNK/(mg/kg) | 0.95 | 0.39 (0.38~0.40) | 铅/(mg/kg) | 1.0 | 0.15 |

续表

| 成分 | 限量 | 含量(置信区间,95%) | 成分 | 限量 | 含量(置信区间,95%) |
|---|---|---|---|---|---|
| N-亚硝基二甲胺(NDMA)/(μg/kg) | 2.5 | <0.6 | 砷/(mg/kg) | 0.25 | <0.06 (<0.05～0.06) |
| B(a)P/(μg/kg) | 1.25 | <0.6 | 镍/(mg/kg) | 2.25 | 0.87 (0.86～0.88) |
| 黄曲霉素 B1+B2+G1+G2/(μg/kg) | 2.5 | <2.1 | 铬/(mg/kg) | 1.5 | 0.46 (0.45～0.47) |
| 赭曲霉素/(μg/kg) | 10 | 2.3 (2.2～2.3) | 汞/(mg/kg) | 0.02 | <0.02 |
| 甲醛/(mg/kg) | 7.5 | 2.3 (2.2～2.3) | 乙醛/(mg/kg) | 25 | 6.5 (6.4～6.7) |
| 巴豆醛/(mg/kg) | 0.75 | <0.10 | 农药/(mg/kg) | 瑞典火柴农用化学品管理规程 | 限值以下 |

表1-6 国外市售代表性胶基型嚼烟化学指标分析

| 序号 | 品名 | 烟碱盒标值/mg | 烟碱含量/(mg/g) | 水分/(%) | TSNAs/(μg/g) |
|---|---|---|---|---|---|
| 1 | nicorette (fresh mint) | 2 | 1.70 | 2.01 | 0 |
| 2 | nicorette (fresh mint) | 4 | 3.59 | 2.01 | 0 |
| 3 | nicorette (icy white) | 2 | 1.63 | 2.00 | 0 |
| 4 | nicorette (icy white) | 4 | 3.43 | 2.02 | 0 |
| 5 | nicorette (original flavour) | 2 | 1.95 | 1.89 | 0 |
| 6 | nicorette (original flavour) | 4 | 3.95 | 1.88 | 0 |
| 7 | nicorette (coated for bold flavour) | 2 | 1.67 | 2.12 | 0 |
| 8 | nicorette (coated for bold flavour) | 4 | 3.70 | 2.12 | 0 |
| 9 | nicorette (fresh fruit) | 2 | 1.66 | 2.11 | 0 |
| 10 | nicorette (fresh fruit) | 4 | 3.22 | 2.11 | 0 |
| 11 | habitrol(mint flavor) | 2 | 1.55 | 0.35 | 0 |
| 12 | habitrol(mint flavor) | 4 | 3.17 | 2.00 | 0 |
| 13 | Quit 2 (original) | 2 | 1.20 | 1.67 | 0 |
| 14 | Quit 2 (original) | 4 | 2.41 | 1.66 | 0 |
| 15 | Nicassist (ice mint) | 4 | 3.39 | 2.35 | 0 |
| 16 | habitrol(fruit flavor) | 4 | 2.89 | 2.15 | 0 |
| 17 | nicotinell(fruit) | 2 | 1.47 | 2.13 | 0 |

续表

| 序号 | 品名 | 烟碱盒标值/mg | 烟碱含量/(mg/g) | 水分/(%) | TSNAs/(μg/g) |
|---|---|---|---|---|---|
| 18 | nicotinell(liquorice) | 2 | 1.21 | 2.12 | 0 |
| 19 | nicotinell(mint) | 2 | 1.42 | 2.11 | 0 |
| 20 | nicotinell(fruit) | 2 | 1.44 | 2.12 | 0 |
| 21 | 真顺(国内) | — | 0.28 | 2.05 | 0.001~0.002 |

指标分析：表1-6显示，市售大部分胶基型嚼烟产品，烟碱盒标值集中在2 mg/g和4 mg/g，其检测结果一般和盒标值略有出入；水分含量一般在1.00%以下。

## 参考文献

[1] 程晓兵,李保江,韩彦东.世界新型烟草制品发展状况[J].中国烟草,2014(3):38.

[2] 张兴伟,邢丽敏,齐义良,等.新型烟草制品未来发展探讨[J].中国烟草科学,2015(4):110-116.

[3] 胡清源,侯宏卫.欧盟烟草制品指令-欧洲议会和欧盟理事会2014/40/EU指令[M].北京:科学出版社,2015.

[4] 李永海,徐中立.无棉雾化器及电子烟:201310283289.8[P].2013-11-06.

[5] 朴善顺.电子香烟:201380018619.9[P].2014-12-10.

[6] 潘学松,陈健.具有超声波雾化功能的电子烟及烟液:201410151376.2[P].2014-07-23.

[7] 虞卿.一种可切换口味的电子烟:201420165981.0[P].2014-09-17.

[8] 谢永平.一种混合口味电子烟雾化器:201520034756.8[P].2015-06-17.

[9] 刘翔.具有烟油调节功能的电子烟雾化器:201510065643.9[P].2015-06-10.

[10] 冯筠.一种环保节能的电子烟雾化器:201510081135.X[P].2015-07-01.

[11] 刘冰,陈义坤,刘祥谋,等.多孔陶瓷雾化器及具有该多孔陶瓷雾化器的电子烟:201520192503.3[P].2015-07-22.

[12] 朱文平,杨阳.逐步降低烟油浓度的电子雾化器及其系统和方法:201510312942.8[P].2015-10-07.

[13] 邓中山,刘静,周一欣.一种采用电容供电的电子烟:200810240576.X[P].2009-10-07.

[14] 虞卿.太阳能电子烟:201420165900.7[P].2014-09-17.

[15] HU L,CHOI J W,YANG Y,et al. Highly conductive paper for energy-storage devices[J]. Proceedings of the National Academy of Sciences,2009,106(51):21490-21494.

[16] KIM H,PARK K Y,HONG J,et al. All-graphene-battery: bridging the gap between supercapacitors and lithium ion batteries[J]. Scientific Reports,2014,4.

[17] SMOK BECPro. http://www.smoktech.cn/product/view/id/10.html.

[18] Blu Premium. http://store.blucigs.com/rechargeable-kit-premium100-black/.

[19] Unicorn 独角兽. http://detail.1688.com/offer/43147720221.html.

[20] Asvape DBTwist. http://www.alibaba.com/asvape-dbtwist-suppliers.html.

[21] Smokio. http://us.smokio.com/shop.

[22] 重力感应电子烟. http://item.jd.com/1259385853.html.

[23] Vaporcade Jupiter. https://store.vaporcade.com/collections/jupiter.

[24] 李保江.全球电子烟市场发展,主要争议及政府管制[J].中国烟草学报,2014,20(4):

101-107.

[25] CROUCHER R,DAHIYA M,GOWDA K K. Contents and price of vendor assembled paan quid with tobacco in five London localities:a cross-sectional study[J]. Tobacco Control,2013,22(2):141-143.

[26] NORBERG M,MALMBERG G,NG N,et al. Who is using snus? -Time trends, socioeconomic and geographic characteristics of snus users in the ageing Swedish population[J]. BMCPublic Health,2011,11(1):929.

[27] MCNEILL A,BEDI R,ISLAM S,et al. Levels of toxins in oral tobacco products in the UK[J]. Tobacco Control,2006,15(1):64-67.

[28] MOLES D R,FEDELE S,SPEIGHT P M,et al. Oral and pharyngeal cancer in South Asians and non-South Asians in relation to socioeconomic deprivation in South East England[J]. British Journal of Cancer,2008,98(3):633-635.

[29] LEE P N. Summary of the epidemiological evidence relating snus to health[J]. Regulatory Toxicology and Pharmacology,2011,59(2):197-214.

[30] BOFFETTA P,HECHT S,GRAY N,et al. Smokeless tobacco and cancer[J]. The Lancet Oncology,2008,9(7):667-675.

[31] EVSTIFEEVA T V,ZARIDZE D G. Nass use,cigarette smoking,alcohol consumption and risk of oral and oesophageal precancer[J]. European Journal of Cancer Part B:Oral Oncology,1992,28(1):29-35.

[32] NUNN H,LALLI A,FORTUNE F,et al. Oral cancer screening in the Bangladeshi community of Tower Hamlets:a social model[J]. BritishJournal of Cancer,2009,101:S68-S72.

[33] CROUCHER R,SHANBHAG S,DAHIYA M,et al. Smokeless tobacco cessation inSouth Asian communities:a multi-centre prospective cohort study[J]. Addiction,2012,107(S2):45-52.

[34] FURBERG H,LICHTENSTEIN P,PEDERSEN N L,et al. Cigarettes and oral snuff use in Sweden:prevalence and transitions[J]. Addiction,2006,101(10):1509-1515.

[35] CHOUDHURY S,KENGGANPANICH M,BENJAKUL S,et al. Differences by sex in tobacco use and awareness of tobacco marketing-Bangladesh, Thailand, and Uruguay, 2009 [J]. Morbidity and Mortality Weekly Report,2010,59(20):613-618.

[36] ARORA M,MADHU R. Banning smokeless tobacco in India:policy analysis[J]. Indian Journal of Cancer,2012,49(4):336.

[37] ZOLTY B C,SINHA P K,SINHA D N. Best practices in tobacco control in the South-East Asia Region[J]. IndianJournal of Cancer,2012,49(4):321.

[38] GIVEL M S. History of Bhutan's prohibition of cigarettes:implications for neo-prohibitionists and their critics[J]. International Journal of Drug Policy,2011,22(4):306-310.

[39] KIYINGI K S. Slaked lime and betel nut cancer in Papua New Guinea[J]. The Lancet,1992,340(8831):1357-1358.

[40] YANG M S,LEE C H,CHANG S J,et al. The effect of maternal betel quid exposure during pregnancy on adverse birth outcomes among aborigines in Taiwan[J]. Drug andAlcohol Dependence,2008,95(1):134-139.

[41] CHAPMAN S,WAKEFIELD M. Tobacco control advocacy in Australia:reflections on 30 years of progress[J]. Health Education & Behavior,2001,28(3):274-289.

[42] DAVID A M. News analysis. USA:Guam's restaurant law prompts wider action[J]. Tob

Control. 2006,15(6):422-423.

[43] RICHTER P,HODGE K,STANFILL S,et al. Surveillance of moist snuff: total nicotine, moisture,pH,un-ionized nicotine,and tobacco-specific nitrosamines[J]. Nicotine & Tobacco Research, 2008,10(11):1645-1652.

[44] CONNOLLY G N. The marketing of nicotine addiction by one oral snuff manufacture[J]. Tob Control. 1995,4(1):73-79.

[45] GUPTA P C,RAY C S. Smokeless tobacco and health in India and South Asia[J]. Respirology. 2003,8(4):419-431.

[46] TRICKER A R,PREUSSMANN R. The occurrence of N-nitroso compounds in kiwam tobacco[J]. Cancer Lett. 1989,46(3):221-224.

# 第二章
# 消费舒适感界定

感官品质作为产品质量的基石,直接关乎产品能否赢得消费者的青睐。这一品质的评价过程,即感官评价(或感官分析、感官检验),是一门科学艺术,旨在激发、量化、剖析并诠释通过视觉、嗅觉、触觉及听觉捕捉到的食品及其他物质的独特特征与属性。1974年起,香气、质地等核心指标被纳入感官评价体系,至20世纪90年代,感官评价在食品科学研究中得到广泛应用,并成为众多高等教育机构的核心课程。在食品工业中,感官评价不仅是质量控制的关键一环,更是推动产品优化与创新的驱动力。通过对食品感官特性的深入评估,企业能够精准把握产品亮点与待改进之处,从而指导生产流程与研发方向,进而提升产品质量与市场竞争力。同时,这一过程为消费者提供了更为透明、准确的产品信息,助力其做出更加明智的购买选择。

感官评价的规范化进程强调评价人员采用统一的专业术语与描述词汇,这些术语不仅定义了感官分析的基本概念,反映了感官科学的认知水平,还通过细致入微的描述词,精准捕捉食品的颜色、外观、质地、气味、滋味、风味及口感等感官特性,力求贴近广大消费者的普遍感受与语言认知。随着科技的进步,感官评价领域正经历从传统人工评价向结合生物化学指标的综合评价体系的转变。现代技术手段如理化指标检测仪器、模拟人类感官系统的电子鼻与电子舌等,为气味与滋味的精准分析提供了可能。此外,香气强度、感受强度等相关研究也在不断深入,进一步丰富了香气、香味与风味领域的理论体系。

在食品科学领域,食品的感官分析涵盖了一系列详尽的指导原则与评估技术,具体标准如《感官分析 方法学 总论》(GB/T 10220—2012/ISO 6658:2005)、《感官分析 食品感官质量控制导则》(GB/T 29605—2013)、《感官分析 建立感官分析实验室的一般导则》(GB/T 13868—2009/ISO 8589:2007),以及《感官分析 包装材料引起食品风味改变的评价方法》(GB/T 25006—2010/ISO 13302:2003)等。

其中,《感官分析 食品感官质量控制导则》(GB/T 29605—2013)明确界定了食品感官质量控制的基础要求及其实施流程,包括感官质量控制要素的阐述、感官质量控制标准样品的建立、感官评价小组的构成、感官评价技术的选择以及质量控制图的应用等。感官特性广泛涵盖外观、质地、香气、滋味、风味及口感等多个维度。针对不同类型的食品,均有相应的感官评价标准。例如,《食品安全国家标准 糖果》(GB 17399—2016)详细规定了糖果的感官要求,包括外观、色泽、滋味与气味、产品状态;《糖果 胶基糖果》(SB/T 10023—2017)与《糖果 硬质糖果》(SB/T 10018—2017)则分别针对胶基糖果与硬质糖果,明确了色泽、形态、组织、滋味与气味、杂质等方面的感官要求;《食品安全国家标准 坚果与籽类食品》(GB 19300—2014)则规定了坚果与籽类食品的感官要求,涵盖滋味与气味、霉变粒含量及杂质;《食品安全国家标准 饼干》(GB 7100—2015)同样详细列出了饼干的色泽、滋味与气味、产品状态的感官标准。具体指标项及描述词如表2-1所示。

表 2-1　食品感官评价相关指标项及描述词

| 评价对象 | 指标项 | 标准名称及标准号 |
|---|---|---|
| 食品 | 外观、质地、香气、滋味、风味、口感等 | 《感官分析 食品感官质量控制导则》GB/T 29605—2013 |
| 糖果 | 外观、色泽、滋味、气味、状态 | 《食品安全国家标准 糖果》GB 17399—2016 |
| 胶基糖果 | 色泽、形态、组织、滋味、气味、杂质 | 《糖果 胶基糖果》SB/T 10023—2017 |
| 硬质糖果 | 色泽、形态、组织、滋味、气味、杂质 | 《糖果 硬质糖果》SB/T 10018—2017 |
| 坚果与籽类食品 | 滋味、气味、霉变粒含量、杂质 | 《食品安全国家标准 坚果与籽类食品》GB 19300—2014 |
| 饼干 | 色泽、滋味、气味、状态 | 《食品安全国家标准 饼干》GB 7100—2015 |

在烟草行业中,感官评价是评估烟草及其制品质量的核心手段。鉴于评价目的与要求的多样性,相应的感官评价方法亦有所差异。具体而言:对于成品烟、样品烟等,遵循《卷烟 第 4 部分:感官技术要求》(GB 5606.4—2005),采用标准化的技术术语对各项评吸指标进行详尽记录、打分及定量描述,最终通过统计总分及各单项指标得分来综合评判,构成了一种精确的定量评价模式。在烟草及烟草制品的产品设计、开发与质量检验环节,则依据《烟草及烟草制品 感官评价方法》(YC/T 138—1998),该标准提供了包括定量描述检验、标度检验、三点检验等在内的五种感官评吸方法,以适配不同需求,并特别为烤烟型、混合型、外香型、雪茄型等多种卷烟类型提供了感官质量参考表,同时引入了单料烟的标度检验方法。卷烟的感官舒适性评价、分析及其在产品开发、维护与检验中的应用,遵循《卷烟 感官舒适性评价方法》(YC/T 496—2014),该标准涵盖了口腔、喉部、鼻腔、烟气感受等关键指标。对于烤烟烟叶质量风格特色的感官评价与分析,采用《烤烟 烟叶质量风格特色感官评价方法》(YC/T 530—2015),该标准详细描述了香韵、香型、香气状态等风格特征,以及香气特性、烟气特性、口感特性等品质特征。在卷烟加工过程中,针对叶片、叶丝、梗丝、配方烟丝等烟草在制品的感官评价,依据《烟草在制品 感官评价方法》(YC/T 415—2011),该标准以香气特性、烟气特性、口感特性等为评价指标,并采用 9 分制评分法进行量化评估。针对中式卷烟风格的感官评价,则遵循《卷烟 中式卷烟风格感官评价方法》(YC/T 497—2014),该标准涵盖了香气风格、口味风格、舒适感特征、烟气特征等多维度评价指标。此外,基于消费体验的中式卷烟感官评价,则依据《基于消费体验的中式卷烟感官评价方法》(YC/T 564—2018),该标准特别关注轻松感、舒适感、满足感等消费者直接感知的指标,以全面反映卷烟的实际消费体验。具体指标项及描述词如表 2-2 所示。

表 2-2　烟草及烟草制品感官评价相关指标项及描述词

| 评价对象 | 指标项及关键描述词 | | 标准名称及标准号 |
|---|---|---|---|
| | 指标项 | 关键描述词 | |
| 卷烟 | 光泽、香气、谐调性、杂气、刺激性、余味 | 光泽油润,香气丰满、细腻、谐调,无杂气,无刺激,纯净、舒适 | 《卷烟 第 4 部分:感官技术要求》GB 5606.4—2005 |
| 烟草及烟草制品 | 光泽、香气、谐调性、杂气、刺激性、余味 | 烤烟型:光泽油润,香气浓馥、清雅、丰满、谐调,无杂气,无刺激,纯净、舒适;<br>混合型:光泽油润,香气醇厚、细腻、丰满、谐调,无杂气,无刺激,纯净、舒适;<br>外香型:光泽油润,香气清新、丰满、谐调,无杂气,无刺激,纯净、舒适;<br>雪茄型:光泽油润,香气浓郁、细腻、浑厚、谐调,无杂气,无刺激,纯净、舒适 | 《烟草及烟草制品 感官评价方法》YC/T 138—1998 |

续表

| 评价对象 | 指标项及关键描述词 | | 标准名称及标准号 |
|---|---|---|---|
| | 指标项 | 关键描述词 | |
| 卷烟 | 口腔、喉部、鼻腔、烟气感受 | 口腔刺激、干燥、余味、味觉特征,喉部刺激、干燥,鼻腔刺激、杂气,烟气细腻、柔和、圆润 | 《卷烟 感官舒适性评价方法》YC/T 496—2014 |
| 烤烟烟叶 | 风格特征、品质特征 | 风格特征:香韵(干草香、清甜香、正甜香等)、香气状态(飘逸、悬浮)、香型(清香型、中间香型、浓香型)、烟气浓度、劲头;<br>品质特征:香气特性(香气质、香气量、透发性、杂气)、烟气特性(细腻程度、柔和程度、圆润感)、口感特性(刺激性、干燥感、余味) | 《烤烟 烟叶质量风格特色感官评价方法》YC/T 530—2015 |
| 烤烟 | 香气特性、烟气特性、口感特性 | 香气特性:香气质(很好)、香气量(很充足)、透发性(很透发)、杂气(无);<br>烟气特性:浓度(很浓)、劲头(很大)、细腻程度(很细腻)、成团性(很成团);<br>口感特性:刺激性(无)、干燥感(很弱)、干净程度(很干净)、回甜(很强) | 《烟草在制品 感官评价方法》YC/T 415—2011 |
| 卷烟 | 香气风格、口味风格、舒适感特征、烟气特征 | 香气风格:烤烟烟香(强烈)、晾晒烟烟香(强烈)、清香(强烈)、果香(强烈)等;<br>口味风格:甜味(强烈)、酸味(强烈)、苦味(强烈)、凉味(强烈);<br>舒适感特征:口腔刺激/舌部灼烧(无)、口腔残留/干燥感(无)、收敛(无)、喉部刺激(无)、喉部干燥(无)、鼻腔刺激(无);<br>烟气特征:香气(丰满、谐调)、丰富性(丰富)、细腻/柔和/圆润(细腻、柔和、圆润)、杂气(无)、烟气浓度(浓郁、饱满)、劲头(大) | 《卷烟 中式卷烟风格感官评价方法》YC/T 497—2014 |
| 中式卷烟 | 轻松感、舒适感、满足感 | 轻松感:清新、愉悦、透发、均衡、柔和、顺畅;<br>舒适感:嗅香(喜欢)、刺激(无)、甜润(好)、杂气(无)、细腻、余味(干净);<br>满足感:成团(好)、浓郁(浓郁、饱满)、劲头(适中)、醇厚(醇和、厚实)、绵长(绵延、悠长)、丰富 | 《基于消费体验的中式卷烟感官评价方法》YC/T 564—2018 |

上述感官评价的核心聚焦于卷烟及其烟叶,具体涵盖烟支外观及燃烧过程中释放的主流烟气对人体感官的综合影响。然而,无烟烟草制品的使用方式——如口含、吸吮、咀嚼等,与卷烟截然不同,因此无法直接套用卷烟的感官评价体系来评估无烟烟草制品。鉴于无烟烟草制品主要接触并影响人体的口腔区域,口腔感受便成为衡量其消费舒适度的最关键因素。对于卷烟而言,其感官评价全面考虑了烟支的外观以及燃烧时产生的主流烟气给人体感官带来的综合体验。GB 5606.4—2005 标准明确界定了包括光泽、香气、协调性、杂气、刺激性及余味在内的六项关键指标,每项指标均划分为三个评分区间以明确得分范围。YC/T 496—2014 标准则进一步阐释了卷烟感官舒适性的概念,即烟气对感受器官(如口

腔、喉部等)产生的刺激、干燥、残留等不适感,以及与之相对的细腻、柔和、圆润等愉悦感受所构成的复杂体验。然而,由于无烟烟草制品不产生烟气,其特性与卷烟大相径庭,因此卷烟的感官评价指标及其定义无法直接应用于无烟烟草制品的感官评价中。针对无烟烟草制品,需要开发或采用一套专门的感官评价体系,以准确反映其在消费过程中对人体感官的特定影响。

食品的感官评价体系广泛涵盖了外观、质地、滋味、气味及杂质等多个关键指标;而烟草及其制品,鉴于其独特的吸食消费方式,其感官评价特别聚焦于光泽、香气、谐调性、杂气、刺激性及余味等方面,全面评估对口腔、喉部、鼻腔等感官器官的综合影响。在中式卷烟领域,消费者接受程度的综合定性指标尤为强调舒适感、轻松感与满足感。相比之下,当前无烟烟草制品的感官品质评价指标尚显单一,主要集中于外观与质地等基础指标,对于至关重要的消费舒适感,尚未有明确的定义及系统的评价方法。基于食品、烟草及烟草制品感官评价领域的深入调研成果,并遵循食品感官评价的一般性原则,我们针对无烟烟草制品的不同使用方式进行了详尽的实际评价,并经过多次深入的研讨与迭代,创新性地将无烟烟草制品的消费舒适感细化为满足感、清新感、轻松感及特征口感四大维度。这一细分不仅为后续的生物化学表征方法开发奠定了坚实的术语基础,也极大地丰富了无烟烟草制品感官评价的内涵。具体而言,无烟烟草制品的消费舒适感是指消费者在使用过程中所产生的综合感受,它涵盖了满足感(satisfaction)、清新感(freshness)、轻松感(pleasure)以及独有的特征味感(characterizing taste),这些维度共同构成了评价无烟烟草制品消费体验的核心指标。

## 2.1 满 足 感

在卷烟的感官评价体系中,满足感这一核心指标往往与烟气的浓度和劲头紧密相关,它具体表现为烟气的浓郁度、香气的丰富层次、劲头的适中把握以及烟气的悠长回味。烟碱乙酰胆碱受体(nAChRs)作为神经系统中广泛分布的跨膜神经递质门控离子通道,由五个不同亚基精妙组合而成,其激活机制依赖于与内源性神经递质乙酰胆碱或外源性配体如烟碱的结合。一旦烟碱进入体内,它便迅速通过血液循环,轻松穿越血脑屏障,仅需约 6 s 的时间便能抵达脑部,与 nAChRs 紧密结合并激活离子通道,进而触发多巴胺的释放。这一过程在奖赏机制与联想学习进程中扮演了关键角色,深刻影响着人体满足感的产生。

值得注意的是,吸烟所获取的烟碱量受多种因素调控,包括但不限于烟草制品的类型、吸烟方式(如是否深吸入)、是否配备滤嘴等,且烟碱在人体内的半衰期约为 2 h,这进一步影响了其生理效应的持续时间。

在无烟烟草制品领域,如口嚼式和口含式产品,烟碱主要通过溶解于唾液并被口腔黏膜高效吸收的方式进入体内。因此,烟碱的释放量及其速率成为调控消费者满足感的关键因素。过快的释放可能导致口腔内烟碱浓度急剧上升,引发不必要的刺激感;而释放过慢或浓度不足,则难以满足消费者的需求。鉴于胶基型嚼烟与袋装型口含烟在产品形态上的显著差异,针对这两类产品分别建立烟碱体外释放模型及开发相应的检测方法显得尤为重要。这将有助于我们更精准地调控烟碱的释放特性,旨在研发出既能提供充足满足感,又能有效减轻刺激性的优质无烟烟草制品。

## 2.2 清新感

口气的正式名称为口腔异味(涵盖 halitosis、oral malodor 或 bad breath),源自口腔及鼻腔、鼻窦、咽部等空气流通的腔体,已成为继龋齿与牙周病之后,口腔科第三大常见就诊原因。为维持口气清新,消费者常选择口香糖或口气喷雾等产品。口气的存在不仅影响社交互动,还可能对心理健康造成负面影响,因此世界卫生组织(WHO)已将其列为一种疾病进行关注。口气可分为真性与假性两大类,真性口气进一步细分为生理性与病理性。据统计,约九成口气问题与口腔健康状况息息相关,包括但不限于未治疗的龋齿、残留牙根与牙冠、不当的口腔修复体、异常的口腔结构、牙龈炎、牙周炎及口腔黏膜病等,其中龋齿与牙周疾病尤为突出。深龋、不良修复体下残留的食物残渣与菌斑,经细菌发酵后会产生异味;牙髓坏死或化脓性牙髓炎同样会散发臭味。牙周病患者因牙石、菌斑积累,细菌在牙周袋内发酵生成硫化氢、吲哚及氨类等物质,也是口气的主要来源。此外,唾液的质与量亦对口气有显著影响,唾液减少及有机成分增加会削弱其清洁与缓冲能力,促进细菌繁殖,从而产生挥发性硫化物等异味物质。

无烟烟草制品的溶出物对口腔微生物生态具有潜在影响。例如,烟碱对变形链球菌的生长存在剂量依赖性促进作用,高浓度时可能增加龋齿风险。多项研究表明,无烟烟草制品使用者的龋齿风险较高,且不同品牌口含烟对口腔微生物的影响各异,有的促进生长,有的则有抑制作用。值得注意的是,虽然短期内口含烟使用可能减少唾液中细菌总量,但长期效应仍需进一步研究。

口源性口气主要由口腔微生物分解含硫氨基酸、肽及蛋白质生成挥发性硫化合物(VSCs)所致,如硫化氢、甲硫醇、甲硫醚等。牙周致病菌及舌背细菌在 VSCs 产生中扮演关键角色。检测口气中的挥发性物质可为临床诊断提供辅助信息。现有检测方法包括感官分析法(如鼻测法)、自述法及仪器测试法(如气相色谱、便携式硫化物检测仪等),后者能定量分析口腔中总挥发性硫化物或特定硫化物成分。深入探究无烟烟草制品及其提取物对口腔微生物及口气的影响,并将研究成果应用于产品配方优化,有望开发出既能抑制口腔致病菌,又能有效清新口气的功能性产品,为消费者提供更全面的口腔健康解决方案。

## 2.3 轻松感

对于卷烟而言,消费者所体验的轻松感,是抽吸过程中的压力感、烟气的清爽度以及下咽顺畅度等多重因素交织而成的综合感受,它根植于刺激度、余味等舒适感指标之上。同样,无烟烟草制品的质构特性也是衡量其品质优劣与消费者轻松感感知的关键因素。在食品科学领域,质构的概念最早于 20 世纪中期被提出,被描述为食品摄入后,口腔内所感受到的综合触觉体验,这一体验受到样品密度、黏度、表面张力及其他物理特性的共同影响。在消费者语境中,它常被称作"口感"或"食品质地"。ISO(国际标准化组织)则将食品质构定义为通过力学、感官乃至视觉、听觉等多种手段所能感知到的食品流变学特性的综合体现。食品质构的本质,是其结构与材料性质的感官映射,深受食品成分、结构及状态的影响,是食品材料物理特性的主观综合感知,通过手触、目视及口尝等方式获得。为了深入探究质构的本质,并实现对食品质构的精准描述与控制,我们结合了仪器分析与感官评价两种方法。仪器分析技术如质构仪、计算机视觉、超声成像、近红外光谱等,为质构特性的量化评估提供了有力支持。而在产品研发过程中,核心任务之一便是通过恰当的处理工艺,将食品原料的天然组织结构转化为更为理想的质构形态,从而提升其实用性、商品价值及感官享受。

针对胶基型嚼烟,其硬度、黏弹性、颗粒性等质构参数是消费者评价其品质的重要指标。特别是黏弹性,它关乎咀嚼时牙齿所感受到的黏滞性与回弹性;颗粒性则反映了嚼烟在咀嚼过程中给牙齿及舌面带来的表面粗糙感。这两种特性直接决定了消费者能否轻松咀嚼,进而获得愉悦的口腔轻松感。本书即借助质构仪对无烟烟草产品的质构特性进行了深入研究,旨在开发出更具口感魅力的产品。

此外,袋装型口含烟的使用还会对口腔唾液产生影响。唾液作为口腔内的重要生理液体,由唾液腺分泌,富含多种成分,对维护口腔健康至关重要。唾液的分泌量、渗透压等因素与轻松感密切相关。唾液分泌的减少是引发口腔干燥症(口干症)的主要原因,该病症会干扰吞咽、咀嚼等生理功能,导致不适。唾液的缓冲作用有助于减轻口腔内部压力,使周围肌肉得以放松,从而提升轻松感。鉴于唾液样本采集的安全无创与便捷性,本书还深入探讨了袋装型口含烟对唾液的影响,为产品优化提供了宝贵的基础数据支持。

## 2.4 特征味感

味感(taste sensation)是一个复杂的过程,它涉及将食物中的化学特征转化为大脑可识别的神经信号。当味觉分子触及味蕾顶端的微绒毛上的感受器时,味觉信息首先在舌头上生成,随后通过味觉神经传递至面部的神经节,进一步抵达脑干的孤束核,并在多个大脑区域内进行深入处理。基于 G 蛋白偶联受体或离子通道的不同类型,味蕾能够区分出至少五种基本口味:甜味、鲜味、苦味、酸味和咸味。值得注意的是,味觉受体不局限于味蕾,它们广泛分布于身体的各个器官、组织和细胞中,承担着调节神经、生理、免疫及内分泌等多重功能,因此在食品功能性评估、食品添加剂创新、药物筛选及代谢健康促进等领域展现出巨大的应用潜力。

在味觉测定的技术前沿,电子舌已成为不可或缺的工具,广泛应用于食品、医药、化工等多个领域。电子舌由感知元件与次级传感器协同工作,前者捕捉待测分子或离子的信号,后者则将这一信号转化为电信号,最终由数据处理模块解析成味觉信息。这一技术融合了电化学、生物学、仿生学、计算机科学及数学等多学科智慧,尤其在电子烟等新型烟草产品的研究中展现出独特优势。相较于传统的人工感官评价,电子舌技术能提供更为客观、精准的味觉分析结果,有效减少了主观因素的干扰。

针对国外袋装口含烟的烟叶原料特点,如明火烤烟、白肋烟、晾晒烟等,其强烈的感官刺激与劲头可能并不完全契合国内消费者的体质与偏好。因此,结合国内消费习惯与烟叶资源,对袋装口含烟的叶组配方进行针对性研发,以创造具有中式特色的产品显得尤为重要。我国烤烟烟叶的香型分类,基于生态、感官、化学及代谢等多维度考量,已细化为清甜香型、蜜甜香型、醇甜香型等八大类别,这为产品创新提供了丰富的素材。此外,生物发酵技术在提升烟叶风味与品质方面也发挥着重要作用,如通过混菌固态发酵增加烟叶的挥发性香气成分,利用风味蛋白酶优化烟叶的香气质量,以及采用食源性菌株发酵技术改善烟叶的内在品质。在嚼烟配方设计上,在追求生理满足的同时,还需确保口感的愉悦与香气的持久,精心挑选与烟草风味相协调的原料,如可可、坚果、咖啡、烘烤香及薄荷等,以满足不同消费者的个性化需求。无论是口含烟还是嚼烟,消费者对于生津感与酸甜感的偏好各异,这要求我们在产品开发中不断创新,推出多样化的口味与口感选项,以更好地适应市场的多元化需求。

本章针对无烟烟草制品的产品特点和消费方式,参考卷烟及食品的感官评价方法及指标,将无烟烟草制品的消费舒适感定义为满足感、清新感、轻松感和特征味感四个指标,并分别对四个指标的生理特征及测试方法进行了简要阐述。

## 参考文献

[1] 赵镭,刘文.感官分析技术应用指南[M].北京:中国轻工业出版社,2011.

[2] BARYLKO-PIKIELNA N, DANIEWSKI M, MIELNICZUK Z. Gas chromatographic-sensory parallel chracterisation of methionine-glucose reaction products and their relation to meat aroma[J]. Nahrung,1974,18(2):125-132.

[3] VON ELBEJ H,ARTZ W E,JOHNSON C E. Quality of canned potaotes,carrots,and beets after long-term fresh product storage[J]. J Food Prot,1977,40(11):765-768.

[4] HOOTMAN R. Manual on descriptive analysis testing for sensory evaluation[M]. American Society for Testing and Materials,1992.

[5] CIVILLEG V, LYON B G. Aroma and flavor lexicon for sensory evaluation: terms, definitions,references,and examples[M]. ASTM,1996.

[6] Lawless.食品感官评价原理与技术[M].北京:中国轻工业出版社,2001.

[7] 林宇山.感官评价在食品工业中的应用[J].食品工业科技,2006(8):202-203.

[8] 赵镭,李志,汪厚银,等.食品感官分析术语及描述词的良好释义与表达范式[J].标准科学,2014(8):64-66.

[9] DÍAZ-MONTAÑA E J, Brignot H, Aparicio-Ruiz R, et al. Phenols and saliva effect on virgin olive oil aroma release: a chemical and sensory approach[J]. Food Chemistry,2024,437(1):137855.

[10] 李维妮,郭春锋,张宇翔,等.气相色谱-质谱法分析乳酸菌发酵苹果汁香气成分[J].食品科学,2017,38(4):9.

[11] 许春华,肖作兵,牛云蔚,等.电子鼻和电子舌在果酒风味分析中的应用[J].食品与发酵工业,2011,37(3):5.

[12] 李红蕾,冯涛.黄酒风味物质的香气强度与结构关系的研究进展[J].上海应用技术学院学报:自然科学版,2011,11(1):5.

[13] GB/T 10220—2012/ISO 6658:2005.感官分析 方法学 总论[S].

[14] GB/T 29605—2013.感官分析 食品感官质量控制导则[S].

[15] GB/T 13868—2009/ISO 8589:2007.感官分析 建立感官分析实验室的一般导则[S].

[16] GB/T 2506—2010/ISO 13302:2003.感官分析 包装材料引起食品风味改变的评价方法[S].

[17] GB 17399—2016.食品安全国家标准 糖果[S].
[18] SB/T 10023—2017.糖果 胶基糖果[S].
[19] SB/T 10018—2017.糖果 硬质糖果[S].
[20] GB 19300—2014.食品安全国家标准 坚果与籽类食品[S].
[21] GB 7100—2015.食品安全国家标准 饼干[S].
[22] GB 5606.4—2005.卷烟 第4部分:感官技术要求[S].
[23] YC/T 138—1998.烟草及烟草制品感官评价方法[S].
[24] YC/T 496—2014.卷烟 感官舒适性评价方法[S].
[25] YC/T 530—2015.烤烟 烟叶质量风格特色感官评价方法[S].
[26] YC/T 415—2011.烟草在制品 感官评价方法[S].
[27] YC/T 497—2014.卷烟 中式卷烟风格感官评价方法[S].
[28] YC/T 564—2018.基于消费体验的中式卷烟感官评价方法[S].
[29] PAPKER L. Merging old and new perspectives on nicotinic acetylcholine receptors[J]. Biochemical Pharmacology,2014,89(11):1-11.
[30] MORALES-PEREZ C L,NOVIELLO C M,HIBBS R E. X-ray structure of the human alpha4beta2 nicotinic receptor[J]. Nature,2016(538):411-415.
[31] KARLINA. Structure of nicotinic acetylcholine receptors[J]. Current Opinion in Neurobiology,1993,299-309.
[32] WITTENBERGR E,WOLFMAN S L,De BIASI M,et al. Nicotinic acetylcholine receptors and nicotine addiction:A brief introduction[J]. Neuropharmacology,2020,177:108256.
[33] 金闻博,戴亚,雍国平等.烟碱的合成、代谢和作用[J].烟草科技,1995(1):14-16.
[34] FOWLERC D,TURNER J R,IMAD DAMAJ M. Molecular mechanisms associated with nicotine pharmacology and dependence[J]. Handb Exp Pharmacol,2020,258:373-393.
[35] BENOWITZN L. Biomarkers of cigarette smoking[J]. 1996.
[36] 马宇平.卷烟产品风格的确立与控制[J].烟草科技,2000(1):2.
[37] 张兴伟,邢丽敏,齐义良,等.新型烟草制品未来发展探讨[J].中国烟草科学,2015,36(4):110-116.
[38] 张文娟,何保江,屈展,等.胶基型无烟气烟草制品中烟碱的释放行为研究[J].烟草科技,2013,000(006):31-36.
[39] 王超,杨继,杨柳,等.模拟溶出法研究袋装口含烟烟碱口腔释放规律[J].中国烟草学报,2019(1):7.
[40] WU J,CANNON R D,JI P,et al. Halitosis:prevalence,risk factors,sources,measurement and treatment - a review of the literature[J]. Aust Dent J,2020,65(1):4-11.
[41] 张玮,冯希平.口臭的分类方法[J].现代口腔医学杂志,2010,24(2):146-148.
[42] SUZUKI N,YONEDA M,TAKESHITA T,et al. Induction and inhibition of oral malodor[J]. Mol Oral Microbiol,2019,34(3):85-96.
[43] CALILC,LIBERATO F L,PEREIRA A C,et al. The relationship between volatile sulphur compounds,tongue coating and periodontal disease[J]. Int J Dent Hyg,2009(7):251-255.
[44] YAEGAKIK,COIL J M. Examination,classification,and treatment of halitosis:clinical perspectives[J]. J Can Dent Assoc,2000,66:257-261.

[45] KEENE K, JOHNSON R B. The effect of nicotine on growth of Streptococcus mutans[J]. Miss Dent Assoc J,1999,55(4):38-39.

[46] SENN,BATHIJA P,CHAKRAVARTY T,et al. Caries risk assessment using Cariogram model among smokeless tobacco users in India[J]. Med Pharm Rep,2019,92(2):165-171.

[47] LIU M,JIN J,PAN H,et al. Effect of smokeless tobacco products on human oral bacteria growth and viability[J]. Anaerobe,2016,42:152-161.

[48] 高茜,管莹,米其利,等.口含烟对人口腔致病菌的影响[J].中国烟草学报,2018,24(6):6.

[49] MURATA T. Classification and examination of halitosis[J]. Int Dent J,2002,52(S5P1):181-186.

[50] ABDULLAHM A,ALASQAH M,SANAA M S,et al. The relationship between volatile sulfur compounds and the severity of chronic periodontitis:a cross-sectional study[J]. J Pharm Bioallied Sci,2020,12(1):268-273.

[51] 叶玮.口臭相关微生物群落特征与气体检测方法探索[D].上海:上海交通大学,2020.

[52] 孙东亮,赵华民.基于消费者感知的细支卷烟轻松感、满足感设计思路[J].中国烟草学报,2017,23(2):42-49.

[53] 蔡慧芳,陈建设."口腔"摩擦学在食品质构感官研究中的应用[J].食品安全质量检测学报,2016(5):7.

[54] 陈伟,陈建设.食品的质构及其性质[J].中国食品学报,2021,21(01):377-384.

[55] 李云飞,殷涌光,金完镐.食品物性学[M].北京:中国轻工业出版社,2005:90-119.

[56] 江登珍,李敏,康莉,等.食品质构评定方法的研究进展[J].现代食品,2019(7):99-103.

[57] 段沅杏,杨威,田永峰,等.一种测定胶基型嚼烟质构特性的方法:CN201710797130.6[P].CN107515144A[2024-01-02].

[58] MOLLASHAHIL F,HONARMAND M,NAKHAEE A,et al. Salivary sialic acid levels in smokeless tobacco users[J]. International Journal of High Risk Behaviors and Addiction,2016.

[59] MADELI D,WOTMAN S. The salivary secretion in health and disease[J]. Oral Sciences Reviews,1976,8(8):25-47.

[60] 柏景坪,林梅.口腔干燥症患者唾液分泌与相关因素分析[J].华西口腔医学杂志,2006,24(3):4.

[61] ROPERS D,CHAUDHARI N. Taste buds:cells,signals and synapses[J]. Nature Reviews Neuroscience,2017,18,485-497.

[62] OGATA T, OHTUBO Y. Quantitative analysis of taste bud cell numbers in the circumvallate and foliate taste buds of mice[J]. Chemical senses,2020,45(4):261-273.

[63] 庞广昌,陈庆森,胡志和,等.味觉受体及其传感器研究与应用[J].食品科学,2017,38(5):11.

[64] CETÓ X,VOELCKER N H,PRIETO-SIMÓN B,et al. Bioelectronic tongues:New trends and applications in water and food analysis[J]. Biosensors & Bioelectronics:The International Journal for the Professional Involved with Research, Technology and Applications of Biosensers and Related Devices,2016,79:608-626.

[65] 巩效伟,陈永宽,韩熠,等.基于电子舌的电子烟甜度评价模型研究[J].中国烟草学报,2017,23(6):9.

[66] 窦玉青,沈轶,张继旭,等.口含烟发展现状及原料研究进展[J].贵州农业科学,2016,44(12):4.

[67] 罗登山,王兵,乔学义.《全国烤烟烟叶香型风格区划》解析[J].中国烟草学报,2019,25(4):9.

[68] 李萌,王旭东,罗昭标,等.混菌固态发酵低次烟叶工艺优化及挥发性致香成分分析[J].河南农业科学,2022,51(9):171-180.

[69] 肖明礼,杨庆,林锐峰,等.风味蛋白酶提升烟叶抽吸品质的研究[J].浙江农业学报,2014,26(1):5.

[70] 米其利,杨娟,徐玉琼,等.植物乳杆菌对卷烟品质的影响[J].江苏农业科学,2019,47(2):5.

# 第三章

# 适用于无烟烟草制品的天然植物功效作用机理查证及筛选

## 3.1 引　言

近年来,"药食同源"这一中医核心理念在中医界乃至农业、食品、文化、旅游等多个领域均受到了前所未有的重视。政府、资本市场、社会各界及广大民众均不遗余力地推动其发展。这一趋势背后,是随着生活水平的普遍提升,饮食卫生与营养知识的广泛普及,以及公众健康意识的日益觉醒。人们愈发重视自我保健与养生之道,认识到"防病胜于治病"的深刻含义,开始倾向于回归自然,探索更为和谐、健康的自然疗法。在此背景下,"求药于食"的理念应运而生,它倡导在日常饮食中融入药食同源的理念,实现食疗食养的目的。然而,更为宝贵的是,我们拥有中医学这一博大精深的宝库,其中蕴含着丰富的食疗与食养知识,等待着我们去发掘、去应用。

## 3.2 药食同源的源流与内涵

"药食同源",这一承载着深厚历史底蕴与专业智慧的学术名词,系中医界学者基于悠久历史经验与先进理论探索的结晶,它溯源于 20 世纪 30 年代提出的"医食同源"理念,并在此基础上进一步拓展深化。其广泛传播乃至成为流行语汇,则得益于国家卫生健康委员会办公厅颁布的《按照传统既是食品又是中药材的物质目录管理规定》("药食两用"管理规定),这一政策举措为"药食同源"理念的普及与应用铺设了坚实道路。值得注意的是,在清末民初的中医古籍中,我们尚未寻觅到"药食同源"或"药食两用"的直接表述。这背后,实则反映了现代科学语境下对"药"与"食"界限的严格界定,与传统文化中两者相辅相成、互为融通的哲学观念之间的微妙差异。现代科学倾向于将药与食视为性质迥异的两类物质,而中国传统文化则秉持整体宏观、辩证逻辑的思想方法,认为某些物品在不同情境下可兼具食物与药物的双重属性。为了弥合这一逻辑上的鸿沟,现代人从传统文化中汲取灵感,将历史上药食混用的实践经验提炼升华为"药食同源"理论。该理论根植于《淮南子》中"神农尝百草，一日而遇七十毒"的古老传说，以及《周礼·天官》中关于"食医"的明确记载，这些文献构成了"药食同源"理论的重要基石。实际上，药食互用、药食同源的现象，不仅贯穿于中医发展的悠久历史，更是中华文明史上一道亮丽的风景线。《黄帝内经》等中医经典著作中，食物的养生医疗价值与满足基本生存需求的果腹功能并重，彰显了古人对药食关系的深刻理解与巧妙运用。春秋战国时期，"气一元论"盛行，认为世间万物皆由"气"构成，这一观念为"药食同源"提供了哲学基础。在中医五行学说框架下，万物皆可通过五行相互关联，形成"万物皆能为我所用""万物皆可为食""万物皆可入药"的独特认知。在这一视角下，早期人类并未严格区分"药"与"食"，而是根据"气"的相合与五行的生克原理，灵活选择食物与药物，以实现健康养生的目的。"神农尝百草"的故事，本质上并非单纯的药物探索之旅，而是先民为求生存而广泛尝试各类植物的生动写照。《淮南子》中的"令民知所避就"，深刻揭示了神农尝百草的真正目的——引导民众识别可食与不可食之物，从而避免中毒。这一过程，实际上也是药物与食物概念逐渐分化的起点，尽管初始界限模糊，但已显现出从食物中剔除有毒成分、将其转化为药物的雏形。

既然"药食同源"理论为"药食两用"名录的构建提供了坚实的理论依据，那么我们在实践过程中就不应偏离其思想精髓。该理念的核心在于"万物皆可入药"，这一原则不仅指导了古代中医先贤的医药实践，也应当是现代中医食养疗疾、预防保健工作的基石。然而，当前实施的"药食两用"物质管理办法，却似乎偏离了这一轨道，仅从药物名录中筛选出具有食品功能的物品进行管理，这无疑是对中医传统药食两用理念的极大限制与误解，导致理论应用范围被严重收窄。现行的药食两用名录，虽旨在明确哪些中药品种可作为食物使用，但在筛选与管理过程中，却未能充分遵循全面、合理的原则，存在诸多不尽人意之处。例如，名录中包含了大量在普通人眼中纯属"食物"的品类，如山药、扁豆、芝麻、百合等，这些物品在日常饮食中极为常见，其药物属性更多是被管理者人为赋予的，依据仅仅是它们出现在了《中华人民共和国药典》(简称《药典》)或相关规范性文件中。这种做法，虽然部分基于尊重中医传统和民间生活实际，以及追求成分相对清晰的考量，却忽略了药食同源理念的广泛性与灵活性。此外，《药典》等法规文件作为药物管理的重要依据，其选择性收录的原则无可厚非。然而，若仅以此类文件为唯一标准来筛选药食两用品种，无疑会限制选择的广度与深度，显得过于局限与粗放。这种做法不仅忽略了中医理论的博大精深，也未能充分反映药食同源理念的精髓。在公众认知层面，药食两用物质往往被简化为"可食"之物，即认为只要纳入名录即可日常食用。然而，实际情况并非如此。以人参、白芷为例，这些物品在大多数情况下并不被视为普通食物，而是作为食物添加剂或特定情境下的滋补品使用。这种认知偏差，进一步模糊了药物属性与食物属性的界限，使得药食同源理念在实际应用中面临诸多挑战。

"药食同源"这一深植于国人千百年来生活与医学实践中的核心理念，其基本原则是历经时间考验的智慧结晶。然而，当前的药食两用管理规定却似乎偏离了中国人对食物本质的深刻理解，不当地模糊了"食品"的法律边界。采用药食两用视角来规制食品原料管理，非但未能简化流程，反而平添了诸多不必要的困扰，导致资源的不必要浪费。该名录的局限性尤为明显，它排除了诸多在百姓日常生活中广泛应用的中药品种，如四川、云南、贵州等地常用的附子，普及全国的大蒜、茶叶，以及两广地区特有的夏枯草、布渣叶、鸡蛋花，还有药膳烹饪中不可或缺的菟丝子、沙苑子、制首乌、三七等。这些物品虽以药物属性著称，但在民间早已融入日常饮食，通过巧妙的炮制、配伍及制作工艺，成为烧鸡、烤鸭、茶饮、煲汤中的点睛之笔，既发挥了食品的美味，又兼具辅助治疗的功效。"药食两用"概念的异化，已在实际生活和生产实践中引发了一系列问题，政府监管与民间习俗之间的冲突日益凸显。在笔者为国家卫健委执法局培训授课时，执法人员普遍表达了执法过程中的困惑：若迁就传统饮食习惯，则难以严格执法；反之，若严格遵循药食两用名录，又恐伤及民间情感与传统。类似的情况还出现在健康食品领域，如凉茶中因使用夏枯草而引发的争议，便是"尊重传统"与现行规定碰撞的实例。作为药食两用物质管理办法的制定者，理应深入探究中医药食同源理论的精髓，广泛征求中医药学界的意见与建议，而非简单地忽视其理论基础与实践价值。当前，对于"药食同源""药食两用"等概念的基础性研究尚显不足，包括其定义、内涵、外延、标准、规范、历史演变、局限性以及传统智慧与现代法规的融合路径等,均缺乏系统而深入的探讨与成果展示。尤其是从宏观、哲学及原理层面出发的研究,更是凤毛麟角。尽管近年来"药食同源"相关研究成果数量激增,但主要集中在食品产业开发、药食两用品种成分检测及中医饮食文化科普三个方面,缺乏全面而深刻的理论探索。这一现象提示我们,未来需加大在药食同源领域的基础研究投入,促进理论与实践的深度融合,以更好地服务于人民健康与食品安全事业。

## 3.3　发扬药食同源理论,完善药食两用政策

药食同源理论深刻彰显了中医对宇宙万物独特而和谐的认知,它精妙地融合了人与自然之间的紧密关系。然而,中医在强调万物同源性的同时,也需注意避免忽视各事物独有的特性。因此,药食同源理论,如同中医整体思想体系一般,存在潜在的泛化、玄化、虚化及过度个体化的倾向。在现代社会语境下,这种理论的过度泛化往往导致实践层面上的空洞与不切实际,使得"大而全"的理念难以找到坚实的落脚点。

试想,若一切皆可视为食物,所有药物都能轻易融入日常饮食,虽然极大地拓宽了人类对自然资源的利用视野,却也无形中模糊了安全使用的界限。鉴于此,对药食同源理念的合理管控与规范,成为当务之急,是确保公众健康与安全的必要措施。

《按照传统既是食品又是中药材的物质目录管理规定》的出台,虽难以完全避免上述挑战,但其初衷无疑是为了回应社会对健康保障日益增长的需求。面对民众对健康生活的渴望与药食同源理想化愿景同现行法规之间存在的张力,如何进一步完善药食两用政策,平衡其利弊,成为亟待解决的重要课题。

### 3.3.1　遵从中医本质,明确药食同源理念内涵、外延

现代医药与食品行业迫切需求规范化、科学化的管理体系,以及切实有效的法规制度来保驾护航。国家在积极推广药食同源理念的同时,尤为重要的是对药食两用品种进行清晰的"物质界定",明确其范畴,这是确保公众健康安全的基石。值得注意的是,药食同源作为中国传统文化的瑰宝,其发展必须根植于中医理论的深厚土壤,摒弃简单套用西方思维的方式,精准划分有毒与无毒的界限。在此基础上,积极探索食品资源的拓展与优化,真正弘扬中医的独特优势与魅力,打造出具有鲜明中国特色的养生食品产业。

深入挖掘中医古籍的精髓,是推进这一进程的关键。我们应当精心研读中医经典文献,汲取古人的智慧与经验,对药、食及药食兼用的概念进行全新的界定,既明确其内在本质,又划定其外延边界,确保每一类别都有其清晰的范围界定。具体而言,首先要坚持中医整体观的核心理念,深入剖析"药食同源"与"药食两用"的深层含义与思想精髓。通过参考中医典籍与本草学的宝贵资料,结合现代食品与药品的科学定义及监管原则,我们可以更加精准地界定药食两用概念的外延,明确其所能涵盖的具体范围与种类。这一过程不仅为复杂多样的食物与药物系统提供了必要的规范与指导,也为整个行业的健康发展奠定了坚实的基础。

### 3.3.2　充分发掘中医文献资源

《黄帝内经》中蕴含丰富的药食同源理论及药食区分的原则,《神农本草经》则详尽记录了诸如大枣、生姜、核桃、莲子、蜂蜜、百合等食材,并通过上、中、下三品分类法,为药食两用的衡量设立了标准。南北

朝梁代，陶弘景的《本草经集注》开创性地按自然属性对药物进行分类，特别设立了"果菜米食"专篇，凸显了食物的重要性。这一分类体系被唐宋元明各朝沿袭，如《新修本草》《证类本草》等典籍均将可食用药物独立成类。唐代孙思邈的《备急千金要方》中的"食治篇"，细致地将食物分为"果实""菜蔬""谷米""鸟兽（附虫鱼）"等章节，共收录了155种食材，展现了药食结合的广泛实践。其弟子孟诜所著的《食疗本草》，更是我国现存最早的食疗专著，具有里程碑意义。宋代官方编纂的《太平圣惠方》设有"食治门"，收录了160首药膳方剂，进一步丰富了药食同源的应用范畴。元代饮膳太医忽思慧的《饮膳正要》不仅是我国最早的饮食卫生与营养学专著，还记录了230种单味药食两用品，体现了对药食结合理论的深入探索。明代，李杲编辑的《食物本草》更是集大成者，收载了1689味食药两用之物，堪称食物本草类书籍的典范。李时珍的《本草纲目》则在前人基础上进一步拓展，将食物类药物细分为草部、谷部、菜部、果部、木部五部，共载录300余种，并详细列出了饮食禁忌，为后世提供了宝贵的参考。明清以降，《食物本草》《食鉴本草》《饮食须知》《随息居饮食谱》等著作层出不穷，共同构成了药食同源理论庞大而丰富的资料库与资源库。正是基于深厚的中医理论与文献积淀，我们才能创造出真正具有中国特色，集营养、养生、保健、康复、医疗于一体的食品类别，为全球健康事业贡献独特的东方智慧。

### 3.3.3　完善现行药食两用品种管理办法

（1）综上所述，基于更为精确的概念界定与内涵阐释，我们应摒弃单纯依赖《药典》选种的局限思维，全力弘扬药食同源理念的深刻哲学意蕴，进而拓宽其应用范围，深入挖掘并传承其思想精髓。

（2）明确区分主食与辅食（包括调味品与佐料），对主食原料与辅食原料实施分类识别与管理。将作为主食与作为辅食的食材分别界定，实施更为精细的分类监管策略。

（3）细化监管对象分类，将食品属性清晰的物品从特定名录中剥离或另设条目，以减轻管控力度。同时，针对药物属性显著的品种，应加大品种拓展力度，实现资源的最大化利用。在分类管理的过程中，还需综合考虑不同产业、人群需求及特定诉求（如养生、康复、美容等），进一步细化药食同源理念下的行业分类体系。此外，务必重视中药药性原理，对品种筛选、产地来源、炮制工艺及配伍规则等进行更为详尽的规范化与细化。

（4）充分尊重并融入地域特色、民族风情及饮食习惯，制定出既符合民情又充满人文关怀的管理措施。

正如孙思邈在《备急千金要方·药名》中所言，"天下物类皆是灵药，万物之中无一物而非药者"，食物亦然。基于此深刻认识，药食同源不仅承载着促进民众福祉的重任，更是弘扬中医特色、挖掘历史智慧、为现代人类拓展食品资源、强化健康防护与治疗途径的关键所在。这正是我们深入探索与总结药食同源理论的根本目的。

## 3.4　药食同源天然植物主要功效机理查证

2012年，国家卫计委公布"按照传统既是食品又是中药材"目录，共计86种中药材，2014年新增15种中药材，2018年新增9种中药材。截至目前，国家卫健委公布的药食同源中药共有110种。近年来，多项研究表明，这些药食同源的物质在药理活性上展现出显著的降压、降血糖及抗氧化等效果。表3-1详细列出了这些药食同源中药的功效分类。

表 3-1　药食同源中药的功效分类

| 分类 | 药食同源中药 | 功能主治 |
| --- | --- | --- |
| 补虚药 | 山药、玉竹、甘草、白扁豆、白扁豆花、龙眼肉、百合、沙棘、枣、枸杞子、桑葚、益智仁、黄精、黑芝麻、阿胶、蜂蜜、人参、当归、党参、肉苁蓉、铁皮石斛、西洋参、黄芪、杜仲叶 | 补虚扶弱,纠正人体气血阴阳的不足,治疗虚证 |
| 清热药 | 马齿苋、决明子、余甘子、金银花、青果、鱼腥草、栀子、淡竹叶、蒲公英、鲜芦根(或干芦根)、山银花、夏枯草 | 清解里热,治疗里热证 |
| 解表药 | 白芷、生姜、香薷、桑叶、淡豆豉、菊花、紫苏、葛根、薄荷、芫荽、粉葛 | 发散表邪,治疗表证 |
| 温里药 | 丁香、八角茴香、小茴香、肉桂、花椒、干姜、高良姜、黑胡椒、山柰、荜茇 | 温里祛寒,治疗里寒证 |
| 化痰止咳平喘药 | 白果、苦杏仁、甜杏仁、昆布、罗汉果、胖大海、桔梗、黄芥子、紫苏子 | 祛痰、减轻咳嗽喘息,治疗痰证、咳嗽气喘 |
| 理气药 | 刀豆、代代花、佛手、香橼、橘红、橘皮(或陈皮)、薤白、玫瑰花 | 疏理气机,治疗气机失调之气滞、气逆证 |
| 收涩药 | 乌梅、肉豆蔻、芡实、莲子、覆盆子、山茱萸 | 收敛固涩,治疗各种滑脱病证 |
| 利水渗湿药 | 赤小豆、枳椇子、茯苓、菊苣、薏苡仁 | 通利水道,渗泄水湿,治疗水湿内停病证 |
| 消食药 | 山楂、麦芽、莱菔子、鸡内金、布渣叶 | 消化食积,治疗饮食积滞 |
| 化湿药 | 砂仁、荷叶、广藿香、草果 | 化湿运脾,治疗湿阻中焦证 |
| 祛风湿药 | 木瓜、乌梢蛇、蕲蛇、油松节 | 祛除风湿之邪,治疗风湿痹证 |
| 止血药 | 小蓟、槐花、鲜白茅根(或干白茅根)、松花粉 | 制止体内外出血,治疗各种出血病证 |
| 活血化瘀药 | 桃仁、西红花、姜黄 | 通利血脉、促进血行、消散瘀血,治疗血瘀证 |
| 安神药 | 灵芝、酸枣仁(或酸枣) | 安定神志,治疗心神不宁病证 |
| 平肝息风药 | 牡蛎、天麻 | 平肝潜阳或息风止痉,治疗肝阳上亢或肝风内动证 |
| 泻下药 | 火麻仁、郁李仁 | 润滑大肠、泻下通便,治疗里实积滞证 |
| 驱虫药 | 榧子 | 驱除或杀灭人体内寄生虫,治疗虫证 |

药食同源中药主要集中于果实类药材,如八角茴香等,共 28 味,占比高达 25.0%;紧随其后的是根或根茎类药材,包括山药等在内共 20 味,占 17.86%;种子类药材也不容忽视,如刀豆等 19 味,占 16.96%;花类药材如丁香等 10 味,占比 8.93%;全草或地上部分药材,如小蓟等 9 味,占 8.04%;叶或茎枝类药材则以桑叶等 8 味为代表,占 7.14%;块茎或鳞茎类药材较少,有天麻等 4 味,占 3.57%。值得注意的是,还有一类特殊药材如枳椇子、益智仁、酸枣仁(或酸枣),它们既是果实也是种子,其中枳椇子和益智仁的种子药用,果实可食用,而酸枣仁(或酸枣)的种子和果实均可食用或药用,共 3 味,占 2.68%。此外,动物体药材如乌梢蛇、蕲蛇共 2 味,占 1.79%;树皮、子实体、菌核等其他类药材如肉桂、灵芝、茯苓等 9 味,占比为 8.04%。在药性的统计分析上,药食同源中药以"温"性和"平"性药材为主流,两者各占 29.46%,分别包含丁香等 33 味和山药等 33 味药材。而"寒"性药材如马齿苋等有 14 味,

占12.50%;"凉"性药材如小蓟等有11味,占9.82%;"微温"性药材如山楂等有9味,占8.04%;"微寒"性药材如玉竹等有7味,占6.25%;"热"性药材如干姜等有4味,占3.57%;至于"大热"性药材,仅有肉桂1味,占比0.89%。

药食同源中药的归经统计分析揭示了其经络归属的广泛性,但主要集中在"肺""胃"与"脾"三经。具体而言,归"肺"经的有鱼腥草等共计53味中药;归"胃"经的有枳椇子等51味;归"脾"经的则有丁香等50味之多。此外,归"肝"经的有41味,如丁香;归"肾"经的有山药等30味;归"心"经的包括龙眼肉等24味;归"大肠"经的有马齿苋等21味;归"胆"经与"小肠"经的药材较少,分别有菊苣等4味和赤小豆等4味;归"膀胱"经的有覆盆子、鸡内金、鲜白茅根(或干白茅根)共3味;而唯一归"三焦"经的是栀子,仅有1味。

在药味统计分析方面,药食同源中药以"甘"味为主流,涵盖了刀豆等65种药材;其次为"辛"味,有丁香等39种;接着是"苦"味,包括苦杏仁等22种;"酸"味药材如马齿苋等有14种;"涩"味药材则以白果等7种为代表;"咸"味药材如昆布等有6种;此外,还有"微苦"味的代代花等5种,"淡"味的白扁豆花等4种,以及独特的"微酸"味布渣叶和"微辛"味杜仲叶,各仅有1种。

在毒性统计方面,绝大多数药食同源中药被确认为无毒,共计109味,占比高达92.86%。然而,也有少数药材存在毒性,包括白果(有毒)、苦杏仁(有小毒)以及蕲蛇(有毒),这三者共计占7.14%,使用时需特别注意。

"空腹食之则为食物,患者食之则成药物",药食同源的理念在我国历史长河中根深蒂固,源远流长。近年来,随着健康意识的崛起与健康产业的蓬勃发展,药食同源产品愈发受到社会各界的广泛关注。这类资源在医药、食品及保健品等多个领域展现出重要的应用价值与广阔的开发潜力。通过对药食同源中药的各类特性进行深入统计分析,我们发现其以植物药为主导,动物药相对较少;在功效方面,补虚药占据主导地位,随后依次为清热药、解表药、温里药、化痰止咳平喘药及理气药等;从药用部位来看,果实类药材占据主要比例,根或根茎类与种子类药材紧随其后,而花类、全草或地上部分、叶或茎枝类药材相对较少,块茎或鳞茎类、果实或种子类与动物体等其他类药材则更为稀缺。药性统计进一步揭示了药食同源中药以"温"性和"平"性为主流,而"寒""凉""微温"及"微寒"性药材次之,"热"和"大热"性药材则较为罕见。在药味方面,甘味药材占据主导地位,辛、苦、酸味药材次之,而涩、咸、微苦、淡、微酸及微辛味药材则相对较少。归经分析显示,药食同源中药多归"肺""胃""脾"三经,而归"肝""肾""心""大肠"经者次之,归"胆""小肠""膀胱"及"三焦"经者则较为少见。值得注意的是,在药食同源中药中,仅有极少数(3味)被认定为有毒,这进一步凸显了其安全性。

针对无烟烟草制品对口腔健康的影响,我们认识到其溶出物可能破坏口腔菌群平衡,促进特定致病菌如变形链球菌等的生长,从而增加口腔炎症及黏膜损伤的风险。鉴于此,探索将药食同源的天然植物科学配伍,并应用于无烟烟草制品中,以发挥其清利咽喉、抗疲劳、清新口气等多重功效,显得尤为重要。此举不仅能让消费者在享受吸烟乐趣的同时,减轻烟草中有害物质对身体的伤害,还体现了对健康的尊重与追求。本章节聚焦于药食同源天然植物的主要功效学机理,通过系统梳理与查证,初步筛选出适用于无烟烟草制品的天然植物成分,并同步开展法律法规研究,全面了解国内外关于无烟烟草制品及天然植物使用的相关法律法规,旨在为未来的产品开发与应用提供坚实的法律支撑与可行性保障,进一步弘扬中医药文化的独特魅力与价值。

### 3.4.1 清利咽喉

中医理论视"上焦之肺"为华盖,其"清虚"且居"高位",主掌宗气之生成与呼吸之司控,上承气道,开窍于鼻,与外界清气息息相通,不断吸纳清新之气,排出体内浊气,以维系生命活动之正常运转。同时,肺犹如雾露之灌溉,滋养皮毛,宣发卫气以固护肌表,构筑人体抵御外邪入侵的首道防线。因此,肺既为气之根本,又为魄之居所,具备护内御外的生理功能,既能如乾金般宣发与肃降,又能通调气机与敷布津液。而肺气之强健,离不开肺阴的滋养与呵护,以稳固其形态与功能。肺阴的润泽与雾露之气的滋养,确保了肺的宣肃作用得以适度发挥,避免阴阳失衡之虞。故而,肺的生理特性倾向于喜润而恶燥,内部环境需保持适当湿润,以免干燥损伤其功能。只有在如雾露般温润的环境中,肺方能高效执行其宣肃通调之职责,一旦肺津受燥邪所伤,终将影响肺的宣肃通调功能,凸显肺阴对维护肺功能的关键作用。

基于此,历代中医名家在治疗肺系疾病时,均格外注重顾护肺阴,常选用人参、甘草、大枣、山药、茯苓、沙参、麦冬、天冬、霜桑叶、桔梗、木蝴蝶、花粉、紫菀、玉竹、玄参、浙贝母、生地黄、阿胶等药材,以补养肺阴与肺气。在中医古籍中,不乏养肺、润肺、补肺气的方剂与治法,彰显了中医对肺脏养护的深厚底蕴。

慢性咽炎,中医称之为慢喉痹,其症状主要包括咽部干燥、痒痛、异物感及胀紧感等。其病因可归纳为三类:一者阴虚肺燥,因急喉痹治疗不当或生活习惯不良所致,肺阴受损,咽喉失养,加之内生燥火,上灼咽喉而发病;二者肺脾气虚,由过度劳累、环境污染或体质虚弱等因素导致,脾胃功能减弱,肺气敷布失职,咽喉失养;三者痰热蕴结,因体质、饮食或外感热毒等因素,痰热结于咽喉而发病。鉴于"喉为肺之门户",咽喉受邪常影响肺气的宣肃,导致肺气上逆而咳嗽。

在吸烟预防保健方面,中药展现出独特的优势。如桔梗宣肺利咽、排脓消痈;桑叶疏散风热、清肺润燥、清肝明目;旋覆花除肺及两胁痰饮,散风寒、消肿毒;浙贝母清热化痰、散结解毒;百合润肺止咳、清心安神;玄参滋阴降火、润燥生津、消肿解毒;金荞麦清热解毒、排脓祛瘀;前胡宣肺散风清热、降气化痰;瓜蒌皮润肺化痰止咳,预防肺纤维化;石斛清咽利嗓、镇痛解热、祛痰、生津益胃、滋阴清热、润肺益肾。此外,太子参、玉竹、川贝、麦冬等药材以润肺为主,兼具益气健脾、养阴生津、化痰止咳等多重功效,共同构筑起一道坚实的健康防线。

### 3.4.2 抗疲劳

疲劳在中医理论中归属于"虚"与"虚劳"的范畴,其成因纷繁复杂,既有外感六淫如暑、湿、风、寒等侵袭,也有内伤诸因,包括饮食不当、劳逸失度、情志过极等。其核心病机在于气血失衡及五脏(尤其是肝、脾、肾)功能失调。中医将疲劳划分为三个阶段:初为生理性疲劳,即健康状态下的自然反应;继之亚健康性疲劳,标志着机体平衡的微妙失衡;终至疾病性疲劳,是脏腑功能严重受损的表现。在第一阶段,生理性疲劳主要由肝的调节功能失衡所致。肝主疏泄,负责气机条畅,维持气血升降出入的动态平衡;同时,肝藏血,调控全身血量的合理分配,特别是外周血量,以确保运动与气血循环的和谐统一。此外,肝还能调控情绪,缓解精神压力,保持心理稳态。因此,此阶段疲劳的关键在于肝的调节功能。进入第二阶段,亚健康性疲劳显现,主要表现为肝脾功能失调。此时,气阴略有耗损,阳气不足,导致神疲乏力,即"劳则气耗"。伴随汗出增多,津液耗损,可能出现口燥咽干、烦热难眠等症状。肌肉过劳则易伤脾,脾失健运则食欲不振,进一步引发湿浊内生,身体沉重酸困,情绪、身体、脾胃及津液均受影响,呈现出亚健康的次临床状态。第三阶段则为脏腑功能严重受损的疾病性疲劳。长期劳累加之情志不畅,导致肝失疏泄,脏腑气血功能紊乱,气血阴阳俱损,形成多种慢性衰弱症状。

五脏作为人体生命活动的核心,内藏精气神明,外司形体百骸。体力与脑力的生成均依赖于气血的滋养与五脏功能的协调。肾为先天之本,藏精主骨,是体力的原动力;脾为后天之本,气血生化之源,保障全身能量供给,并主导四肢肌肉的运动;心主血脉,通过血液循环为全身提供能量,并调控精神活动;肺主气司呼吸,助心行血,促进血液在脉内畅行;肝则主疏泄、藏血、主筋,为体力性疲劳的主要调节者,其调节功能涉及情绪、气机、血量分配及筋肉运动等多个方面。

中医药理论强调整体观念与辨证施治,通过调整阴阳、气血、脏腑、经络来恢复机体平衡。具有益气、养阴、补血、温阳功效的中药,能够增强免疫力、提高应激能力、调节中枢神经兴奋性、增加血红蛋白含量、抗缺氧及抗氧化等,从而有效缓解和治疗疲劳。例如,灵芝、黄芪、北五味子、红景天等中药材,均通过不同的机制展现出显著的抗疲劳效果。

综上所述,疲劳的整体功能态变化需五脏共同调节,其中肝在体力性疲劳中占据核心地位,心在精神性疲劳中尤为重要,脾肾则是慢性疲劳综合征治疗的关键,同时也需心肝肺的协同作用。中医药以其独特的理论体系和治疗手段,在抗疲劳领域展现出巨大的潜力和价值。

### 3.4.3 清新口气

口腔性口臭的根源在于口腔本身,相关数据显示,此类口臭患者占比高达 80%~90%。这种口臭往往源于牙周疾病、龋齿、口腔溃疡、食物残渣滞留,以及不恰当的刷牙习惯等多种因素。相比之下,非口腔性口臭则是由口腔以外的疾病,如呼吸道、鼻咽部、消化系统或内分泌系统疾病所引发。口腔内导致口臭的细菌种类繁多,但主要元凶包括福赛斯拟杆菌(Bf)、牙龈卟啉单胞菌(Pg)、中间普氏菌(Pi)、具核酸杆菌(Fn)及栖牙密旋体(Td)等,它们均属于革兰氏阴性厌氧菌,能够产生挥发性硫化合物,如硫化氢、甲基硫醇和乙基硫化物,这些物质是导致口臭的主要成分。因此,清新口气的关键在于抑制这些病原微生物及口腔炎症,维护口腔细胞的健康状态。

在文献研究与口腔护理产品调研中,发现叶绿素铜钠盐对牙龈卟啉单胞菌(Pg)、中间普氏菌(Pi)和具核酸杆菌(Fn)等致口臭细菌具有显著的抑制效果。这一成果由柳州两面针股份有限公司所证实,并推测已应用于其生产的两面针牙膏中。值得注意的是,叶绿素铜钠盐获得了国家食品药品监督管理总局的批准,作为食品添加剂使用。

在开发口腔清新牙膏时,除了抑菌成分外,还需添加能够直接提升香味的物质,如薄荷脑及其衍生物,以增强使用体验。此外,口气清新泡腾片的研究也表明,金银花中的绿原酸对于清新口气具有显著作用。而根据广西地区的传统习惯,石崖茶、苦丁茶、银杏叶、番石榴叶、茅根、薄荷叶、甜草、金银花、蒲公英、牛蒡子、丁香等中草药也被认为具有清新口气的潜力。

壳聚糖作为一种重要的天然抗菌物质,在口气清新片中表现出色,它通过减少口腔内产生硫化物的细菌数量来达到清新口气的效果。

针对口腔炎症的治疗,中药配伍是一种有效的方法。已报道的具有治疗口腔炎症功效的中药包括金银花、黄芩、三七、薄荷、白茅根、五味子、菊花、甘草、连翘等。然而,在应用于无烟烟草制品添加剂时,需考虑中药对味觉的影响,因此常选择味甘的中药材,如金银花、菊花和甘草。

临床实践中,潘娟等采用医院自制的洁口净含漱液进行口腔护理,其主要成分包括金银花、野菊花、麦冬、乌梅、陈皮和连翘。宋怡等则使用含有桔梗、黄芩、地丁、野菊花、黄芪、三七、大黄叶等成分的"口炎清"漱口液治疗口腔炎症。此外,云南特有的滇橄榄也被证实对口腔炎症有良好抑制作用,并已应用于云南白药生产的滇橄榄含片中,以促进口腔健康。

### 3.4.4 适用于无烟烟草制品的天然植物筛选

基于无烟烟草制品所需达成的多重功效——清咽利喉、清新口气与抗疲劳,我们从药食同源的天然植物资源(涵盖根、茎、叶、花等多个部位)中精心挑选出适宜的原料。随后,依据深厚的中医理论,遵循"君臣佐使"的经典组方原则,将这些天然植物进行科学配伍,以最大化地发挥它们的协同作用。表 3-2 详细列出了常见的功能型天然植物原料,为产品配方设计提供了丰富的选择。

表 3-2 常见功能型天然植物原料

| 功能型分类 | 主要植物原料 |
| --- | --- |
| 清咽利喉 | 金银花、菊花、芦荟、生姜、罗汉果、金丝桃、胖大海、草珊瑚、青果等 |
| 清新口气 | 绿茶、山楂、荸荠、荷叶、苦荞、蛹虫草、紫苏、芦荟、苹果、茉莉花、洋李等 |
| 抗疲劳型 | 薄荷、绿豆、蓝靛果、人参、大蒜、梅子、小球藻、螺旋藻、红景天等 |

本书涉及的 28 种天然植物及其有效成分如表 3-3 所示。

表 3-3 拟应用于无烟烟草制品的 28 种天然植物及其有效成分

| 序号 | 天然植物名称 | 对应有效成分 |
| --- | --- | --- |
| 1 | 薄荷 | 薄荷醇 |
| 2 | 草珊瑚 | 总黄酮 |
| 3 | 甘草 | 甘草酸 |
| 4 | 金银花 | 绿原酸 |
| 5 | 菊花 | 绿原酸 |
| 6 | 玄参 | 肉桂酸 |
| 7 | 青果 | 没食子酸 |
| 8 | 天麻 | 天麻素 |
| 9 | 五味子 | 五味子甲素 |
| 10 | 巴戟天 | 巴戟甲素 |
| 11 | 川贝 | 贝母素甲 |
| 12 | 射干 | 射干苷 |
| 13 | 木蝴蝶 | 黄芩苷 |
| 14 | 桔梗 | 桔梗皂苷 D |
| 15 | 人参 | 人参皂苷 Re |
| 16 | 三七 | 三七皂苷 Rg1 |
| 17 | 绞股蓝 | 总皂苷 |
| 18 | 红景天 | 红景天苷 |
| 19 | 黄芪 | 黄芪甲苷 |
| 20 | 淫羊藿 | 淫羊藿苷 |
| 21 | 仙茅 | 仙茅苷 |
| 22 | 肉苁蓉 | 松果菊苷 |
| 23 | 罗汉果 | 罗汉果多糖 |
| 24 | 胖大海 | 胖大海多糖 |
| 25 | 黄精 | 黄精多糖 |
| 26 | 枸杞 | 枸杞多糖 |
| 27 | 灵芝 | 灵芝多糖 |
| 28 | 山药 | 山药多糖 |

## 3.5 药食同源天然植物应用于无烟烟草制品的法律法规及文献调研

### 3.5.1 《食品安全国家标准 保健食品》（GB 16740—2014）

该标准规定保健食品的原料和辅料应该符合相应食品标准法规；食品添加剂的使用应符合 GB 2760—2014 的规定；营养强化剂的使用应符合 GB 14880—2012 和（或）有关规定。

### 3.5.2 《食品安全国家标准 食品添加剂使用标准》（GB 2760—2014）

该标准规定了作为食品添加剂的使用原则，允许使用的食品添加剂品种、使用范围及最大使用量或残留量。

在该标准中未直接查询到 28 种天然植物及其有效成分的使用限量的说明，相关植物和有效成分不属于食品添加剂的范畴。

### 3.5.3 《食品安全国家标准 食品营养强化剂使用标准》（GB 14880—2012）

该标准规定了食品营养强化的主要目的、使用营养强化剂的要求、可强化食品类别的选择要求以及营养强化剂的使用规定。

在该标准中未查询到 28 种天然植物及其有效成分的使用限量的说明，相关有效成分亦不属于营养强化剂的范畴。

### 3.5.4 《中华人民共和国药典》（2015 年版）

《中华人民共和国药典》（2015 年版）由四部分构成，即一部、二部、三部及四部，共计收载了 5608 种药品，较 2010 年版新增了 1082 种。此药典作为我国药品生产、检验及应用领域必须遵循的最高技术标准法典，详尽规定了制剂通则、检定方法、标准物质、试剂试药以及指导原则等多方面的内容。

特别地，针对这 28 种天然植物，药典中详细列出了它们的形态特征、鉴别方法、检测手段、性味归经、功能与主治、用法与用量以及贮藏条件等具体要求。然而，值得注意的是，该药典并未直接限定这些天然植物的具体使用范围及用量。

### 3.5.5 卫法监发〔2002〕51 号令

此令为《卫生部关于进一步规范保健食品原料管理的通知》，旨在深入强化保健食品原料的监管体系。依据《中华人民共和国食品安全法》，特发布了三个附件：附件 1《既是食品又是药品的物品名单》（共 87 种）、附件 2《可用于保健食品的物品名单》（共 114 种），以及附件 3《保健食品禁用物品名单》（共 59 种）。

对于保健食品中涉及国家保护动植物等原料的使用，本令明确要求遵循《卫生部关于限制以野生动植物及其产品为原料生产保健食品的通知》（卫法监发〔2001〕160 号）的相关规定。

此外，还特别指出了《卫生部关于限制以甘草、麻黄草、苁蓉和雪莲及其产品为原料生产保健食品的通知》（卫法监发〔2001〕188 号）的适用性，以进一步细化特定原料的限制条件。

在保健食品原料的组合使用上，本令设定了严格限制：保健食品中动植物原料的总数不得超过 14

个。若使用附件1之外的动植物原料,其数量应控制在4个以内;若同时使用了附件1和附件2之外的原料,则仅允许使用1个,且该原料需严格按照《食品安全国家标准 食品安全性毒理学评价程序》(GB 15193.1—2014)中对食品新资源和新资源食品的毒理学安全性评价要求进行严格评估。值得注意的是,以普通食品作为原料直接生产保健食品的,则不受上述原料数量及安全性评价规定的限制。

### 3.5.6 国食药监注〔2005〕202号令

此令为《真菌类保健食品申报与审评规定(试行)》,其中规定了可用于保健食品的真菌菌种名单,如表3-4所示。

表3-4 可用于保健食品的真菌菌种名单列表

| 序列 | 菌种名单 | |
|---|---|---|
| 1 | 酿酒酵母 | *Saccharomyces cerevisiae* |
| 2 | 产朊假丝酵母 | *Candida utilis* |
| 3 | 乳酸克鲁维酵母 | *Kluyveromyceslactis* |
| 4 | 蝙蝠蛾拟青霉 | *Paecilomyces hepiali* Chen et Dai, sp. Nov |
| 5 | 蝙蝠蛾被毛孢 | *Hirsutella hepiali* Chen et Shen |
| 6 | 灵芝 | *Ganoderma lucidum* |
| 7 | 紫芝 | *Ganoderma sinensis* |
| 8 | 松杉灵芝 | *Ganoderma tsugae* |
| 9 | 红曲霉 | *Monacusanka* |
| 10 | 紫红曲霉 | *Monacuspurpureus* |

### 3.5.7 《草珊瑚总黄酮稳定性研究》

草珊瑚作为药食同源的珍贵全草资源,其药用与茶饮历史可追溯至数百年前。本文研究深入揭示,黄酮类化合物不仅是草珊瑚中含量最为丰富的成分,更是其发挥药理作用的核心活性物质之一。草珊瑚总黄酮的广泛应用性体现在其可加工成多种制剂形式,包括但不限于针剂、片剂、胶囊剂、冲剂、口服液以及保健品等,充分展现了其多元化的药用价值。

进一步研究表明,依据《草珊瑚浸膏的急性毒性与致突变性探讨》及《草珊瑚的保健功能》等权威文献记载,草珊瑚及其提取物在急性毒性试验中表现出极高的安全性,实际上属于无毒范畴。同时,通过一系列严谨的动物实验,如小鼠精子畸形试验与骨髓细胞微核试验,均未观察到任何致突变效应,进一步证实了草珊瑚使用的安全性与可靠性。

### 3.5.8 《保健食品与食品卫生安全总论》

本书深入探讨了保健食品的多维度研究,充分展现了保健食品在我国悠久的历史底蕴,这得益于中国医学中"药食同源"理论的深远影响。书中所述保健食品,均系经国家卫生行政管理机构严格审批、法律法规正式认可的产品。这些保健食品历经一系列严谨的评议与审定流程,涵盖配方及其理论依据、合理的生产工艺、产品质量标准、权威部门出具的保健功能检测报告、毒理学安全性评估、功效成分测定与稳定性试验、产品通用卫生学检测,以及明确的适宜食用人群、食用量与食用方法等。

书中特别强调,中药保健食品是以中医药理论为基石,巧妙融合天然食物与卫健委认可的"药食同源"可食药材,通过科学加工而成,旨在调节人体生理功能、促进健康的特殊食品,因而也被称为"含中药食品"。

中药保健食品作为独具中国特色的健康产品,是中医食疗智慧与现代科技完美结合的典范。它不仅体现了整体调节的中医理念,更是纯天然的产物,这一特性使其在众多保健食品中独树一帜,与国内外其他类型保健食品形成鲜明对比。其研发与食用均深深植根于中医学的养生保健理论之中。

此外,书中详细介绍了中药保健食品所依赖的中草药有效物质原料资源,这是一笔富含东方医药传统精髓的宝贵财富。这一资源体系广泛涵盖天然食品(如水果、蔬菜、禽肉蛋、水产品等)及卫健委认定的"药食同源"物品(目前共87种无使用限制物质)和可用于保健食品的特定物品(目前共114种)。这类兼具药性与食性的物质,其使用在合理范围内并不受严格限制,充分展现了中药保健食品在原料选择上的灵活性与多样性。

### 3.5.9　28种药食同源天然植物法律法规调研

研究结果显示,28种天然植物及其有效成分依据不同的法律法规要求,在归属类别及使用限制上可细分为六大类。

第一类(Ⅰ类)系依据我国卫生部(卫法监发〔2002〕51号)文件,明确认定为既是食品又是药品的物质,其食用不受限制,截至目前,此类物质总数已达87种。

第二类(Ⅱ类)同样依据卫生部(卫法监发〔2002〕51号)文件,被列入可用于保健食品的物品名单,其使用亦不受特定限制。

第三类(Ⅲ类)则涉及卫生部特别发布的(卫法监发〔2001〕188号)《卫生部关于限制以甘草、麻黄草、苁蓉和雪莲及其产品为原料生产保健食品的通知》,旨在保护列入《国际野生植物保护名录》的国家二级保护植物。此类植物作为保健食品成分被禁止使用,但允许使用其人工栽培品种。

第四类(Ⅳ类)是根据国家食品药品监督管理总局(国食药监注〔2005〕202号)规定,可用于保健食品的真菌菌种。

第五类(Ⅴ类)则是经过文献广泛证明安全无毒,且在我国拥有悠久药用历史的全草类植物。

第六类(Ⅵ类)则是目前尚未在相关法律法规中查询到明确规定的天然植物及其有效成分。

具体情况如表3-5所示。

表3-5　拟应用于无烟烟草制品天然植物的法规许可调研结果

| 序号 | 天然植物 | 所属类 | 参考法规或文献 | 相关规定 | 用量的限制 |
|---|---|---|---|---|---|
| 1 | 薄荷 | Ⅰ | 卫法监发〔2002〕51号令 | 既是食品又是药品 | 不限制使用 |
| 2 | 草珊瑚 | Ⅴ | 《草珊瑚总黄酮稳定性研究》 | 药用全草,安全无毒 | — |
| 3 | 甘草 | Ⅰ | 卫法监发〔2002〕51号令 | 既是食品又是药品 | 不限制使用 |
| 4 | 金银花 | Ⅰ | 卫法监发〔2002〕51号令 | 既是食品又是药品 | 不限制使用 |
| 5 | 菊花 | Ⅰ | 卫法监发〔2002〕51号令 | 既是食品又是药品 | 不限制使用 |
| 6 | 玄参 | Ⅱ | 卫法监发〔2002〕51号令 | 可用于保健食品 | 不限制使用 |
| 7 | 青果 | Ⅰ | 卫法监发〔2002〕51号令 | 既是食品又是药品 | 不限制使用 |
| 8 | 天麻 | Ⅱ | 卫法监发〔2002〕51号令 | 可用于保健食品 | 不限制使用 |
| 9 | 五味子 | Ⅱ | 卫法监发〔2002〕51号令 | 可用于保健食品 | 不限制使用 |
| 10 | 巴戟天 | Ⅱ | 卫法监发〔2002〕51号令 | 可用于保健食品 | 不限制使用 |
| 11 | 川贝 | Ⅱ | 卫法监发〔2002〕51号令 | 可用于保健食品 | 不限制使用 |
| 12 | 射干 | Ⅵ | | 未查询到相关法律法规 | |
| 13 | 木蝴蝶 | Ⅵ | | 未查询到相关法律法规 | |
| 14 | 桔梗 | Ⅰ | 卫法监发〔2002〕51号令 | 既是食品又是药品 | 不限制使用 |

续表

| 序号 | 天然植物 | 所属类 | 参考法规或文献 | 相关规定 | 用量的限制 |
|---|---|---|---|---|---|
| 15 | 人参 | Ⅱ | 卫法监发〔2002〕51号令 | 可用于保健食品 | 不限制使用 |
| 16 | 三七 | Ⅱ | 卫法监发〔2002〕51号令 | 可用于保健食品 | 不限制使用 |
| 17 | 绞股蓝 | Ⅱ | 卫法监发〔2002〕51号令 | 可用于保健食品 | 不限制使用 |
| 18 | 红景天 | Ⅱ | 卫法监发〔2002〕51号令 | 可用于保健食品 | 不限制使用 |
| 19 | 黄芪 | Ⅱ | 卫法监发〔2002〕51号令 | 可用于保健食品 | 不限制使用 |
| 20 | 淫羊藿 | Ⅱ | 卫法监发〔2002〕51号令 | 可用于保健食品 | 不限制使用 |
| 21 | 仙茅 | Ⅵ | | 未查询到相关法律法规 | |
| 22 | 肉苁蓉 | Ⅲ | 卫法监发〔2001〕188号令 | 因濒危植物而在保健食品中禁用，但可以使用人工栽培的 | 在保健食品中禁用野生的，可以使用人工栽培的 |
| 23 | 罗汉果 | Ⅰ | 卫法监发〔2002〕51号令 | 既是食品又是药品 | 不限制使用 |
| 24 | 胖大海 | Ⅰ | 卫法监发〔2002〕51号令 | 既是食品又是药品 | 不限制使用 |
| 25 | 黄精 | Ⅰ | 卫法监发〔2002〕51号令 | 既是食品又是药品 | 不限制使用 |
| 26 | 枸杞 | Ⅰ | 卫法监发〔2002〕51号令 | 既是食品又是药品 | 不限制使用 |
| 27 | 灵芝 | Ⅳ | 药监注〔2005〕202号令 | 可用于保健食品的真菌菌种 | — |
| 28 | 山药 | Ⅰ | 卫法监发〔2002〕51号令 | 既是食品又是药品 | 不限制使用 |

调研成果表明，当前国内外相关法律与法规体系中，均未就天然植物在无烟烟草制品中的具体应用设定明确的许可或限制条款。鉴于此，我们依据上述详尽调研所得出的结论，将表3-5中列出的相关规定，作为本书中将28种天然植物合法且适宜地配伍于无烟烟草制品中的许可基础与依据。

# 第四章

# 提升满足感关键技术开发

无烟烟草制品（smokeless tobacco products，STPs）通过口含、吸吮、咀嚼等多种方式向人体供给尼古丁。尼古丁作为STPs中的关键成分之一，主要通过口腔黏膜吸收，作用于人体神经系统，为使用者带来满足感。尼古丁的释放量是评估STPs质量与安全性的重要指标，其吸收效率受到含量、时间及溶出特性等多种因素的制约。为了确保STPs能为消费者提供持续的生理满足感，提高尼古丁在口腔中的溶出率显得尤为关键。

为了深入探究STPs中尼古丁的体外溶出规律并进行质量评价，通常采用人群实验收集体内唾液样本以分析溶出情况。尽管国内已有学者就STPs模拟口腔溶出进行了相关研究，但这些研究大多基于固定的唾液流速条件，忽略了实际使用场景中如压力因素（如袋装口含烟置于牙龈与嘴唇之间产生的压力）以及唾液流速变化（口腔受刺激时不同时间点的唾液分泌速率差异）对尼古丁释放的重要影响。

为了推动无烟烟草制品提升满足感技术的开发，本章基于尼古丁在口腔内的释放行为特性，创新性地开发了一系列尼古丁成盐修饰技术。这些技术旨在优化尼古丁的溶出性能，以期为消费者带来更加稳定且持久的满足感体验。

## 4.1 袋装型口含烟烟碱释放行为研究

当口含烟在口腔中被使用时，烟草制品逐渐被唾液浸润，随之其化学成分开始逐步释放，并经由多种途径渗入人体的循环系统。这些化学成分的释放速度与释放量，直接关联着口含烟的感官特性（如刺激强度）以及使用安全性。因此，深入探究其化学成分的释放特征及其背后的影响因素，对于精确把控口含烟的品质，确保产品的安全性和满足消费者的体验需求，具有至关重要的意义。

### 4.1.1 "人造嘴"系统的研制

口含烟化学成分的释放是一个复杂的过程，受多种因素的综合影响。从消费者角度来看，单次使用量、口腔内停留时间、吸吮与移动烟草制品的程度，以及唾液的分泌状况等，均会对口含烟化学成分的释放特征产生显著影响。而从烟草制品本身出发，其pH值、湿度以及化学成分的浓度等特性，也是决定释放速度与释放量的关键因素。这些因素共同作用于口含烟，导致其化学成分释放特征的多样性。

鉴于对口含烟感官品质与安全性评价的高度需求，研究人员正积极探索更为客观、科学的评价方法。Luque-Pérez团队采用聚丙烯/正十一烷膜单元技术，通过酸性萃取液促进烟碱释放并实时检测，Nasr等则结合透析袋与液相色谱技术，实现了对烟碱释放特征的动态监测。尽管这些方法在一定程度上揭示了烟碱的释放规律，但与真实的口腔环境相比，仍存在一定差距。

2013年，陈建华等人创新性地研发了一套体外动态释放装置，专为无烟烟草制品中的烟碱设计，其结构紧凑、操作便捷，显著提升了研究效率。随后，宋瑜冰等人通过对比加入人工唾液与二氯甲烷标准物资溶液的无烟烟草制品，深入分析了无烟烟草制品中香味成分的释放率，为产品风格与口感的优化提供了宝贵参考。

在此基础上，本章致力于设计一套"人造嘴"系统，旨在更精确地模拟口含烟在口腔中的使用状态。该系统通过结合人工唾液与定制装置，缓慢浸润样品，以模拟实际使用过程中化学成分的释放过程。值得注意的是，口含烟的使用方式独特，仅置于唇齿之间，无须咀嚼，其释放机制与口腔用药存在显著差异。因此，传统溶出度仪等检测方法难以直接应用于口含烟研究，凸显了"人造嘴"系统开发的必要性与创新性。

综上所述，本章自主研发的"人造嘴"系统，不仅填补了口含烟化学成分释放研究领域的空白，更为后续产品品质提升与安全性评估奠定了坚实基础。

#### 4.1.1.1 设计原理

口含烟的使用方式独特，用户通常将其置于唇齿与牙龈之间，无须咀嚼，而是通过唾液的缓慢渗透作用，使烟碱及其他成分逐渐释放至口腔内，随后这些成分通过口腔黏膜直接吸收或经吞咽进入体内。在此过程中，唾液腺受到刺激而分泌唾液，导致口腔内唾液量与烟碱浓度均处于动态变化之中。鉴于口腔环境的这一特殊性，我们精心设计了人造嘴系统，旨在精准模拟口含烟使用过程中化学成分在口腔内的释放与吸收过程。

该系统通过多个精密单元协同工作，实现了对口腔环境的全面模拟：温度控制单元负责维持与人体口腔相近的恒定温度；流速控制单元，包括精心配置的溶媒存储瓶与恒流泵，则模拟了唾液的持续分泌与动态流动；释放单元由特制的释放池及其稳固支架构成，为样品提供了接近真实的释放环境；释放液收集单元则通过收集液托盘与收集瓶的组合，有效收集了人工唾液，便于后续分析与研究。

综上所述，该自主研发设计的人造嘴系统，以唾液成分、口腔温度、唾液分泌速率等核心参数为基础，成功构建了一个高度模拟口腔环境的实验平台，为深入探究口含烟化学成分在口腔中的释放机制与吸收规律提供了有力工具。

#### 4.1.1.2 构造组成

自行研制的人造嘴系统(图4-1)集成了多个关键组件，以高度模拟口含烟在口腔中的使用环境。该系统主要包括溶媒存储瓶(A)、恒流泵(B)、恒温槽(C)、预热线圈(D)、保温管(E)、释放池(F)、释放池支架(G)和收集瓶(H)等。溶媒存储瓶为500 mL的棕色试剂瓶，用于盛放人工唾液，通过管路与恒流泵相连；恒流泵为双柱塞恒流泵，流量范围为0.1~10.0 mL/min，压力范围为0~2.0 MPa，流量设定误差≤1%，流量重复性误差≤1%；恒温槽采用外循环模式，温度范围为(室温+5 ℃)~95 ℃，温度波动度为±0.1 ℃；加热线圈为长10 m内径1 mm的硅胶管，放置在恒温槽中可使人工唾液维持在设定的温度，并通过管路一端与恒流泵相连，另一端与释放池上端相连；保温管为内径稍大于管路外径的一柱状玻璃套管，玻璃套管外层通有恒温水浴，加热线圈与释放池上端相连的管路外装有保温管，以减少热量的损失，保证人工唾液以恒定的温度载入释放池中；释放池(图4-2)为一柱状玻璃套管，玻璃套管外层与保温管串联，通有恒温水浴，可使其在恒温环境下释放，释放池上端装有一磨口玻璃塞(a)，下端有一样品网筛支架(e)，可打开磨口玻璃塞将样品放置在下端的支架上，磨口玻璃塞上有一内置玻璃导管(b)，可使人工唾液平稳地滴在样品上(小袋的中间)；释放液收集装置由托盘和收集瓶组成，释放池下端连有一软管,软管下端安装释放液收集装置,可将释放液载入收集瓶中。

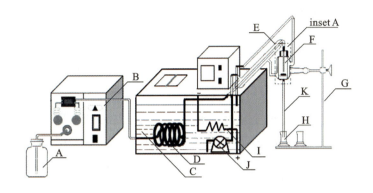

图 4-1 人造嘴系统示意图

A—溶媒存储瓶;B—恒流泵;C—恒温槽;D—预热线圈;E—保温管;F—释放池;
G—释放池支架;H—收集瓶;I—加热管;J—循环泵;K—收集管

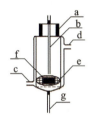

图 4-2 释放池示意图(inset A)

a—磨口玻璃塞;b—玻璃导管;c—水浴入口;d—水浴出口;e—样品网筛支架;f—样品;g—收集管

#### 4.1.1.3 人工唾液

人工唾液作为模拟人体口腔环境的重要介质,主要用于模拟真实唾液的复杂性质,并在人造口腔系统中充当流动相。其特性可通过调整成分配比进行灵活调节。自然口腔唾液源自下颌腺、腮腺、舌下腺等大唾液腺及口腔内无数小黏液腺的分泌液混合而成,其 pH 值通常维持在 6.6~7.1 之间。然而,真实唾液的成分不稳定,易于变质,获取难度大且个体间差异显著,因此,在研究药物或产品在口腔中的释放行为时,多采用人工唾液作为实验媒介。

本章内容亦聚焦于使用人工唾液替代真实唾液进行的相关实验。目前,人工唾液主要分为两类:一类为基础盐溶液,其 pH 值被设定在一定范围内;另一类则在此基础上进一步添加了蛋白、酶等生物活性物质,以更贴近真实唾液的物理化学特性及生物学功能。鉴于后者与真实唾液在成分构成及黏度上的高度相似性,本章实验选用了后者作为研究工具。

该人工唾液的组成涵盖了三类核心化合物:无机盐类(如氯化钠、氯化钾、氯化钙)、有机化合物(如柠檬酸、葡萄糖)以及生物活性酶与蛋白质(如黏蛋白、溶菌酶、α-淀粉酶)。具体配制方法如下:首先,按照一定比例混合氯化钠 0.85 mg/mL、氯化钾 0.35 mg/mL、氯化钙 0.15 mg/mL、磷酸二氢钾 0.18 mg/mL、氯化镁 0.25 mg/mL、柠檬酸 0.06 mg/mL、葡萄糖 0.20 mg/mL、尿素 0.08 mg/mL 等基础成分;随后,在室温下搅拌 10 min,确保充分溶解;之后,调整溶液 pH 值至 6.2~7.5 之间,使用盐酸或氢氧化钠作为调节剂;最后,加入黏蛋白 2.45 mg/mL、溶菌酶 0.60 units/mL、α-淀粉酶 2.50 units/mL 及酸性磷酸酶 0.01 units/mL 等生物活性物质,并继续在室温下搅拌 30 min,直至混合均匀。

研究人员可根据上述配方自行制备人工唾液,或者直接从市场上购买成品,以满足不同实验需求。

#### 4.1.1.4 参数设置

如前文所述,设计人造嘴系统的核心目的在于精确模拟口腔的温度、唾液成分、唾液分泌速率等关键因素,从而全面再现口腔环境的复杂特性。为实现这一目标,我们在设计中着重设定了三个人造嘴系统的关键参数:系统温度、流动相(人工唾液)的性质,以及流动相的流速。通过精细调节这三个参数,我们能够实现对口腔环境模拟的微妙调整与优化。

人造嘴系统的温度控制依赖于先进的温度控制单元,该单元与恒温槽及相连的管路协同工作,确保系统温度维持恒定。同时,流动相在流经温度控制单元的过程中被精确加热,通过调整加热线圈的长度,我们能够确保流动相在到达释放池时,其温度恰好达到预设的口腔温度标准,通常为 37 ℃。

至于流动相的性质,我们则通过精心调配人工唾液的配方来实现对口腔 pH 环境的细微调节。这一调节范围广泛,能够覆盖自然口腔 pH 值的常见区间,即 6.6~7.1 之间,以满足不同实验或研究的需求。

最后,流动相的流速由流速控制单元中的恒流泵精确控制,以模拟口腔在不同状态下的唾液分泌情况。据文献报道,口腔在静息状态下,唾液分泌速率为 0.06~1.8 mL/min;而在受到强烈刺激时,这一速率可显著提升至 7 mL/min。因此,我们在设计人造嘴系统时,特别注重其流速调节的灵活性,确保流速可调范围能够覆盖从 0.06~7.0 mL/min 的广泛区间,以全面模拟口腔唾液分泌的各种生理状态。

### 4.1.2 烟碱释放行为研究

#### 4.1.2.1 基于 HPLC 的袋装口含烟中烟碱检测方法的建立

现有的烟碱分析检测技术涵盖了气相色谱法、钨酸重量法、紫外-可见分光光度法、高效液相色谱法(HPLC)、非水滴定法以及旋光法等多种方法。鉴于实验过程中使用的样品基质为含盐水溶液形式的人工唾液,故在采用气相色谱(GC)或气相色谱-质谱联用(GC-MS)技术进行检测之前,样品必须经历萃取、分离、干燥、过滤等一系列烦琐的前处理步骤,整个流程耗时超过 1 h。非水滴定法则严格要求在有机溶剂环境中进行,而钨酸重量法同样因其复杂的前处理流程——包括蒸馏、过滤、干燥、灰化等步骤,使得单个样品处理时间长达约 3 h,且不适用于微量样品的快速分析。旋光法虽具有分析周期短、结果可靠的优势,但其适用范围局限于高浓度烟碱的测定,且易受外界环境干扰。

对于低含量烟碱的检测,紫外-可见分光光度法(UV-Vis)因其选择性佳、准确度高、检测速度快等特点而备受青睐,已有诸多学者在该领域进行了深入研究。例如,殷全玉等探索了利用三氯甲烷($CHCl_3$)萃取烟草中游离烟碱的最佳条件,并结合 UV-Vis 法成功测定了烟草游离烟碱含量;和智君等则基于烟碱的化学测定值与紫外-可见吸收光谱特性,构建了卷烟烟气中烟碱含量的预测模型,实现了对烟气烟碱含量的快速精准预测。

鉴于袋装烟草制品中烟碱的传统检测方法多采用气相色谱法,而通过人造嘴系统收集的烟碱释放液以人工唾液为介质,其溶剂为水相,这与气相色谱法适用的有机溶剂体系不符。因此,本节特别建立了高效液相色谱-二极管阵列检测器联用技术(HPLC/DAD)用于烟碱含量的检测,并对比了 HPLC/DAD 与气相色谱法在检测效果上的异同,以期为烟碱分析提供更为灵活、高效的解决方案。

1. 样品预处理

将袋装口含烟样品于室温下解冻 2 h,随后从中间剪开,连同包装袋一同浸入由 50 mL 乙醇与 1.25 mol/L 氢氧化钠溶液按体积比 9∶1 混合而成的溶液中。通过超声处理 30 min 进行提取,之后将提取液通过 13 mm×0.45 μm 的水相滤膜进行过滤,以备后续分析。

2. 色谱分析技术

采用 HPLC/DAD 系统进行色谱分析,具体条件设定如下:色谱柱选用 Waters XTerra RP C18(250 mm×4.6 mm i.d.,5 μm);柱温维持在 35℃;流动相由甲醇、20 mM 磷酸二氢钾(pH 6.0)及三乙胺按体积比 23∶76.8∶0.2 混合而成;流速设置为 1.0 mL/min;进样体积为 10 μL;检测波长选定为 260 nm。

3. HPLC 与 GC 法烟碱定量结果的对比分析

对 20 种袋装口含烟样品分别应用 HPLC 法与 GC 法进行定量分析,并对比两种方法的结果。HPLC 法遵循本节所述定量流程执行;GC 法则依据行业标准 YC/T 246—2008 操作,以内标喹啉和甲基-叔丁基醚为萃取液进行。样品同样在室温下解冻 2 h 后,剪开包装袋并整体置于 100 mL 三角瓶中,每样品平行处理三份。向每份样品中加入 7 mL 5 mol/L 氢氧化钠溶液,轻摇后静置 15 min,随后加入 50 mL 甲基-叔丁基醚振荡 2 h,静置分层后取上清液进行气相色谱分析。定量结果汇总于表 4-1。分析表 4-1 数据可知,两种方法的定量结果高度一致,相对标准偏差均小于 5%,验证了本实验所建立方法在烟碱准确定量中的有效性和可靠性。

表 4-1 HPLC 法与 GC 法烟碱定量结果的比较(湿重,$n=3$)

| Sample | HPLC/(mg/g) | GC/(mg/g) | RSD/(%) |
| --- | --- | --- | --- |
| 1 | 11.32±0.31 | 11.98±0.43 | 4.03 |
| 2 | 0.85±0.01 | 0.82±0.01 | 2.40 |
| 3 | 9.82±0.11 | 10.49±0.17 | 4.65 |
| 4 | 12.52±0.06 | 13.33±0.12 | 4.43 |
| 5 | 11.96±0.19 | 12.66±0.13 | 3.99 |
| 6 | 10.43±0.09 | 11.17±0.11 | 4.84 |
| 7 | 5.92±0.02 | 6.31±0.03 | 4.50 |
| 8 | 9.42±0.38 | 9.93±036 | 3.73 |
| 9 | 10.49±0.02 | 10.87±0.07 | 2.49 |
| 10 | 10.58±0.22 | 11.08±0.17 | 3.27 |
| 11 | 10.41±0.24 | 11.16±0.31 | 4.88 |
| 12 | 9.28±0.09 | 9.70±0.14 | 3.10 |
| 13 | 10.44±0.80 | 10.70±0.18 | 1.74 |
| 14 | 5.33±0.03 | 5.67±0.02 | 4.36 |
| 15 | 11.40±0.07 | 11.88±0.04 | 2.94 |
| 16 | 12.27±0.02 | 12.90±0.15 | 3.52 |
| 17 | 12.62±0.16 | 13.36±0.25 | 4.05 |
| 18 | 12.00±0.13 | 12.56±0.21 | 3.24 |
| 19 | 8.46±0.08 | 8.85±0.14 | 4.03 |
| 20 | 11.16±0.14 | 11.55±0.09 | 2.40 |

4. 标准曲线、线性范围、检出限和定量限

采用 pH 值为 6.7 的人工唾液作为溶剂,精确配制了一系列浓度梯度(0.005 mg/mL、0.02 mg/mL、0.05 mg/mL、0.1 mg/mL、0.2 mg/mL、0.4 mg/mL、0.6 mg/mL、1.0 mg/mL)的烟碱标准溶液。依据本节所述的高效液相色谱条件(HPLC/DAD)对每个浓度标准溶液进行六次平行测定,取其平均值。随

后,以烟碱浓度为横坐标($X$),对应峰面积为纵坐标($Y$),进行线性回归分析,得到标准工作曲线方程为 $Y=10.6049X-8.4364$。该结果表明,在浓度范围 $0.005\sim1.0$ mg/mL 内,烟碱的浓度与其峰面积之间呈现良好的线性关系。

进一步,通过计算信噪比($S/N$)的方法确定了本方法的检出限(LOD)和定量限(LOQ)。具体而言,以 3 倍信噪比($S/N=3$)计算得到的检出限为 0.20 μg/g,而以 10 倍信噪比($S/N=10$)计算得到的定量限为 0.65 μg/g。

**5. 精密度与回收率**

为了验证该方法的精确度和可靠性,选取了已知烟碱含量的口含烟样品,并分为三份,每份样品分别按照低、中、高三种不同浓度水平添加烟碱标准品。每个添加水平均进行六次重复测定,连续测定六天。按照本节所述的前处理及分析方法对加标后的样品进行处理和检测。

通过计算相对标准偏差(RSD)来评估方法的精密度,结果显示日内精密度介于 0.87%~1.46% 之间,而日间精密度则在 1.69%~3.16% 的范围内波动。此外,还根据原始含量、加标量及测定结果计算了回收率,回收率范围在 94.2%~101.8% 之间,表明该方法具有良好的精密度和准确度,能够满足本章所设定的定量要求。具体数据详见表 4-2。

表 4-2 方法的精密度与回收率

| 加入量/(mg/mL) | RSD/(%) | | 平均回收率*/(%) |
| --- | --- | --- | --- |
| | 日内($n=6$) | 日间($n=6$) | |
| 0.02 | 1.46 | 3.16 | 94.2 |
| 0.1 | 0.87 | 1.69 | 101.8 |
| 0.6 | 1.23 | 2.37 | 98.5 |

*平均回收率=(测定量-原含量)/加入量×100%。

#### 4.1.2.2 袋装含烟烟碱体外释放行为研究方法的建立

**1. 样品采集**

按照图 4-1 的指示,将人造嘴系统正确连接。在进行体外释放实验之前,需将预先配制好的人工唾液(详见表 4-3)注入溶媒存储瓶中。实验的第一步是,利用人造嘴系统中的温度控制单元,通过循环水浴的方式,将系统预热至 37 ℃±0.2 ℃。随后,小心地将待测样品放置于释放池底部的样品筛网支架上。接着,启动恒流泵,使人工唾液从溶媒存储瓶中流出,经过预热线圈加热,确保其流经溶出池玻璃导管时温度稳定在 37 ℃±0.2 ℃。这样,温暖的人工唾液便能充分浸润样品,而样品中释放出的渗出液则会被收集至指定的收集瓶中,以便直接进行 HPLC/DAD 分析。

对于溶出池中残留的样品,采用 50 mL 乙醇与 1.25M 氢氧化钠水溶液(体积比为 9:1)的混合溶液进行提取,提取时间为 30 min。之后,将提取液同样进行 HPLC/DAD 分析。每次实验结束后,务必使用去离子水彻底清洗溶出池,以确保下次实验的准确性和清洁度。

表 4-3 人工唾液配方

| 组成 | 浓度/(g/L) | 组成 | 浓度/(g/L) |
| --- | --- | --- | --- |
| NaCl | 10.00 | $KHCO_3$ | 15.00 |
| $Na_2HPO_4$ | 2.40 | $MgCl_2$ | 1.50 |
| $KH_2PO_4$ | 2.50 | $CaCl_2$ | 1.50 |
| 柠檬酸 | 0.15 | | |

**2. 样品溶液的稳定性**

鉴于烟碱释放实验涉及多个取样点，且每批次样品的分析周期可长达 2~24 h，故对样品溶液的稳定性进行详尽评估显得尤为重要。实验中，我们采用了人工唾液配制的三种不同浓度（0.02 mg/mL、0.1 mg/mL、0.6 mg/mL）的烟碱标准溶液，并分别在配制后的 0 h、4 h、8 h、12 h、16 h 及 24 h 时间点进行取样分析。

分析结果显示，这三种浓度的样品在 24 h 内的相对标准偏差（RSD）分别为 0.96%、0.66% 和 0.43%，均处于极低的水平，表明所配制的烟碱样品溶液在 24 h 内保持了良好的稳定性。这一结论充分验证了样品溶液在烟碱释放液定量分析中的适用性，确保了实验结果的准确性和可靠性。

**3. 烟碱累积释放率**

烟碱累积释放率是通过将某一时间段内从样品中释放出的烟碱总量除以样品初始时含有的总烟碱量（该总量为 30 min 内直接释放的烟碱量与后续经萃取后残留于样品中的烟碱量之和）来计算的，具体公式如下：

$$CR(\%) = 100[A/(A+B)]$$

其中，CR 代表烟碱累积释放率；$A$ 表示在某一特定时间点，通过人工唾液从样品中萃取出的烟碱总量；$B$ 则表示在相同时间点，样品经过人工唾液萃取处理后，仍残留在样品内部的烟碱量。

**4. 方法的耐用性评价**

耐用性是衡量一种测量方法能否抵御微小但现实存在的参数波动影响的关键能力，在溶出实验的方法评估中占据着至关重要的地位。本章致力于从多个维度全面评估所采用方法的耐用性，具体涵盖流动相的成分构成、缓冲盐溶液的 pH 值调控、流动相的流速设置、色谱柱的工作温度以及进样体积等关键参数。

为验证方法的耐用性，我们采取的策略是将这些关键参数在其优化值的基础上分别调整±3%，并计算在此调整中各条件下的烟碱回收率。实验结果汇总于表 4-4，数据显示，在不同条件下，回收率均稳定在 97.4%~103.7% 的范围内，这一结果充分证明了本方法在面对参数微小变化时仍能保持稳定且准确的性能，从而验证了其优异的耐用性。

表 4-4 方法的耐用性（$n=3$）

| 流速/(mL/min) | 有机相/(%) | 缓冲溶液 pH | 温度/℃ | 进样量/μL | 回收率[a,b]/(%)(±S.D) |
|---|---|---|---|---|---|
| 1.00 | 23.0 | 6.0 | 35 | 10.0 | 99.2(±0.5) |
| 1.03 | 23.0 | 6.0 | 35 | 10.0 | 97.6(±0.6) |
| 0.97 | 23.0 | 6.0 | 35 | 10.0 | 102.5(±0.8) |
| 1.00 | 23.7 | 6.0 | 35 | 10.0 | 98.1(±0.5) |
| 1.00 | 22.3 | 6.0 | 35 | 10.0 | 101.6(±0.7) |
| 1.00 | 23.0 | 6.2 | 35 | 10.0 | 99.0(±0.3) |
| 1.00 | 23.0 | 5.8 | 35 | 10.0 | 98.2(±0.5) |
| 1.00 | 23.0 | 6.0 | 36 | 10.0 | 98.9(±0.9) |
| 1.00 | 23.0 | 6.0 | 34 | 10.0 | 99.3(±0.7) |
| 1.00 | 23.0 | 6.0 | 35 | 10.3 | 97.4(±0.8) |
| 1.00 | 23.0 | 6.0 | 35 | 9.7 | 103.7(±1.2) |

a. 样品烟碱浓度为 0.1 mg/mL。

b. 回收率根据在优化条件下的标准曲线计算。

**5. 方法重复性(设备稳定性)**

对于最新研发的人造嘴系统而言,其稳定性构成了确保测量结果精确无误的核心基石。本章集中探讨了该系统在恒定37℃温度下,针对多种人工唾液流速条件,烟碱累积释放率的重现性评估,以此作为衡量系统稳定性的关键性能指标。

鉴于人类在正常生理活动中唾液分泌速率存在显著变化(介于0.06～1.8 mL/min之间),本章精心挑选了六个具有代表性的流速点——0.1 mL/min、0.2 mL/min、0.4 mL/min、0.8 mL/min、1.0 mL/min及2.0 mL/min,进行了深入细致的研究。在实验中,我们系统地记录了从释放时间开始后的5～60 min内(含5 min、10 min、15 min等直至60 min的多个时间点),各流速条件下烟碱的累积释放率,并对每个时间点进行了五次重复性测量,以精确计算相对标准偏差(RSD)。

实验结果令人鼓舞,所有测得的RSD值均维持在0%～6.20%的极低范围内,这一卓越表现充分验证了人造嘴系统在不同流速条件及较长时间周期内均能展现出卓越的稳定性与高度的重复性,完全满足了科学研究及实际应用领域对高精度的严苛需求。

### 4.1.2.3 体内外相关性评价

**1. 体内释放研究**

烟碱体内释放的评估由20名年龄在23～42岁之间、健康状况良好的志愿者(其中男性15名,女性5名)参与进行。在实验开始前,对两种品牌的样品——General Portion Snus(GP)和Ettan Portion Snus(EP)进行了精确称重,确保每袋样品的质量偏差不超过0.02 g。志愿者在使用口含烟时,需严格遵循以下规定:①实验前1 h内不得吸烟或使用其他口含烟制品;②实验前,所有志愿者需使用纯净水漱口,以确保口腔清洁;③将样品放置于上唇与牙龈之间,并立即开始计时;④在实验过程中,禁止进食或饮用任何饮料;⑤样品在口腔中分别停留5 min、10 min、20 min和30 min后,取出并放置于对应的收集瓶中。随后,利用高效液相色谱法(HPLC)对残留样品中的烟碱含量进行测定。烟碱的体内释放率则依据特定公式进行计算,所有数据的统计与分析工作均通过SPSS v16.0软件(SPSS Inc., Illinois, USA)完成。

烟碱体内释放率＝(未使用过样品烟碱量－残留样品烟碱量)/未使用过样品烟碱量×100%

结果详见图4-3,对于样品GP,烟碱的萃取率在5 min时为6.7%～31.6%,10 min时提升至11.7%～48.3%,20 min时进一步增加至16.9%～58.5%,而到了30 min则达到23.5%～77.2%。至于样品EP,其烟碱萃取率在5 min时为5.9%～31.6%,随后在10 min、20 min和30 min时分别保持在13.0%～48.3%、16.9%～58.5%以及29.5%～82.3%的范围内。两种样品烟碱萃取率的分布情况直观展示于图4-3中。

从以上数据可以明显看出,不同志愿者在相同时间段内萃取出的烟碱量存在显著的差异。这种差异很可能与志愿者的个人使用习惯、唾液分泌速度以及其他个体因素密切相关。因此,单纯依赖志愿者进行体内释放实验来评估无烟烟草制品中烟碱的可利用度是不够全面和理想的。

**2. 体外释放研究**

为了更贴近真实环境,本研究采用了含有蛋白和酶等生物活性物质的人工唾液作为释放介质,以模拟口腔内的复杂环境。随后,按照本节所详细阐述的方法,我们采集并检测了相应的样品。实验结果已清晰地呈现在图4-4和图4-5中,供进一步分析与讨论。

图4-4展示了不同流速下烟碱的累计释放率。从图中可以观察到,在低流速条件下,烟碱的体外释放结果与体内释放结果更为吻合。然而,当流速设定为0.1 mL/min时,两个样品在释放初期均经历了一个7～8 min的吸湿过程,导致该流速下前5 min的烟碱累计释放率为零。相比之下,在图4-5中,相同时间段内两种样品的平均释放率分别达到了16.2%和15.9%,显示出体内外结果的显著差异。

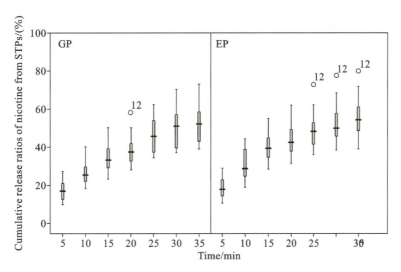

图 4-3 志愿者烟碱摄取率的箱图

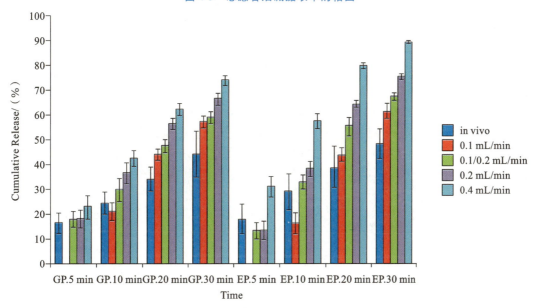

图 4-4 不同流速下的烟碱累计释放率

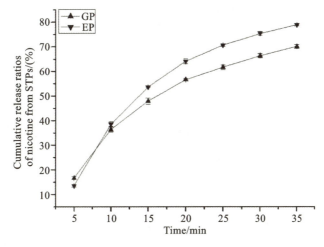

图 4-5 样品 GP 和 EP 的体外累积释放曲线

鉴于上述发现，研究中对实验条件进行了优化，设定前 5 min 的流速为 0.2 mL/min，随后 55 min 的流速调整为 0.1 mL/min。在此条件下，体外释放的结果如图 4-5 所示。通过对比图 4-4 和图 4-5，可以明显看出，采用本研究所建立的方法获得的烟碱体外累积释放曲线，与通过志愿者实验获得的曲线高度相似。这一结果提示，在特定条件下，利用人造嘴-HPLC/DAD 系统评价烟碱体外释放的方法，能够有效地模拟并评估口含烟在口腔中的烟碱释放特性，其测定结果能够较为准确地反映烟碱在体内的释放规律。

由图 4-5 可知，在上述条件下，不同的时间点，两个样品的烟碱累积释放率的 RSD 介于 0.40%～3.66%（$n=5$）。因此，该方法具有较好的重复性。

**3. 优化后的方法在各时间点的重复性**

基于上述实验结果，我们对实验条件进行了细致的优化，以确保体外检测环境与体内真实状况更加吻合。最终确立的实验条件为：流速方面，前 5 min 设定为 0.2 mL/min，随后 55 min 则调整为 0.1 mL/min；至于样品采集时间，我们选取了 2 min、5 min、10 min、15 min、20 min、25 min 和 30 min 这几个关键时间点。

为验证优化条件下各时间点的实验重复性，我们从同一批次样品中精心挑选了 12 份质量相近的样品（S.D.=0.008 g），并将它们均分为两组。其中一组用于烟碱释放实验，我们计算了各时间段内烟碱累计释放率的相对标准偏差（RSD[a]）；另一组则直接进行烟碱含量的定量分析，并计算了样品的相对标准偏差（RSD[b]）。实验结果详见表 4-5。

值得注意的是，由于前 10 min 内烟碱释放速率较快，其相对标准偏差相较于后 20 min 而言偏大。然而，即便如此，各时间段的相对标准偏差仍保持在 0.42%～6.28% 的范围内，显示出良好的方法重复性。此外，考虑到所选用的口含烟每小袋之间存在一定的均一性偏差（RSD=1.43%），在扣除样品本身偏差后，实验方法本身的相对标准偏差将会进一步降低，从而确保了实验结果的准确性和可靠性。

表 4-5　方法在各时间点的重复性（$n=6$, RSD%）

| 2 min | 5 min | 10 min | 15 min | 20 min | 25 min | 30 min | 方法偏差[a] | 固有偏差[b] |
|---|---|---|---|---|---|---|---|---|
| 6.28 | 5.47 | 3.90 | 2.19 | 1.28 | 0.75 | 0.42 | 4.76 | 1.43 |

a 为样品间烟碱释放量（30 min）与残留样品中烟碱含量的总和之间的相对标准偏差。
b 为样品间烟碱含量的相对标准偏差。

### 4.1.3　烟碱体外释放数学模型的构建

显然，尽管口含烟中烟碱在口腔内的释放特性受多种因素制约，但其总体上依然展现出一定的规律性。经验证据表明，对于大多数口含烟而言，通常在前 10 min 内，烟碱的释放速度较快，随后随着烟碱的持续释放，其释放速率逐渐减缓。因此，深入研究烟碱释放速率不仅有助于区分具有不同释放特性的产品，以满足消费者多样化的摄入需求，还能通过调整影响烟碱释放速率的因素，实现对产品烟碱释放率的精准调控。

鉴于口腔内药物释放模型已有广泛研究，且口含烟中烟碱的释放过程与口腔药物释放具有相似性，相关药物释放模型为构建口含烟中烟碱释放模型提供了宝贵的参考。本章中，我们将基于口含烟中烟碱在口腔内的释放特征，结合广泛应用的 Weibull 药物释放经验模型，尝试构建一个能够准确描述口含烟中烟碱在口腔内释放规律的模型，以增强对烟碱释放速率及其机制的理解。

#### 4.1.3.1　材料与试剂

材料与试剂包括：袋装口含烟样品（详见表 4-6）；人工唾液；高纯度烟碱（纯度＞98%，源自美国 Sigma 公司）；HPLC 级甲醇、三乙胺、磷酸及磷酸二氢钾，均由德国 Merck 公司（Darmstadt）提供；去离子水则通过美国 Millipore 公司（Bedford, MA, USA）的超纯水系统精心制备。

表 4-6 样品信息

| 样品编号 | 品牌 | 平均质量/(g/pouch) | 水分/(%) | pH | 样品烟碱（干重）/(mg/g) |
|---|---|---|---|---|---|
| 1 | CORESTA-CPR1 | 1.05 | 51.49 | 7.92 | 16.73 |
| 2 | Catch | 0.81 | 36.66 | 7.02 | 10.99 |
| 3 | Skoal Dry | 0.45 | 43.73 | 7.12 | 15.45 |
| 4 | Skoal Apple | 1.05 | 42.34 | 6.64 | 28.15 |

#### 4.1.3.2 仪器与设备

采用以下仪器和设备：美国 Agilent 公司出品的 Agilent 1200 高效液相色谱仪搭配二极管阵列检测器（HPLC/DAD），确保分析精度与广度；美国 Millipore 公司的 Milli-Q50 超纯水系统，保障实验用水的极致纯净；德国 Sartorius 公司的 CP2245 分析天平，具备 0.0001 g 的高精度感量，满足精细称量需求；上海安谱科学仪器有限公司提供的 13 mm×0.45 μm 水相针式滤器，有效过滤杂质；常州国华电器有限公司的 HY-8 调速振荡器，实现灵活的样品混合与均匀化；以及昆山市超声仪器有限公司的 KQ-700DE 型数控超声波清洗器，确保实验器材的彻底清洁。此外，还配备了自行设计的人造嘴系统，以满足特定实验需求。

#### 4.1.3.3 样品中烟碱累积释放率的测定

将待测样品在室温下解冻 2 h，选择质量接近的样品，在人工唾液流速 0.2 mL/min，温度 37℃ 的条件下，采用建立的口含烟体外释放评价方法测定其相应的烟碱累积释放率。每种样品平行测试 3 次。

#### 4.1.3.4 口含烟在口腔中烟碱释放模型计算

数据处理及模型构建所需的数学运算，我们借助了 SPSS 18.0 软件及专业的药学分析软件来完成。

如图 4-6 所示，四种不同类型的口含烟在烟碱累积释放过程中均呈现出典型的指数曲线特征。深入分析口含烟中烟碱的释放机制，不难发现其与药物中有效成分在体内的释放过程存在相似性。目前，关于药物体内释放的模型构建，学术界普遍将其归纳为两大类。一类是基于界面反应、纯物理扩散和对流的理论，通过扩散和对流过程中的速度差，导出相应的释放速率表达式，如一级动力学方程，Noyes-Whitney 溶解扩散方程 $\frac{dc}{dt}=S\cdot k(C_s-C)$；另一类没有理论作为支撑，而是通过单纯的实验数据得出的经验式，如 Weibull 模型 $Y=1-\exp(-\lambda\cdot t)^\mu$、Peppas 模型 $f_t=at^n$ 等。

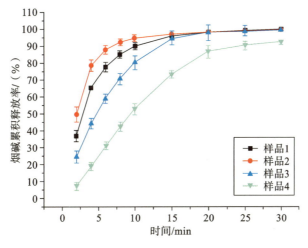

图 4-6 口含烟烟的碱累积释放曲线（$n=3$）

通过详尽地拟合分析现有的口含烟中烟碱释放数据,结果显示,其释放特征高度吻合 Weibull 经验模型。基于此,本章致力于依据 Weibull 模型构建口含烟中烟碱释放的预测模型,进而精准评估口含烟在口腔中的烟碱释放速率。

Weibull 模型是药学领域常用的评价药物释放的数学模型,用来描述药物在 $t$ 时刻的累积释放率,其数学表达形式为:$Y=1-\exp(-\lambda \cdot t)^{\mu}$。式中 $Y$ 为累积释放率;$\lambda$ 为标度参数,和释放过程的时间标度相关;$\mu$ 为形状参数,与曲线的形状特征相关,$\mu=1$ 时曲线为指数型;$\mu>1$ 时曲线为 S 形;$\mu<1$ 时为开始较陡的指数型曲线。比较各样品中烟碱的累积释放曲线,都表现为明显的起始较缓的指数型曲线,因此,在本章中,$\mu$ 取值为 1。因而,烟碱累积释放的拟合曲线形状主要取决于 $\lambda$,即烟碱随时间的累积释放率由 $\lambda$ 决定,$\lambda$ 的大小可以反映烟碱释放的快慢,因此定义 $\lambda$ 为烟碱释放速率系数($\min^{-1}$)。$\lambda$ 的数值和烟碱释放的快慢呈正相关。

以口含烟的烟碱释放数据进行 Weibull 模型拟合,结果显示,每种样品的拟合优度均大于 0.96,这表明口含烟中烟碱的释放很好地符合 Weibull 经验模型 $Y=1-\exp(-\lambda \cdot t)^{\mu}$。采用 Weibull 模型预测各时间内烟碱释放速率,结果显示,实验样品的烟碱释放速率系数最小为 0.08 $\min^{-1}$,最大为 0.35 $\min^{-1}$,相差约 4.4 倍,表明不同品牌的口含烟烟碱释放速率差异较大。模型预测的结果和实验测得数据之间基本保持一致。这说明 Weibull 模型 $Y=1-\exp(-\lambda \cdot t)^{\mu}$ 适合用于口含烟中烟碱的释放评价。

### 4.1.4 烟碱释放调控技术研究

正如前文所述,袋装口含烟中烟碱的释放效率受到多种因素的综合影响,包括消费者的唾液分泌速度、唾液 pH 值、口腔温度,以及产品本身的烟碱含量、水分含量、pH 值,还有小袋的透气性能等。在正常生理条件下,人类口腔的温度通常维持在 37 ℃左右。基于这一背景,我们深入探究了不同因素对口含烟烟碱释放特性的具体影响。

#### 4.1.4.1 外部环境影响因素研究

**1.人工唾液流速对烟碱释放的影响**

我们测定了在人工唾液流速分别为 1 mL/min、2 mL/min、4 mL/min、8 mL/min 的条件下,口含烟烟碱在不同时间点的累积释放率。随后,以时间为横坐标、烟碱的累积释放率为纵坐标,绘制了相应的烟碱累积释放率曲线,该曲线如图 4-7 所示。数据分析结果显著($P<0.05$),表明人工唾液流速对烟碱的释放速率具有显著影响。具体而言,随着人工唾液流速的增加,烟碱的释放速率也相应提高,特别是在实验的前 10 min 内,这一趋势尤为明显。

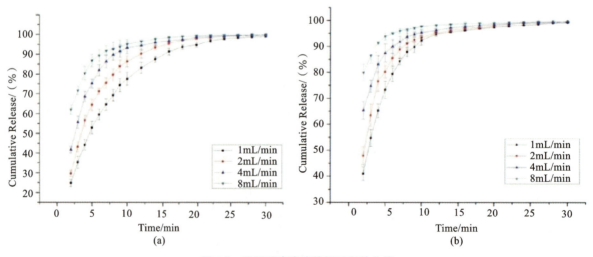

图 4-7 不同唾液流速的烟碱释放曲线

在试验中,我们利用 Weibull 模型的 λ 值来量化表征试验样品中烟碱的释放速率。根据 Weibull 模型分析,对于两种样品,在人工唾液流速分别为 1 mL/min、2 mL/min、4 mL/min、8 mL/min 的条件下,其对应的烟碱释放速率系数 λ 值依次为 0.15 $min^{-1}$、0.20 $min^{-1}$、0.28 $min^{-1}$、0.42 $min^{-1}$ 和 0.26 $min^{-1}$、0.33 $min^{-1}$、0.45 $min^{-1}$、0.70 $min^{-1}$。进一步地,我们将 λ 值与人工唾液流速进行作图(图 4-8),结果清晰地展示了烟碱释放速率随人工唾液流速的增加而几乎呈线性增长的趋势。

这一发现意味着,在使用口含烟产品时,消费者的口腔唾液分泌速度越快,烟碱的释放速度就越快。这一现象很可能是由于唾液分泌加速导致单位时间内口腔内唾液量增加,进而提高了溶解烟碱的有效唾液量,从而加速了烟碱的释放。值得注意的是,口腔的唾液分泌速度不仅存在个体差异,还受到口腔所受刺激程度的影响。因此,增强口含烟产品的口腔刺激感或许能够进一步提升其烟碱释放速率。

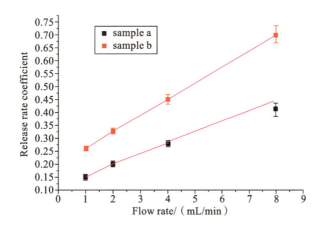

图 4-8　唾液流速对烟碱释放系数(λ)的影响

2. 人工唾液 pH 值对烟碱释放速率的影响

人工唾液 pH 值对烟碱释放速率的影响研究:通过调整人造嘴系统,在恒定温度 37℃ 及人工唾液流速 2 mL/min 的条件下,我们分别测量了不同 pH 值的人工唾液在不同时间点对口含烟制品中烟碱累积释放率的影响。随后,以时间为横轴、烟碱的累积释放率为纵轴,绘制了相应的烟碱累积释放率曲线(图 4-9)。研究结果表明,人工唾液的 pH 值对烟碱的释放速率具有显著的统计学影响($P < 0.05$)。

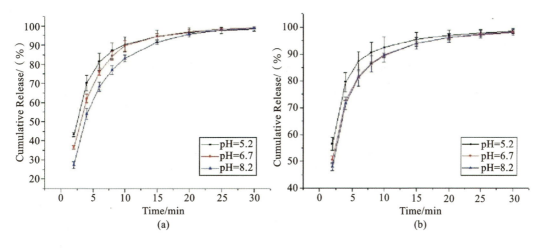

图 4-9　不同唾液 pH 值的烟碱释放曲线

在酸性人工唾液环境中,袋装口含烟的烟碱释放速率相对较快,而在中性及碱性条件下则相对减缓,但值得注意的是,pH 值对这两种样品烟碱释放速率的影响程度存在显著差异。依据 Weibull 模型分析,样品 a 与样品 b 在 pH 值分别为 5.2、6.7、8.2 的人工唾液中,其烟碱释放速率系数 λ 分别为 0.28 $min^{-1}$、0.24 $min^{-1}$、0.18 $min^{-1}$ 和 0.38 $min^{-1}$、0.30 $min^{-1}$、0.29 $min^{-1}$(图 4-10)。具体而言,样品 a 在碱性人工唾液中的释放速率显著低于中性环境,样品 b 则未表现出如此明显的差异,这暗示了除唾液 pH 值外,样品自身的 pH 值也可能对烟碱释放产生重要影响。进一步推测,人工唾液 pH 值与样品自身 pH 值之间可能存在复杂的交互作用,共同调控着烟碱的释放过程。因此,人工唾液与口含烟接触界面介质的 pH 值可能是影响烟碱释放速率的关键因素。

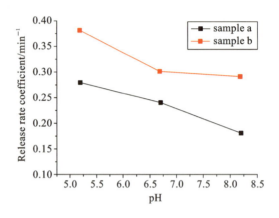

图 4-10 人工唾液 pH 值对烟碱释放系数(λ)的影响

#### 4.1.4.2 样品内在影响因素研究

1. 烟粉粒度对烟碱释放的影响

将样品细分为 10～20 目、20～30 目、30～40 目及 60～80 目四个粒度区间,并作为备用。随后,利用温度控制在 100～102 ℃的水蒸气对样品进行长达 7 h 的加热处理,之后充分拌匀,并在室温下静置晾干 24 h。接着,根据烟粉的重量、粒度分布、水分含量、热封过滤纸的要求以及预设的 pH 值,精心制作成多种规格的口含烟实验样品。完成密封后,这些样品被放置在 -18 ℃ 的环境中存储至少 24 h,以确保其稳定性和一致性,随后方可用于实验。

过往经验表明,烟粉粒度是影响烟碱释放特性的一个重要因素。通过对收集到的口含烟样品进行深入分析,我们发现其烟粉颗粒度的分布特点如下:粒度小于 60 目的颗粒约占总体重量的 7%(以下均以重量比计算),而粒度在 16～40 目之间的颗粒占据了约 60% 的比例,40～60 目之间的颗粒约占 27%,大于 16 目的颗粒则约占 6%。

为了进一步研究烟粉粒度对烟碱释放的具体影响机制,我们选用了四川广源出产的一级白毛晒烟作为原材料,经过精细的粉碎与筛分工艺,成功制备出三组具有代表性粒度(60～80 目、30～40 目、10～20 目)的口含烟试验样品。这三组样品的详细参数已整理并展示在表 4-7 中,以供后续分析使用。

表 4-7 用于粒度影响研究的试验样品的参数

| 编号 | 粒度 | pH 值 | 水分 | 热封过滤纸规格 | 单包重量 |
| --- | --- | --- | --- | --- | --- |
| 1 | 60～80 目 | 5.64 | 10% | 22 $g/m^2$ | 0.4 g |
| 2 | 30～40 目 | 5.64 | 10% | 22 $g/m^2$ | 0.4 g |
| 3 | 10～20 目 | 5.64 | 10% | 22 $g/m^2$ | 0.4 g |

采用建立的方法分别测定每种样品的烟碱累积释放率,并绘制烟碱累积释放曲线(图 4-11)。结果表明不同粒度的口含烟烟碱累积释放特征存在显著差异($P<0.05$)。3 种粒度样品的烟碱释放速率系数分别为 0.65 min$^{-1}$、0.28 min$^{-1}$、0.14 min$^{-1}$,显然,烟碱的释放速率随着烟粉粒度的减小快速增加,这可能主要是随着烟粉粒度的减小,烟粉与唾液的接触面积增加导致的。

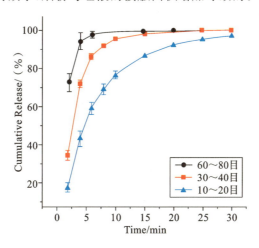

图 4-11　不同颗粒度口含烟的烟碱累积释放特征

2. 烟粉 pH 值对烟碱释放的影响

对市售口含烟 pH 值的测定结果显示,多数产品的 pH 值在 4.9~8.5 之间,平均为 7.04。依据这一特征,通过在烟粉中添加不同数量的碳酸钠(0,1%,2.5%)调节烟粉 pH 值,制作 pH 值不同的口含烟试验样品,考察样品 pH 值对烟碱释放的影响,不同 pH 值的试验样品的参数见表 4-8。

表 4-8　用于 pH 值影响研究的试验样品的参数

| 编号 | 粒度 | pH 值 | 水分 | 热封过滤纸规格 | 单包重量 |
| --- | --- | --- | --- | --- | --- |
| 1 | 30~40 目 | 5.64 | 50% | 22 g/m² | 0.8 g |
| 2 | 30~40 目 | 7.82 | 50% | 22 g/m² | 0.8 g |
| 3 | 30~40 目 | 8.83 | 50% | 22 g/m² | 0.8 g |

采用建立的方法分别测定每种样品的烟碱累积释放率,并绘制烟碱累积释放曲线(图 4-12)。结果显示,不同 pH 值的口含烟烟碱累积释放特征存在显著性差异($P<0.05$)。3 种 pH 值的样品烟碱释放速率系数 λ 分别为 0.36 min$^{-1}$、0.32 min$^{-1}$、0.28 min$^{-1}$,这提示,烟碱的释放速率随着样品碱性的增大而减小。其原因可能是烟碱在酸性条件下主要以质子化状态存在,在碱性条件下主要以游离态存在;质子化的烟碱更易溶于极性较大的人工唾液,因此,与 pH 值较大的口含烟相比,pH 值较小的口含烟的烟碱更易于释放。

仅从 pH 值这一维度考量,口含烟中烟碱的释放过程可能受到口含烟自身 pH 值与唾液(在此为模拟的人工唾液)pH 值共同作用的显著影响。图 4-13 直观展示了在不同 pH 值条件下,口含烟在烟碱释放的各个时间段内,释放池中流出的人工唾液(释放液)pH 值的变化特性。图中清晰可见,释放液的 pH 值受到口含烟初始 pH 值与人工唾液 pH 值的双重调控。具体而言,在前 15 min 内,口含烟的 pH 值对释放液 pH 值的影响更为显著,此阶段释放液的 pH 值主要由口含烟的 pH 值主导;然而,随着时间的推移,特别是当大部分烟碱完成释放后(约 15 min 后),释放液的 pH 值逐渐趋于并主要由人工唾液的 pH 值所决定。这一现象表明,相较于人工唾液,口含烟具有更强的酸碱缓冲能力,其缓冲容量远超人工唾液。

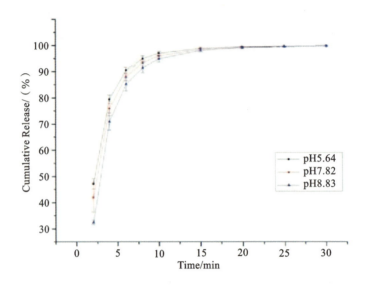

图 4-12　不同 pH 值口含烟的烟碱累积释放特征

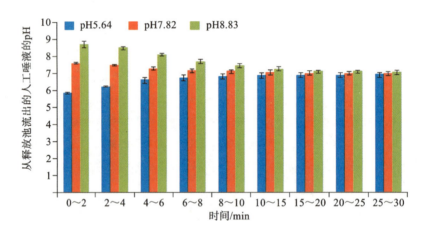

图 4-13　不同的时间段内收集液 pH 值变化特征

当样品的 pH 值为 5.64 时,其烟碱释放速率常数相较于 pH 值为 8.83 的样品更高,这明确指示了 pH 5.64 的样品中烟碱的释放速度更快。然而,值得注意的是,尽管 pH 8.83 的样品初始释放液 pH 值较高,其释放液中游离烟碱的比例却显著大于 pH 5.64 的样品,如图 4-14 所示。这一发现表明,游离烟碱的释放量并非单纯由释放速率决定,而是更多地受到样品 pH 值的直接影响。游离烟碱作为最易通过口腔黏膜渗透进入血液循环的烟碱形态,其释放量的多少直接关系到烟碱的生物利用度。

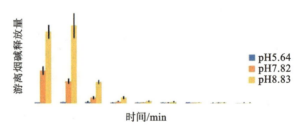

图 4-14　不同 pH 值的口含烟游离烟碱释放量

因此,可以推断出样品的pH值是影响烟碱吸收效率的关键因素之一。为了优化烟碱的释放特性,可以通过添加特定的化学物质,如氨水、碳酸铵或碳酸钠等,来精确调控产品的pH值,进而改变游离烟碱的含量。这种方法为实现烟碱释放的精准调控提供了可能,有助于开发更符合消费者需求且更加安全有效的口含烟产品。

3. 烟粉水分对烟碱释放的影响

针对市售口含烟产品的水分含量进行详尽分析后,我们得出其水分含量范围广泛,介于8%~55%之间,平均含量达到了40.25%。值得注意的是,超过半数产品的水分含量集中在40%~55%这一区间内。基于这一重要发现,我们精心制备了一系列具有不同水分含量的口含烟试验样品(具体样品参数请参阅表4-9),旨在深入探究样品水分含量对烟碱释放特性的潜在影响。

表 4-9 用于水分影响研究的试验样品的参数

| 编号 | 粒度 | pH值 | 水分 | 热封过滤纸规格 | 单包重量 |
| --- | --- | --- | --- | --- | --- |
| 1 | 30~40目 | 5.64 | 10% | 22 g/m² | 0.4 g |
| 2 | 30~40目 | 5.64 | 30% | 22 g/m² | 0.4 g |
| 3 | 30~40目 | 5.64 | 50% | 22 g/m² | 0.4 g |

采用建立的方法分别测定每种样品的烟碱累积释放率和烟碱释放速率常数,并绘制烟碱累积释放曲线和烟碱释放速率常数变化曲线(图4-15和图4-16),结果表明水分对口含烟烟碱的释放有一定的影响。其主要原因可能是,口含烟在接触唾液时有一个短暂的吸湿过程(一般为20~50 s)。这段时间内,由于口含烟不断吸水,进入口含烟的人工唾液不会立即从口含烟中渗出。当口含烟吸水饱和后,液体才能从口含烟中渗出。

据此分析,口含烟自身的水分含量越低,其吸湿过程所需的时间就越长,这一延长的过程进而导致了烟碱释放相对减缓。然而,当样品的水分含量达到某一阈值后,吸湿过程对烟碱释放速率的影响将逐渐减弱,直至变得不再显著,此时不同样品间烟碱的累积释放率差异也将趋于微小。

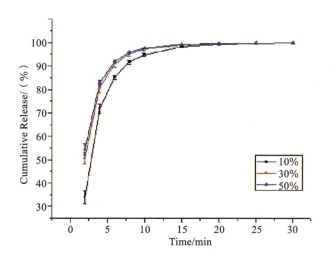

图 4-15 不同水分含量的口含烟的烟碱累积释放特征($n=3$)

4. 小袋材料对烟碱释放的影响

本实验中,我们选用了来自同一厂家、材质相同但密度各异的两种热封过滤纸(分别为16 g/m²和22 g/m²)作为口含烟小袋的包装材料,旨在探究热封过滤纸密度对烟碱释放特性的影响。通过采用已

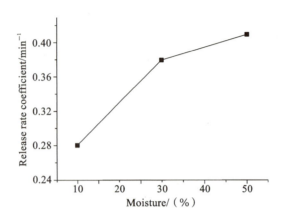

图 4-16　样品水分对烟碱释放系数(λ)的影响

建立的方法,我们精确测定了每种样品的烟碱累积释放率,并据此绘制了直观的烟碱累积释放曲线(图 4-17)。

基于 Weibull 模型的分析,我们得出两种样品的烟碱释放速率系数分别为 0.33 $min^{-1}$ 和 0.28 $min^{-1}$。这一结果明确表明,采用密度较低的热封过滤纸包装的小袋,其烟碱释放速度相对较快。这一现象很可能与人工唾液透过小袋的速率紧密相关。具体而言,密度较低的热封过滤纸其内部空隙相对较大,这有利于人工唾液的快速渗透,进而加速了烟碱的释放过程。

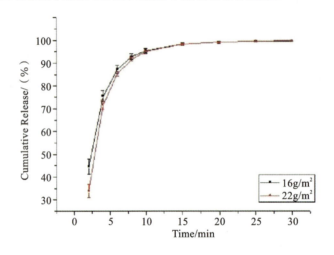

图 4-17　不同小袋材料对口含烟烟碱释放的影响

5. 单包重量差异对烟碱释放的影响

通常而言,口含烟的单包湿重范围广泛,介于 0.2～1.2 g 之间。鉴于单包重量的差异可能对烟碱释放产生显著影响,我们特别设计了三种不同单包重量的口含烟样品(具体规格参见表 4-10),以深入探究这一因素对烟碱释放特性的影响。

通过绘制每种样品的烟碱累积释放曲线(图 4-18),我们观察到三种规格样品(0.2 g/pouch、0.4 g/pouch、0.8 g/pouch)的烟碱释放速率系数分别为 0.33 $min^{-1}$、0.29 $min^{-1}$、0.24 $min^{-1}$。统计分析结果显示,不同单包重量的口含烟在烟碱释放速率上确实存在显著性差异($P<0.05$)。具体而言,烟碱释放速率系数随着单包烟粉量的增加而逐渐减小,这意味着烟碱的释放速率也随之降低。这一现象可以归因于,随着单包重量的增加,单位面积内与唾液接触的烟粉量相对减少,从而限制了烟碱的有效释放。

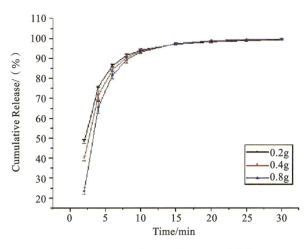

图 4-18　不同规格样品的烟碱释放曲线

表 4-10　用于单包重量影响研究的试验样品的参数

| 编号 | 粒度 | pH 值 | 水分 | 热封过滤纸规格 | 单包重量 |
|---|---|---|---|---|---|
| 1 | 30～40 目 | 5.64 | 10% | 22 g/m² | 0.2 g |
| 2 | 30～40 目 | 5.64 | 10% | 22 g/m² | 0.4 g |
| 3 | 30～40 目 | 5.64 | 10% | 22 g/m² | 0.8 g |

## 4.2　胶基型嚼烟关键成分释放行为研究

胶基型嚼烟的独特体验源自其在口腔中的咀嚼过程，吸食者通过唾液溶解并释放其内含物质，随后这些物质经口腔黏膜吸收，为吸食者带来生理与心理的双重满足。在此过程中，胶基型嚼烟不仅在视觉与嗅觉上吸引消费者，其内在核心成分——如烟碱、香味物质及 TSNAs（烟草特有亚硝胺）等的释放量及速率，更是决定消费者购买的关键因素。因此，对于烟草企业而言，有效调控这些关键成分的释放量与速率，不仅是衡量产品质量的重要标尺，也是确保产品安全、提升消费者满意度不可或缺的一环。为了打造广受市场欢迎的胶基型嚼烟产品，首要任务是深入研究并理解其中关键成分的释放行为，特别是烟碱等核心成分的释放规律。在此基础上，建立先进的检测平台与精确的溶出模型，能够为我们提供科学的数据支持与理论依据，指导后续的产品开发与配方优化工作。通过这一系列的研究与准备，我们能够更加精准地定位市场需求，设计出既符合消费者口味又确保安全健康的胶基型嚼烟产品，实现产品开发的精准与高效。

在探讨释放行为的研究领域，我们可借鉴药物溶出与代谢实验的方法，将其划分为体内释放与体外释放两大方向。体内释放实验涉及志愿者食用胶基型嚼烟产品后，定期采集唾液、血液或尿液样本，以监测烟碱在人体内的代谢变化，从而洞悉产品的实际释放特性。然而，这一方法受志愿者个人烟草消费习惯及生理差异的影响较大，实验流程复杂且难以精确控制，同时可能对人体造成一定负担。

相比之下，体外模拟实验则展现出其独特的优势：在高度模拟人体口腔环境的条件下进行，能够实时收集释放液,并借助先进仪器进行高效分析。该方法不仅操作简便、快速经济,而且能够在短时间内利用极少量样品获取大量实验数据,极大地提升了研究效率。

2004 年,Yamini Morjaria 等人便巧妙地运用了图 4-19 所示的设备,成功测定了不同基质含烟碱口香糖在体外的烟碱释放速率。实验中,口香糖样品被置于咀嚼机内,与 40 mL 人工唾液(维持在 37 ℃±1 ℃)接触,并以每分钟 60 次的频率模拟咀嚼动作。通过在不同时间点(0 min、5 min、10 min、15 min、20 min、25 min、30 min)取样并补充等量新鲜人工唾液,他们发现胶基黏弹性较好的样品在 30 min 内烟碱累积释放量较少,而胶基破碎的样品烟碱释放较快。

此外,张文娟等人创新性地研发了一种模拟咀嚼机,并结合高效液相色谱法(HPLC),为评价胶基型嚼烟中烟碱的体外释放行为提供了有力工具。该设备通过载物台、循环水箱(维持 37 ℃恒温)以及空气压缩机驱动的反复挤压机制,精准模拟了人体口腔环境及咀嚼过程。研究结果显示,该咀嚼机不仅能够有效模拟胶基型嚼烟中烟碱的释放行为,而且操作简便,与体内实验结果高度吻合,为胶基型嚼烟产品的开发与优化提供了宝贵的数据支持。

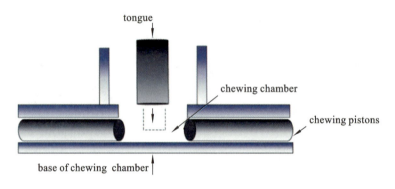

图 4-19　烟碱体外释放试验咀嚼机模拟图

### 4.2.1　咀嚼模拟机设计

为满足无烟烟草制品科研与产品开发的迫切需求,并精准把握烟草行业口含烟模拟溶出的独特工艺特性,本书精心设计与开发了一款先进的单通道口含烟专用溶出模拟装置(如图 4-20 所示)。该装置实现了全自动化操作,能够高度模拟口用型无烟烟草产品(涵盖口含烟、胶基型嚼烟、含片等)在人工设定条件下的咀嚼或含服过程,精确模拟烟草成分在人工口腔环境中的溶出流程。同时,该装置确保了溶出液的准确萃取与收集,为科研工作者提供了稳定一致的样本数据。

此装置不仅为中国新型烟草制品的科研探索与产品开发构筑了坚实的实验平台,还为基础技术条件的完善贡献了重要力量。它卓越地服务于新型烟草制品的配方优化与工艺创新,为行业的持续进步与发展注入了强大的动力。

#### 4.2.1.1　仪器结构说明

无烟烟草制品咀嚼模拟机由集液组件、咀嚼模拟机主机、进液蠕动泵和排液蠕动泵 4 部分组成。设备结构如图 4-20 所示。

本模拟咀嚼装置巧妙运用仿生工程学原理,精心模拟了复杂的口腔结构,内置了便捷的进液与排液接口,并配备了高效的进液与排液蠕动泵,确保连接顺畅无阻。为了营造更为真实的口腔环境,装置内还集成了含两个加热棒与温控传感器的闭环控制系统,能够实现对人工口腔温度的精确调控,使其恒定维持在接近人体自然温度的水平。这一设计显著提升了无烟烟草制品溶出模拟的精准度,使其更加贴近体内试验的实际条件,为科研与产品开发提供了强有力的支持。

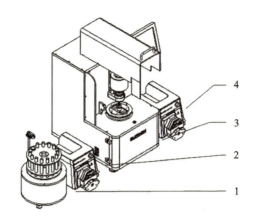

图 4-20　无烟烟草制品咀嚼模拟机
1—集液组件；2—排液蠕动泵；3—咀嚼模拟机主机；4—进液蠕动泵

**1. 集液组件**

无烟烟草制品咀嚼模拟机的集液组件由 15 个工位旋转盘（14 个 10 mL 的试剂瓶，1 个废液排出管）、旋转驱动步进电机（闭环控制）、驱动同步轮和同步带及支架主体组成，结构如图 4-21 所示。

**2. 咀嚼模拟机主机**

咀嚼模拟机主机由机架、适配组件及咀嚼机械手组成，结构如图 4-22 所示。

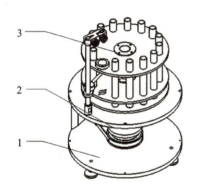

图 4-21　无烟烟草制品咀嚼模拟机的集液组件
1—支架主体；2—步进电机和同步带轮；3—工位旋转盘

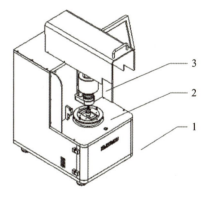

图 4-22　无烟烟草制品咀嚼模拟机主机
1—机架；2—适配组件；3—咀嚼机械手

1）机架

咀嚼模拟机主机机架由 10 mm 铝板组装而成，整体喷塑处理，外形美观，机架右侧安装有 10 寸触摸屏，机架上方装有咀嚼防护罩，整机操作方便，结构如图 4-23 所示。

2）适配组件

适配组件由左右开合旋转咀嚼组件和溶液皿组件组成，结构如图 4-24 所示。

适配组件详解：左右开合旋转咀嚼组件巧妙融合了多种驱动机制。其左右开合功能，依托开合步进电机与双向丝杆的精密配合，辅以直线导轨的精准导向，驱动永磁铁 A 实现平稳的左右移动。旋转功能则通过旋转步进电机与同步带轮的协同工作，在轴承的稳固导向下，带动包括人工舌开合机构在内的所有部件进行流畅的旋转运动，整体结构设计精妙，传动效率显著。

溶液皿组件同样展现出卓越的设计理念，其牙板的左右开合与旋转操作，创新性地运用了永磁铁 A 与永磁铁 B 之间的磁场作用，实现了无接触的高效传动，既保证了操作的便捷性，又提升了使用的安全性。该组件支持快速拆装，极大地方便了日常清洗与维护工作，确保了卫生标准的严格执行。

具体而言，左右开合旋转咀嚼组件由以下几大核心部件构成：永磁铁 A、开合步进电机与双向丝杆

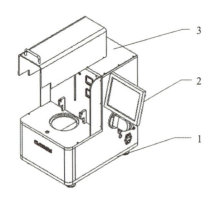

图 4-23　无烟烟草制品咀嚼模拟机主机机架
1—10 mm 铝板；2—10 寸触摸屏；3—咀嚼防护罩

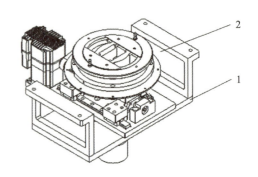

图 4-24　无烟烟草制品咀嚼模拟机适配组件
1—左右开合旋转咀嚼组件；2—溶液皿组件

驱动系统、直线导轨组件、永磁铁夹紧块、左右旋转咀嚼支架、旋转步进电机以及同步带轮旋转组件。整个组件的结构布局如图 4-25 所示，直观展示了其精巧的构造与高效的工作原理。

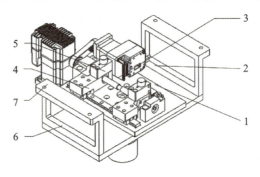

图 4-25　无烟烟草制品咀嚼模拟机左右开合旋转咀嚼组件
1—永磁铁 A；2—开合步进电机；3—双向丝杆驱动系统；4—直线导轨组件；
5—永磁铁夹紧块；6—左右旋转咀嚼支架；7—旋转步进电机和同步带轮旋转组件

左右开合旋转咀嚼组件介绍：永磁铁 A 的左右开合动作，是经由开合步进电机驱动旋转，进而通过同步带轮传动，带动双向丝杆的旋转。该双向丝杆上固定有两个永磁铁 A，它们沿直线导轨导向移动，从而实现了永磁铁 A 的左右开合功能。至于永磁铁 A 的旋转动作，则是通过旋转步进电机的旋转，利用同步带轮驱动包含开合步进电机在内的整个组件，并协同双向丝杆与直线导轨组件的运作，最终实现永磁铁 A 的旋转。此设计巧妙运用了磁铁不同极性相互吸引的原理，进而带动内置永磁铁 B 的人工舌进行运动。此设计旨在实现运动部分与溶液皿的有效分离，并赋予人工舌旋转与开合的能力。工作原理的详细示意图请参阅图 4-26。

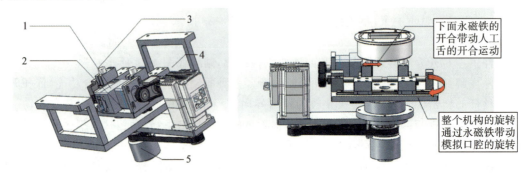

图 4-26　无烟烟草制品咀嚼模拟机工作原理示意图
1—人工舌开合电机；2—旋转基座；3—永磁铁 A；4—旋转电机；5—电路滑环

溶液皿组件由牙板组件、咀嚼导向槽、溶液皿、适配加热板、加热管、温控传感器、适配底托、进液管和出液管组成,具体结构如图 4-27 所示。

溶液皿组件介绍:进液蠕动泵通过旋转挤压乳胶管,促使咀嚼溶液经由进液管顺畅地流入溶液皿内。为了精准控制咀嚼溶液的温度,适配的加热板内嵌有两个加热管及一个温控传感器,采用闭环控制系统,确保溶液在加热过程中达到并维持预设的恒温状态。此外,两个牙板组件被巧妙地放置在咀嚼导向槽中,并利用牙板限位装置固定,实现了牙板组件在导向槽内的稳定左右移动。值得注意的是,该咀嚼导向槽被设计成可旋转结构,并嵌入溶液皿中,这一设计使得牙板组件能够同时实现左右移动与旋转运动,大大增强了模拟咀嚼的灵活性和真实性。最后,溶液皿还配备了出液管,通过排液蠕动泵的作用,可以方便地将咀嚼后的溶液从溶液皿中排出,便于后续处理或分析。

牙板组件由牙板、刮板和永磁铁 B 组成,结构如图 4-28 所示。

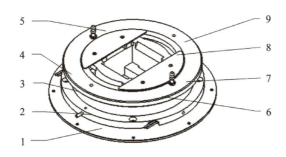

图 4-27　无烟烟草制品咀嚼模拟机溶液皿组件
1—适配底托;2—温控传感器;3—适配加热板;4—加热管;
5—进液管;6—溶液皿;7—出液管;8—牙板组件;9—咀嚼导向槽

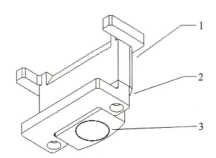

图 4-28　无烟烟草制品咀嚼模拟机牙板组件
1—牙板;2—刮板;3—永磁铁 B

牙板组件介绍:永磁铁 B 通过精密的过盈配合方式牢固地嵌入牙板之中,确保了两者之间的紧密连接与稳定传动。刮板则采用高品质不锈钢螺丝精准地固定于牙板上,这一设计不仅增强了刮板的稳固性,还使得刮板的规格可以根据实际需求进行灵活更换,以满足多样化的使用场景与要求。

3)咀嚼机械手

咀嚼机械手由砝码组件、上咀嚼升降轴、上咀嚼齿、上咀嚼旋转直流减速电机、上咀嚼升降模组、上咀嚼升降电机和支架组成,结构如图 4-29 所示。

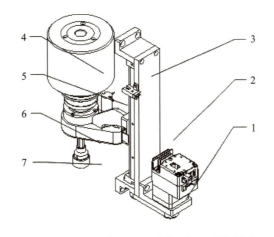

图 4-29　无烟烟草制品咀嚼模拟机咀嚼机械手
1—上咀嚼升降电机;2—支架;3—上咀嚼升降模组;4—砝码组件;
5—上咀嚼旋转直流减速电机;6—上咀嚼升降轴;7—上咀嚼齿

咀嚼机械手介绍：在咀嚼操作启动之前，首先需精心选择并配置适宜的砝码规格，以确保咀嚼力度的精准控制。随后，咀嚼过程正式启动，上咀嚼升降电机迅速响应，驱动同步带轮高效旋转，进而带动上咀嚼升降模组精准运作，实现上咀嚼齿的平稳升降。在咀嚼的连续动作中，上咀嚼旋转直流减速电机通过圆皮带这一可靠传动装置，驱动上咀嚼升降轴进行顺畅的旋转运动，从而带动上咀嚼齿完成必要的旋转动作。尤为值得一提的是，上咀嚼升降轴上方巧妙地设计了砝码安装结构，这些砝码能够利用重力作用，为咀嚼过程提供稳定且可调的咀嚼力加载，确保模拟咀嚼的真实性与准确性。

4）电源

本取样器设计为兼容单相交流 AC220V＋PE 电源系统，要求用户所提供的电源电压必须稳定在 200～230 V 的额定电压区间内，以确保设备的正常运作。为便于连接，本机器采用了广泛适用的 PC 标准电源插头作为电源线的接入方式。此外，在机器的电源入口插座位置，特别配备了保险丝装置（含一枚备用保险丝），该保险丝的额定电流值设定为 5A，旨在有效保护电路安全，防止过载或短路等异常情况的发生。

#### 4.2.1.2 设备操作说明

进液蠕动泵根据预设参数，精准地向咀嚼模拟机主机适配组件中的溶液皿输送液体。随后，适配加热板内的加热管通电，对溶液进行高效加热。同时，温控传感器实时监测并反馈咀嚼腔内的温度信息，确保实验温度达到并稳定在设定的目标值。一旦温度达到预设标准，系统即会发出提示，引导用户放入待测样品。用户确认后，系统便自动按照既定方法启动模拟咀嚼过程。

在实验进行期间，排液蠕动泵依据预设参数，有条不紊地收集实验产生的溶液，并将其安全存储至集液组件内的 15 个 10 mL 试剂瓶中，便于后续分析处理。

咀嚼实验圆满结束后，操作人员需手动取出已使用的溶液皿组件及上咀嚼齿，进行清水冲洗并晾干处理。随后，换上全新的溶液皿组件与上咀嚼齿，为下一次实验做好充分准备。

1. 人工齿设置

(1) 人工齿执行次数（0～999 次）；

(2) 人工齿压合频率（0～0.5Hz）；

(3) 压合力（更换砝码 500 g、1 kg、2 kg、5 kg）；

(4) 人工齿旋转（是否启动嚼压）。

2. 人工舌设置

(1) 咬合间隔（根据设置的人工齿执行次数设置启动人工舌的间隔）；

(2) 咬合次数（0～999 次）；

(3) 咬合角度间隔（0～180°）。

3. 溶液收集

每个方法中都包含进液量和萃取量，由于萃取管道有一定长度，如果设置的萃取量小于进液量，则不能完全地将本次加入的液体完全萃取至收集管中。

(1) 进液量（0～999 mL）；

(2) 萃取量（0～999 mL）；

(3) 萃取位置（2～15 号工位）。注：1 号位置为清洗工位。

4. 设置示例

首先，将一粒胶基型嚼烟精准地置于溶液皿内，随后注入 10 mL 新鲜配制的人工唾液。接着，设定咀嚼机械齿以每 5 秒一次的频率进行上下咀嚼，共计 20 次。在此过程中，每完成 4 次咀嚼后，自动启动左右开合旋转组件，使组件每旋转 45° 即执行一次咬合动作，咬合宽度设定为 15 mm，整个咬合过程重复 5 次。待上述步骤完成后，将溶液小心萃取至 2 号收集工位以待后续分析。

紧接着,进行第二次实验,再次向溶液皿中注入 10 mL 人工唾液。调整咀嚼频率至每 10 秒一次,共旋转咀嚼 10 次。其间,每 5 次咀嚼后激活左右开合旋转组件,组件每次旋转 30°即进行咬合,咬合宽度缩减至 10 mm,咬合次数增加至 6 次。完成后,将溶液萃取至 3 号收集工位。

最后,进行第三次实验,同样注入 10 mL 人工唾液,并恢复咀嚼频率为每 5 秒一次,但增加上下咀嚼次数至 30 次。在此过程中,每隔 5 次咀嚼启动左右开合旋转组件,组件每次旋转角度增大至 90°,咬合宽度进一步调整为 8 mm,咬合次数则为 4 次。实验结束后,将溶液萃取至 4 号工位。

完成所有萃取步骤后,分别对 2、3、4 号工位中收集的人工唾液样本进行烟碱含量的检测与分析,依据所得数据绘制出详尽的胶基型嚼烟烟碱溶出曲线,以全面评估其释放特性。

## 4.2.2 烟碱释放检测前处理方法开发

在继承前人实验成果的基础上,本节研究创新性地采用反向高效液相色谱结合紫外检测器,针对人工唾液溶解的胶基型嚼烟样品,开发出一种新颖的烟碱检测技术。通过精心优化流动相组成与前处理步骤,我们成功构建了一种高效、准确的测定胶基型嚼烟中烟碱含量的方法。进一步地,我们整合了专业的无烟烟草制品模拟咀嚼机,对体外模拟溶出液中烟碱含量的检测方法及配套装置进行了前瞻性的模式构建与优化,实现了对唾液释放液中烟碱含量的即时、精准测定。这一突破不仅提升了检测效率,更能够忠实地反映胶基型嚼烟制品在实际使用过程中烟碱的动态释放过程。

此外,我们对市场上 5 种进口品牌的胶基型嚼烟,共计 9 种不同产品进行了全面的统计分析,详情如表 4-11 所示,为后续的深入研究与产品评估提供了坚实的数据支持。

表 4-11 胶基型嚼烟的品牌、产地、口味、烟碱含量及平均质量统计

| 品牌 | 产地 | 规格/(粒/盒) | 口味 | 烟碱/mg | 质量/g | 平均质量/g | 相对标准偏差/(%) |
|---|---|---|---|---|---|---|---|
| Nicotinell | 澳大利亚 | 24 | Mint | 4 | 1.1848,1.1880,1.2437,1.1577,1.1963 | 1.1941 | 0.0262 |
|  |  |  |  | 2 | 1.1881,1.1820,1.2160,1.2044,1.2127 | 1.2006 | 0.0125 |
|  |  |  | Fruit | 2 | 1.2314,1.1873,1.2034,1.2201,1.22 | 1.2124 | 0.0142 |
| Habitrol | 美国 | 384 | Fruit | 2 | 1.1907,1.2197,1.2163,1.1706,1.2048 | 1.2004 | 0.0168 |
|  |  |  | Mint | 4 | 1.2077,1.1949,1.2209,1.1759,1.2316 | 1.2062 | 0.0181 |
| KIRKLAND (Nicotine Polacrilex) | 丹麦 | 190 | Original | 2 | 1.0178,0.9980,1.0020,1.0057,1.0201 | 1.0087 | 0.0097 |
|  |  |  |  | 4 | 1.0013,0.9948,1.0185,1.0105,0.9976 | 1.0045 | 0.0098 |
| Apofri (Nikotin) | 美国 | 96 | Mint | 4 | 1.1947,1.2417,1.2237,1.2520,1.2123 | 1.2249 | 0.0187 |
| equate | 美国 | 100 | Cool Mint | 2 | 1.2617,1.2778,1.2587,1.2725,1.2413 | 1.2624 | 0.0112 |

首先,精确称取 1 粒市售的实验样品,随后将其细心剪碎并置于锥形瓶中。接着,向锥形瓶内加入 30 mL 的正己烷溶剂,随后将锥形瓶置于振荡器上,充分振荡直至样品完全溶解于溶剂中。之后,再向锥形瓶内缓缓加入 25 mL 的磷酸盐缓冲溶液(pH 值调整为 6.8),继续振荡混合液 30~60 min,以确保两相充分接触与交换。

振荡完成后,从振荡器上取下锥形瓶,通过适当的过滤装置对萃取液进行过滤,以分离出水相部分,并仔细收集以备后续处理。为了进一步提高样品的纯净度,使用孔径为 0.45 μm 的滤膜对水相进行二次过滤,最终将过滤后的清澈溶液装入色谱瓶中,准备进行液相色谱(HPLC)检测。

依据前文所述的高效液相色谱(HPLC)分析方法,我们对 8 种不同种类的胶基型嚼烟样品进行了详尽的定量分析,并将分析结果汇总于表 4-12 中,以供后续研究参考。

表 4-12 胶基型嚼烟中实测烟碱含量

| 编号 | 品牌 | 样品质量/g | 盒标烟碱含量/mg | 保留时间/min | 萃取液浓度/(μg/mL) | 实测量/mg | 平均值/mg |
| --- | --- | --- | --- | --- | --- | --- | --- |
| 1 | Habitrol | 1.2345 | 2 | 3.9 | 71.3464 | 1.7837 | 1.7868 |
|   |   |   |   |   | 71.6006 | 1.7900 |   |
| 2 |   | 1.2170 | 4 | 3.9 | 145.2594 | 3.6315 | 3.6345 |
|   |   |   |   |   | 145.4969 | 3.6374 |   |
| 3 | Nicotinell | 1.1354 | 4 | 3.9 | 139.5156 | 3.4879 | 3.4887 |
|   |   |   |   |   | 139.5829 | 3.4896 |   |
| 4 |   | 1.2038 | 2 | 3.9 | 71.7744 | 1.7944 | 1.7915 |
|   |   |   |   |   | 71.5475 | 1.7887 |   |
| 5 | Equate | 1.2413 | 2 | 3.9 | 71.0156 | 1.7754 | 1.7763 |
|   |   |   |   |   | 71.0901 | 1.7773 |   |
| 6 | KIRKLAND | 1.0055 | 2 | 3.9 | 70.5582 | 1.7640 | 1.7616 |
|   |   |   |   |   | 70.3668 | 1.7592 |   |
| 7 |   | 1.0183 | 4 | 3.9 | 141.0260 | 3.5256 | 3.5135 |
|   |   |   |   |   | 140.0545 | 3.5014 |   |
| 8 | Nikotin | 1.1952 | 4 | 3.9 | 140.5863 | 3.5147 | 3.5157 |
|   |   |   |   |   | 140.6679 | 3.5167 |   |

以正己烷和混合磷酸盐缓冲溶液作为萃取胶基型嚼烟中烟碱的萃取剂具有较好的萃取效果,萃取率能达到 85% 以上。

### 4.2.3 胶基型嚼烟的体外烟碱模拟溶出模型建立

我们成功自主研发了一种新型口腔模拟溶出装置,并据此建立了一种具有高度可控性和良好重现性的胶基型嚼烟烟碱体外模拟溶出研究方法。该方法旨在作为传统人群实验的替代方案,为胶基型无烟烟草制品中烟碱释放行为的研究提供一种简便且可控的检测手段。通过应用此方法,我们对不同配方设计及制作工艺下的典型胶基型嚼烟产品的烟碱溶出率进行了深入研究与对比,为该类产品的生产加工及质量控制提供了坚实的技术支持与理论依据。

在烟碱体内溶出实验中,我们精心挑选了12名具有代表性的健康志愿者(包括9名男性和3名女性,覆盖青年至中年年龄段)参与测试。实验选用了市售的胶基型嚼烟样品(每份含2 mg烟碱,平均质量为1.0087 g,RSD为0.9%),并分别测定了志愿者在自然状态下咀嚼后不同时间段(0～0.5 min、0～1 min、0～2 min、0～5 min、0～7.5 min、0～10 min及0～15 min)内收集的唾液样本中的烟碱含量。最终,我们取四名志愿者体内烟碱溶出量的平均值,作为校正口腔模拟溶出参数的基准。

实验开始前,我们将配制好的人工唾液加入储液瓶中,并放置于恒温水浴锅内,维持恒定温度37 ℃。随后,根据表4-13设定的参数调整模拟溶出装置,将胶基型嚼烟样品置于溶液皿内。在电机的驱动下,咀嚼机械手与模拟口腔中的左右开合旋转组件开始模拟咀嚼动作。达到系统预设的咀嚼次数后,电机自动停止,出液蠕动泵随即抽取溶液皿中的萃取液。我们采用前述方法测定萃取液中的烟碱含量,并在每个时间点使用一粒新的嚼烟样品,分别收集并测定0～0.5 min、0～1 min、0～2 min、0～5 min、0～7.5 min、0～10 min及0～15 min时段的烟碱溶出液。每次测试结束后,均使用超纯水彻底清洗溶液皿、咀嚼齿及左右开合组件,以确保实验的准确性和可重复性。

表4-13 模拟咀嚼参数

| 时间/min | 体内/μg | 体外/μg | 参数 |
| --- | --- | --- | --- |
| 0.5 | 20.696 | 19.050 | 1500 g 60次/min 5.0 mL |
| 1 | 36.825 | 39.210 | 1000 g 60次/min 5.0 mL |
| 2 | 114.542 | 121.400 | 1500 g 40次/min 5.0 mL |
| 5 | 235.844 | 281.269 | 250 g 40次/min 5.0 mL |
| 7.5 | 656.698 | 704.526 | 250 g 40次/min 6.0 mL |
| 10 | 897.169 | 954.451 | 250 g 40次/min 6.0 mL |
| 15 | 1084.797 | 1186.513 | 250 g 30次/min 9.0 mL |

### 4.2.4 胶基型嚼烟体外烟碱模拟溶出模型建立

#### 4.2.4.1 人群实验志愿者征集

我们精心招募了20名志愿者参与胶基型嚼烟样品的咀嚼试验,并采集其唾液样本进行深入分析。志愿者的筛选遵循以下严格标准,以确保试验的准确性和可靠性。

(1)口腔健康状况:志愿者需拥有健康的口腔环境,包括完整的牙齿、正常的咬合关系,这对于胶基型制品的测试尤为重要。

(2)无严重口腔问题:无未经治疗的龋坏,龋失补牙面数不得超过4,不佩戴正畸矫治器,无口腔软组织疾病、牙髓及根尖周病变,这些条件旨在减少口腔微生物对实验结果的影响。

(3)全身健康与药物使用情况:志愿者需无全身系统性疾病,无长期服药史,特别是未使用过含氟牙膏及漱口水,且在实验前两周及实验期间避免服用抗生素类药物或任何可能影响唾液分泌的药物。

(4)生活习惯考量:实验前2 h内需禁食、禁刷牙、禁漱口及禁烟,以减少外部因素对唾液样本的干扰。

(5)知情同意与吸烟史:鉴于实验特性,特别要求记录志愿者的吸烟史,并确保所有受试者均签署知情同意书,充分理解并同意实验流程与目的。

实验流程简述如下:在完成首个静态唾液时间点(0～5 min)的采集后,每位受试者被给予一颗胶基型嚼烟,并按照日常咀嚼口香糖的习惯进行咀嚼。当感受到口腔内唾液充盈时,受试者需通过玻璃漏斗将唾液吐入 15 mL 离心管中,以此方式完成四个时间点的动态唾液收集。最终,在所有动态唾液收集时间点(包括 90~95 min)完成后,将各时间点的唾液样品进行汇总,以备后续分析。

#### 4.2.4.2 唾液样品分析

按照前述的分析方法对采集到的唾液样品进行分析。结合这些数据选用药物释放中最常用的模型对胶基型嚼烟中的烟碱释放规律进行建模,以考察不同类型样品的烟碱释放行为。

#### 4.2.4.3 烟碱释放模型

Weibull 模型是药学领域常用的评价药物释放情况的数学模型,用来描述药物在 $t$ 时刻的累积释放分数,模型表示为:$Y=1-\exp(-\lambda \cdot t)^{\mu}$,式中 $Y$ 为累积释放分数;$\lambda$ 为标度参数,表示释放过程的时间标度;$\mu$ 为形状参数,表示曲线的形状特征,$\mu=1$ 曲线为指数型,$\mu>1$ 曲线为 S 形,$\mu<1$ 为开始斜率较陡的指数型曲线。

本章中使 Weibull 模型($Y=1-\exp(-\lambda \cdot t)^{\mu}$)中的 $\mu=1$,对胶基型嚼烟样品的烟碱释放数据拟合,从而对烟碱累计释放率进行数学评价,每种样品的拟合优度均大于 0.90,提示胶基型嚼烟的烟碱释放符合 Weibull 模型。拟合曲线的形状主要取决于 $\lambda$,即烟碱随时间的累计释放率由 $\lambda$ 决定,$\lambda$ 的大小可以反映烟碱释放速率的大小。因此定义 $\lambda$ 为烟碱释放速率系数($\min^{-1}$),可通过比较 $\lambda$ 的数值大小来判断烟碱释放的快慢。从前述表格中可以看出,样品 1、2、3 这三款不同配方的平均烟碱释放速率系数分别为 0.098 $\min^{-1}$、0.079 $\min^{-1}$ 和 0.049 $\min^{-1}$。不同配方的样品其烟碱的释放速率差异较大,这可能和样品的配方有关。针对同一款样品,不同志愿者之间的烟碱释放速率系数差异也较大,以样品 1 为例,$\lambda$ 最小为 0.05 $\min^{-1}$,最大为 0.31 $\min^{-1}$,相差 6 倍左右。这可能和志愿者的年龄、性别、吸食习惯等个体差异有关。

## 4.3 本章小结

鉴于无烟烟草产品在口腔内的长时间滞留及广泛的接触面,首要发生的是口腔黏膜的渗透过程,其中部分尼古丁通过口腔黏膜直接吸收进入血液循环,另一部分则进入胃肠道,进而被人体吸收,赋予吸食者生理与心理上的双重满足感。在此过程中,口含烟草制品中尼古丁经口腔黏膜的释放量及其扩散速度,对用户的吸食体验具有显著影响。

本节旨在针对无烟烟草特有的使用方式,创造性地开发了一种胶基型嚼烟专用的模拟溶出装置。通过深入研究咀嚼力度、频率及唾液流速等关键因素,该装置能够模拟最接近人体实际使用无烟烟草的状态。同时,结合现有文献数据与我国人群唾液成分分析,我们精心配制了人工唾液,并利用高效液相色谱法结合紫外检测器,建立了人工唾液中尼古丁的精准测定方法。

我们成功构建了胶基型嚼烟尼古丁的体外溶出释放平台,并初步建立了体内溶出模型,这一平台能够同步监测和调控产品开发过程中的尼古丁释放量及其速率,深入探究尼古丁及其他香味成分的释放行为,把握其释放规律,为产品开发与配方优化提供科学指导,确保研发工作的精准高效。此外,这一研究对于提升产品质量控制、保障安全评估亦具有不可估量的价值。

本节还全面探讨了唾液流速、pH 值、烟粉粒径、样品 pH 值、含水率、包装材质及样品规格等因素对口含烟草尼古丁释放的影响。研究发现，尼古丁的累积释放率与唾液流速呈正相关，而与唾液 pH 值、样品粒径、热封过滤纸密度及样品规格均呈负相关。水分对尼古丁释放的影响主要体现在吸湿过程，低水分含量导致吸湿时间延长，尼古丁释放减缓。低 pH 值样品虽释放速率较快，但高 pH 值样品中游离尼古丁释放量更多，吸收更为迅速。

# 第五章
# 提升清新感关键技术开发

## 5.1 清新感与口腔微环境

口腔构成了一个复杂的生态系统,其中唾液在维护口腔环境稳定中扮演着举足轻重的角色。唾液不仅负责清洁与保护口腔,还具备抗菌、辅助消化等多种功能。作为一种非侵入性且安全的生物标记物,唾液在疾病诊断中展现出巨大潜力。研究显示,包括干燥综合征(Sjögren's Syndrome,SS)、药物性口干症、放射性口干症、糖尿病及高血压在内的多种疾病,均可导致唾液腺分泌功能受损,进而显著降低唾液流量。唾液分泌功能的研究不仅是唾液腺功能探索的基础,也横跨口腔生理学、生物化学及临床医学等多个学科领域。唾液分泌受大脑皮层调控,同时易受饮食习惯、环境因素、年龄增长、情绪波动或唾液腺病变等多重因素影响。利用唾液成分及其变化的检测来监控健康状态、辅助疾病诊断,已成为广泛实践的方法。

长期使用烟草制品可能会减少唾液分泌,引发口腔干燥感,降低口腔自我清洁能力,从而增加龋齿、化脓性腮腺炎、口腔溃疡等感染性疾病的风险。值得注意的是,烟碱的存在状态与环境 pH 值紧密相关,而烟草制品的劲头大小则与烟碱含量,特别是游离态烟碱的含量密切相连。烟碱作为弱碱性物质,在较高的 pH 值条件下更易以游离形式存在,促进吸收。鉴于正常人唾液 pH 值范围为 6.1~7.1,探究烟草使用对唾液 pH 值的影响,对于优化烟草制品研发至关重要。前期研究发现,不同类型口含烟制品的 pH 值存在显著差异,但这些差异如何影响唾液环境及其对口腔感受的具体作用机制尚待揭示。因此,监测唾液中的 pH 值对于精准选择烟草原料、控制产品吸味品质具有不可估量的价值。

Nasidze 等人对来自全球 12 个国家和地区的 120 份健康人群唾液样本进行了深入分析,揭示了口腔中惊人的微生物多样性,共发现 204 个细菌属,其中 39 个为全新描述的口腔菌属,另有 64 个仍属未知菌属。此研究还指出,尽管唾液细菌群落展现出显著的个体特异性,但其多样性却几乎不受地理分布的制约,个体间的差异约占唾液菌属组成差异的 13.5%。人类口腔微生物群落是一个高度多样且结构化的生态系统,囊括了细菌、真菌、支原体、病毒等多种微生物,其中细菌以其在数量与种类上的绝对优势占据主导地位。这一生态系统极为复杂,拥有独特的生态位,为微生物的定植创造了理想条件。得益于样本采集的便捷性,口腔微生物群成为目前研究最为深入的微生物群落之一。eHOMD(扩展的人类口腔微生物组数据库)目前收录了约 774 种细菌信息,覆盖了 74% 的可培养物种及 26% 的不可培养类群,其中58%的可培养物种已获官方命名,并包含了568个类群的全基因组序列。健康口腔的16S rDNA图谱将主要细菌划分为六大门类:厚壁菌门(占36.7%,最高比例)、拟杆菌门(17.1%)、变形菌门(17.1%)、放线菌门(11.6%)、螺旋体门(7.9%)及梭菌门(5.2%),这六大门类共同构成了口腔细菌总数的约96%。

研究者强调,当口腔内环境发生变动时,原有的微生态平衡将遭受破坏,可能形成新的生态环境或滞留区域,进而影响口腔内微生物的种类、数量及其相互间关系,包括微生物与宿主之间的相互作用。这些变化往往与基牙龋病、牙周病变等口腔健康问题密切相关,因此,监测疾病相关微生物的变化成为评估口腔微环境健康状态的重要指标之一。

### 5.1.1 口腔微生物与口腔疾病

口腔内微生物菌斑的累积可触发复杂的宿主介导炎症与免疫反应链,进而诱发牙周病这一全球范围内影响20%~50%人口的慢性炎性疾病。牙周病的临床表现多样,包括牙龈炎症、临床附着丧失、影像学可见的牙槽骨吸收、牙周袋形成、探诊时牙龈出血、牙齿松动,乃至最终可能导致牙齿丧失等严重后果。研究表明,慢性牙周炎的主要诱因是口腔卫生状况不佳及咬合创伤等,这些因素导致牙周组织逐渐受损。疾病初期,患者可能仅表现为口臭、牙龈红肿及易出血,若不及时治疗,将演变为牙齿松动、牙槽骨严重破坏,甚至需要拔牙。此外,牙周病还与心、肺、肾等重要脏器的功能状态密切相关,其影响深远。牙周组织的损害与多种龈下微生物密切相关,其中牙龈卟啉单胞菌(*Porphyromonas gingivalis*)作为慢性牙周炎的关键致病菌之一,频繁出现在牙周炎患者的龈下菌斑及唾液中,甚至在部分牙周健康个体中也能被检测到。然而,牙周炎的病原体并非单一菌种,而是由包括牙龈卟啉单胞菌、牙密螺旋体(*Treponema denticola*)和福赛斯坦纳菌(*Tannerella forsythia*)在内的多种微生物协同作用、生态失衡所致。最新的发病机制模型提出,牙周炎的病原菌能够主动干扰宿主的免疫反应机制,从而在局部炎症环境中持续存在,并可能进一步在全身范围内诱导病理反应或并发症,这为我们理解并治疗牙周病提供了新的视角和思路。

龋病,作为一种生物膜介导、糖为驱动力的复杂动态疾病,其核心机制在于牙齿硬组织经历的阶段性脱矿与再矿化过程。其致病因素相互交织,包括细菌、食物、宿主因素及作用时间等,这些因素协同作用,共同促成龋病的发生。在牙齿表面,口腔微生物群附着并定植,它们通过结构与功能的相互作用,形成牙菌斑这一微生态系统。牙齿表面覆盖着由唾液中的蛋白质与糖蛋白构成的薄膜,同时混合有细菌及其产物、龈沟液、血液残余及食物残渣,共同促进了牙齿生物膜的形成。

龋齿部位的微生物群落平衡发生显著变化,早期研究表明,变形链球菌(*Streptococcus mutans*)与远缘链球菌(*Streptococcus sobrinus*)在龋齿中的比例与出现频率均高于健康牙釉质,而晚期病变中则能分离出乳酸菌(*Lactobacilli*)。随着研究的深入,发现多种细菌能通过代谢糖类产生低pH值环境,这一发现催生了"非特异性菌斑假说",即龋齿是生物膜内复杂代谢活动的直接结果。此外,研究还揭示了龋齿与产酸或耐酸细菌群(如双歧杆菌属 *Bifidobacterium spp.*、放线菌属 *Actinomyces spp.*、丙酸杆菌属 *Propionibacterium spp.* 及韦格斯卡多维亚菌 *Scardovia wiggsiae*)之间的紧密联系。

针对口腔微生物的鉴定,传统方法包括显微观察、生理生化鉴定等,而分子生物学鉴定技术的兴起,特别是PCR(聚合酶链式反应)技术的飞速发展,为口腔细菌的分类鉴定开辟了新的途径。PCR技术以其高灵敏度、仅需微量DNA模板、快速简便及高分辨率等优势,成为细菌鉴定的重要工具。进一步地,荧光定量PCR技术通过结合荧光探针与PCR扩增,实现了对目标菌特定DNA片段的实时定量分析,极大地提升了检测效率与准确性。

在龋病的主要致病菌——变形链球菌的检测中,传统上采用选择性培养基如MSB、TYCSB等,利用杆菌肽的抑制作用进行选择性培养。然而,这些方法存在抑制变形链球菌生长或无法完全排除非目标菌生长的风险,导致鉴别结果存在误差,且操作过程烦琐。随着分子生物学技术的发展,利用变形链球菌标准菌株 UAl59 的基因序列设计特异引物,结合荧光定量 PCR 技术,已能够实现快速、准确的变形链球菌检测,为龋病的早期诊断与治疗提供了有力支持。

### 5.1.2 口腔挥发性硫化物

口臭,俗称口腔异味或口气,指的是呼吸间散发出的不愉快气味。众多研究表明,口腔内微生物对滞留物质的腐败消化所产生的挥发性硫化物,是构成口臭主要成分的关键因素。口臭的成因错综复杂,涵盖外源性与内源性两大方面。外源性因素如烟草、酒精、洋葱、大蒜等,可直接通过消化道及口腔短暂释放异味。而内源性持续性口臭则多源于口腔内部或系统性疾病,但主要仍归因于口腔本身,特别是口腔内未及扁桃体区域的状况。在美国,口臭已成为口腔科就诊的第三大常见问题,仅次于龋齿和牙周病。研究指出,吸烟会显著增加口腔内挥发性硫化物的含量,从而加剧口臭问题。

当前,口气检测主要依赖于口气测量仪与气相色谱仪。口气测量仪通过恒定速率抽取受试者口腔气体,利用氧化锌薄胶片半导体传感器检测挥发性硫化物,产生的电位变化以数值形式直观显示,实现了对气体总浓度的快速测定。马骏驰等人的研究证实了 Halimeter 测量数据与嗅觉评估结果的高度相关性,并强调其在临床口气异常诊断中的快速、客观性优势。另一方面,OralChroma 作为新兴的便携式气相色谱口臭测量仪,虽尚未广泛普及,却以其整合气相色谱分离技术与半导体感应器检测技术的创新设计,实现了对 $H_2S$、$CH_3SH$ 及 $(CH_3)_2S$ 这三种主要口臭气体的精确定性与定量分析,是对传统检测系统的有效简化。

口腔内环境的微妙变化,如微生态平衡的打破,会催生新的生态环境或滞留区,进而影响口腔微生物的种群结构、数量及相互间关系,乃至微生物与宿主的互动模式。这些变化可能成为龋齿和牙周病变的诱因。鉴于龋齿和牙周病的主要致病菌包括变形链球菌和牙龈卟啉单胞菌,本章研究创新性地结合了体内与体外实验方法,深入探讨了无烟烟草制品对口腔总细菌、变形链球菌及牙龈卟啉单胞菌的具体影响。

## 5.2 无烟烟草制品对口腔细胞的影响

口腔上皮细胞在口腔感受中起到核心作用,而无烟烟草制品对口腔上皮细胞引起的反应很大程度上取决于其对口腔上皮细胞的影响。

### 5.2.1 无烟烟草制品的配方

主要无烟烟草制品配方概览:

1. Epok Lime Slim White(袋装口含烟)

尼古丁含量:0.85%。

主要成分:水、稳定剂(E460,纤维素)、烟草、湿润剂(E1520,丙二醇)、盐(氯化钠)、pH 调节剂(E500,$Na_2CO_3 \cdot H_2O$)、烟用香精、增稠剂(E401,海藻酸钠)、甜味剂(木糖醇)。

2. ICE COOLSLIM(袋装口含烟)

尼古丁含量:1.40%。

主要成分与 Epok Lime 相似,仅尼古丁含量不同。

3. Cryo All white(袋装口含烟)

尼古丁含量:2.20%。

主要成分：水、植物纤维、稳定剂（E460，纤维素）、烟草、湿润剂（E422，甘油）、植物油、盐（氯化钠）、pH 调节剂（E525，氢氧化钾）、香精、增稠剂（E471，甘油单酯和甘油二酯）、甜味剂（E950，乙酰磺胺酸钾，安赛蜜）。

4. Odens cold dry（袋装口含烟）

尼古丁含量：2.20%。

主要成分：水、盐（氯化钠）、香精、湿润剂（E1520，丙二醇）、pH 调节剂（E501，$Na_2CO_3 \cdot H_2O$）、薄荷脑。

5. Thunder X（袋装口含烟）

尼古丁含量：4.50%。

主要成分：水、烟草、湿润剂（E1520，丙二醇；E422，甘油）、盐（氯化钠）、pH 调节剂（E500，$Na_2CO_3 \cdot H_2O$）、烟用香精。

6. Snus frost（袋装口含烟）

尼古丁含量：1.50%。

主要成分：水、烟草、碳酸钠、碳酸氢钠、湿润剂（E1520，丙二醇）、甜味剂（三氯蔗糖）、烟用香精。

7. Habitrol Lozenges（含片）

尼古丁含量：0.16%。

主要成分：酒石酸烟碱盐、麦芽糖醇、碳酸钠、碳酸氢钠、聚丙烯酸酯（增稠剂）、黄原胶、无水硅胶、薄荷脑、薄荷油、阿斯巴甜（甜味剂）、硬脂酸镁。

8. Kirland Quit2（含片）

尼古丁含量：0.2%。

尼古丁形式：酒石酸烟碱盐，其余具体成分不详。

9. LKK-QM（胶基烟）

尼古丁含量：不详。

主要成分：胶姆糖基础剂、山梨糖醇、低聚半乳糖、山梨糖醇液、甘油、改性大豆磷脂、食用香精、槟榔提取物。

10. LKK-YC（胶基烟）

尼古丁含量：不详。

主要成分与 LKK-QM 相同。

11. LKK-DGL（胶基烟）

尼古丁含量：不详。

主要成分与 LKK-QM 相同。

12. QLJY（胶基烟）

尼古丁含量：不详。

主要成分（按质量分数）：胶基-JG 30.00%，山梨糖醇 56.20%，山梨糖醇液 4.67%，软化剂 1.20%，甘油 0.73%，特殊香料 A&B 各 0.10%，烟末 2.00%，烟草提取物 0.22%，薄荷凉味剂 0.40%，特殊香料 C 0.11%，人参粉 0.50%，滇橄榄提取物 3.77%。

13. QYJY（胶基烟）

尼古丁含量：不详。

主要成分（按质量分数）：与 QLJY 类似，但特殊香料 D&E 替代 A&B，且含美拉德产物 3.00% 替代人参粉与滇橄榄提取物。

**14. ASM(胶基烟)**

尼古丁含量:不详。

主要成分:木糖醇、麦芽糖醇、山梨糖醇、苹果酸、胶基基础物质、食用香精、阿斯巴甜作为甜味剂、磷脂、烟草提取物。

**15. Nicotinell(胶基烟)**

尼古丁含量:0.16%。

主要成分(按照一片1.2 g计算):山梨糖醇(0.2 g)、果糖(0.04 g)、盐(氯化钠)、水、胶基、碳酸钙、碳酸钠、碳酸氢钠、甘油、薄荷脑、丁基羟基甲苯(胶基成分)、糖精、安赛蜜、木糖醇、甘露醇、明胶、二氧化钛、巴西棕榈蜡、滑石粉。

针对上述无烟烟草制品的配方进行深入分析后,我们得出以下发现:

(1)无论是袋装口含烟、含片还是胶基烟,均含有一定量的湿润剂成分,这些湿润剂主要包括丙二醇、甘油(也称丙三醇)、山梨糖醇等,它们各自在制品中发挥着保持产品湿润度的作用。

(2)值得注意的是,所有类别的无烟烟草制品中均添加了香精香料,以增强产品的风味和吸引力。然而,具体的香精香料配方并未对外公开披露,这在一定程度上增加了消费者的信息不对称。此外,部分产品还额外添加了薄荷脑,其目的在于提升使用者的口腔舒适感与清凉体验。

### 5.2.2 无烟烟草制品提取物的渗透压

#### 5.2.2.1 渗透压的测定

在获得无烟烟草制品提取物后,用Wescor Vapro 5520渗透压仪对提取物进行渗透压测定,结果如图5-1所示。

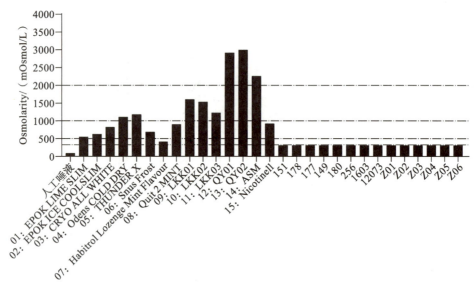

**图5-1 提取物的渗透压测定结果**

#### 5.2.2.2 渗透压的线性相关性

采用人工唾液对无烟烟草进行提取的初衷,在于精准模拟人体在使用此类产品时,其内含成分的自然释放模式。渗透压作为衡量释放速率的关键指标,在此过程中显得尤为重要。通过对人工唾液提取的无烟烟草提取物与实际应用时唾液渗透压进行详尽的线性相关性分析,我们惊喜地发现两者之间存在高度的线性关系($R^2=0.9982$,$P<0.0001$),且渗透压值极为接近,如图5-2所示。这一结果表明,利用该方法提取的无烟烟草提取物能够准确反映实际使用情况下的成分释放特性,因此非常适合作为后

续深入研究的实验材料。

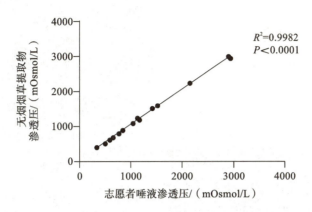

图 5-2　无烟烟草提取物和志愿者使用无烟烟草唾液渗透压的线性相关性图

### 5.2.3　无烟烟草制品提取物对细胞存活影响

#### 5.2.3.1　口腔上皮细胞原代培养

1. 培养方法

(1) 在严格的无菌环境下，采集唇裂整复手术中切除的多余口腔黏膜组织作为实验材料。

(2) 使用含有双抗(抗生素和抗真菌剂)的生理盐水共计 100 mL，对组织进行反复且彻底的冲洗，以去除表面的杂质。随后，利用眼科剪精细地剔除黏膜下组织，确保操作迅速而干净，最终将组织剪切成约 5 mm × 5 mm 的均匀小块。

(3) 向组织块中加入 0.25% 浓度的 Dispase II 酶液，置于 4 ℃ 环境下进行过夜消化处理，以便有效地将表皮层与真皮层通过眼科镊仔细分离。

(4) 针对分离出的上皮层，进一步加入 0.25% 胰蛋白酶，在 36 ℃ 条件下进行 15 min 的消化处理。随后，迅速加入胎牛血清以终止酶解反应，并利用移液管轻轻吹打，使细胞分散成均匀的单细胞悬液。经过洗涤步骤去除杂质后，将细胞悬液转移至含有 K-SFM 培养基的 25 cm² 培养瓶中(每瓶培养基体积为 5 mL)，进行后续培养。

(5) 当细胞在培养瓶中生长至约 80% 的覆盖密度时，进行传代操作。首先吸弃旧培养基，加入 1 mL PBS 缓冲液轻轻洗涤细胞表面，然后弃去 PBS。接着，加入 0.25% 胰蛋白酶 0.5 mL，在 36 ℃ 条件下消化细胞 1~3 min，待细胞开始脱落时加入 50 μL 胎牛血清终止消化。随后，加入 5 mL 新的 K-SFM 培养基，轻轻吹打使细胞分散，并按照 1:2 的比例进行传代培养。

(6) 为确保实验结果的稳定性和可靠性，所有用于后续检测实验的细胞均选用经过 5~6 次传代的细胞系。

2. 培养结果

典型培养细胞形态如图 5-3 所示。

在显微镜下细致观察，培养获得的口腔上皮细胞展现出典型的铺路石状排列模式，这是上皮细胞特有的形态特征。在体外培养过程中，利用 K-SFM 培养基并以 1:2 的比例进行传代培养，这些细胞能够稳定地传代多达 12 次。然而，在达到第 12 次传代后，细胞的生长速度显著减缓，预估有超过 80% 的细胞已步入衰老阶段。

在探究无烟烟草及传统卷烟提取物对口腔细胞生物学效应的研究中，我们精心选取了处于第 5~6 次传代的细胞作为实验对象。这一选择旨在确保实验结果的准确性和可靠性，同时避免使用衰老细胞可能带来的干扰因素。

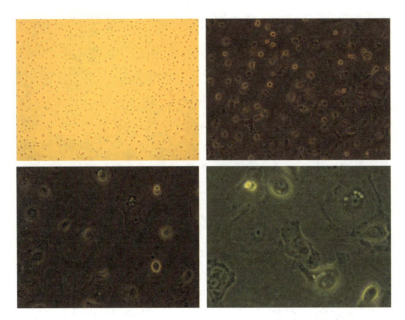

图 5-3　原代培养的口腔上皮细胞

#### 5.2.3.2　细胞存活检测方法

当前,用于评估细胞急性毒性的主要方法有以下几类:

(1)基于还原力的检测方法,如经典的 MTT 法及其衍生的 MTS 法与 CCK-8 法等。这些方法的核心原理在于监测细胞内脱氢酶,特别是 NADH 脱氢酶的活性,该活性反映了细胞的还原能力,进而间接衡量细胞活性。当细胞受损时,其还原力减弱;一旦细胞死亡,还原力则近乎消失。因此,通过测量由还原力转化生成的甲臜(注:原文"甲赞"应为"甲臜")在特定波长(如 490 nm 或 570 nm)下的吸光度,可以间接估算活细胞的数量。甲臜的光吸收强度与活细胞的数量呈现正相关关系。

(2)LDH 释放法,该方法聚焦于乳酸脱氢酶(LDH)这一细胞内高丰度而细胞外几乎不存在的酶。细胞受损或死亡时,LDH 会从细胞内释放至细胞外。通过精确测定细胞外 LDH 的含量,可以高效评估细胞的存活比例。相较于 MTT 法,LDH 释放法在检测急性毒性方面展现出更高的灵敏度,是常用的急性毒性评估手段。

(3)细胞凋亡检测,该领域包含多种技术,如 Annexin V/PI 双染色法、PI 单染色细胞周期法和 TUNEL 法。其中,Annexin V/PI 双染色法因其高敏感性而备受青睐,特别适用于早期凋亡的检测。该法利用细胞凋亡过程中细胞膜通透性增加导致的细胞核着色变化,以及细胞膜磷脂酰丝氨酸外翻引发的 Annexin V 结合现象,实现凋亡细胞的准确识别。相比之下,PI 单染色法侧重于检测凋亡小体形成后核基因组 DNA 含量的减少,而 TUNEL 法则专注于细胞凋亡过程中 DNA 断裂末端的检测。鉴于 Annexin V/PI 双染色法的独特优势,我们选择了此方法。

#### 5.2.3.3　MTS 法检测细胞存活率

1.检测方法

(1)细胞接种:选取传代至 5~6 代的口腔上皮细胞进行后续的检测实验。

(2)当细胞生长至培养瓶的 80% 覆盖率时,采用 0.25% 胰蛋白酶进行消化处理,随后将细胞重悬于 K-SFM 培养基中,形成单个细胞悬液。以每孔 8000 个细胞的密度,将悬液接种至 96 孔板中,每孔体积调整为 100 μL,并置于培养箱中培养 24 h。

(3)向各孔中加入不同浓度的烟草提取液(该提取液已预先用 DMEM/F12 培养基配制),继续培养 12 h,以观察烟草提取液对细胞的影响。

(4) 显色反应：向每孔中加入 20 μL 的 MTS 溶液，随后将孔板放回培养箱中继续孵育 4 h，使 MTS 与活细胞内的脱氢酶反应产生可检测的信号。

(5) 比色分析：使用酶联免疫监测仪，在 490 nm 波长下测定各孔的光吸收值。记录数据后，以时间为横坐标，细胞存活比例（其中未加药处理组作为对照，其存活率设定为 100%）为纵坐标，绘制细胞存活曲线图。

2. 检测结果

根据上述检测方法，我们将无烟烟草提取物分别配制成 1/4、1/8、1/16 的稀释比例进行实验。实验结果显示，在这些不同的稀释倍数下，无烟烟草提取物均能引发细胞死亡，且表现出明显的剂量依赖效应，即随着提取物浓度的增加，细胞死亡比例也随之上升。具体而言，对于特定的无烟烟草或传统卷烟提取物而言，细胞死亡比例呈现出 1/4 稀释 > 1/8 稀释 > 1/16 稀释的递增趋势（如图 5-4～图 5-6 所示）。

在对比无烟烟草与传统卷烟提取物的细胞毒性时，我们发现无烟烟草在所有测试浓度下均展现出了比传统卷烟更强的毒性。这一差异可归因于两者提取方法的不同：传统卷烟提取物采用 DMEM/F12 等渗培养基进行制备，而无烟烟草提取物则更贴近实际使用场景，采用模拟口腔环境的渗透压进行提取。

进一步对不同种类的无烟烟草进行比较，我们发现含片类产品对口腔上皮细胞的存活率影响相对较小，而胶基烟则对细胞存活造成了最大的负面影响。这一发现为我们深入理解不同类型无烟烟草产品的生物效应提供了有价值的线索。

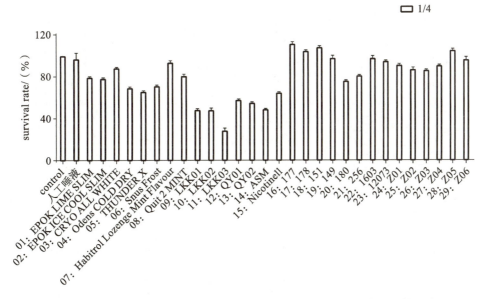

图 5-4　MTS 测定 1/4 稀释的无烟烟草提取物对口腔上皮细胞存活率的影响

### 5.2.3.4　Annexin V/PI 双染色法检测细胞凋亡

1. 基本原理

磷脂酰丝氨酸（Phosphatidylserine，PS）在正常情况下定位于细胞膜的内层，但在细胞凋亡的初始阶段，PS 会发生外翻，即从细胞膜内侧翻转至表面，暴露于细胞外环境。Annexin V 作为一种分子量为 35～36 kDa 的 $Ca^{2+}$ 依赖性磷脂结合蛋白，对 PS 展现出高亲和力及特异性结合能力。通过荧光素（如 FITC、PE）或 Biotin 对 Annexin V 进行标记，这一荧光探针便能被用于流式细胞术或荧光显微镜下，以检测细胞凋亡的早期事件。

另一方面，碘化丙啶（Propidium Iodide，PI）作为一种核酸染料，其特性在于无法穿透活细胞的完整

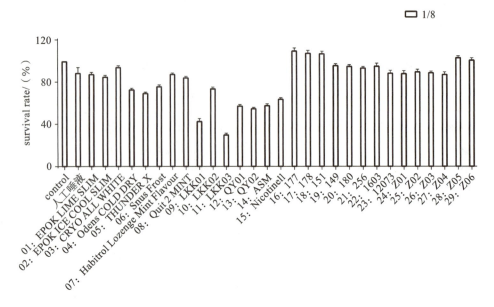

图 5-5　MTS 测定 1/8 稀释的无烟烟草提取物对口腔上皮细胞存活率的影响

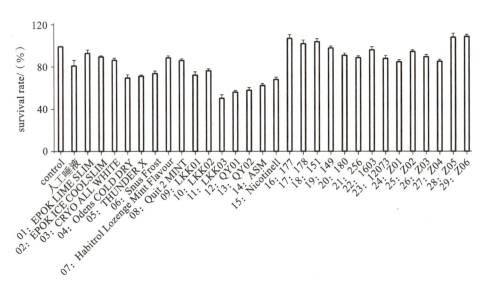

图 5-6　MTS 测定 1/16 稀释的无烟烟草提取物对口腔上皮细胞存活率的影响

细胞膜。然而,在细胞凋亡的中晚期阶段及细胞死亡后,细胞膜通透性增加,PI 得以进入细胞内并使细胞核呈现红色荧光。因此,将 Annexin V 与 PI 联合应用,通过它们各自与细胞的不同作用机制,可以精确地区分出凋亡早期的细胞、凋亡晚期的细胞以及死细胞。

2. 操作步骤

(1)调整待检测的细胞悬液浓度至 $10^6$ 个/mL,随后取 200 μL 该悬液进行离心处理,条件设定为 1000 r/min,持续 5 min,温度维持在 4 ℃。

(2)使用预冷的 1 mL PBS 缓冲液对离心后的细胞进行两次洗涤,每次洗涤后均进行离心处理,条件同上(1000 r/min,5 min,4 ℃)。

(3)将洗涤后的细胞轻轻重悬于 100 μL 的 Binding Buffer 中,随后加入 2 μL Annexin V-FITC(浓度为 20 μg/mL),轻柔混匀后,在避光且冰浴的条件下孵育 15 min。

(4)将上述混合液转移至流式细胞检测管中,并加入 400 μL 的 PBS 进行稀释。在准备进行流式细胞仪检测前,每个样品中迅速加入 1 μL PI 溶液(浓度为 50 μg/mL 于 50 μL 体积中),并立即在加入后 2 min 内进行检测,以确保结果的准确性。

(5)同时,设立一组不含 Annexin V-FITC 及 PI 的细胞悬液作为阴性对照,以评估背景信号和非特异性结合。

(6)结果判定依据如下:以 Annexin V-FITC 的荧光强度为横轴,PI 的荧光强度为纵轴绘制散点图。图中左上象限代表机械性损伤或已死亡的细胞;右上象限为晚期凋亡细胞或坏死细胞;左下象限为阴性正常细胞,即活细胞;右下象限则为早期凋亡细胞。

3. 检测结果

各样品检测到的典型结果如图 5-7~图 5-12 所示。

在流式细胞检测过程中,我们遇到了一个挑战:样品 LKK01、LKK02、LKK03 中的口腔上皮细胞展现出了异乎寻常的抗性,即便在 0.25% 胰蛋白酶处理长达 15 min 后,这些细胞依然紧密附着于培养皿上,难以有效分散,从而阻碍了后续的流式细胞分析。我们推测,这一现象可能与这些样品中源自槟榔的特殊成分密切相关。

另一方面,在胶基烟产品的检测中,QY01 与 QY02 两样品表现出了最高的细胞凋亡比例,值得注意的是,这两个产品同样在提取后展现了最高的渗透压。类似地,在口含烟样品中,04 与 05 号样品也因其高渗透压而伴随着最高的细胞凋亡比例。这一系列观察结果强化了高渗透压在无烟烟草提取物诱导细胞凋亡过程中的重要作用。关于这一相关性的深入探讨,将在本部分末尾的"降维分析"章节中详细阐述。

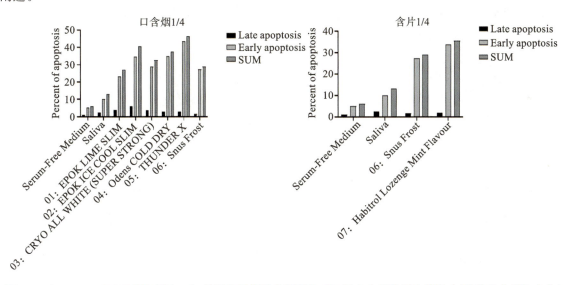

图 5-7　Annexin V/PI 双染色测定 1/4 稀释的无烟烟草提取物对口腔上皮细胞凋亡的影响(袋装口含烟和含片)

## 5.2.4　无烟烟草制品提取物对细胞迁移影响

### 5.2.4.1　检测方法

1. 检测原理

细胞划痕实验(或称细胞修复实验)是一种高效便捷的方法,用于评估细胞的迁移运动及修复潜能,其原理类似于模拟体外的伤口愈合过程。在实验中,首先于体外培养皿或平板中培养的单层贴壁细胞表面,利用微量移液器枪头或其他硬质工具,在细胞层中央区域精确划线,以移除该区域的细胞,从而创造出一条"划痕"。随后,继续培养细胞至预设的时间点(如 72 h),之后取出细胞培养板进行观察。重点

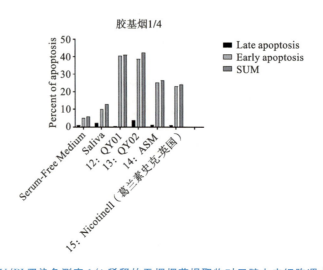

图 5-8　Annexin V/PI 双染色测定 1/4 稀释的无烟烟草提取物对口腔上皮细胞凋亡的影响(胶基烟)

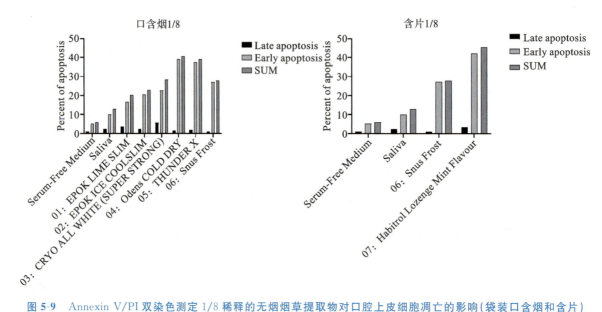

图 5-9　Annexin V/PI 双染色测定 1/8 稀释的无烟烟草提取物对口腔上皮细胞凋亡的影响(袋装口含烟和含片)

关注的是,观察划痕边缘的细胞是否已迁移并"修复"至中央划痕区域,这一过程能够直观反映细胞的生长迁移能力。

实验设计通常包括正常对照组与实验组,其中实验组接受特定的处理因素干预,如药物处理、外源性基因导入等。通过对比不同分组间细胞对划痕区域的修复效率,可以科学地评估各组细胞的迁移与修复能力差异,为细胞生物学研究提供有力支持。

2. 操作步骤

(1)首先,使用直尺辅助,以 marker 笔在 6 孔板的背面均匀地画横线,确保每条线横穿孔道,间隔控制在 0.5~1 cm 之间,每孔应至少包含 5 条清晰的画线。

(2)随后,在每个孔中加入约 $5×10^5$ 个细胞,接种的密度应确保经过一夜的培养后,细胞融合率能达到接近 100% 的水平。

(3)次日,利用直尺作为导向,使用枪头(建议同一孔间保持使用同一枪头以避免误差)尽量垂直于背后的横线进行划痕操作,确保枪头垂直不倾斜,以保证划痕的准确性和一致性。

(4)接着,使用无血清培养基轻柔洗涤细胞三次,以去除被划痕操作剥离的细胞。然后,加入含有不

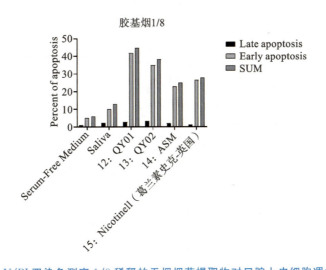

图 5-10　Annexin V/PI 双染色测定 1/8 稀释的无烟烟草提取物对口腔上皮细胞凋亡的影响（胶基烟）

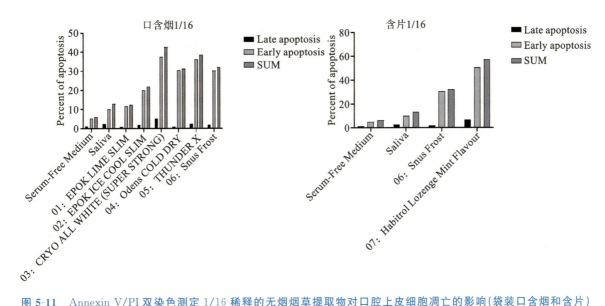

图 5-11　Annexin V/PI 双染色测定 1/16 稀释的无烟烟草提取物对口腔上皮细胞凋亡的影响（袋装口含烟和含片）

同样品并补充了 1% 牛血清白蛋白的培养基，以支持细胞在后续实验中的生长与反应。

（5）将处理好的细胞培养板放入 37 ℃ 且含有 5% $CO_2$ 的培养箱中进行培养。根据实验需求，可在 0 h、6 h、12 h 和 24 h 等时间点取样，利用高内涵成像系统拍摄细胞图像，并进一步分析细胞的迁移轨迹和动态变化。

（6）在数据统计阶段，采用 Image J 软件打开所拍摄的图像，随机选取 6～8 条水平线进行测量，计算这些线上细胞间距离的平均值，以量化评估细胞的迁移能力。

注意事项：在使用 PBS 缓冲液进行冲洗时，请务必轻柔且贴壁缓慢加入，以避免对单层贴壁细胞造成冲击，从而可能影响后续实验拍照的清晰度和准确性。进行划痕实验时，应采用无血清培养基（不含血清的培养基），以促使细胞增殖活动近乎停滞。同时，在培养基中应加入 0.5%～2% 的牛血清白蛋白，以维持适宜的渗透压平衡，确保细胞环境的稳定性。划痕操作应严格遵循 6 孔板背面所画线条的垂直方向进行，这样可以在细胞层上形成多个清晰的交叉点，这些交叉点可作为固定的观察与检测位点。此举有效解决了在后续观察过程中，由于位置不固定而可能带来的困扰，确保了实验结果的准确性和可重复性。

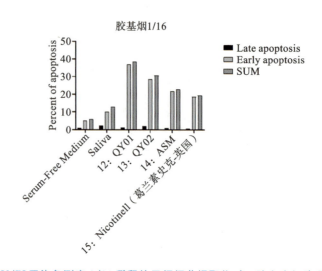

图 5-12　Annexin V/PI 双染色测定 1/16 稀释的无烟烟草提取物对口腔上皮细胞凋亡的影响（胶基烟）

3. 结果判断

如图 5-13 所示，在图片拍摄并保存后，利用 Image J 软件打开该图片，随后随机绘制 6~8 条水平线，以精确计算这些线条上细胞间距的平均值。通过比较两侧细胞前沿的距离变化，我们能够评估细胞的迁移速度。

在本实验中，图 5-14 中的黑框标示了拍照时的边缘界限，而蓝框则精准圈定了细胞划痕后的初始边缘，其内部区域被记作 Area(0 h)。12 h 后再次拍摄同一位置，红框标出了此时细胞边缘的新位置，红框内的面积标记为 Area(12 h)。为了设立一个正向参考标准，我们在培养基中加入了 5% 的胎牛血清作为阳性对照。在图 5-14 中，绿框清晰地显示了加入 5% 胎牛血清后伤口愈合的边缘，这代表了实验中最快的伤口愈合速度。值得注意的是，在添加了胎牛血清的细胞处理组中，细胞的迁移与增殖过程协同作用，共同促进了伤口的快速愈合。绿框的面积为 Area(FBS)。

伤口面积比（Percent of Wound area）＝Area(12 h)/Area(0 h)。

根据上述公式计算得到的数值代表了该实验组和血清阳性对照组相比较，伤口的面积比例，细胞迁移越快，伤口面积[Area(12 h)]就越小。因此伤口面积比和伤口修复的速度呈现负相关。

图 5-13　拍照保存的图片

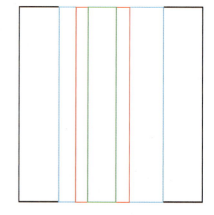

图 5-14　图片的边缘

### 5.2.4.2　检测结果

我们深入探究了无烟烟草在不同稀释倍数（1/4、1/8、1/16）下对细胞迁移能力的影响，并通过图

5-15～图 5-20 进行了直观展示。实验结果显示,阳性对照组的细胞在 12 h 后几乎完全覆盖了伤口区域,相比之下,无血清培养基对照组的伤口面积则大致保留了约 40% 的未愈合区域。值得注意的是,人工唾液也在一定程度上减缓了细胞迁移的速率,其影响下的伤口面积依据稀释比例的不同,大致维持在约 60% 的初始伤口面积。

在所有测试的稀释浓度下,无烟烟草提取物相较于对应的人工唾液,均展现出了对细胞迁移的显著抑制作用。然而,对于传统卷烟而言,其对细胞迁移的影响微乎其微,这一发现提示我们,在影响口腔上皮细胞迁移的诸多因素中,尼古丁的含量可能并非主导,而渗透压的差异则可能是更为关键的作用机制。因此,在本书的后续章节中,我们将重点剖析无烟烟草提取物与渗透压之间的潜在关联。

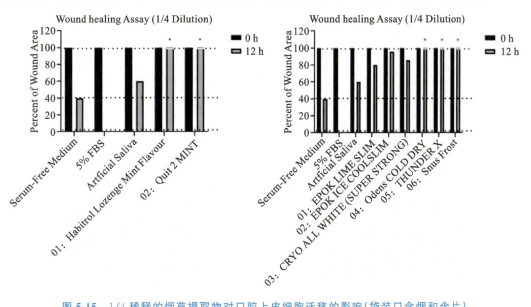

图 5-15　1/4 稀释的烟草提取物对口腔上皮细胞迁移的影响(袋装口含烟和含片)

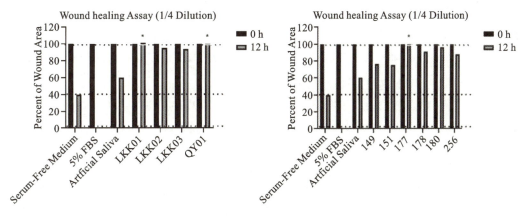

图 5-16　1/4 稀释的烟草提取物对口腔上皮细胞迁移的影响(胶基烟和传统卷烟)

## 5.2.5　无烟烟草提取物对细胞通透性改变的影响

### 5.2.5.1　检测方法

1.检测原理

口腔上皮细胞,尤其是口腔角质形成细胞,构筑了抵御外界环境侵袭的第一道防线。当口腔暴露于多种刺激物时,这些物质可能引发角质形成细胞间连接的瓦解、细胞凋亡乃至坏死,进而改变上皮层的通透性。烟草制品,无论是传统卷烟的烟雾还是口含烟释放的含有烟碱等成分的溶液,作为首批接触口

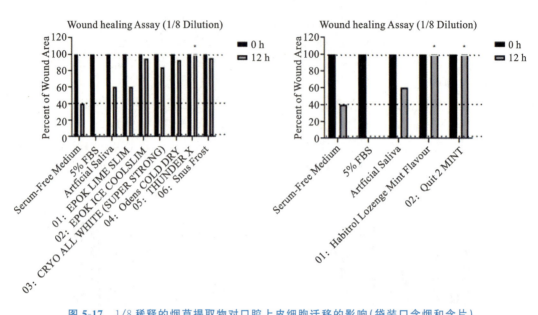

图 5-17　1/8 稀释的烟草提取物对口腔上皮细胞迁移的影响（袋装口含烟和含片）

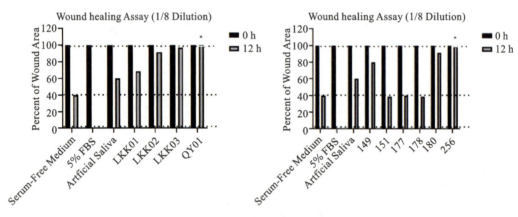

图 5-18　1/8 稀释的烟草提取物对口腔上皮细胞迁移的影响（胶基烟和传统卷烟）

腔上皮的物质,极可能引发上皮细胞通透性的显著变化。

为评估这种变化,我们可采用离体组织法与体外模型两种策略。离体组织法涉及对新鲜分离的组织上皮层施加特定干预,并随后检测其通透性,但此方法操作烦琐且重复性有限。相比之下,体外模型,尤其是基于 Transwell 小室的系统,因其便捷性和可重复性而备受青睐。本项目即计划运用此技术平台,深入探究各类烟草制品提取物对口腔上皮细胞通透性的具体影响。

如图 5-21 所示,Transwell 小室的设计精妙,其上层用于培养细胞,形成紧密的上皮细胞层。实验时,我们在上室加入 Dextran-FITC 作为示踪剂。一旦上皮细胞的通透性因外界处理而发生变化,Dextran-FITC 便能穿透细胞层进入下室。通过精确测定下室中 FITC 的荧光强度,我们可以量化评估上皮细胞层通透性的改变程度,从而为研究烟草制品对口腔健康的影响提供有力依据。

2. 操作步骤

(1) 当细胞生长覆盖培养皿约 80% 的面积时,采用 0.25% 胰蛋白酶进行消化处理。随后,以含有 5% 胎牛血清的 DMEM 高糖培养基中止消化过程,并通过 PBS 洗涤一次以去除残余的胰蛋白酶。最后,将细胞重新悬浮于 K-SFM 培养基中,并调整至适宜的细胞密度,即 $1 \times 10^6$ 个/mL。

(2) 向 Transwell 小室(专为 24 孔板设计,孔径为 0.8 μm)的下室加入 600 μL 的 K-SFM 培养基。接着,轻柔地将上室放置于 24 孔板中,并向上室精准加入 100 μL 的细胞悬液,确保每孔中的细胞总数

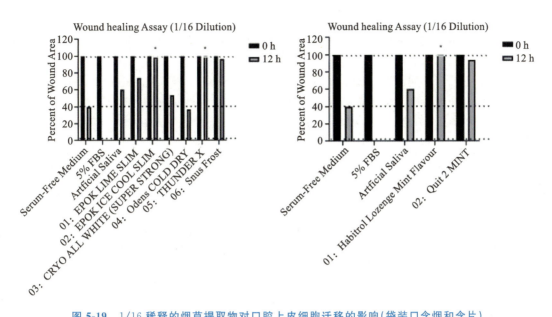

图 5-19　1/16 稀释的烟草提取物对口腔上皮细胞迁移的影响（袋装口含烟和含片）

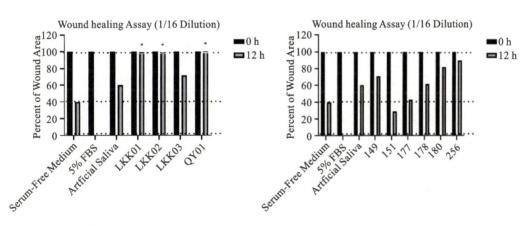

图 5-20　1/16 稀释的烟草提取物对口腔上皮细胞迁移的影响（胶基烟和传统卷烟）

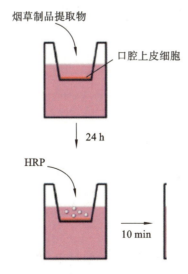

图 5-21　Transwell 小室的基本结构

达到 $1×10^5$。

(3) 将上述细胞培养体系置于适宜条件下 24~48 h, 在这期间使用显微镜进行检查, 确认细胞已形成均匀且致密的单层。

(4) 重新配制一系列不同浓度的烟草制品提取物(均以 K-SFM 培养基为溶剂)。随后, 吸除上室中的原有培养基, 并替换为含有相应浓度提取物的培养基(100 μL), 继续培养 12 h。

(5) 处理结束后, 吸弃上室中的培养基, 再加入含有 1 μL/mL Dextran-FITC 的 K-SFM 培养基, 继续孵育 1 h。

(6) 利用荧光分光光度计, 在激发光波长为 488 nm、发射光波长为 510 nm 的条件下, 准确测定样品的荧光强度。

3. 结果判断

实验结果的荧光强度直接反映了穿透上皮细胞层并到达下层的 Dextran-FITC 的数量。为了量化分析, 我们将对照组的荧光强度设定为基准值, 即 100%, 以此作为比较其他实验组数据的参照标准。

#### 5.2.5.2 检测结果

在孔径为 0.8 μm 的 Transwell 小室上室中, 每孔接种 $1×10^5$ 个细胞后, 细胞成功形成了紧密的单层结构。我们随后评估了无烟烟草提取物在 1/4、1/8、1/16 三个稀释倍数下对这一单层细胞通透性的具体影响(如图 5-22~图 5-24 所示)。实验结果显示, 相较于传统卷烟提取物, 其对口腔单层上皮细胞通透性的提升作用微乎其微; 而与之鲜明对比的是, 无烟烟草提取物在大多数情况下均显著增强了细胞的通透性。特别地, 在所测试的无烟烟草产品中, 胶基烟的提取物表现尤为突出, 能够更显著地促进细胞通透性的增加。

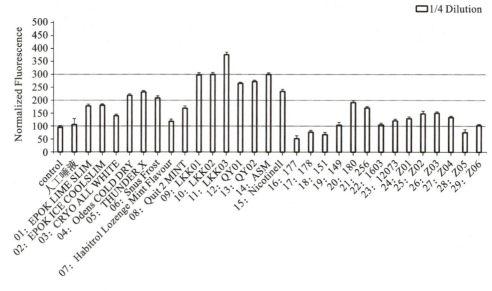

图 5-22　1/4 稀释的无烟烟草提取物及传统卷烟提取物对口腔上皮细胞通透性改变的影响

### 5.2.6　细胞炎症因子分泌测定

#### 5.2.6.1　检测方法

1. 检测原理

在人体内, 炎症因子的产生是一个复杂而精细的过程, 涉及多种免疫细胞, 包括单核细胞、巨噬细胞、中性粒细胞、嗜酸性粒细胞、嗜碱性粒细胞以及淋巴细胞。值得注意的是, 口腔上皮细胞等作为上皮组织的外层屏障, 在应对外界微环境变化的挑战时, 同样具备分泌炎性细胞因子的能力。这些细胞因子

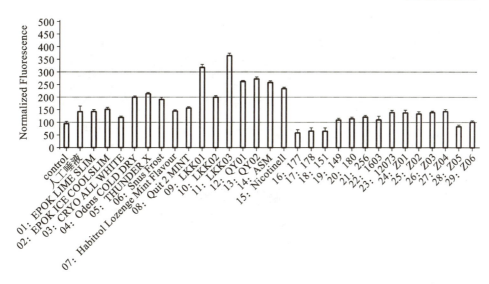

图 5-23　1/8 稀释的无烟烟草提取物及传统卷烟提取物对口腔上皮细胞通透性改变的影响

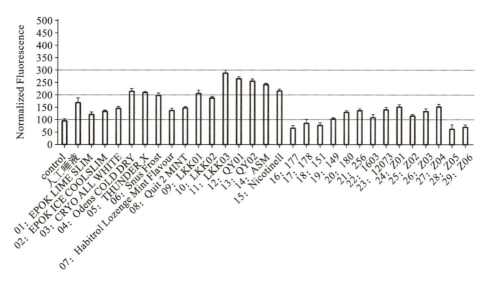

图 5-24　1/16 稀释的无烟烟草提取物及传统卷烟提取物对口腔上皮细胞通透性改变的影响

不仅促进了免疫细胞的招募,还积极参与了损伤部位的抗感染防御及组织修复过程。其中,白细胞介素 1β(IL-1β)作为上游的关键促炎性细胞因子,通过其受体 IL1R 激活下游信号通路,进而触发白细胞介素 6(IL-6)和白细胞介素 8(IL-8)的分泌,有效引导粒细胞和淋巴细胞向损伤区域迁移。本项目聚焦于 IL-1β、IL-6 及 IL-8 这三种重要的细胞炎症因子的检测。

双抗体夹心法是一种高灵敏度的免疫学检测技术,其基本原理在于利用固相载体表面固定的抗原或抗体保持其免疫学活性,同时结合酶标记的抗原或抗体,既保留了免疫学活性又具备酶的催化能力。检测过程中,待测样本与固相载体上的抗原或抗体发生特异性反应,随后通过洗涤步骤去除未结合的杂质,确保抗原-抗体复合物的纯净。随后,加入酶标记的抗体或抗原,进一步与已结合的抗原-抗体复合物反应,形成酶标抗体-抗原-固相抗体复合物。在加入酶反应底物后,酶催化底物生成有色产物,其生成量与样本中待测物质的浓度成正比。由于酶的催化效率极高,这一方法极大地放大了免疫反应的效果,从而实现了对极低浓度目标分子的灵敏检测,如图 5-25 所示。

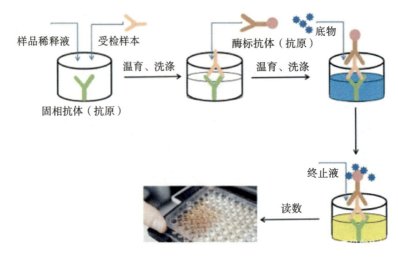

图 5-25　ELISA 检测原理

2.操作步骤

(1)标准品稀释与加样流程:于酶标包被板上预设 10 个标准品孔,首两孔分别注入 100 μL 标准品,并各加 50 μL 标准品稀释液,充分混匀。随后,从前两孔中各吸取 100 μL 混合液,分别转移至第三、四孔,并各自补充 50 μL 稀释液,再次混匀。接下来,从第三、四孔中各弃去 50 μL 后,再将剩余 50 μL 分别注入第五、六孔,并各加 50 μL 稀释液混匀。重复上述减半及稀释步骤,直至完成至第九、十孔,最终从这两孔中各弃去 50 μL,确保每孔最终加样量为 50 μL,形成浓度梯度依次为 24 μg/L、16 μg/L、8 μg/L、4 μg/L、2 μg/L 的标准品系列。

(2)样品加样步骤:在酶标包被板上设立空白孔(仅加入样品稀释液,不加样品及酶标试剂,其余步骤相同)与待测样品孔。于待测样品孔中先加入 40 μL 样品稀释液,随后精确加入 10 μL 待测样品,使样品最终稀释度为 5 倍。加样时,需将液体加至孔底,避免触及孔壁,并轻轻晃动以混匀。

(3)温育条件:采用封板膜封闭酶标板后,置于 37 ℃ 环境中温育 30 min。

(4)洗涤液配制:将 30 倍(或根据 48T 规格调整为 20 倍)浓缩的洗涤液用蒸馏水按相应倍数稀释,备用。

(5)洗涤操作:轻轻揭开封板膜,弃去孔内液体并甩干。随后,向每孔加满洗涤液,静置 30 s 后弃去,重复此步骤 5 次,最后拍干孔内残留液体。

(6)酶标试剂加样:除空白孔外,每孔准确加入 50 μL 酶标试剂。

(7)二次温育:重复步骤(3)的温育条件。

(8)二次洗涤:重复步骤(5)的洗涤操作。

(9)显色反应:向每孔先加入 50 μL 显色剂 A,紧接着加入 50 μL 显色剂 B,轻轻震荡以混匀,随后在 37 ℃ 条件下避光显色 15 min。

(10)反应终止:每孔加入 50 μL 终止液,以停止显色反应,此时溶液颜色应由蓝色迅速转变为黄色。

(11)吸光度测定:以空白孔为参比调零,使用 450 nm 波长在酶标仪上依次测量各孔的吸光度值(OD 值),且测量应在加入终止液后的 15 min 内完成。

(12)实验材料说明:本项目将直接采用 R&D Systems 公司的 Valukine 系列产品进行测试,确保实验结果的准确性和可靠性。

### 5.2.6.2　检测结果

基于实验中获取的 $OD_{450}$ 值,我们精心绘制了标准曲线,并据此精确计算了细胞上清液中细胞因子的含量。本研究聚焦于评估无烟烟草提取物在1/4、1/8、1/16三种稀释浓度下对口腔上皮细胞炎性细胞因子(IL-1β、IL-6、IL-8)分泌模式的影响。结果显示,三种细胞因子的分泌情况呈现出显著差异:IL-1β在所有受测无烟烟草刺激下均未见分泌(如图5-26～图5-28所示);相比之下,IL-6和IL-8的分泌水平相较于无血清培养基对照组及人工唾液对照组,均有不同程度的提升(如图5-29～图5-34所示)。

特别值得注意的是,在无烟烟草的低稀释倍数(1/4)条件下,部分样品因渗透压较高而导致检测到的细胞因子分泌量异常偏低,甚至低于对照组水平。针对此现象,我们推测可能的原因如下:

(1)这些无烟烟草产品中可能添加了烟草以外的其他植物提取物,这些成分可能具有抑制炎症因子分泌的潜力;

(2)高渗透压环境本身对炎症因子的分泌具有显著的抑制作用。鉴于低细胞因子分泌水平的样品均表现出较高的渗透压特征,我们推断高渗透压可能是导致炎症因子分泌减少的关键因素。

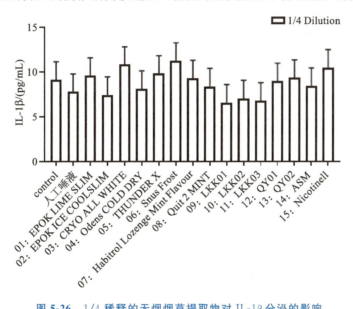

图 5-26　1/4 稀释的无烟烟草提取物对 IL-1β 分泌的影响

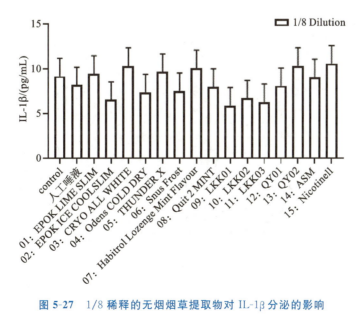

图 5-27　1/8 稀释的无烟烟草提取物对 IL-1β 分泌的影响

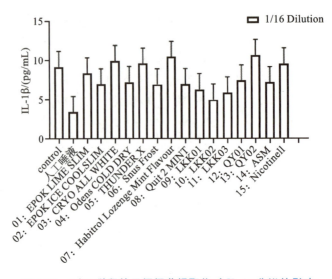

图 5-28　1/16 稀释的无烟烟草提取物对 IL-1β 分泌的影响

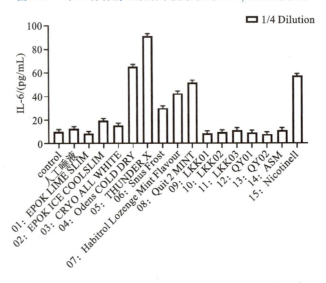

图 5-29　1/4 稀释的无烟烟草提取物对 IL-6 分泌的影响

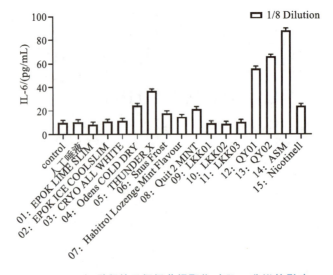

图 5-30　1/8 稀释的无烟烟草提取物对 IL-6 分泌的影响

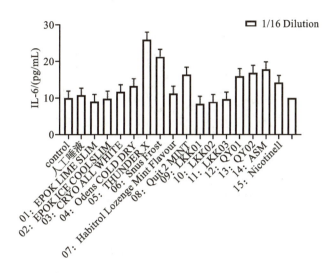

图 5-31　1/16 稀释的无烟烟草提取物对 IL-6 分泌的影响

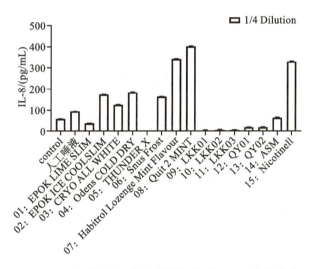

图 5-32　1/4 稀释的无烟烟草提取物对 IL-8 分泌的影响

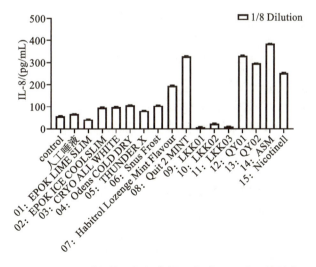

图 5-33　1/8 稀释的无烟烟草提取物对 IL-8 分泌的影响

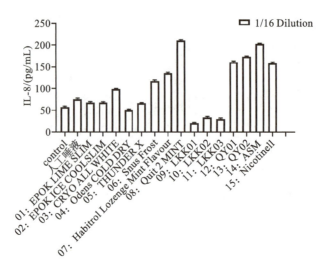

图 5-34　1/16 稀释的无烟烟草提取物对 IL-8 分泌的影响

## 5.2.7　相关性分析及降维分析

根据无烟烟草的实际使用方式,我们进行了针对性的提取,并全面评估了其对口腔上皮细胞存活率、迁移能力、通透性变化及细胞因子分泌的影响。随后,对这些关键指标进行了深入的相关性分析。

(1)我们设立了以样品渗透压为 $X$ 轴,细胞凋亡(通过 MTS 法检测)、细胞迁移能力、细胞通透性变化及细胞因子(如 IL-1β 等)分泌水平为 $Y$ 轴的线性回归分析模型(图 5-35)。结果显示,细胞死亡(MTS 法)与细胞通透性变化在不同稀释倍数(1/4、1/8、1/16)下均展现出与渗透压显著的线性相关性,其 $R2$ 值分别为 0.3464、0.3421、0.5220,表明这两项指标受渗透压影响显著且稳定。值得注意的是,IL-1β 的分泌水平与渗透压之间未表现出线性相关性,而其他指标则可能在特定稀释倍数下呈现线性关系。

(2)进一步分析各指标间的线性关系,我们发现 MTS 法测定的细胞死亡与细胞通透性之间存在明确的线性正相关。这一发现强调了细胞死亡与通透性变化之间的紧密联系。

(3)当我们将无烟烟草按类型细分时,线性相关性的表现更为突出:

①对于袋装口含烟,MTS 细胞死亡、细胞通透性变化、IL-6 分泌水平以及通过 Annexin V/PI 双染色法评估的细胞凋亡均显示出显著的线性相关性(图 5-36)。

②而在胶基烟中,不仅上述指标(MTS 细胞死亡、细胞通透性变化、IL-6、Annexin V/PI 双染色法)表现出极强的线性相关性,细胞迁移能力也加入了这一行列,形成了更为全面的相关性网络(图 5-37)。此外,这些指标之间也相互关联,共同揭示了胶基烟对口腔上皮细胞的多维度影响。

通过对本部分所有测定指标的数据进行详尽的线性相关性分析,我们能够有效地筛选出最为关键和核心的指标。这一分析过程不仅加深了我们对数据的理解,还明确了以下几点重要结论:

(1)在对不同类型的无烟烟草进行评估时,应采取分类分析的策略,以确保评估结果的准确性和针对性。

(2)本部分涉及的多个指标之间展现出了良好的线性相关性,这一发现为我们在实际分析过程中简化指标体系提供了有力支持。具体而言,渗透压、MTS 细胞死亡、细胞通透性改变以及 IL-6 分泌等指标之间表现出了显著的相互线性关系。

(3)考虑到细胞迁移指标的操作复杂性、实验个体间的显著差异以及结果重现性的挑战,我们认为该指标在进一步研究中可能不太适合作为主要考察对象。

(4)各指标间线性关系的强弱反映了它们背后分子机制的一致性程度。某些指标(如细胞迁移)的

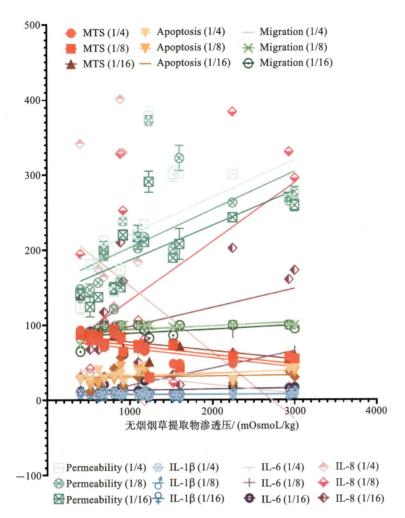

图 5-35 无烟烟草提取物和各项测定指标线性相关性分析

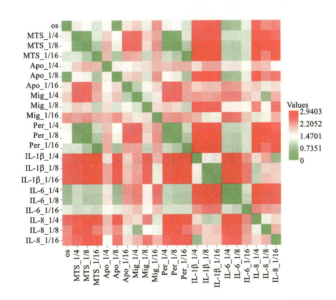

图 5-36 袋装口含烟相关性 $R^2$ 值热图（绿色代表差异小，红色代表差异大）

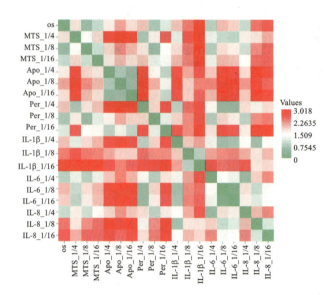

图 5-37 胶基烟相关性 $R^2$ 值热图(绿色代表差异小,红色代表差异大)

线性关系不显著,这既可能是实验操作的重现性问题所致,也可能是其独特的分子机制所致。

(5)综合考虑检测方法的经济性、时间效率以及与其他检测手段的线性相关性,我们推荐将 MTS 细胞死亡作为后续分析的主要指标。这一选择不仅基于其良好的线性关系,还兼顾了检测的成本效益和实际应用的便捷性。

### 5.2.8 小结

对无烟烟草进行口腔健康评估时,应紧密遵循其在口腔内的实际使用模式,即利用模拟实际使用情境的人工唾液进行提取,且此提取过程需充分参考自然唾液的流动特性。通过对无烟烟草提取物在至少三个稀释浓度下的七个关键指标进行详尽测定,并结合线性相关性分析及降维技术,我们揭示出 MTS 细胞死亡指标、细胞通透性指标以及 IL-6 水平之间存在尤为显著的线性相关性,且这三者均与烟草提取物的渗透压展现出直接的线性关联。

鉴于成本效益与检测效率的考量,我们提出,仅对渗透压与 MTS 细胞死亡这两个指标进行深入分析,便足以快速、全面地评估无烟烟草对口腔上皮细胞的生物学效应。这一策略不仅简化了评估流程,还确保了评估结果的准确性与全面性。

## 5.3 无烟烟草制品对微生物的影响

### 5.3.1 对微生物体外生长的影响

#### 5.3.1.1 检测方法

菌种与培养基:

- 变形链球菌(国际标准菌株 ATCC 25175)及牙龈卟啉单胞菌(GIM 1.387),均购自广东微生物菌种保藏中心,以冻干粉状贮存。
- 轻唾琼脂培养基(Difco 公司)。
- BHI 脑心浸液培养基与变形链球菌专用培养基(均来自 OXOID 公司)。
- 辅助材料包括冻干脱纤维羊血、氯化钾血红素、维生素 K1、亚碲酸钾(卡迈舒公司提供)、L-半胱氨酸(贝瑞特公司)、杆菌肽、PBS 磷酸缓冲液(GIBCO 公司)、琼脂(上海源聚生物试剂公司)。

实验耗材:
- 培养皿(Coning 公司)。
- 无菌注射器。
- 0.45 $\mu m$ 无菌过滤器。
- Costar 公司生产的 50 mL、10 mL 及 1.5 mL 无菌离心管。

实验设备:
- 二级生物安全柜(型号:HFsafe-1500)。
- 超净工作台(型号:HFsafe-1500A2)。
- 高压蒸汽灭菌锅(型号:APL CL-40M)。
- 厌氧培养箱(型号:BACTRON 1-2),用于特定条件下的细菌培养。
- 电子天平(梅特勒 XS204),确保精确称量。
- 水浴恒温摇床(型号:VIVO),提供稳定的温度环境。
- 菌落计数仪,自动化统计菌落数量。
- 电动移液器与移液枪,提高液体处理效率。

待测产品:
- General 牌袋装口含烟(White Mini 口味,烟碱含量 0.8%,G-M)。
- Nicorette 力克雷烟草口香糖(烟碱含量分别为 2 mg 的 N-2 与 4 mg 的 N-4)。
- Habitrol 烟草口香糖(烟碱含量 2 mg,H-2)。
- 酸角味烟草含片(烟碱含量 0.5 mg,S-0.5)。
- 植物蛋白酶洁口片(云南中烟新材料科技有限公司出品,J)。
- 玉溪(硬盒装,TPM),作为传统烟草产品参照。

以上材料与设备共同构成了本次检测方法所需的完整体系。

1. 烟草制品的前处理

1)袋装型口含烟的前处理

从包装中取出一袋袋装口含烟,去除外包装后,加入 10 mL pH 7.2 的磷酸缓冲液。随后,在 37 ℃恒温条件下,以 150 rpm 的转速震荡萃取 24 h。之后,通过 8000 rpm 的离心处理 10 min,以分离固液混合物。在生物安全柜内,使用 0.45 $\mu m$ 的一次性过滤器进行除菌过滤。将处理后的待测液分装至无菌冻存管中,每管 1 mL,并置于 -20 ℃ 条件下保存,以备后续烟碱含量测定之用。

2)胶基型嚼烟的前处理

取一粒胶基型嚼烟,用剪刀仔细剪成约 2 $mm^3$ 的小块,放入研钵中。向研钵内加入 4~5 mL pH 7.2 的磷酸缓冲液,加热至 37 ℃ 并浸泡 30 min。之后,进行 10 min 的研磨操作,将所得溶液转移至 15 mL 的离心管中。随后,将剩余的溶液继续倒入研钵中,重复研磨 10 min,并将新得到的溶液同样移入离心管。最后,通过 0.45 $\mu m$ 的一次性过滤器进行过滤,并将过滤后的溶液分装至 1 mL 的无菌离心管中。完成烟碱含量测定后,将样品保存于 -20 ℃ 条件下备用。

3)传统卷烟的前处理

依据 YQ 2—2011 标准附录 A 的方法,对传统卷烟进行烟气捕集的前处理。首先,将卷烟置于恒温恒湿箱中平衡 48 h,选取重量和吸阻均一致的烟支作为实验对象。随后,在全自动转盘式吸烟机上,按照标准方法连续抽吸 20 支卷烟,利用剑桥滤片捕集器收集烟气的总粒相物。将收集到的剑桥滤片用 DMSO(二甲基亚砜)浸泡,并通过超声波提取 20 min。最后,将提取液定容至浓度约为 10 mg TPM/mL 的 DMSO 溶液中,并置于−80 ℃的超低温环境下保存,以备后续分析使用。

2. 细胞培养基及菌液的制备

1) 变形链球菌培养基

变形链球菌通常采用轻唾杆菌肽琼脂培养基(MSB 培养基,全称为 Mitis Salivarius Bactericin Agar,简称 MSBA),其详细配制步骤如下:

称取 9.0 g 轻唾琼脂培养基粉末,溶于 100 mL 双蒸水中并充分摇匀。随后,加入杆菌肽以调整其终浓度为 20 u/L,并加入 1 mL 浓度为 1%的亚碲酸钾溶液。将此混合物置于水浴中加热至沸腾,确保培养基完全溶解。之后,使用高压灭菌锅在 120 ℃下灭菌 20 min。待培养基冷却至 50 ℃左右,轻轻倒入无菌培养皿中,待其自然冷却至室温。该培养基在 4 ℃条件下可保存一个月。

2) 牙龈卟啉单胞菌培养基

牙龈卟啉单胞菌的培养采用 BHI 培养基,具体配制包括液体与固体两种形式:

(1) BHI 羊血液体培养基:称取 3.7 g BHI 脑心浸液培养基粉末,加入 100 mL 双蒸水并摇匀。随后,分别加入维生素 K1、氯化血红素和半胱氨酸,调整其终浓度分别为 0.1 mg/L、0.5 mg/L 和 0.05 g/L。混合物加热至沸腾,确保完全溶解后,进行高压灭菌(120 ℃,20 min)。待冷却至 50 ℃左右,加入脱纤维冻融羊血至终浓度为 8%,并充分混匀。该培养基在 4 ℃条件下可保存一个月。

(2) BHI 羊血琼脂固体培养基:配制过程与液体培养基相似,但需额外加入 2 g 琼脂粉。在灭菌并冷却至 50 ℃后,同样加入脱纤维冻融羊血至终浓度为 8%,并混匀后倒入无菌培养皿中,冷却至室温。该固体培养基同样在 4 ℃条件下可保存一个月。

3) 菌液制备

取国际标准菌株 ATCC25175(变形链球菌)和 GIM1.387(牙龈卟啉单胞菌)的冻干粉状贮存物,通过常规方法接种于 100 μL 无菌生理盐水中,并活化 3 h。随后,将复苏的菌种分别涂布于相应的固体培养基上,置于 37 ℃厌氧条件下培养 48 h。之后,分别挑取单个菌落至无菌水中,通过稀释调整至一定浊度,以备后续使用。

3. 试验分组及测试样品剂量的设定

1) 菌液稀释倍数的确定

取 1 mL 制备好的菌液置于比色皿中,以无菌生理盐水作为空白参照,在 600 nm 波长下测定其吸光值。随后,对牙龈卟啉单胞菌和变形链球菌进行 10 倍梯度稀释。将稀释后的两种细菌样品分别与等量的磷酸盐缓冲液混合,各取 50 μL 均匀涂布于对应的培养板上。将培养板置于厌氧培养箱内,于 37 ℃条件下培养 48 h。之后,取出培养物观察生长情况并进行菌落计数,每种菌均设置 3 个重复实验。最终,根据菌落生长情况,确定适宜的菌液稀释倍数。

2) 受试物剂量的设定

在测试样品之前,需首先测定样品中的烟碱含量。根据测得的烟碱含量,使用磷酸盐缓冲液将样品稀释至三个不同浓度:50 μg/mL、25 μg/mL 和 12.5 μg/mL。接着,按 1∶1 的比例将待测样品与细菌混合,在厌氧条件下,于 37 ℃共培养 6 h。培养结束后,取 50 μL 混合液均匀涂布于对应的培养板上,再将培养板放入厌氧培养箱内,于 37 ℃条件下继续培养 48 h。

### 5.3.1.2 不同类型的无烟烟草制品对牙龈卟啉单胞菌的影响

无烟烟草制品在体外对牙龈卟啉单胞菌的影响并不显著(表 5-1),仅 G-W 样品展现出了微弱的抑制效果,且这种效果并未显示出剂量反应关系,这很可能归因于这些产品并未特意添加具有抑菌活性的成分。相比之下,TPM(烟草特有亚硝胺或其他相关烟草提取物)对牙龈卟啉单胞菌则表现出了一定的抑制作用,这很可能是因为 TPM 中化学成分复杂多样,其中某些成分具备抑菌或杀菌的潜在能力。

表 5-1　不同类型的无烟烟草制品对牙龈卟啉单胞菌的影响

| 样品名称 | 菌落数 | | |
|---|---|---|---|
| | 50 μg/mL | 25 μg/mL | 12.5 μg/mL |
| N-2 | 120.3±9.5 | 118.7±6.9 | 117.0±5.7 |
| N-4 | 103.3±6.9 | 105.7±6.2 | 102.3±2.9 |
| G-W | 83.7±8.2 | 100.3±7.4 | 91.3±0.9 |
| H-2 | 104.3±6.6 | 99.0±5.7 | 104.7±3.4 |
| TPM | 78.0±1.6 | 100.3±2.1 | 127.3±12.4 |
| 空白对照 | | 117.0±16.6 | |

#### 5.3.1.3　不同类型的无烟烟草制品对变形链球菌的影响

无烟烟草制品对变形链球菌的体外影响也不显著(表 5-2),而 TPM 同样对变形链球菌表现出一定的抑制作用。

表 5-2　不同类型无烟烟草制品对变形链球菌的影响

| 样品名称 | 菌落数 | | |
|---|---|---|---|
| | 50 μg/mL | 25 μg/mL | 12.5 μg/mL |
| N-2 | 206.0±8.0 | 218.3±7.0 | 210.7±15.3 |
| N-4 | 208.0±9.6 | 215.0±10.9 | 218.0±1.6 |
| G-W | 209.7±8.2 | 198.3±13.3 | 212.0±5.4 |
| H-2 | 212.7±10.7 | 204.3±3.3 | 204.0±5.9 |
| TPM | 207.3±3.1 | 213.0±3.6 | 211.0±15.3 |
| 空白对照 | | 211.0±5.0 | |

### 5.3.2　对志愿者口腔微生物的影响

#### 5.3.2.1　检测方法

本实验采用的变形链球菌购自广东微生物菌种保藏中心,具体为冻干粉状的国际标准菌株 ATCC 25175(变形链球菌)和 GIM 1.387(牙龈卟啉单胞菌)。实验所需试剂包括变形链球菌及细菌通用的引物与探针(均购自 Invitrogen 公司)、KAPA™ Probe 荧光定量 PCR 试剂盒、Takara 微生物裂解液、Biotipsci 品牌的荧光定量 PCR 96 孔板及其配套膜、西陇化工提供的无水乙醇。

此外,实验还使用了以下设备与耗材:15 mL 离心管(美国 Corning 公司制造)、XS204 型分析天平(精度达 0.0001 g,由瑞士 Mettler Toledo 公司提供)、台式 pH 计(瑞士 Mettler 公司)、General 牌袋装口含烟(White Mini 口味,烟碱含量 0.8%,G-M 品牌)、Nicorette 力克雷烟草口香糖(烟碱含量 2 mg,N-2 型)、玉溪(硬盒,TPM 规格)。

实验设备方面,我们使用了瑞士 Roche 公司的 LC480 荧光定量 PCR 系统、美国 Sigma 公司的 3-18K 高速冷冻离心机、上海博讯公司的 HH-S26s 恒温水浴锅,以及再次提及的瑞士 Mettler 公司的台式 pH 计和 XS204 分析天平,以确保实验的精准与高效进行。

1. 细菌标准株 DNA 的提取

将 50 μL 专为微生物 PCR 设计的裂解缓冲液注入已灭菌的 1.5 mL EP 管中,随后使用灭菌牙签精准挑取平板上培养的变形链球菌标准株单菌落,置于该 EP 管内。随后,样品在 80 ℃下进行 15 min 的热变性处理,紧接着以 1000 r/min 的低速离心 10 s。离心后,取上层清液作为阳性标准品的初始 DNA 稀释液。

2. 标准曲线的建立

利用分光光度计在 260 nm 和 280 nm 波长下测定阳性标准品初始 DNA 稀释液的光密度值(OD)。当 OD260 与 OD280 的比值大于 1.8 时,表明 DNA 纯度符合标准。随后,根据 OD260 的测量值和 DNA 片段长度数据,计算出阳性标准品初始 DNA 稀释液的浓度(细菌数/μL)。为制备标准品梯度,首先取 5 μL 阳性标准品初始 DNA 稀释液,加入 45 μL 水充分混匀,实现 10 倍稀释。根据实验需求,继续依此方法进行多次 10 倍稀释。对于总细菌标准品,采用包含牙龈卟啉单胞菌、变形链球菌、大肠杆菌、金黄色葡萄球菌等多种口腔细菌标准株 DNA 的混合液,其 DNA 提取方法及标准品梯度的准备与前述相同。而阴性质控标准品则选用灭菌双蒸水。

3. 袋装型口含烟的唾液采集流程

唾液采集在静谧的室内环境中进行,受试者保持坐位,且在实验前两周及实验期间避免使用抗生素及任何可能影响唾液分泌的药物。实验前两小时内,受试者需禁食、禁刷牙、禁漱口及禁吸烟。经过前期预实验的筛选,最终确定采用吐取法进行唾液采集。对于静态唾液,进行两次时间点的采集,以使用口含烟的时刻为基准(0 点),采集时间点设定为 -5~0 min、90~95 min。对于动态唾液,则进行四次时间点的采集,时间点分别为 0~2 min、2~5 min、5~10 min、10~15 min。动态唾液收集完毕后,受试者可自由活动,但仍需避免刷牙、漱口及吸烟。所有采集的唾液样本需在 1 h 内送回实验室,进行称重并记录,以计算各时间段的唾液流率。随后,将唾液样本置于 -20 ℃冰箱中冷冻保存。经过一周的洗脱期后,进行重复性试验,共重复三次,采集方法保持不变。

在采集完第一个静态唾液时间点(-5~0 min)后,每位受试者被给予一袋口含烟。受试者首先用唾液润湿口含烟,然后将其贴于口腔黏膜与牙龈之间,使唾液在口底积聚。每隔约 60 s,受试者通过玻璃漏斗将唾液吐入 15 mL 离心管中,完成四个时间点的动态唾液收集。在最后一个动态唾液时间点(90~95 min)结束后,将所有唾液样品汇总。

4. 胶基型嚼烟的唾液采集方法

在完成首个静态唾液采集时间点(-5~0 min)之后,每位受试者被分发一颗胶基型嚼烟,并依据日常咀嚼口香糖的习惯进行咀嚼。当受试者感受到口腔内唾液充盈时,通过玻璃漏斗将唾液吐入 15 mL 离心管中,进行四个时间点的动态唾液收集。在所有动态唾液采集时间点(包括最后一个 90~95 min 时间段)完成后,将唾液样品汇总。

5. 唾液采集与细菌 DNA 提取

从每位志愿者的唾液样本中取 0.5 mL,置于无菌的 1.5 mL EP 管中。随后,将 EP 管置于 4 ℃条件下以 12000 r/min 的转速离心 10 min,以去除上清液。之后,向 EP 管中加入 50 μL 专为微生物 PCR 设计的裂解缓冲液,并充分混合均匀。接着,将混合物置于 80 ℃水浴锅中进行 15 min 的热变性处理,随后以 1000 r/min 的低速离心 1 min。最后,将上清液与无菌水按 1∶8 的比例稀释,作为后续荧光定量 PCR 的模板。

6. 荧光定量 PCR 参数设置

荧光定量 PCR 所用的引物及探针如表 5-3 所示。每个 PCR 反应体系总体积为 20 μL,其中包含:2×mix 10 μL、上下游引物各 200 nmol/L、探针 250 nmol/L、无菌水 1.475 μL,以及 8 μL 的模板(之前稀释的上清液)。所有组分需充分混合均匀。PCR 反应条件依据文献设定为:预变性阶段 95 ℃持续 5 min;随后进行 45 个循环,每个循环包括 95 ℃变性 15 s,60 ℃退火/延伸 1 min。每个样本的检测均重复三次,并取三次结果的平均值作为最终结果。此外,每次反应均设置空白对照和标准品阳性对照,以确保实验结果的准确性和可靠性。

表 5-3 荧光定量 PCR 所用的引物及探针

| 引物及探针 | 序列 5'-3' |
| --- | --- |
| 变形链球菌 | |
| Forward primer | 5'-GCCTACAGCTCAGAGATGCTATTCT-3' |
| Reverse primer | 5'-GCCATACACCACTCATGAATTGA-3' |
| 探针 | FAM-TGGAAATGACGGTCGCCGTTATGAA-TAMRA |
| 牙龈卟啉单胞菌 | |
| Forward primer | 5'-TACCCATCGTCGCCTTGGT-3' |
| Reverse primer | 5'-CGGACTAAAACCGCATACACTTG-3' |
| 探针 | FAM-ATTTATAGCTGTAAGATAGGC-TAMRA |
| 细菌通用 | |
| Forward primer | 5'-CGCTAGTAATCGTGGATCAGAATG-3' |
| Reverse primer | 5'-TGTGACGGGCGGTGTGTA-3' |
| 探针 | FAM-CACGGTGAATACGTTCCCGGGC-TAMRA |

#### 5.3.2.2 标准曲线的建立

图 5-38～图 5-40 分别为采用表 5-3 中的引物及探针对梯度稀释的阳性标准品 DNA 进行荧光定量 PCR 绘制出的标准曲线。

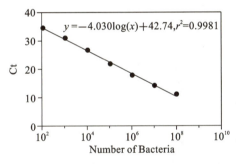

图 5-38 混合细菌标准品标准曲线

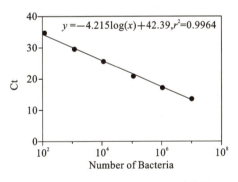

图 5-39 变形链球菌标准品标准曲线

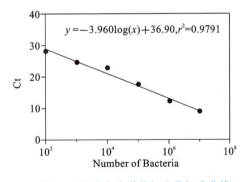

图 5-40 牙龈单胞卟啉菌标准品标准曲线

#### 5.3.2.3 无烟烟草制品对人唾液中细菌总量的影响

如图 5-41 所示,在首次使用袋装型口含烟的前 2 min 内,唾液中的总细菌数量迅速降至最低点。随后,随着使用时间的逐步延长,细菌数量开始逐渐回升。在停止使用袋装型口含烟后的一段时间(90

~95 min 期间),唾液中的细菌数量基本恢复到使用前的水平。

如图 5-42 所示,在整个使用胶基型嚼烟的过程中,唾液中的总细菌数始终保持在使用前的水平之上。而在停止使用胶基型嚼烟后的一段时间(90~95 min),唾液中的细菌数量逐渐恢复至与使用前基本一致的水平。

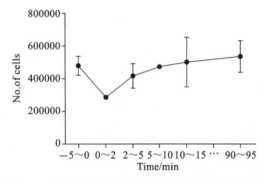

图 5-41　袋装型口含烟对人唾液中细菌总量的影响

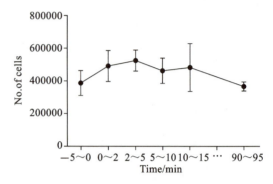

图 5-42　胶基型嚼烟对人唾液中细菌总量的影响

如图 5-43 所示,在初次使用传统卷烟的前 2 min 内,唾液中的总细菌数量迅速下降至最低水平。随后,随着使用时间的增加,细菌数量逐渐回升。在停止使用传统卷烟后的一段时间(90~95 min),唾液中的细菌数量大致恢复到使用前的水平。

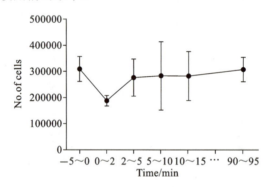

图 5-43　传统卷烟对人唾液中细菌总量的影响

综上所述,除了胶基型嚼烟之外,使用其他类型的烟草制品时,唾液中的细菌含量均会在短时间内出现轻微下降。这一现象可能归因于唾液分泌量的增加,进而稀释了唾液中悬浮的细菌,导致细菌含量暂时减少。然而,对于胶基型嚼烟而言,由于其特有的咀嚼动作,已有研究证实口香糖咀嚼能够有效黏附并清除口腔中附着的细菌。因此,在咀嚼过程中,可能促进了口腔黏膜上附着的细菌被清除至唾液中,从而导致唾液细菌含量上升。值得注意的是,无论是哪种类型的烟草制品,使用一段时间后,唾液中的细菌含量均会恢复到使用前的水平,这表明口腔内的细菌总量相对稳定,且烟草制品的使用对口腔微生物群落的影响具有时效性,较为短暂。

基于上述发现,我们不禁思考:在口含型烟草制品中是否有可能添加某些抑菌成分,以期达到抑制口腔细菌生长的效果?这一思路为开发新型、更健康的烟草制品提供了有价值的启示。

#### 5.3.2.4　无烟烟草制品对人唾液中变形链球菌含量的影响

如图 5-44 所示,在初次使用袋装型口含烟的前 2 min 内,变形链球菌的数量呈现出轻微的上升趋势。随后,随着使用时间的推移,变形链球菌的数量逐渐恢复到正常水平。在停止使用袋装型口含烟后的一段时间(90~95 min),变形链球菌的数量与使用前大致相当,显示出一定的恢复性。

如图 5-45 所示,在整个使用胶基型嚼烟的过程中,唾液中的变形链球菌含量始终高于使用前的水

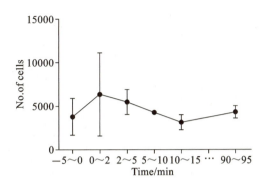

图 5-44　袋装型口含烟对人唾液中变形链球菌含量的影响

平。然而,在停止使用胶基型嚼烟后的一段时间(90～95 min),变形链球菌的数量逐渐恢复至与使用前相当的水平,显示出一定的恢复能力和口腔微生物的自我调节机制。

如图 5-46 所示,在使用传统卷烟的过程中以及抽吸后的一段时间内,唾液中的变形链球菌含量并未发生显著变化。而在停止使用传统卷烟后的一段时间(90～95 min),细菌数量恢复到与使用前相当的水平,这表明传统卷烟的使用对唾液中变形链球菌的短期影响较为有限。

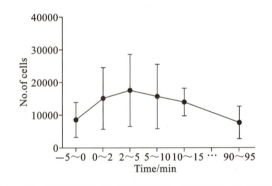 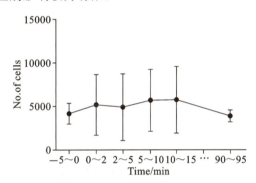

图 5-45　胶基型嚼烟对人唾液中变形链球菌含量的影响　　图 5-46　传统卷烟对人唾液中变形链球菌含量的影响

综上所述,使用袋装型口含烟和胶基型嚼烟时,唾液中的变形链球菌含量均有所上升。变形链球菌在口腔内主要通过吸附在牙齿表面,形成所谓的"牙菌斑"或"生物膜"而存在。袋装型口含烟的使用方式涉及将其贴附于牙龈与嘴唇之间,而胶基型嚼烟则涉及咀嚼动作,这两种使用方式均可能促使原本附着在牙齿上的变形链球菌脱落,进而导致唾液中变形链球菌的含量升高。然而,值得注意的是,在持续使用这些烟草制品一段时间后,唾液中的变形链球菌含量会逐渐恢复到使用前的水平,这一发现与口腔细菌总量保持相对稳定的现象相吻合。

#### 5.3.2.5　无烟烟草制品对人唾液中牙龈单胞卟啉菌含量的影响

如图 5-47 所示,在初次使用袋装型口含烟的前 2 min 内,牙龈单胞卟啉菌的数量出现了轻微的上升。随后,随着使用时间的延长,牙龈单胞卟啉菌的数量逐渐恢复到接近使用前的水平。值得注意的是,这里应明确指出是"牙龈单胞卟啉菌"而非"变形链球菌"的数量变化。在停止使用袋装型口含烟后的一段时间(90～95 min),牙龈单胞卟啉菌的数量与使用前基本相当,显示出一定的恢复性和稳定性。

如图 5-48 所示,在整个使用胶基型嚼烟的过程中,唾液中牙龈单胞卟啉菌的含量始终高于使用前的水平。这一趋势表明,胶基型嚼烟的使用可能对口腔内牙龈单胞卟啉菌的数量产生了一定的影响。然而,在停止使用胶基型嚼烟后的一段时间(90～95 min),牙龈单胞卟啉菌的数量逐渐恢复到与使用前相当的水平,显示出口腔微生物的自我调节能力和恢复性。

如图 5-49 所示,在使用含片型口含烟的过程中,唾液中的牙龈单胞卟啉菌含量呈现出一定的波动性,但总体上略高于使用前的水平。这一变化可能反映了含片型口含烟对口腔微生物环境的影响。然

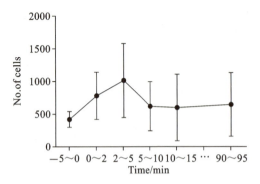

图 5-47　袋装型口含烟对人唾液中牙龈
单胞卟啉菌含量的影响

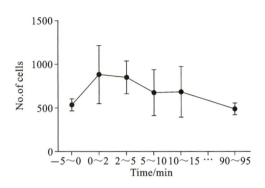

图 5-48　胶基型嚼烟对人唾液中牙龈
单胞卟啉菌含量的影响

而,值得欣慰的是,在停止使用含片型口含烟后的一段时间(90~95 min),牙龈单胞卟啉菌的数量逐渐恢复到与使用前相当的水平,表明口腔微生物群落具有一定的自我恢复能力。

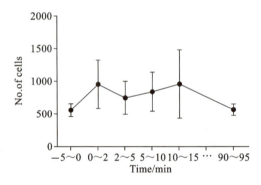

图 5-49　传统卷烟对人唾液中牙龈单胞卟啉菌含量的影响

综上所述,当使用不同类型的烟草制品时,唾液中牙龈单胞卟啉菌与变形链球菌的含量变化趋势呈现出较高的相似性。这可能是由于这两种与口腔疾病密切相关的微生物均主要以菌斑的形式附着于牙齿表面,因此它们对烟草制品的暴露和刺激产生了相似的反应。这一发现为我们理解烟草制品对口腔微生物群落的影响提供了新的视角。

## 5.4　无烟烟草制品对志愿者口气的影响

口气异常的主要根源在于口腔内挥发性硫化物浓度的上升,这一现象与食物摄入、生活方式以及牙周病等口腔健康状况的发展紧密相关。传统上,口气异常的评估主要依赖于嗅觉测量,但该方法易受多种外界因素的干扰,导致结果不够稳定。鉴于此,本研究创新性地运用了口气测量仪及便携式气相色谱仪,对使用不同类型烟草制品前后口气样本中的挥发性硫化物总浓度,以及具体成分如 $H_2S$(硫化氢)、$CH_3SH$(甲硫醇)和 $(CH_3)_2S$(二甲基硫)的含量进行了精确检测。此研究的目的在于为口含烟产品的开发与应用提供科学的方法论依据及翔实的数据支持,以促进口腔健康领域的技术进步与产品创新。

## 5.4.1 检测方法

本研究选取了多款不同类型的烟草制品作为测试对象,包括 General 牌袋装口含烟(White Mini 口味,烟碱含量 0.8%,标记为 G-M)、Nicorette 力克雷烟草口香糖(分别为 2 mg 烟碱含量的 N-2 和 4 mg 烟碱含量的 N-4)、酸角味烟草含片(烟碱含量 0.5 mg,标记为 S-0.5),以及传统卷烟品牌玉溪(硬,TPM)作为对照。

检测工具方面,我们采用了 Halimeter 口气测量仪(美国 Interscan 公司生产)和 OralChroma™ 便携式气相色谱仪(日本 ABILIT 公司出品),以确保检测结果的准确性和可靠性。

1. 测量要求

所有口气测量均在通风良好、无异味且安静的室内环境中进行,受试者需保持坐位。为减少环境及昼夜生理节律对测量结果的影响,对同一志愿者的连续测量需在不同日期但相同环境及时间段内进行。测量前 2 h 内,受试者需避免吸烟、饮酒,以及食用大蒜、葱、韭菜、萝卜等可能影响口气成分的食物;同时,不使用漱口液、不嚼口香糖、不喝咖啡等刺激性饮品;检测前一天内还需避免使用芳香性化妆品。两次试验之间设置一周的洗脱期,以确保测量结果的独立性。在使用烟草制品之前、之后及休息 60 min 后,均需对受试者进行口气测量。

2. Halimeter 口气测量仪检测方法

受试者需闭口静置 3 min 后,将 Halimeter 的采气管轻轻插入口腔内,放置于舌背中部上方约 0.5 cm 处。在整个检测过程中,受试者需通过鼻子呼吸,仪器将自动记录挥发性硫化物的浓度峰值。为确保测量结果的准确性,需重复检测 3 次并取平均值作为最终结果。

3. OralChroma™ 便携式气相色谱仪检测方法

同样,受试者需先闭口静置 3 min。随后,将 OralChroma™ 的采集器插入口腔内约 3 cm 深处,闭口状态下推拉采集器 3 次以收集气体样本。之后,将采集器从口腔中取出,并将收集到的气体推至 1 mL 刻度处。最后,将采集器插入仪器的进样口并推入气体进行检测。为提升数据稳定性,同样需进行 3 次重复检测并取平均值作为最终测量结果。

## 5.4.2 袋装型口含烟对口气的影响

如图 5-50 所示,$H_2S$、$CH_3SH$ 及 $(CH_3)_2S$ 的含量为 OralChroma™ 便携式气相色谱仪的检测结果,VSCs 的含量为 Halimeter 口气测量仪的检测结果。由图中可看出,袋装型口含烟在使用中及使用后均对人的口气有一定负面影响,尤其在休息 60 min 后,口气中的 $H_2S$ 及 $CH_3SH$ 含量有显著升高,VSCs 也表现出类似的趋势。

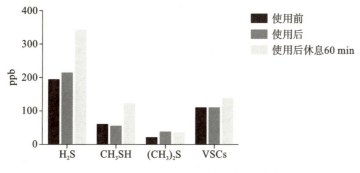

图 5-50 袋装型口含烟对人口气的影响

### 5.4.3 胶基型嚼烟对口气的影响

如图 5-51 所示,胶基型嚼烟在使用中对人的口气有一定的改善作用,主要表现在 $H_2S$ 及 $CH_3SH$ 含量的降低,但在休息 60 min 后,口气中的 $H_2S$ 及 $CH_3SH$ 含量又升高至比使用前更高的水平,VSCs 也表现出类似的趋势。

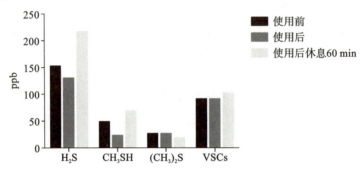

图 5-51　胶基型嚼烟对人口气的影响

### 5.4.4 传统卷烟对口气的影响

如图 5-52 所示,传统卷烟在使用后对人口气中的硫化物表现出不同的作用,口气中的 $H_2S$ 含量降低,但 $CH_3SH$ 含量升高,$(CH_3)_2S$、VSCs 含量变化不明显,在休息 60 min 后,$H_2S$、$CH_3SH$ 及 VSCs 含量均高于使用前水平。

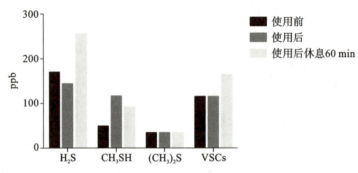

图 5-52　传统卷烟对人口气的影响

$H_2S$、$CH_3SH$、$(CH_3)_2S$ 与 VSCs 相关性分析具体如下:

将 $H_2S$ 与 VSCs 检测结果做相关性分析,结果如图 5-53 及表 5-4 所示,$H_2S$ 与 VSCs 含量的检测结果之间具有相关性。

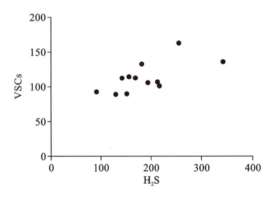

图 5-53　$H_2S$ 与 VSCs 相关性分析图

表 5-4　$H_2S$ 与 VSCs 相关性分析表

| Pearson r | |
|---|---|
| r | 0.6633 |
| 95% confidence interval | 0.1443 to 0.8961 |
| R squared | 0.4400 |
| P value | |
| P(two-tailed) | 0.0187 |
| P value summary | * |
| Significant?（alpha=0.05） | Yes |
| Number of XY Pairs | 12 |

将 $CH_3SH$ 与 VSCs 检测结果做相关性分析,结果如图 5-54 及表 5-5 所示,$CH_3SH$ 与 VSCs 含量的检测结果之间具有相关性。

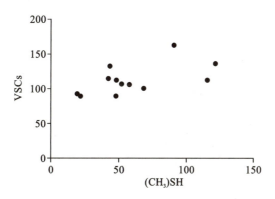

图 5-54　$CH_3SH$ 与 VSCs 相关性分析图

表 5-5　$CH_3SH$ 与 VSCs 相关性分析表

| Pearson r | |
|---|---|
| r | 0.5809 |
| 95% confidence interval | 0.01041 to 0.8661 |
| R squared | 0.3375 |
| P value | |
| P(two-tailed) | 0.0476 |
| P value summary | * |
| Significant?（alpha=0.05） | Yes |
| Number of XY Pairs | 12 |

将 $(CH_3)_2S$ 与 VSCs 检测结果做相关性分析,结果如图 5-55 及表 5-6 所示,$(CH_3)_2S$ 与 VSCs 含量的检测结果之间不具有明显的相关性。

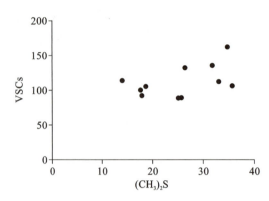

图 5-55 $(CH_3)_2S$ 与 VSCs 相关性分析图

表 5-6 $(CH_3)_2S$ 与 VSCs 相关性分析表

| Pearson r | |
| --- | --- |
| r | 0.4675 |
| 95% confidence interval | −0.1455 to 0.8212 |
| R squared | 0.2186 |
| | |
| P value | |
| P(two-tailed) | 0.1254 |
| P value summary | ns |
| Significant?（alpha=0.05） | No |
| | |
| Number of XY Pairs | 12 |

## 5.5 本章小结

本章深入探讨了无烟烟草制品在细胞与微生物层面，以及体内与体外两个维度上，对人口腔细胞、总细菌群落及特定致病微生物的影响。在口腔细胞研究中，我们模拟实际使用情况，采用人工唾液进行细胞提取，并依据唾液流量优化提取流程。通过对无烟烟草提取物在多个稀释浓度下的七项关键指标进行分析，结合线性相关性与降维技术，我们发现 MTS 细胞死亡率、细胞通透性及 IL-6 水平展现出与烟草提取物渗透压的高度线性相关性。鉴于此，为兼顾成本与效率，我们提出仅通过监测渗透压与 MTS 细胞死亡情况，即可快速而全面地评估无烟烟草对口腔上皮细胞的生物学效应。

在微生物领域，我们针对袋装型口含烟、胶基型嚼烟及传统卷烟设计了差异化的前处理方案，并评估了这些样品对牙龈单胞卟啉菌与变形链球菌生长的影响。结果显示，无烟烟草对上述两种致病菌的体外抑制作用有限，而传统卷烟中的 TPM 成分则表现出一定的抑制效果。进一步地，我们建立了基于荧光定量 PCR 的检测方法，以监测总细菌、牙龈单胞卟啉菌及变形链球菌在志愿者使用无烟烟草制品前后唾液中的含量变化。结果表明，除胶基型嚼烟外，其他烟草制品使用后短期内唾液细菌含量略有下降,但随后均恢复至基线水平。值得注意的是,袋装型口含烟使用后,唾液中牙龈单胞卟啉菌与变形链球菌的含量出现上升趋势,与总细菌变化趋势相似但有所差异。

口气测试方面,我们综合运用口气测量仪与便携式气相色谱仪,对使用不同类型烟草制品的志愿者进行了 $H_2S$、$CH_3SH$、$(CH_3)_2S$ 及挥发性硫化物总量(VSCs)的检测。结果显示,$H_2S$、$CH_3SH$ 与 VSCs 之间存在显著相关性,而 $(CH_3)_2S$ 与 VSCs 的相关性则不明显。具体而言,袋装型口含烟对口气产生了负面影响,使用后及休息 60 min 后口气指标均有所上升;胶基型嚼烟与传统卷烟则表现出不同的影响模式,前者影响不显著或略有降低硫化物含量,但两者均在休息后呈现出硫化物含量回升的趋势。

综上所述,烟草制品对口气的影响可归因于产品成分的直接作用及与口腔微生物的相互作用。鉴于使用产品并休息后口气中硫化物含量普遍上升,我们建议从优化产品配方入手,旨在减少不良口气产生,提升消费者使用体验与产品满意度。

## 参考文献

[1] FAMUYIDE A, MASSOUD TF, MOONIS G. Oral Cavity and Salivary Glands Anatomy[J]. Neuroimaging Clin N Am. 2022 Nov;32(4):777-790. doi:10.1016/j.nic.2022.07.021. PMID:36244723.

[2] SACCUCCI M, DI CARLO G, BOSSÙ M, et al. Autoimmune Diseases and Their Manifestations on Oral Cavity:Diagnosis and Clinical Management[J]. J Immunol Res. 2018 May 27; 2018:6061825. doi:10.1155/2018/6061825. PMID:29977929; PMCID:PMC5994274.

[3] ZHANG CZ, CHENG XQ, LI JY, et al. Saliva in the diagnosis of diseases[J]. Int J Oral Sci. 2016 Sep 29;8(3):133-7. doi:10.1038/ijos.2016.38. PMID:27585820; PMCID:PMC5113094.

[4] KRAHEL A, HERNIK A, DMITRZAK-WEGLARZ M, et al. Saliva as Diagnostic Material and Current Methods of Collection from Oral Cavity[J]. Clin Lab. 2022 Oct 1;68(10). doi:10.7754/Clin.Lab.2022.211224. PMID:36250842.

[5] NESS-JENSEN E, LAGERGREN J. Tobacco smoking, alcohol consumption and gastro-oesophageal reflux disease. Best Pract Res Clin Gastroenterol[J]. 2017 Oct;31(5):501-508. doi:10.1016/j.bpg.2017.09.004. Epub 2017 Sep 7. PMID:29195669.

[6] 陈建潭,李世杰,王明锋,等.卷烟烟气粒相物pH值、游离烟碱含量与卷烟劲头的关系[J].烟草科技,2000(6):2.DOI:10.3969/j.issn.1002-0861.2000.06.009.

[7] NASIDZE I, LI J, QUINQUE D, et al. Global diversity in the human salivary microbiome[J]. Genome Research,2009,19(4):636.DOI:10.1101/gr.084616.108.

[8] BAKER JL, MARK WELCH JL, KAUFFMAN KM, et al. The oral microbiome:diversity, biogeography and human health[J]. Nat Rev Microbiol. 2023 Sep 12. doi:10.1038/s41579-023-00963-6. Epub ahead of print. PMID:37700024.

[9] Human Oral Microbiome Database (HOMD). http://www.homd.org.

[10] VERMA D, GARG PK, DUBEY AK. Insights into the human oral microbiome[J]. Arch Microbiol. 2018 May;200(4):525-540. doi:10.1007/s00203-018-1505-3. Epub 2018 Mar 23. PMID:29572583.

[11] DEWHIRST FE, CHEN T, IZARD J, et al. The Human Oral Microbiome[J]. Journal of Bacteriology,2010,192(19):5002-5017.DOI:10.1128/JB.00542-10.

[12] DI STEFANO M, POLIZZI A, SANTONOCITO S, et al. Impact of Oral Microbiome in Periodontal Health and Periodontitis:A Critical Review on Prevention and Treatment[J]. Int J Mol Sci. 2022 May 5;23(9):5142. doi:10.3390/ijms23095142. PMID:35563531; PMCID:PMC9103139.

[13] KWONT,LAMSTER IB,LEVIN L. Current Concepts in the Management of Periodontitis[J]. Int Dent J. 2021 Dec;71(6):462-476. doi:10.1111/idj.12630. Epub 2021 Feb 19. PMID:34839889; PMCID:PMC9275292.

[14] HAJISHENGALLISG. Periodontitis: from microbial immune subversion to systemic inflammation. Nat Rev Immunol[J]. 2015 Jan;15(1):30-44. doi:10.1038/nri3785. PMID:25534621; PMCID:PMC4276050.

[15] DARVEAURP. Periodontitis:a polymicrobial disruption of host homeostasis[J]. Nat Rev Microbiol. 2010 Jul;8(7):481-90. doi:10.1038/nrmicro2337. PMID:20514045.

[16] PITTSNB,ZERO DT,MARSH PD,et al. Dental caries[J]. Nat Rev Dis Primers. 2017 May 25;3:17030. doi:10.1038/nrdp.2017.30. PMID:28540937.

[17] SCANNAPIECOF. Saliva-bacterium interaction in oral microbial ecology[J]. Crit Rev Oral Biol Med,1994,5. DOI:10.1177/10454411940050030201.

[18] LOESCHEW J. Role of Streptococcus mutans in human dental decay[J]. Microbiological Reviews,1986,50(4):353-380. DOI:10.1128/MR.50.4.353-380.1986.

[19] JUNGJY,YOON HK,AN S,et al. Rapid oral bacteria detection based on real-time PCR for the forensic identification of saliva[J]. Sci Rep. 2018 Jul 18;8(1):10852. doi:10.1038/s41598-018-29264-2. PMID:30022122; PMCID:PMC6052055.

[20] SUCY,SHIGEISHI H,NISHIMURA R,et al. Detection of oral bacteria on the tongue dorsum using PCR amplification of 16S ribosomal RNA and its association with systemic disease in middle-aged and elderly patients[J]. Biomed Rep. 2019 Jan;10(1):70-76. doi:10.3892/br.2018.1175. Epub 2018 Nov 26. PMID:30588306; PMCID:PMC6299208.

[21] 邓淑丽,王颖,何佳燕,等.实时荧光定量PCR法检测治疗后龈下菌斑中优势菌的变化[J].上海口腔医学,2013,22(3):297-301.

[22] ALKHAYYATDH,ALSHAMMERY DA. Real time polymerase chain reaction analysis in the patients treated with fixed appliances after the orthodontic treatment:A follow-up study[J]. Saudi J Biol Sci. 2021 Nov;28(11):6266-6271. doi:10.1016/j.sjbs.2021.06.087. Epub 2021 Jul 6. PMID:34759746; PMCID:PMC8568720.

[23] ZENGY,YOUSSEF M,WANG L,et al. Identification of Non- Streptococcus mutans Bacteria from Predente Infant Saliva Grown on Mitis-Salivarius-Bacitracin Agar[J]. J Clin Pediatr Dent. 2020;44(1):28-34. doi:10.17796/1053-4625-44.1.5. PMID:31995418; PMCID:PMC7335020.

[24] SHINDEMR,WINNIER J. Comparative evaluation of Stevia and Xylitol chewing gum on salivary Streptococcus mutans count - A pilot study[J]. J Clin Exp Dent. 2020 Jun 1;12(6):e568-e573. doi:10.4317/jced.55720. PMID:32665816; PMCID:PMC7335598.

[25] 李振玲.实时荧光定量PCR检测变形链球菌耐氟菌株及其亲代菌株gInR、brpA基因的表达差异[D].长春:吉林大学,2024. DOI:CNKI:CDMD:2.1015.594779.

[26] SUZUKIN,YONEDA M,TAKESHITA T,et al. Induction and inhibition of oral malodor. Mol Oral Microbiol[J]. 2019 Jun;34(3):85-96. doi:10.1111/omi.12259. Epub 2019 Apr 22. PMID:30927516.

[27] KAUSSAR,ANTUNES M,ZANETTI F,et al. Influence of tobacco smoking on the development of halitosis[J]. Toxicol Rep. 2022 Mar 6;9:316-322. doi:10.1016/j.toxrep.2022.02.012. PMID:35284240; PMCID:PMC8908054.

[28] 马骏驰,俞未一,等.Halimeter与嗅觉测量口臭的相关研究[J].临床口腔医学杂志,2002

(2):102-103.

[29] DUDZIKA,CHOMYSZYN-GAJEWSKA M,ŁAZARZ-BARTYZEL K. An Evaluation of Halitosis using Oral Chroma? Data Manager, Organoleptic Scores and Patients' Subjective Opinions [J]. J Int Oral Health. 2015 Mar;7(3):6-11. PMID:25878470; PMCID:PMC4385729.

# 第六章
# 提升轻松感关键技术开发

## 6.1 基于质构仪物理指标检测

胶基型嚼烟的硬度、弹性及黏附性等质构特性参数，构成了消费者评估其品质优劣的关键因素之一。在评价胶基型嚼烟的质构时，常采用的方法包括感官评价与仪器评价两种。尽管感官评价能直接反映消费者对产品的偏好，但其易受人为因素影响，导致试验的可比性和可靠性受限，难以精确量化产品的质构特性。近年来，质地多面分析(Texture Profile Analysis, TPA)作为一种创新的测试技术应运而生。该技术通过模拟人类口腔的咀嚼运动，对固体或半固体样品实施两次连续的机械压缩过程，利用力量传感器精确记录整个过程中的力学响应，进而依据特定算法计算出各项质地参数。其核心目的在于高度仿真人类牙齿的咀嚼行为，以力学测试的科学手段替代传统的感官评估方式。相比传统的感官评价，TPA技术提供的测试结果更为客观、准确，有效降低了主观偏见对评价结果的影响。目前，该技术已在全球范围内广泛应用于各类食品的质地评估领域，展现了其强大的应用潜力和价值。

国内外学者已广泛探讨了不同测试条件对土豆、意大利面及面包等食品质构特性的影响。此外，还有研究通过TPA(质地剖面分析)测试，深入分析了不同加工工艺对酸奶、奶酪等乳制品品质的作用。然而，截至目前，关于不同测试条件如何影响胶基型嚼烟的质构参数的研究文献尚显匮乏。Bourne的研究明确指出，压缩程度是塑造质构特性(如硬度、内聚性、黏性及弹性)的关键因素之一。而Emmanuel则进一步强调，压缩程度和压缩速率是测试条件中最为关键的两个参数，它们对质构特性的结果具有决定性影响。

针对嚼烟的独特特性，TPA质构分析法被视为一种理想的测试手段。该分析方法起源于1967年前后，专为通用质构测试仪设计。TPA测试，又称"两次咀嚼测试"(Two Bite Test, TBT)，通过模拟人类口腔的咀嚼动作，对固体或半固体样品实施两次连续的压缩，随后从获取的测试曲线中解析出多项质构参数。这一方法能够精准地揭示嚼烟在受压过程中的硬度、弹性、胶黏性、咀嚼性以及内聚性等物理性质指标。

针对粒状胶基型嚼烟的质构参数进行深入研究，旨在明确TPA测试条件如何影响此类产品的质构特性。通过优化TPA质构评价测试条件，我们能够为更全面、更准确地评估胶基型嚼烟的质地特性及品质奠定坚实的基础。

TPA测试实验原理阐述如下:采用先进的 TMS-Pro 型质构仪对粒状胶基型嚼烟样品实施 TPA (Texture Profile Analysis)测试。该测试通过模拟咀嚼过程中的挤压动作,TMS-Pro 能够精确捕获并输出四个基本参数,这些参数直接反映了样品在模拟口腔环境中的基本特性感觉,具体包括硬度、弹性、黏附性以及内聚性。基于这四个核心参数,进一步计算得出样品的胶黏性和咀嚼度两个重要的物性指标。表 6-1 详细定义了这些参数的具体含义与计算方法,而图 6-1 则直观地展示了典型的 TPA 质构特征曲线,为分析和理解测试结果提供了直观依据。

**表 6-1　物性学的感官定义和仪器定义**

| 基本参数 | 感官定义 | 仪器定义 | 单位 |
| --- | --- | --- | --- |
| 硬度 | 牙齿挤压样品的力量 | 第一次挤压循环的最大力量值(硬度1) | 牛顿(N) |
| 弹性 | 形变样品在去掉挤压力时恢复原状的比率 | 第一次挤压结束后第二次挤压开始前样品恢复的程度($L_2/L_1$) | 米(m) |
| 黏附性 | 克服样品表面同其他物质表面接触之间的吸引力所需能量 | 第一次挤压的负峰面积,是探头脱离样品表面所做的功(面积3) | 焦耳(J) |
| 内聚性 | 样品内部的收缩能力 | 第二次挤压循环的正峰面积同第一次挤压循环的正峰面积比值[面积4/(面积1+面积2)] | 比率,无量纲 |
| 胶黏性 | 吞咽样品前破碎它需要的能量 | 计算值=硬度值×内聚性 | 牛顿(N) |
| 咀嚼性 | 咀嚼样品时所需能量 | 计算值=胶黏性×弹性 | 焦耳(J) |

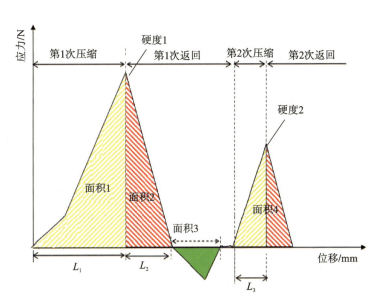

图 6-1　TPA 典型质构特征曲线

## 6.2 胶基型嚼烟轻松感测定

### 6.2.1 仪器材料

TMS-Pro型质构仪：美国Food Technology Corporation(FTC)公司，测试探头型号为432-066，10 mm金属柱形探头；市售粒状胶基型嚼烟18个。样品具体信息如表6-2所示。

表6-2 样品信息

| 序号 | 样品名称 | 测试中命名 | 序号 | 样品名称 | 测试中命名 |
| --- | --- | --- | --- | --- | --- |
| 1 | Habitrol 2 mg | hab2M | 8 | KIRKIAND Quit2 | 2kir |
| 2 | Habitrol 4 mg | hab4M | 9 | KIRKIAND Quit4 | 4kir |
| 3 | Nikotin mint Apofir 4 mg | apo | 10 | 美拉德 | 美拉德 |
| 4 | Nicotinell Mint 2 mg | nic 2M | 11 | 滇橄榄混合物 | 混合物 |
| 5 | Nicotinell Mint 4 mg | nic 4M | 12 | 人参粉1% | 人参粉1 |
| 6 | Nicotinell Fruit 4 mg | nic Fruit | 12 | 人参粉5% | 人参粉5 |
| 7 | equate | equ | | | |

选取包衣完整的样品为测试样品，将测试样品放入温度为(20±2)℃、湿度为(60±5)%的恒温恒湿环境条件平衡48 h取出。

### 6.2.2 TPA测试方法开发

通过模拟人类口腔的咀嚼运动，对粒状胶基型嚼烟样品实施了两次连续的压缩测试，以全面反映其质地特性参数。首先，精确设置位移零点后，测试探头上升至适宜高度，确保样品能够平稳放置。随后，探头以预定速率平稳下降，直至与样品接触，并继续以测定速率向下施加压力进行首次挤压。当样品被压缩至预定形变程度后，探头立即回升至与样品表面初次接触时的高度（起始力的位置），并在此位置停止，随即启动第二次挤压过程。这一系列测试能够精确获取样品的硬度、弹性、黏附性等关键质地参数。

#### 6.2.2.1 分析形变量对测试结果的影响

形变量是指从测试探头与样品接触并开始挤压，直至挤压结束这一过程中，样品相对于其原始高度所发生的形变百分比。本实验在保持其他测定参数不变的情况下，系统地研究了不同形变量（涵盖10%～100%，以10%为递增间隔）对粒状胶基型嚼烟在质构剖面分析（TPA）实验中表现的影响。实验数据详见表6-3及图6-2，结果显示：随着挤压形变量的递增，胶基型嚼烟的硬度与黏附性呈现出逐步增强的趋势；而弹性则逐渐减弱；内聚性则保持相对稳定，未见显著变化。特别地，胶黏性与咀嚼性在形变量介于10%～50%之间时，随形变量的增加而逐渐降低，至60%时达到最低点；随后，当形变量超过60%时，这两项参数又转而上升。这一现象表明，在60%的形变量下，咀嚼并破碎样品所需的能量达到最小值。进一步观察发现，当形变量处于10%～50%的范围内时，粒状胶基型嚼烟主要发生的是外层包衣的轻微破裂；而当形变量提升至70%及以上时，包衣将完全破碎，暴露出内层的糖胚，并可能与测试探头发生黏附现象。鉴于人类在实际咀嚼粒状胶基型嚼烟时,通常不会采取一口咬断的方式,且咀嚼过程中很少出现黏牙的情况,因此,本实验选定60%的形变量作为测定粒状胶基型嚼烟质构参数的优选条件。

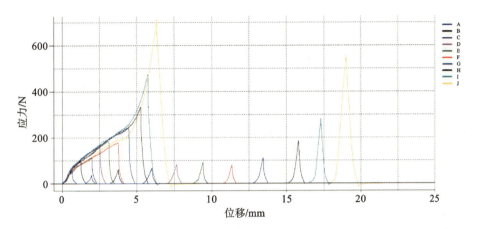

图6-2 挤压不同形变量粒状胶基型嚼烟的TPA(A~J的形变量分别为10%~100%,以10%为递增间隔)

表6-3 挤压不同形变量的TPA测试结果

| 形变量/(%) | 硬度1/N | 硬度2/N | 弹性/mm | 黏附性 | 内聚性 | 胶黏性/N | 咀嚼性/mJ |
|---|---|---|---|---|---|---|---|
| 10 | 56.91 | 37.74 | 0.64 | 0.02 | 0.1 | 19.35 | 9.65 |
| 20 | 98.07 | 61.96 | 0.44 | 0.07 | 0.1 | 17.63 | 9.62 |
| 30 | 114.27 | 66.12 | 0.31 | 0.12 | 0.2 | 14.93 | 8.81 |
| 40 | 158.40 | 83.36 | 0.25 | 0.20 | 0.2 | 14.25 | 8.16 |
| 50 | 185.29 | 92.30 | 0.21 | 0.22 | 0.2 | 11.05 | 7.25 |
| 60 | 207.11 | 100.00 | 0.18 | 0.26 | 0.1 | 7.29 | 4.25 |
| 70 | 241.90 | 113.20 | 0.16 | 0.39 | 0.2 | 9.91 | 6.96 |
| 80 | 332.69 | 186.20 | 0.14 | 0.42 | 0.1 | 16.02 | 12.00 |
| 90 | 473.11 | 281.30 | 0.12 | 1.11 | 0.2 | 27.52 | 22.34 |
| 100 | 713.37 | 556.80 | 0.08 | 5.64 | 0.1 | 118.54 | 151.08 |

#### 6.2.2.2 测试速率对胶基型嚼烟质构特性的影响

测试速度是指从测试探头与样品接触开始,直至达到预定目标位移位置这一整个过程中,探头所保持的恒定运行速度。本研究深入探究了不同测试速度(具体为 10 mm/min、20 mm/min、30 mm/min、40 mm/min、50 mm/min、60 mm/min、70 mm/min、80 mm/min、90 mm/min 及 100 mm/min)对胶基型嚼烟在质构剖面分析(TPA)实验中测定结果的具体影响,相关结果已直观呈现于图6-3中。

从图6-3中可以明显观察到,不同测试速度下的TPA测试结果展现出显著的差异性。具体而言,随着测试速度的加快,胶基型嚼烟的硬度呈现出逐渐上升的趋势。特别地,在测试速度为10~40 mm/min的范围内,首次挤压的曲线频繁出现锯齿状波动,这直接映射出胶基型嚼烟表面包衣在较低速度下逐渐且不均匀地破碎过程,同时由于其弹性相对较低,第二次挤压的峰面积相较于首次挤压显著减小。而当测试速度提升至50 mm/min及以上时,曲线则变得较为平滑,锯齿状波动消失。

进一步分析表6-4中的数据,我们可以发现测试速度对胶基型嚼烟的弹性、黏附性和内聚性并未产

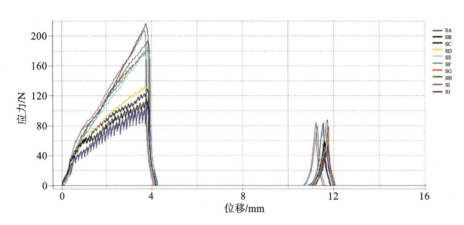

**图 6-3　不同测试速度挤压胶基型嚼烟 TPA 测试叠加图**
(SA~SJ 的测试速度分别为 10 mm/min~100 mm/min，以 10 mm/min 为递增间隔)

生显著影响，但胶黏性和咀嚼性则随着测试速度的增加而有所增大，特别是在速度达到 60 mm/min 之前，这种增长趋势尤为明显；而当速度超过 60 mm/min 后，胶黏性和咀嚼性的变化则趋于稳定，不再显著。

考虑到测试速度过慢时，曲线上的锯齿状波动会干扰数据的准确性分析，且我们的研究重点在于模拟整粒胶基型嚼烟在正常咀嚼状态下的感官体验，而人类在实际咀嚼过程中并不会采用如此缓慢的速度。此外，仪器推荐的测试速度范围为前后 30 mm/min，但过高的测试速度可能在速度转换时引入惯性因素，从而影响测试结果的精确度。因此，综合以上因素，我们选定 60 mm/min 作为本次实验的最佳测试速度。

**表 6-4　不同测试速度的 TPA 测试结果**

| 测试速度/(mm/min) | 硬度 1/N | 硬度 2/N | 弹性/mm | 黏附性 | 内聚性 | 胶黏性/N | 咀嚼性/mJ |
| --- | --- | --- | --- | --- | --- | --- | --- |
| 10 | 109.81 | 53.05 | 0.51 | 0.34 | 0.04 | 4.84 | 2.46 |
| 20 | 117.24 | 59.29 | 0.52 | 0.34 | 0.04 | 4.68 | 2.54 |
| 30 | 128.83 | 63.30 | 0.56 | 0.40 | 0.04 | 4.81 | 2.67 |
| 40 | 136.70 | 63.75 | 0.66 | 0.39 | 0.05 | 6.39 | 3.22 |
| 50 | 185.44 | 85.59 | 0.63 | 0.42 | 0.05 | 6.98 | 4.16 |
| 60 | 178.46 | 79.20 | 0.58 | 0.06 | 0.04 | 7.29 | 4.25 |
| 70 | 183.66 | 78.46 | 0.66 | 0.34 | 0.04 | 7.96 | 4.54 |
| 80 | 193.91 | 87.96 | 0.67 | 0.42 | 0.05 | 7.19 | 4.83 |
| 90 | 207.58 | 84.40 | 0.55 | 0.36 | 0.04 | 7.88 | 4.37 |
| 100 | 216.64 | 84.55 | 0.60 | 0.43 | 0.04 | 7.70 | 4.23 |

### 6.2.3　样品测试

#### 6.2.3.1　典型胶基型嚼烟测试叠加图

典型市售和自主研发的胶基型嚼烟的测试叠加图如图 6-4~图 6-13 所示。

1. Habitrol 2 mg

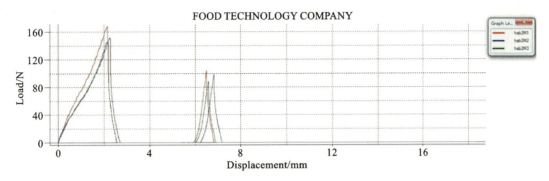

图 6-4　Habitrol 2 mg TPA 测试叠加图

2. Habitrol 4 mg

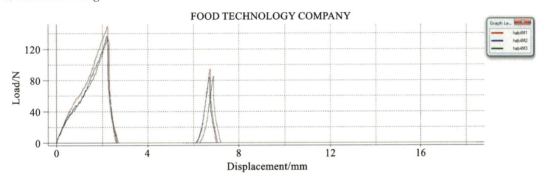

图 6-5　Habitrol 4 mg TPA 测试叠加图

3. Nikotin mint Apofir 4 mg

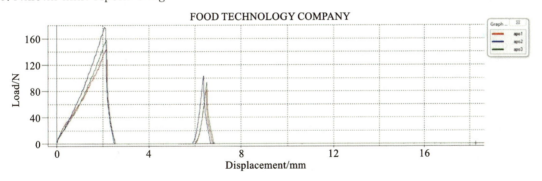

图 6-6　Nikotin mint Apofir 4 mg TPA 测试叠加图

4. Nicotinell Mint 2 mg

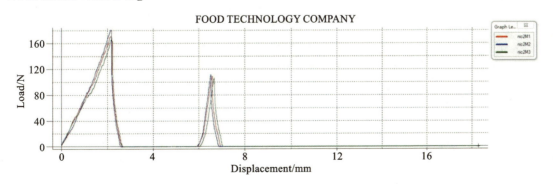

图 6-7　Nicotinell Mint 2 mg TPA 测试叠加图

5. Nicotinell Mint 4 mg

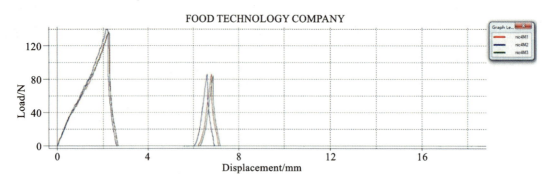

图 6-8　Nicotinell Mint 4 mg TPA 测试叠加图

6. Nicotinell Fruit 4 mg

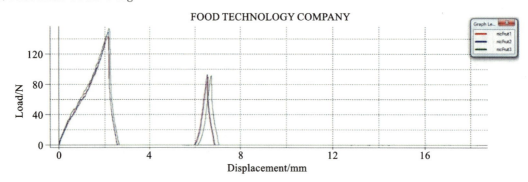

图 6-9　Nicotinell Fruit 4 mg TPA 测试叠加图

7. Equate

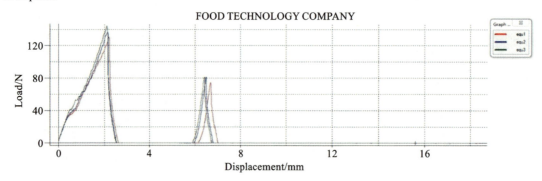

图 6-10　Equate TPA 测试叠加图

8. KIRKIAND Quit2

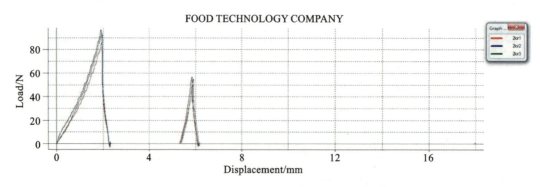

图 6-11　KIRKIAND Quit2 TPA 测试叠加图

9. KIRKIAND Quit4

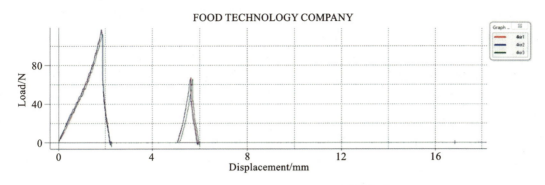

图 6-12　KIRKIAND Quit4 TPA 测试叠加图

10. 石林 1

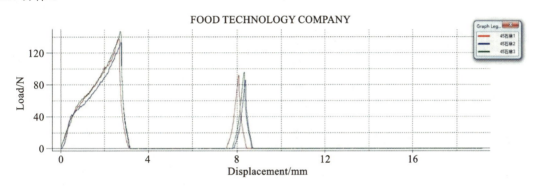

图 6-13　石林 1 TPA 测试叠加图

上述测试叠加图清晰展现,向胶基型嚼烟中掺入固态添加剂会显著影响其质构特性,导致质构参数的变化,进而对整体的咀嚼感受与轻松度产生调节作用。这种影响不仅体现在质地的细微差别上,还深刻作用于消费者咀嚼过程中的整体体验。

### 6.2.3.2　胶基型嚼烟和口香糖质构特点比较

在图 6-14 中,红色曲线鲜明地代表了益达口香糖在设定条件下的测试结果,与同为胶基型嚼烟的石林 1、石林 2、阿诗玛 1 及阿诗玛 2(这些产品各自拥有不同的烟碱含量)形成了对比。从图中可以明确观察到,不论是嚼烟样品还是益达口香糖,在挤压的初始阶段,曲线均呈现出近乎直线的上升趋势,这一阶段主要对应于样品硬质表皮的压缩过程。值得注意的是,益达口香糖的曲线上升幅度明显高于嚼烟样品,这表明益达口香糖的硬质表皮具有更为优越的延展性能,相较于石林和阿诗玛品牌的嚼烟而言。

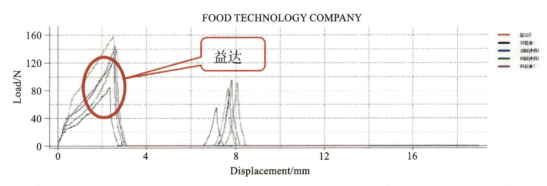

图 6-14　石林、阿诗玛嚼烟与益达 TPA 叠加图

随着硬质表皮的完全破裂,挤压过程转而针对胶基部分进行,此时曲线的上升趋势明显放缓,体现了不同材料在受力变形过程中的不同响应特性。这一变化不仅揭示了产品内部结构的差异,也为进一步分析和比较各样品的质构特性提供了重要依据。

图 6-15 直观展示了嚼烟与口香糖之间在黏附性方面的显著对比。从图中可以清晰观察到,不同样品在黏附性上呈现出显著的差异性。具体而言,益达口香糖展现出了较高的黏附力和显著的黏附性,相比之下,嚼烟样品的黏附性则明显较低。深入分析嚼烟样品的内部结构,可以发现其胶基部分较为松散,这在挤压过程中直接导致了其黏性表现的不足。相比之下,益达口香糖的胶基不仅分布均匀,而且具备了一定的黏性特征,从而在测试中表现出了更为优越的黏附性能。

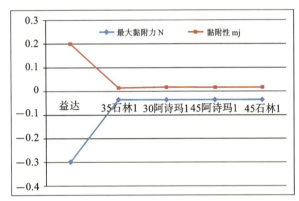
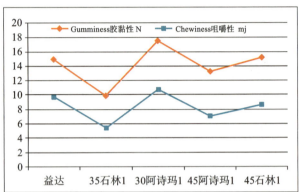

图 6-15　石林、阿诗玛嚼烟黏附性方面与益达比较图和石林、阿诗玛咀嚼性等方面与益达比较图

#### 6.2.3.3　不同类型不同品牌胶基型嚼烟和口香糖质构特点比较

从测试结果图形(图 6-16 和图 6-17)中,我们可以明显观察到 NIC 系列的三个嚼烟样品与益达口香糖在测试曲线形态上呈现出较高的相似性,这暗示了它们在质地等物理特性上可能存在着较为接近的特点。值得注意的是,NIC 系列嚼烟由于不含有硬质表皮结构,因此其整体硬度相对较低,在挤压测试过程中所做的功也显著小于益达口香糖。此外,由于缺乏硬质表皮,NIC 系列嚼烟在达到最大硬度时所处的位置也较益达为前,且其测试曲线并未出现因硬质表皮破裂而产生的特殊变化,这一特征进一步验证了其独特的内部结构特点。

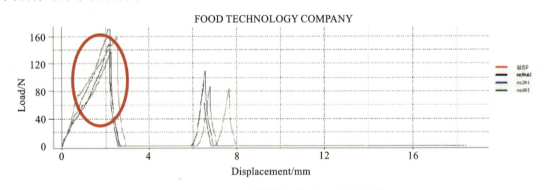

图 6-16　NIC 系列嚼烟与益达 TPA 叠加图

在硬度表现上,Nicotinell Mint 系列中的 2 mg 版本呈现出最高的硬度值,而 4 mg 版本则相对较低,水果口味的硬度则介于两者之间。胶黏性这一指标,本质上衡量的是将样品破碎至可吞咽状态所需的力量,在嚼烟的情境中,它反映了咀嚼至均匀状态所需的力度。从这一角度观察,益达口香糖在初始咀嚼时可能给人以较硬的感觉,但随着咀嚼的进行会逐渐软化;相比之下,嚼烟样品在咀嚼过程中则始终保持较高的硬度,这一特性是嚼烟产品在设计与应用时需要考虑的重要因素。

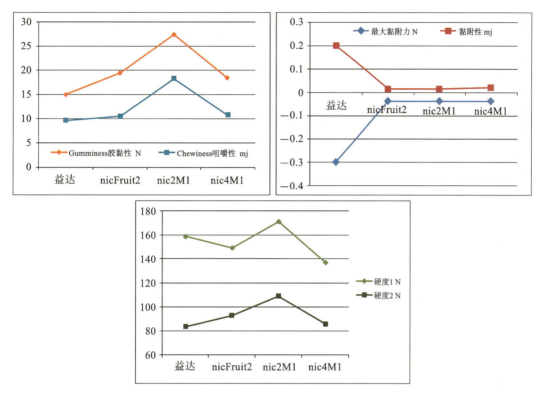

图 6-17 NIC 系列硬度、黏附性、咀嚼性

综合上述数据分析,我们可以看出,该系列嚼烟在包括硬度、胶黏性在内的多项关键指标上,与益达口香糖展现出了较为接近的性能特点。

#### 6.2.3.4 典型片状嚼烟与口香糖质构结果比较

从图 6-18～图 6-22 的对比中,我们可以观察到,除了青莲嚼烟之外,其余片状嚼烟在挤压实验中的曲线走势均呈现出较为相似的趋势。相比之下,青莲嚼烟在挤压过程中,其曲线几乎以直线形式持续上升,这明确指示出该嚼烟的胶基部分具有较高的硬度。进一步分析最大硬度所对应的位移数据,我们可以确认青莲嚼烟在片状嚼烟中拥有最厚的结构。另一方面,美拉德嚼烟在挤压初期表现出相对较硬的特性,但随着挤压程度的加深,其硬度变化的曲线斜率逐渐减缓,表明其内部结构在受到外力作用时具有一定的缓冲能力。而滇橄榄混合物与两种人参粉嚼烟在挤压过程中,则呈现出硬度缓慢增大的特点,这可能与它们各自独特的配方和制作工艺有关。

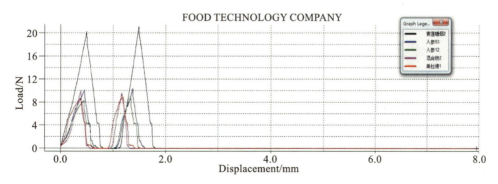

图 6-18 典型片状嚼烟与益达 TPA 叠加图

质构仪作为一种精准工具,能够有效地捕捉嚼烟样品在挤压过程中的细微变化,通过力量与位移等

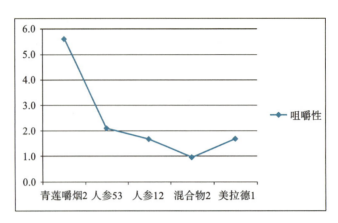

图 6-19 典型片状嚼烟咀嚼性折线图

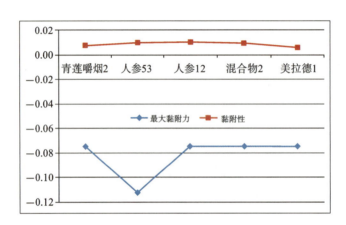

图 6-20 典型片状嚼烟黏附力方面折线图

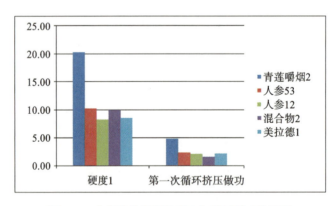

图 6-21 典型片状嚼烟的硬度与挤压做功柱形图

关键数据,精确模拟并反映嚼烟在口腔咀嚼时的物理状态,为评估其质构特性提供了科学依据。借助这一客观数据,我们能够清晰地揭示胶基型嚼烟在咀嚼过程中轻松感这一主观感受背后的物性指标,从而实现对产品质量的量化评价。

深入分析实验结果,我们得出以下几点重要结论:

(1)尽管多数嚼烟样品的硬度与益达口香糖相近,但在挤压过程中所需做功却显著高于益达,这直接反映出嚼烟内部结构的紧实度较高,因而在咀嚼时需要消耗更多的能量。此外,粒状嚼烟与益达在黏附力与黏附性方面表现出显著差异,嚼烟的胶基更为坚硬,导致咀嚼时的轻松感不及益达口香糖。

(2)石林与阿诗玛品牌的嚼烟,在外观优化的同时,还需特别关注胶基的均匀性与柔软性,以显著提

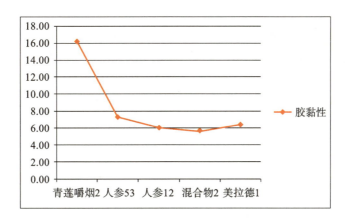

图 6-22 典型片状嚼烟胶黏性折线图

升产品的咀嚼轻松感,满足消费者对于舒适咀嚼体验的需求。

(3)在片状嚼烟的物性指标对比中,除青莲外,其余样品的各项主要指标均较为接近。而青莲嚼烟以其最大的硬度脱颖而出,在挤压过程中所需能量最高,同时展现出最强的咀嚼性与胶黏性。

(4)研究还发现,人参粉含量为5%的嚼烟样品具有最大的黏附力,这一发现揭示了人参粉含量对嚼烟黏性的正面影响,为后续配方调整提供了有价值的参考。

本次试验研究不仅丰富了粒状胶基型嚼烟的品质评价体系,还开创性地在国内利用质构仪对胶基型嚼烟的质构性能及咀嚼轻松感进行了科学测定。这一成果不仅有助于开发出更符合市场需求的优质产品,还通过 TPA 测试为不同产品间的差异化分析提供了有力工具,为产品配方的针对性改良指明了方向。

## 参考文献

[1] PELEG M. The instrumental texture profile analysis revisited[J]. J Texture Stud. 2019 Oct;50(5):362-368. doi:10.1111/jtxs.12392. Epub 2019 Feb 28. PMID:30714161.

[2] 任朝晖,张昆明,李志文,等.质地多面分析(TPA)法评价葡萄贮藏期间果肉质地参数的研究[J].食品工业科技,2011(7):4.DOI:CNKI:SUN:SPKJ.0.2011-07-095.

[3] 沈颖越,宋婷婷,蔡为明,等.基于质构仪质地多面分析法对香菇质地评价[J].菌物学报,2021,40(5):10.

[4] AGUIRRE ME, OWENS CM, MILLER RK, et al. Descriptive sensory and instrumental texture profile analysis of woody breast in marinated chicken[J]. Poult Sci. 2018 Apr 1;97(4):1456-1461. doi:10.3382/ps/pex428. PMID:29438548.

[5] KADIRI O, GBADAMOSI SO, AKANBI CT. Texture profile analysis and stress relaxation characteristics of protein fortified sweetpotato noodles[J]. J Texture Stud. 2020 Apr;51(2):314-322. doi:10.1111/jtxs.12493. Epub 2019 Nov 20. PMID:31675121.

[6] ESPINOSA-SOLIS V, ZAMUDIO-FLORES PB, TIRADO-GALLEGOS JM, et al. Evaluation of Cooking Quality, Nutritional and Texture Characteristics of Pasta Added with Oat Bran and Apple Flour[J]. Foods. 2019 Jul 30;8(8):299. doi:10.3390/foods8080299. PMID:31366054; PMCID:PMC6722931.

[7] Abudujayn AA, MOHAMED AA, ALAMRI MS, et al. Relationship between dough properties and baking performance of panned bread: the function of maltodextrins and natural gums[J]. Molecules. 2022 Dec 20;28(1):1. doi:10.3390/molecules28010001. PMID:36615198;

PMCID:PMC9821924.

[8] LEPESIOTI S,ZOIDOU E,LIOLIOU D,et al. Quark-Type Cheese:Effect of Fat Content,Homogenization,and Heat Treatment of Cheese Milk[J]. Foods. 2021 Jan 18;10(1):184. doi:10.3390/foods10010184. PMID:33477549; PMCID:PMC7831127.

[9] MUDGIL D,BARAK S,KHATKAR BS. Texture profile analysis of yogurt as influenced by partially hydrolyzed guar gum and process variables[J]. J Food Sci Technol. 2017 Nov;54(12):3810-3817. doi:10.1007/s13197-017-2779-1. Epub 2017 Sep 21. PMID:29085123; PMCID:PMC5643794.

[10] BOURNE M C . Effect of water activity on texture profile parameters of apple flesh[J]. Journal of Texture Studies,2010,17(3):331-340. DOI:10.1111/j.1745-4603.1986.tb00556.x.

[11] Emmanuel de Jesús Ramírez-Rivera,Lorena Guadalupe Ramón-Canul,Shain-Mercado A J,et al. Hamburguesa de Euthynnus lineatus:Correlación de los análisis químicos,instrumentales y la percepción sensorial de consumidores[J]. 2011.

[12] DOLIK K,KUBIAK M S,MARIUSZ SE NCIO. TMS-Pro Texture Analyser - rule of work and its employment in food research[J]. 2010.

# 第七章
# 提升特征味感关键技术开发

消费者在享用无烟烟草制品时,通过口腔体验并享受多样化的味觉感受。对这些味觉感受的细致评价,以及旨在优化这些感受的叶组配方技术的研发,对于无烟烟草制品的创新与发展而言,具有举足轻重的意义。

## 7.1 基于电子舌的味觉评价

### 7.1.1 电子舌技术研究现状

电子舌技术起源于20世纪80年代中期,专注于液体的特征分析与成分识别。随着国内外研究的不断深入,电子舌被明确定义为:一种集成了多种非特异性、弱选择性传感器单元的阵列,这些传感器对溶液中的各类成分(包括有机与无机、离子与非离子)展现出高度交叉敏感性。结合先进的模式识别算法与多变量分析方法,电子舌能够处理传感器阵列数据,从而实现对溶液样本的定性与定量分析。该技术主要由传感器阵列、信号处理模块及模式识别系统三大核心部分组成,其中,味觉传感器作为关键组件,对技术性能起着决定性作用。工作时,传感器阵列对液体样品产生响应并输出相应信号,这些信号随后被计算机系统接收,进行数据处理与模式识别,最终得出反映样品味觉特性的结果。这项技术亦被称为味觉传感器(taste sensors)技术或人工味觉识别(artificial taste recognition)技术。与传统化学分析方法相比,电子舌的独特之处在于其输出的并非直接的样品成分分析结果,而是与样品特定性质相关联的信号模式(signal patterns)。这些信号通过具备模式识别功能的计算机分析后,能够综合评估样品的味觉特征。尤为值得一提的是,电子舌采用类脂膜作为味觉物质的换能器,模拟人类的味觉感知机制,实现对味觉物质的精准检测。

对于专注于味觉识别的仪器而言,能够精准识别原味是其最基础且核心的要求。在味觉检验的复杂过程中,关键不在于精细解析各组成成分的精确含量,而在于捕捉并转化成分间相互作用的微妙内在信息,使之成为可量化的味觉强度与质量等概念。此类仪器通常由采样装置、传感器阵列以及先进的模式识别系统三大核心部件构成。传感器阵列作为感知前端,对液体样品作出即时响应并输出相应信号。随后,这些信号经由计算机系统进行深度数据处理与模式识别,最终生成反映样品独特味觉特征的结果。这项技术,被业界广泛称为味觉传感器技术或人工味觉识别技术,它与传统化学分析方法有着显著区别。具体而言，其传感器输出的并非对样品成分的直接分析结果，而是一种蕴含了样品特有信息的信号模式。这些信号模式，在通过具备强大模式识别能力的计算机系统进行深入分析后，能够全面而准确地评价样品的味觉特征，为用户提供有价值的参考信息。

电子舌技术，作为一种创新的液体味觉分析与识别工具，已在茶叶、饮料、酒类、肉类、药材及烟草等多个领域展现出广泛的应用潜力与研究价值。贺玮等人针对云南普洱散茶的三个等级进行了感官审评与电子舌检测的对比研究，结合主成分分析法，证实了电子舌在区分特征相近的不同等级普洱茶上的卓越能力。进一步的数据分析还揭示了与茶叶感官品质高度相关的特定传感器。He 等人的研究则聚焦于不同产地与等级的中国茶，通过电子舌分析发现其与感官评价间存在良好的一致性，成功区分了黑茶与绿茶的产地与等级差异。薛丹等人针对西湖龙井茶的四个等级进行了电子舌检测，建立了基于传感器响应强度的茶叶等级分类 Fisher 判别模型，其中传感器 BA 与茶叶等级呈显著正相关，而传感器 BB 则无显著相关性，模型准确率高达 90%。关为等利用传感器型电子舌检测了市场上五个品牌、七种绿茶饮料，结果显示电子舌在区分这些饮料上表现出色，主成分分析图中的区分指数更是高达 96%，且聚类与相似性分析结果与之相吻合。李阳等则将电子舌与理化指标相结合，对六种不同口感的啤酒进行了检测，发现电子舌在综合口感区分上的有效性，并揭示了理化指标与传感器信号之间的强相关性，为啤酒感官评价提供了新的视角。贾洪峰等人运用电子舌技术，成功实现了对不同品牌啤酒及其混合样品的精准识别。研究显示，电子舌在辨识啤酒品牌及其混合样品方面表现出色，并据此构建了偏最小二乘回归分析预测模型。该模型揭示了电子舌响应信号与啤酒混合比例之间的高度相关性（相关系数达 0.9436），且预测误差控制在 1.43%～3.00% 之间，有力证明了电子舌在啤酒识别领域的实用性与准确性。韩剑众团队则聚焦于宰后生鲜肉品（包括猪肉与鸡肉）的品质与新鲜度评估，通过电子舌技术深入探索了不同品种（如杜大长猪与金华猪）、部位（背最长肌与半膜肌）的猪肉的差异。实验结果显示，电子舌不仅能够精确区分同一猪体内不同部位的肉质特征，还能有效辨识出不同品种生鲜肉品之间的微妙差别。此外，在室温（15℃）与冷藏（4℃）条件下，电子舌还能准确捕捉并区分不同时间点肉品特性的变化。武琳等人则利用先进的传感器矩阵系统——ASTREE 电子舌，对不同种类、产地及批次的辛味中药材进行了全面检测。通过主成分分析法处理所得数据，他们发现该电子舌在区分六种不同辛味中药材方面表现卓越，且对于同种类型但产地、批次不同的中药材样本同样具备出色的辨识能力。顾永波等人为探究电子舌对卷烟烟气味觉的识别效能，特别选取了 6 个烤烟型与 3 个混合型卷烟样品的主流烟气水处理液进行检测，并综合运用了主成分分析（PCA）与判别因子分析（DFA）对传感器响应信号进行深入剖析。研究结果表明，电子舌在区分不同香型卷烟的味觉特征上表现出色，其中前二维主成分对卷烟品种的味觉识别贡献率高达 84.82%，而前二维 DFA 的贡献率更是达到了 95.42%。叶楠则采用电子舌技术，对来自不同产地、等级的 21 种卷烟样品进行了细致检测。通过对电子舌响应值的分析，他按照四种基本味觉对样品进行了有效区分，并深入比较了烟草样品在各类味觉上的独特表现。进一步的主成分分析显示，主成分对卷烟产品的味觉识别贡献率高达 96%，充分证明了电子舌在区分不同产地、等级卷烟产品方面的强大能力。

### 7.1.2 化学计量学应用

化学计量学（Chemometrics），作为 20 世纪 70 年代至 80 年代蓬勃兴起的一门新兴交叉学科，它巧妙地融合了化学、分析化学、数学、统计学与计算机科学等多个领域的精髓。随着计算机科学的飞速进步，化学计量学日益受到广泛关注，新的数学模型层出不穷，并迅速转化为实践应用的强大工具。

当前，化学计量学领域内广泛应用的方法包括但不限于：主成分分析法、判别分析、聚类分析、偏最小二乘法、人工神经网络、多元线性回归以及支持向量机等。在食品工业中，化学计量学更是展现出其独特魅力，它能够有效处理食品多组分分析中的庞大数据集，从中精准提取有价值的信息，同时剔除部分背景干扰，实现食品多组分的同步精确测定。例如，结合先进的分析仪器如 GC/MS（气相色谱-质谱联用仪）和 LC/MS（液相色谱-质谱联用仪），化学计量学通过其模式识别技术，能够深度分析并鉴别精油中的复杂成分数据，为植物油成分的研究提供有力支持。

此外，在烟草行业，通过现代烟草分析仪器获取的海量复杂数据，在化学计量学的助力下，得以高效提取关键信息，这不仅促进了烟草资源的科学开发与利用，还进一步优化了卷烟的加工工艺，显著提升了卷烟产品的安全性与品质。

#### 7.1.2.1　反向传播人工神经网络

反向传播人工神经网络（Back Propagation Artificial Neural Network，BP-ANN），自 1986 年由以 Rumelhart 和 McCelland 为首的科学团队提出以来，便以其独特的误差逆向传播机制成为多层前馈网络的典范。该网络能够学习并存储庞大的输入/输出模式映射关系，即便无须事先明确描述这些映射关系的数学方程。BP-ANN 凭借其算法简洁与卓越的鲁棒性，在众多领域展现出强大潜力。其高度的自学习、自组织与自适应能力，加之内在的非线性特性，使得 BP-ANN 无须依赖精确的数学模型，即可精准模拟系统输入与输出之间的复杂非线性关系。

然而，BP-ANN 亦非完美无缺，其缺陷不容忽视。例如，对初始权值选择的敏感性、易导致非最优映射、易于陷入局部极小值、收敛速度相对缓慢及训练耗时较长等。BP-ANN 构建的非线性映射模型的预测性能，深受训练样本数据质量、网络架构设计、初始值设定及训练策略选择等多重因素影响。当样本数据遭受显著噪声干扰时，模型的建立将面临挑战，可能导致训练不充分、误差累积，或训练过度而引发"过拟合"现象，从而降低预测准确性。

为缓解初始值问题，一种常见策略是采取随机初始化并多次训练，通过比较结果选取最佳初始状态。此外，增加训练样本的多样性与代表性，也是提升模型预测效能的有效途径。随着训练样本的丰富与特征数据的精准提取，BP-ANN 训练后构建的预测模型将更加稳健有效，为实际应用提供坚实支撑。

BP 神经网络以其卓越的适应性著称，能够精准模拟广泛的非线性输入/输出关系，因此在自动化控制、模式识别等众多领域得到了广泛应用。目前，BP 神经网络的应用范围已扩展至房地产、交通、建筑等多个行业。为了提升软件项目评估的精确度，李华等人创新性地提出了一种基于 BP 神经网络的软件项目风险评估方法。实验结果显示，该方法显著提高了软件项目风险评估的准确率，有效克服了传统数学评估模型的局限性，使得评估结果更加科学可靠，为软件项目风险评估领域贡献了一种高效实用的新方法。针对 BP 神经网络算法存在的收敛速度缓慢及易陷入局部最优等不足，张园等人在深入研究的基础上，结合自适应学习速率方法，开发出了一种优化的 BP 算法。这一改进不仅加速了神经网络的收敛过程，还显著增强了其适应性和稳定性。此外，任亦贺等人则巧妙地将主成分分析、遗传算法与 BP 神经网络三者融合，成功应用于 50 种啤酒的感官得分预测中。预测结果显示，最大相对误差仅为 16.08%，充分证明了该方法在啤酒感官评价预测领域的有效性和准确性，为相关行业提供了有力的技术支持和参考。

#### 7.1.2.2　偏最小二乘法

偏最小二乘法（Partial Least Squares，PLS），自 1983 年由 Wold S 与 Albano C 等人开创以来，便作为多元线性回归、典型相关分析及主成分分析的综合演进体，展现了传统经典回归分析方法所不具备的独特优势。

PLS 回归方法与传统最小二乘回归方法的核心差异在于其创新性的建模思路：它并非直接基于原始的因变量与自变量集合构建回归模型，而是巧妙地在变量系统中筛选并综合出若干对系统具有最佳诠释能力的新综合变量（成分），随后以此为基础进行回归分析。这一过程中，PLS 不仅融合了主成分分析的数据降维优势、典型相关分析的变量间关系探索能力，还保留了线性回归分析的直接建模特性，从而在分析结果上既提供了一个更加稳健合理的回归模型,又能够同步实现类似主成分分析和典型相关分析的功能,为研究者提供了更为丰富且深入的洞见。

偏最小二乘法的显著优点如下:

(1)高效降维与去共线性:通过提取最具解释力的主元,PLS能够有效降低高维数据空间的复杂度,并解决变量间的多重共线性问题,即消除复共线性的干扰,尤其适用于样本量小于变量数的复杂场景。

(2)多因变量与多自变量建模的可靠性:在面对高度相关的变量时,PLS展现出了更强的建模能力和整体性分析优势,为多元回归分析提供了更为可靠的结果。

(3)多元统计方法的综合应用:PLS作为一种综合性的统计技术,能够灵活整合多种分析方法,满足复杂数据分析和建模的多样化需求。

目前,偏最小二乘法(PLS)已广泛渗透至食品科学、地质勘探、医药研发、水利工程等多个领域。郭慧芳等学者运用PLS回归模型,深入剖析了需水量与其影响因素之间的复杂关联,成功识别出影响需水量的关键成分,并据此确立了需水预测模型的核心输入变量。王韬等则通过PLS回归技术,构建了适应广泛温度范围(5~40℃)的近红外光谱定量分析模型,研究证实该模型在此温度区间内展现出优异的预测性能。

尚伟等人的工作进一步验证了PLS回归预测模型在处理多自变量与单自变量或多自变量间回归关系时的有效性,特别是在系统状态检测中的适用性。李向前等利用PLS分析方法,揭示了人力资本投资路径与经济综合竞争力之间的内在联系,构建了相应的关联关系模型。此外,Varnasseri M等采用主成分分析(PCA)、主成分判别函数分析(PC-DFA)结合PLS回归(PLS-R),对手持式仪器收集的拉曼光谱进行了深入分析,成功建立了高质量的校准模型,其确定系数($Q^2$)高达0.81,预测均方根误差(RMSEP)仅为12.5%,展现了强大的预测能力。杨毅等研究团队则将PLS应用于罗非鱼新鲜度的快速评估中,通过电子鼻数据建立了罗非鱼新鲜度的量化模型,实现了不同新鲜度罗非鱼的精准区分,且新鲜度与气味数据间呈现出极高的相关性,决定系数达到0.9907。王丽等利用PLS回归法,针对桃的品质参数构建了定量分析模型,并探讨了不同近红外光谱预处理方法对模型性能的影响。研究表明,相较于传统化学分析方法,PLS方法具有快速、无损、简便等显著优势。徐志明等则聚焦于煤灰熔点预测问题,创新性地将煤灰成分作为自变量,煤灰变性温度作为因变量,通过PLS建模技术,对部分混煤样本的灰熔点进行了精准预测,验证了PLS回归方程在解决此类问题上的精确性。

#### 7.1.2.3 支持向量机

支持向量机(Support Vector Machine,SVM),由Corinna Cortes与Vapnik等人于1995年共同提出,旨在克服传统神经网络面临的结构复杂、易陷入局部极小值以及模型泛化能力不足的挑战。在应对小样本、非线性及高维模式识别任务时,SVM展现出了诸多独特优势,其应用范围已广泛拓展至预测、综合评价等多个领域。特别地,SVM专为解决小样本学习问题而设计,通过独特的机制确保获得全局最优解,从而有效规避了神经网络中常见的局部极小值问题。此外,SVM巧妙引入了核函数,使得算法的计算复杂度不再受样本维数的直接制约,这一特性使其在处理非线性问题时尤为得心应手。因此,SVM成为运用最优化策略解决数据挖掘领域众多难题的强有力工具。

支持向量机(SVM)以其卓越的特性脱颖而出:其数学形式简洁明了,具备直观的几何解释;在训练与决策过程中展现出高效的速度,同时保持低分类错误率,尤为擅长处理高维、含噪及有限样本的单类问题。SVM能够有效应对线性、非线性分类挑战,克服小样本限制,规避维数灾难与局部极小值陷阱,并防止"过学习"现象。其核心在于采用结构风险最小化原则与核函数技术构建分类模型,通过将输入向量映射至高维特征空间,并在此空间内寻找最优分类面,当选用恰当的映射函数时,许多原本在输入空间线性不可分的问题便能转化为线性可分问题,从而巧妙地绕过了维数灾难的难题。SVM模型结构简约,解具有唯一性,尽管形式上与三层前馈神经网络相似,但实质上存在本质区别。具体而言,SVM的隐层能够依据具体问题的性质与规模自动调整,确保学习复杂度与实际问题相匹配,展现出强大的自适应能力。

然而,SVM亦非完美无缺。其理论基础将问题求解转化为二次规划问题,而二次规划的计算复杂度较高,这直接导致了SVM算法在计算速度和存储需求上面临挑战。此外,在处理非线性问题时,核函数的选择尚缺乏统一的理论指导,多依赖于经验判断,这在一定程度上限制了其应用的广泛性。更重要的是,SVM的预测性能高度依赖于关键参数的合理设置,参数的优化成为影响其效果的关键因素。

刘辉等人成功构建了基于支持向量回归(SVM)的模型,该模型关联了不同新鲜度鱼粉的挥发性盐基氮含量与电子鼻检测数据,并通过与多元线性回归(MLR)方法的对比,验证了SVM在预测精度上相较于MLR的显著优势。吴静珠等团队则针对掺入了大豆油、菜籽油、棕榈油及调和油这四类物质的掺伪花生油样品,采集了完整的近红外光谱数据,并据此建立了以径向基函数(RBF)为核函数的支持向量机模型。实验结果显示,该模型在识别与预测掺伪花生油样品时,识别率与预测率均达到了完美的100%,展现了极高的准确性和可靠性。秦业等提出了一种创新性的方法,用于提取电能质量动态扰动的特征向量,并深入对比了BP神经网络、学习向量量化神经网络(LVQNN)与支持向量机(SVM)分类器在分类能力上的表现。研究结果表明,SVM分类器在处理这类信号时,能够实现更为精确的分类,进一步凸显了SVM在复杂模式识别任务中的卓越性能。

## 7.2 电子舌味觉特征分析

近年来,嚼烟作为一种新兴的烟草产品形式,正逐步成为烟草消费领域的重要补充,并日益受到社会各界的广泛关注。尽管国内已着手开展嚼烟相关的研究工作,但在嚼烟味觉特征评价领域,尤其是系统性的分析与评价方面,仍存在着显著的空白。因此,深入剖析嚼烟烟草制品的味觉特征,掌握其有效的调控技术,进而为消费者创造更加愉悦的味觉体验,已成为推动烟草行业持续发展、精准对接消费者需求的关键课题之一。

本章聚焦于利用先进的电子舌技术,对不同嚼烟样品进行味觉特征的全面表征。研究将重点探讨配方中糖含量等关键因素对嚼烟整体味觉体验的影响,旨在精准识别并解析影响嚼烟味觉特征的核心要素。通过整合感官评价等多维度数据,我们将构建关键影响因素与电子舌味觉特征之间的精确数学模型,为实现味觉特征的量化分析与科学调控奠定坚实基础。

在此基础上,我们致力于开发基于电子舌技术的味觉特征调控策略,通过掌握先进的调控技术,灵活应用于配方调整、加料处理及新工艺创新等多个环节,实现对嚼烟味觉特性的精准调控与优化。这一技术的应用,不仅有助于提升现有产品的市场竞争力,更为新配方与新产品的开发提供了强有力的技术支持与保障。

### 7.2.1 检测方法

电子舌系统:本研究采用法国Alpha MOS公司出品的α-ASTREE电子舌检测装置,该设备集成了Alphasoft软件,配备有全面的味觉传感器阵列,具体包括酸度传感器(SRS)、甜度传感器(SWS)、苦味传感器(BRS)、咸度传感器(STS)、鲜味传感器(UMS),以及复合口味传感器GPS和SPS,确保了检测的全面性和准确性。此外,系统采用Ag/AgCl作为参比电极,确保了测量结果的稳定性与可靠性。

实验准备：实验所需工具包括研钵，以及用于清洗和稀释的超纯水。嚼烟样品则精心选取了多种口味与浓度的组合，具体包括薄荷口味（P1 2.8%、P1 4.0%、P2 4.0%）、咖啡口味（P1 4.0%、P2 4.0%）、柠檬口味（P1 4.0%、P2 4.0%）、绿茶口味（P2 4.0%），旨在全面覆盖不同风味特性的评估。

味觉标准物质：依据 ISO 3972 国际标准，我们精确配制了酸、甜、苦、咸四种基本味觉的标准溶液，分别采用柠檬酸、蔗糖、奎宁、氯化钠作为代表物质。对于辣味这一特殊味觉，我们则通过查阅相关文献，确定了辣椒素作为辣味标准物质的适宜浓度，以确保在检测过程中能够准确模拟并评估嚼烟样品的辣味特征。

为了评估五种溶液在不同浓度梯度下的稳定性和重复性，我们分别配制了每种溶液的三个不同浓度级别，并对每个浓度级别的溶液进行了三次重复实验。利用电子舌技术，我们详细监测了这些溶液的响应情况。在样品布局上，我们遵循了严格的顺序，即将同一味觉类型的三个不同浓度溶液按照浓度由低到高的顺序依次排列，且每两种味觉溶液之间都插入两杯润洗液，以确保检测过程的准确性和避免交叉污染。

在数据采集方面，我们特别选取了第 120 秒时的检测结果作为测定值，这是因为此时系统通常已达到相对稳定的状态。此外，为了进一步提升数据的可靠性，我们对每个样品溶液均重复检测了 10 次，并最终选取了平衡状态下最为稳定的三次数据作为分析依据。表 7-1 详细列出了各基本味觉在不同浓度梯度下的具体数据，以便于后续的分析与讨论。

表 7-1　基本味觉的浓度梯度

| 标准物质 | 标准物质的浓度/(g/100 mL) | | |
| --- | --- | --- | --- |
| 柠檬酸 | 0.1210 | 0.0434 | 0.0159 |
| 蔗糖 | 2.4080 | 0.8645 | 0.3124 |
| 奎宁 | 0.0055 | 0.0019 | 0.0007 |
| 氯化钠 | 0.4070 | 0.1446 | 0.0520 |
| 辣椒素 | 0.0010 | 0.0005 | 0.00025 |

图 7-1 展示了味觉基本物质的柱状图，每种物质均被细分为三个不同的浓度等级，并按照浓度从小到大的顺序清晰排列。通过该柱状图可以直观地观察到，各个味觉标准物质之间界限分明，即使是同一味觉类型的不同浓度之间，也能得到很好的区分。这里所指的基本味觉包括苦、辣、酸、甜、咸这五种经典味觉体验。

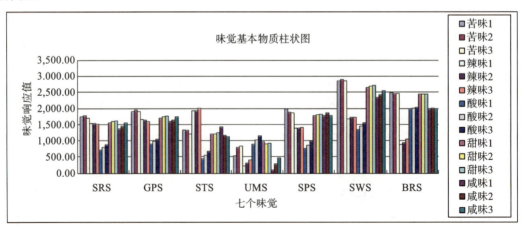

图 7-1　味觉基本物质的柱状图（K-苦 N-辣 S-酸 T-甜 X-咸）

图 7-2 提供了更为直观的视角,让我们能够深入理解并评估各个味觉基本物质之间的区分度以及实验结果的重复性。

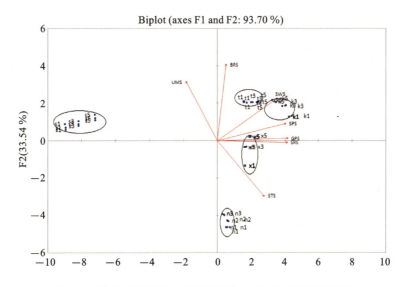

图 7-2　基本味觉物质 PCA 图(K-苦 N-辣 T-甜 S-酸 X-咸)

由上述图表综合分析可知,每个味觉标准物质均展现出优异的区分效果,即便是同一味觉的不同浓度之间也能被清晰地区分开来。结合柱状图的直观展示与 PCA 图(主成分分析图)的深入解析,我们可以确认电子舌在检测基本味觉物质溶液时,展现出了极高的重复性和稳定性。PCA 方法以其独特的优势,即在不丢失任何样品信息的前提下,通过变换观察视角来有效区分样品间的差异,进一步证实了电子舌技术的可靠性。具体而言,PCA 图中高达 93.70% 的区别指数,强有力地证明了电子舌技术在区分同种物质不同浓度溶液方面的卓越能力。

### 7.2.2　嚼烟样品在电子舌上的响应

将 11 个嚼烟样品(包括薄荷 P1 2.8%、薄荷 P1 4%、薄荷 P2 2.8%、薄荷 P2 4%、薄荷 P3 2.8%、薄荷 P3 4%、咖啡 P1 4%、咖啡 P2 4%、绿茶 P2 4%、柠檬 P1 4%、柠檬 P2 4%)分别溶解于人工唾液中,随后运用电子舌技术进行检测,最终生成了这一系列嚼烟样品的雷达图、柱状图以及 PCA 图。这些图表全面而直观地展示了各嚼烟样品的风味特征。特别地,图 7-3 以雷达图的形式,清晰呈现了所有嚼烟样品的风味轮廓,为后续的深入分析与比较提供了有力支持。

从雷达图的分析中,我们可以观察到 11 个嚼烟样品在 UMS(鲜味)维度上的响应值存在显著差异,同时在 BRS(苦味)维度上的响应值也展现出明显的区别。值得注意的是,甜味作为这些样品的主导味觉特征,在各类样品中均占据主导地位。进一步结合柱状图(图 7-4)与 PCA 图(图 7-5)的深入剖析,我们发现不同口味及浓度的嚼烟样品之间确实存在着鲜明的区分度。具体而言,通过柱状图可以直观看到,绿茶与柠檬口味的样品在苦味响应值上与薄荷及咖啡口味有着显著的界限划分。此外,从表 7-1 提供的数据来看,各味觉维度的 RSD(相对标准偏差)值均保持在 5% 以下,这充分证明了电子舌技术在检测这些嚼烟样品时展现出了良好的重复性。特别地,对于薄荷口味且浓度均为 4% 的 P1 与 P2 样品,其味觉特征却呈现出较大的差异。具体而言,BH-1-4.0 相较于 BH-2-4.0,更倾向于展现出甜味、酸味及咸味的特点。同时,BH-1-4.0 在甜味、酸味及苦味的响应值上均显著高于 BH-1-2.8,这进一步揭示了浓度变化对味觉特征的影响。然而,对于柠檬口味的 NM-1-4.0 与 NM-2-4.0 样品,其味觉特征差异并不显著,这表明 P1 与 P2 的不同并未对柠檬口味的样品产生明显影响。最后,通过 PCA 图的解析,我们可以清晰地看到 KF-1-4.0 与 KF-2-4.0 两种咖啡口味的样品在味觉特征上实现了良好的区分,这再次验证了电子舌技术在味觉分析中的高效性与准确性。

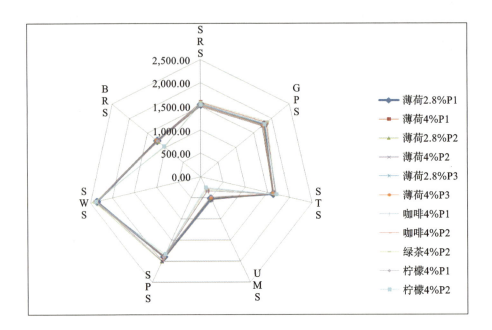

图 7-3 嚼烟样品的雷达图

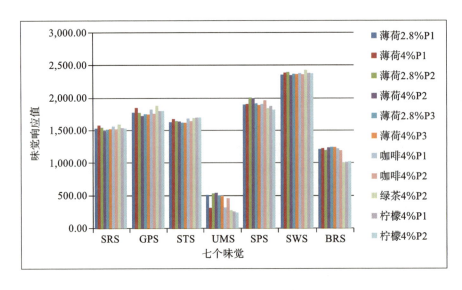

图 7-4 嚼烟样品在唾液中的柱状图

### 7.2.3 电子舌数据模型的建立

**1. 八种添加物对酸味的贡献性分析**

由图 7-6 可知：山梨糖醇、苹果酸、柠檬酸、柠檬香精、薄荷脑以及烟草粉末与酸味（SRS）之间存在正相关关系；而木糖醇和薄荷香精则与酸味呈现负相关关系。酸味（SRS）的 PLSR 预测方程为：$Y=2.662098+0.062506A-0.062506B+0.297413C+0.607132D-0.033463E+0.401388F+0.033463G+0.069093H$（山梨糖醇＝A，木糖醇＝B，苹果酸＝C，柠檬酸＝D，薄荷香精＝E，薄荷脑＝F，柠檬香精＝G，烟草粉末＝H）。

**2. 八种添加物对苦味的贡献性分析**

由图 7-7 可知：木糖醇、薄荷香精与苦味（BRS）之间存在正相关关系；而山梨糖醇、苹果酸、柠檬酸、薄荷脑、烟草粉末与苦味（BRS）呈现负相关关系。苦味（BRS）的 PLSR 预测方程为：$Y=13.812975-$

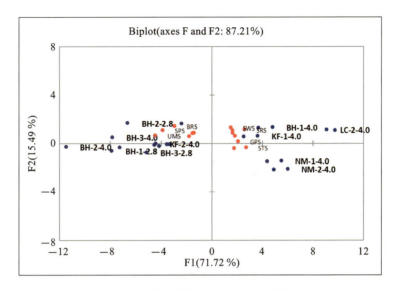

图 7-5 嚼烟样品的 PCA 区分辨别图

BH-1-2.8-薄荷 P1 2.8%;BH-1-4.0-薄荷 P1 4%;BH-2-2.8-薄荷 P2 2.8%;BH-2-4.0-薄荷 P2 4.0%;
BH-3-2.8-薄荷 P3 2.8%;BH-3-4.0-薄荷 P3 4.0%;KF-1-4.0-咖啡 P1 4.0%;KF-2-4.0-咖啡 P2 4%;
LC-2-4.0-绿茶 P2 4%;NM-1-4.0-柠檬 P1 4%;NM-2-4.0-柠檬 P2 4%

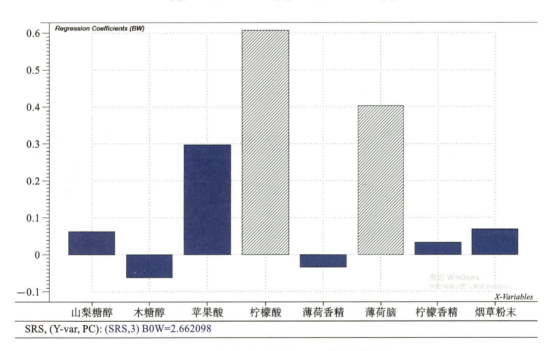

图 7-6 八种添加物对酸味(SRS)的贡献性分析

0.249300A+0.249300B－0.050685C－0.029181D－0.056420E－0.097981F－0.056420G－0.053581H。

3. 八种添加物对甜味的贡献性分析

由图 7-8 可知：木糖醇、柠檬香精与甜味(SWS)之间存在正相关关系；山梨糖醇、苹果酸、柠檬酸、薄荷香精、薄荷脑、烟草粉末与甜味(SWS)呈现负相关关系。甜味(SWS)的 PLSR 预测方程为：$Y=5.479125-0.116398A+0.116398B-0.335352C-0.583588D-0.052929E-0.331565F+0.052929G-186682H$。

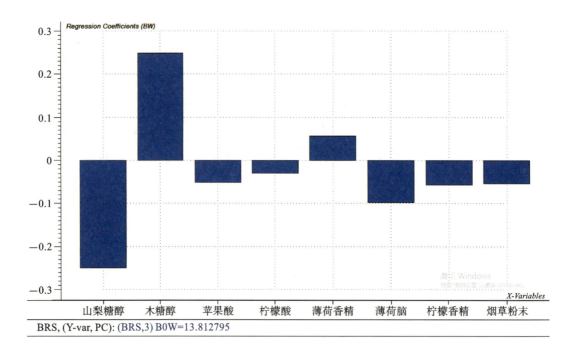

图 7-7　八种添加物对苦味(BRS)的贡献性分析

由图 7-8 中灰色条状图可知：苹果酸、柠檬酸、薄荷脑对甜味(SWS)的影响显著。

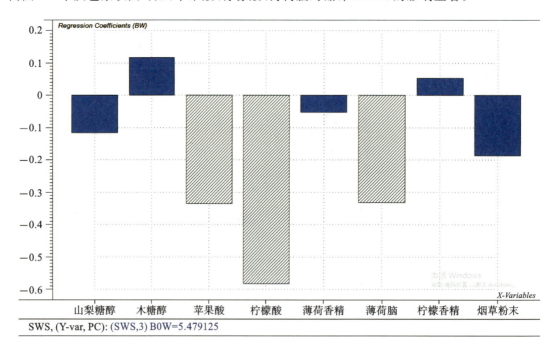

图 7-8　八种添加物对甜味(SWS)的贡献性分析

4. 不同添加物对各个味觉的相关性分析

在图 7-9 中，带有小圆圈标记的变量(例如：薄荷脑添加量)显著标示出它们对模型具有重要影响。图中两个大椭圆分别代表了 PLSR 模型对变量间关系的 50% 和 100% 解释方差范围。值得注意的是，柠檬香精、薄荷脑、薄荷香精以及味觉指标 SRS、STS、UMS、SPS、GPS、SWS 均位于这两个椭圆之间，这充分表明这些变量能够被 PLSR 模型有效地解释和预测。

进一步分析图 7-9,我们可以发现木糖醇与 STS、UMS、SWS、GPS、BRS、SPS 等味觉指标之间存在较好的相关性;而 SRS 则与苹果酸、柠檬酸、山梨糖醇等酸味成分紧密相关,同时木糖醇与 BRS(苦味)也显示出较好的相关性。

相比之下,薄荷香精和柠檬香精并未与任何主要的味觉指标形成显著关联,这暗示它们相较于其他添加成分,对整体味觉的影响可能较为有限。

此外,烟草粉末与 BRS(苦味)在小椭圆区域内相对集中,这可能意味着这两者之间的关系较为复杂,或者存在某些未被模型充分捕捉的变量间相互作用,导致它们未能被 PLSR 模型很好地解释。

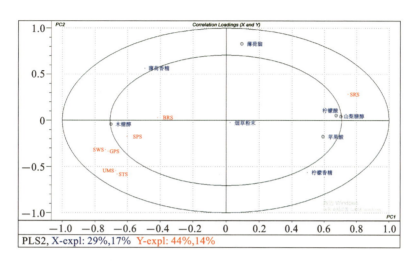

图 7-9　不同的添加物与味觉的 PLSR 分析图

5.关键影响因素对味觉的数学模型的建立

已有先前作者的实验结果明确表明,支持向量机(SVR)在泛化能力方面显著优于偏最小二乘(PLS)算法。因此,在本实验中,为了构建与预测味觉模型,我们采用了基于支持向量机(SVR)的化学计量学算法,对所有数据实施了支持向量回归的方法,以完成模型的构建与预测。实验中,选取了 25 个嚼烟样品中的不同添加物作为自变量,其中 10% 的样品被设定为预测集,剩余 90% 作为建模集。同时,以电子舌测得的 7 个味觉响应值作为因变量进行预测。具体实验结果如下所述。

1)嚼烟的酸味与不同添加物之间的关系

我们利用支持向量回归方法,从 25 个样本中随机挑选了除 10 号和 14 号之外的 23 个样品,作为建模阶段的测试样本集,而将 10 号和 14 号样品保留作为验证模型性能的样本。为了全面评估各个算法模型的泛化能力,我们采用了留一法交叉验证(Leave-One-Out Cross-Validation),这一方法亦被称为内部验证。在评估模型优劣时,我们主要依据两个关键指标:平均相对误差(Mean Relative Error,MRE)和均方根误差(Root Mean Square Error,RMSE)。这两个指标将为我们提供关于模型预测准确性和稳定性的重要信息。

不同模型的留一法内部交叉验证的计算值与实验值的比较如图 7-10 和图 7-11 所示,检验结果如表 7-2 所示。

表 7-2　两模型的留一法交叉验证结果(酸味测量值)

|  | MRE/(%) | RMSE |
| --- | --- | --- |
| SVR | 4.64 | 0.234 |
| BP-ANN | 1.71 | 0.052 |

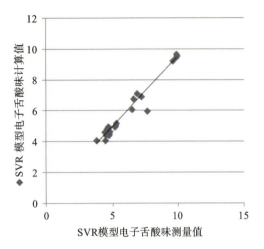
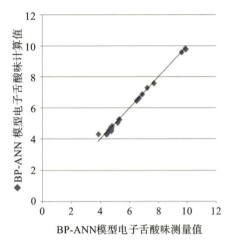

图 7-10　电子舌酸味测量值与 SVR 模型和 BP-ANN 模型的酸味计算值比较(1)

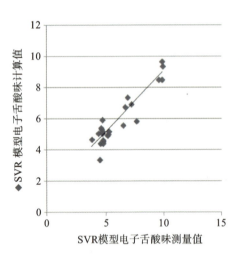
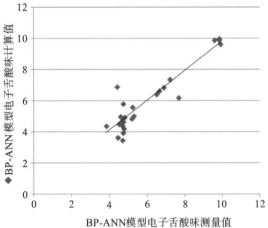

图 7-11　电子舌酸味测量值与 SVR 模型和 BP-ANN 模型的酸味计算值比较(2)

利用 SVR 算法对 10 号和 14 号两个样品的味觉值和不同添加物之间的关系建立模型。结果如表 7-3 所示。

表 7-3　两模型独立测试集预测结果(酸味测量值)

| 序号 | 测定值 | 预报值 | | 相对误差/(%) | |
| --- | --- | --- | --- | --- | --- |
| | | SVR | BP-ANN | SVR | BP-ANN |
| 10 | 4.701 | 4.571 | 4.697 | 2.70 | 0.8 |
| 14 | 4.646 | 4.543 | 4.722 | 2.22 | 1.6 |

SVR 构建的酸味模型有效展示了电子舌酸味响应与不同添加物之间关系的可靠拟合效果。进一步地,通过留一法(Leave-One-Out)对模型进行内部验证,确认了 SVR 模型在泛化能力上的可靠性。类似地,BP-ANN(反向传播人工神经网络)方法所建立的酸味模型也展现出了良好的预测性能。尽管 SVR 模型的预测值与实际值之间的相对误差已经较小,但相比之下,BP-ANN 方法的相对误差更小。综合上述结果,我们可以得出结论:在针对酸味的建模上,BP-ANN 方法构建的模型在准确性和可靠性方面表现更为优越。

2)嚼烟的甜味与不同添加物之间的关系

我们采用了支持向量机回归(SVR)方法,从总计 25 个样本中随机挑选出除了 6 号和 22 号样品之外的其余23个样品,作为构建模型时所使用的测试样本集。而6号和22号样品则被保留下来,作为后续验证模型性能的独立样本集。这样的划分旨在确保模型验证的独立性和可靠性。

不同模型的留一法内部交叉验证的计算值与实验值的比较如图7-12和图7-13所示,检验结果如表7-4所示。

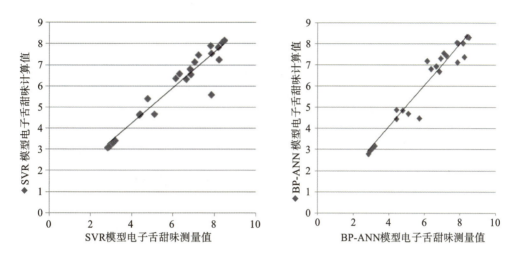

图7-12　电子舌甜味测量值与SVR模型和BP-ANN模型的甜味计算值比较(1)

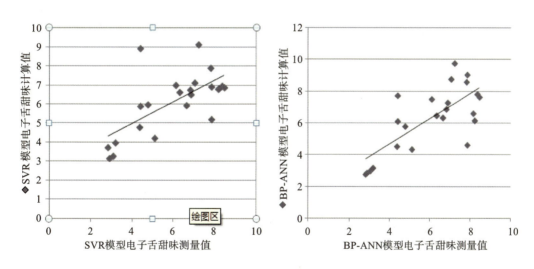

图7-13　电子舌甜味测量值与SVR模型和BP-ANN模型的甜味计算值比较(2)

利用留一法对SVR模型进行内部交叉验证的结果如表7-4所示。

表7-4　两模型的留一法交叉验证结果(甜味测量值)

|  | MRE/(%) | RMSE |
| --- | --- | --- |
| SVR | 2.11 | 2.55 |
| BP-ANN | 1.71 | 3.35 |

利用SVR算法对6号和22号两个样品(预报集)的味觉值和不同添加物之间的关系建立模型,结果如表7-5所示。

表 7-5　两模型独立测试集预测结果（甜味测量值）

| 序号 | 测定值 | 预报值 | | 相对误差/(%) | |
|---|---|---|---|---|---|
| | | SVR | BP-ANN | SVR | BP-ANN |
| 6 | 4.884 | 4.806 | 5.062 | 0.7 | 3.6 |
| 22 | 7.860 | 8.065 | 8.235 | 2.6 | 4.7 |

SVR 构建的甜味模型与 BP-ANN 方法所建立的模型在 MRE（平均相对误差）和 RMSE（均方根误差）这两个指标上均表现优异，数值均很低，这充分说明了两者都具备出色的泛化能力且性能相近。然而，从表 7-4 的数据中可以更细致地观察到，BP-ANN 在泛化能力方面相较于 SVR 展现出了略胜一筹的表现。然而，值得注意的是，从表 7-5 的数据来看，在对特定两个样品的预测中，SVR 的预测值与实际值之间的相对误差均小于 BP-ANN 的预测误差。综合以上分析，我们可以得出结论：在针对甜味的建模上，虽然 BP-ANN 在泛化能力上整体表现更佳，但在特定样品的预测精度上，SVR 构建的模型则更为可靠。

3）嚼烟的苦味与不同添加物之间的关系

我们运用了支持向量机回归（SVR）方法，从总共 25 个样本中随机选取了除 22 号和 4 号样品之外的其余 23 个样品，作为构建模型时的测试样本集。而 22 号和 4 号样品则作为独立的验证样本集，用于后续对模型性能的评估。

不同模型的留一法内部交叉验证的计算值与实验值的比较如图 7-14 和图 7-15 所示，检验结果如表 7-6 所示。

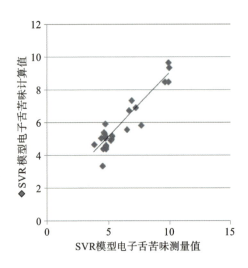
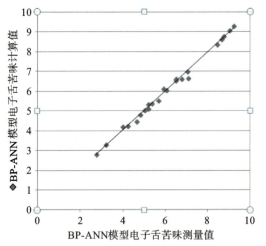

图 7-14　电子舌苦味测量值与 SVR 模型和 BP-ANN 模型的苦味计算值比较（1）

表 7-6　模型的留一法交叉验证结果（苦味测量值）

| | MRE/(%) | RMSE |
|---|---|---|
| SVR | 14.8 | 1.02 |
| BP-ANN | 13.9 | 1.21 |

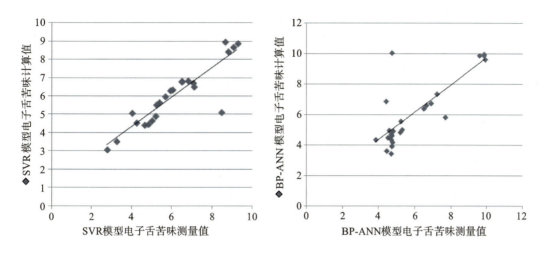

图 7-15　电子舌苦味测量值与 SVR 模型和 BP-ANN 模型的苦味计算值比较(2)

利用 SVR 算法对上述两个样品的味觉值和不同添加物之间的关系建立模型,结果如表 7-7 所示。

表 7-7　模型独立测试集预测结果(苦味测量值)

| 序号 | 测定值 | 预报值 | | 相对误差/(%) | |
| --- | --- | --- | --- | --- | --- |
| | | SVR | BP-ANN | SVR | BP-ANN |
| 22 | 2.532 | 2.328 | 1.984 | 8.0 | 21 |
| 4 | 4.052 | 4.134 | 5.452 | 2.0 | 34 |

在针对苦味建立的模型中,无论是 SVR 还是 BP-ANN 方法,均表现出相对较低的泛化能力,这意味着两者在预测苦味时的可靠性均有所不足。具体而言,SVR 模型的平均相对误差(MRE,%)为 14.8,而 BP-ANN 模型的则为 13.9。尽管从数值上看,BP-ANN 的 MRE 略低于 SVR,但当我们深入分析表 7-7 中的数据时,可以观察到 SVR 在特定预测中的相对误差实际上较 BP-ANN 更小。因此,综合考虑上述因素,对于苦味的建模而言,SVR 的模型建立方法在一定程度上更为可靠。

本次实验综合考量了模型构建成效、内部验证结果及预测精度三个方面,系统而深入地探讨了嚼烟样品中酸、甜、苦三种味觉响应值与不同添加物之间的复杂关系。实验结果显示,电子舌的最终检测数据对模型构建具有显著影响。具体而言,尽管苦味模型的泛化能力和预测精度尚存不足,但酸、甜两种味觉模型的泛化能力均表现良好,且预测误差控制在可接受范围内。相比之下,支持向量机(SVR)在模型构建方面展现出了更高的可靠性。

(1)实验中,我们采用人工唾液作为载体,利用电子舌的五味传感器测试系统,对比了薄荷 P1 4%、咖啡 P1 4%、绿茶 P2 4%、柠檬 P1 4% 四种嚼烟样品在三种不同人工唾液环境下的味觉强度。结果显示,电子舌传感器上的标准偏差小于 30,表明实验的重现性良好。进一步通过后续验证,我们确定了 1#唾液为四种唾液中的优选方案。

(2)我们创新性地建立了基于人工唾液的嚼烟味觉特征数字化指纹图谱,通过雷达图、柱状图及 PCA 分析等可视化手段,对不同口味、不同生产批次的嚼烟样品进行了全面比较。这一方法不仅有助于研发人员深入了解产品的味觉特征,还为开发更受市场欢迎的新产品提供了有力支持。

(3)实验还验证了电子舌在味觉评价方面的卓越性能。无论是对于不同口味的嚼烟样品,还是同种口味但浓度不同、生产批次不同的样品,电子舌均展现出了高度的辨别力和区分度。这一发现进一步巩固了电子舌在味觉研究领域的地位。

(4)综上所述,本次实验通过多角度、多层次的分析,对嚼烟样品的味觉响应值与添加物之间的关系进行了全面阐述。同时,我们再次强调了电子舌检测结果对模型构建的重要性,并指出SVR在模型构建中的优势地位。未来,我们将继续优化实验方法和技术手段,以期在味觉研究领域取得更多突破性成果。

### 7.2.4 感官指标评价

依据 ISO 3972:2011《感官分析-方法学-味觉敏感性调查方法》、GB 5606.4－2005《卷烟 第 4 部分:感官技术要求》以及烟草行业的标准规范,我们聚焦于关键的味觉特征作为核心评估指标,精心构建了嚼烟味觉感官评价的标准体系,并汇总于表 7-8 中,以确保评价过程的科学性与规范性。

**表 7-8 嚼烟味觉感官评价标准表**

| 分数段 | 酸 | | 甜 | | 苦 | | 辣 | | 颗粒感 | | 刺激感 | | 残留感 | | 生津感 | | 黏弹感 | |
|---|---|---|---|---|---|---|---|---|---|---|---|---|---|---|---|---|---|---|
| | 强度 | 分值 | 强度 | 分值 | 强度 | 分值 | 强度 | 分值 | 强度 | 分值 | 强度 | 分值 | 强度 | 分值 | 强度 | 分值 | 强度 | 分值 |
| Ⅰ级<br>(9~7) | 较强 | 9<br>8<br>7 | 较强 | 9<br>8<br>7 | 较强 | 9<br>8<br>7 | 较强 | 9<br>8<br>7 | 较强 | 9<br>8<br>7 | 较强 | 9<br>8<br>7 | 较强 | 9<br>8<br>7 | 较强 | 9<br>8<br>7 | 较强 | 9<br>8<br>7 |
| Ⅱ级<br>(6~4) | 中等 | 6<br>5<br>4 | 中等 | 6<br>5<br>4 | 中等 | 6<br>5<br>4 | 中等 | 6<br>5<br>4 | 中等 | 6<br>5<br>4 | 中等 | 6<br>5<br>4 | 中等 | 6<br>5<br>4 | 中等 | 6<br>5<br>4 | 中等 | 6<br>5<br>4 |
| Ⅲ级<br>(3~1) | 较弱 | 3<br>2<br>1 | 较弱 | 3<br>2<br>1 | 较弱 | 3<br>2<br>1 | 较弱 | 3<br>2<br>1 | 较弱 | 3<br>2<br>1 | 较弱 | 3<br>2<br>1 | 较弱 | 3<br>2<br>1 | 较弱 | 3<br>2<br>1 | 较弱 | 3<br>2<br>1 |

酸:由某些酸性物质(如柠檬酸等)产生的一种基本味觉。
甜:由天然或人造的糖类物质(如蔗糖或阿斯巴甜等)产生的一种基本味觉。
苦:由某些物质(如尼古丁等)产生的一种基本味觉。
辣:口腔接触类似辣椒素等物质在舌面、上颚及喉部产生的触觉生理感受。
颗粒感:指嚼烟在咀嚼过程中,在牙齿及舌面上感受到物质表面粗糙程度。
刺激感:指嚼烟在口腔中咀嚼后,对口腔及喉部的刺激程度。
残留感:也称余味,指嚼烟经过咀嚼吐出后,味道在口腔舌面及喉部残留程度。
生津感:因酸味引起的口腔唾液分泌增多的感觉。
黏弹感:指嚼烟在咀嚼过程中,在牙齿上感受到的黏性及弹性。

# 第八章
# 配方调控技术集成

## 8.1 袋装型口含烟配方调控

经过对国内外文献的深入查阅,并细致剖析了国外无烟烟草制品的各项关键指标,我们结合既定的产品设计目标,精准地确立了袋装型口含烟的配方制定原则。该原则明确指出,配方应核心包含烟叶原料、矫味剂以及酸碱调节剂,同时,根据实际需求,可灵活添加适量的保润剂、防腐剂、香味增强剂及甜味剂等成分,以优化产品体验。鉴于此,本章内容聚焦于袋装型口含烟配方构成中的关键要素——烟叶原料、矫味剂、酸碱调节剂,并创新性地探讨了中药成分的引入与配比研究

### 8.1.1 烟草叶组配方研究

国外袋装型口含烟通常选用明火烤烟、白肋烟及晾晒烟等烟叶原料,这些原料以其强烈的感官冲击和较大的劲道著称,然而这并不完全契合国内大多数烟草消费者的体质特点与偏好。鉴于此,我们深入研究了国内消费习惯及烟叶原料的实际情况,专门对袋装型口含烟的烟叶组配方进行了优化调整,旨在开发出具有中式独特风味、更符合国内消费者需求的口含烟产品,为中式特色口含烟市场的拓展奠定坚实基础。

#### 8.1.1.1 烟叶原料样品的收集与研究

收集适用于无烟烟草制品配方的优质烤烟、白肋烟、香料烟等烟草原料样本。随后,将采集的烟草原料逐一进行粉碎处理,并通过筛分,精心保留介于20~80目之间的颗粒。在严格控制的95℃温度下,对这些烟粉进行30 min的热处理。之后,使用规格为26 g/m² 的热封过滤纸,将处理好的烟粉封装成每袋重约0.35 g的小型包装袋,每袋尺寸精确至30 mm×14 mm。封装完成后,邀请七名及以上专业的感官评价人员对这些烟粉进行细致的感官评估。

评吸结果显示,总体而言,国内烤烟在感官质量上获得了较好的总体评价,但在口感特性的细腻度与协调性方面尚有提升空间。白肋烟方面,入口时烟香略显不和谐,发酵风味较为突出,烟碱释放迅速且劲道集中,但生津感不足,同时在口腔与喉部产生了较强的钉刺感、辣感及收敛感,伴随明显的胃肠道反应,余味带有些许苦涩。而香料烟则展现出较为丰富的烟香,对口腔与喉部的刺激与收敛感相对较

弱,仅轻微感受到辣感与钉刺感,整体满足感良好,苦味相对较轻。

基于上述评价结果,我们筛选出云南昆明云 87、云南玉溪 K326、广东南雄烤烟、保山香料烟以及阿根廷白肋烟作为进一步深入评价与研究的对象。

#### 8.1.1.2 烟叶原料可用性评价

在前期精心筛选的基础上,我们选定了包括 2020 年云南昆明云 87、云南玉溪 K326、广东南雄烤烟、保山香料烟以及阿根廷白肋烟在内的优质烟叶原料,以进行更深入的评价。这些原料被分别进行粉碎处理,并通过筛网精确分离出 20~40 目以及 40~80 目之间的颗粒。随后,我们采用统一的热处理工艺,将筛选后的烟粉在 95 ℃ 的温度下处理 30 min。为了探索不同添加剂对烟草特性的影响,我们向部分烟粉中均匀加入了等量的蜂蜜、氯化钠、糖精钠等物质,并对这些样品进行了详细的检测与分析。同时,另一部分未经添加剂处理的烟粉则经过进一步的处理,使用热封纸精心封装成每袋重 0.35 g、尺寸为 30 mm×14 mm 的小袋。这些封装好的样品将用于后续的理化指标分析与感官评价,以全面评估其品质特性。

如表 8-1 所详尽展示,理化指标检测数据揭示了不同产地烟叶间的显著特性。在 pH 值层面,各产地烤烟样品的 pH 值展现出较小的差异,而阿根廷白肋烟样品的 pH 值则相对偏高,保山香料烟的 pH 值与烤烟相近,差异不显著。就烟碱含量而言,保山香料烟的烟碱含量明显低于其他品种,形成鲜明对比的是,阿根廷白肋烟的游离烟碱含量则显著高于其他所有样品。在重金属含量评估中,阿根廷白肋烟位居榜首,而玉溪烤烟则表现出最低的重金属含量,其余烟叶样品则介于两者之间,且相互间差异不大。尤为值得注意的是,在 TSNAs(烟草特有亚硝胺)含量上,阿根廷白肋烟的含量远高于其他几种烟叶,这一发现具有重要意义。综上所述,在烟叶原料的甄选过程中,白肋烟虽以其高含量的烟碱与游离烟碱赋予产品强烈的烟碱冲击与生理满足感,但其 TSNAs 及重金属含量的偏高限制了其大规模使用的可行性。相比之下,国产烤烟在感官体验、烟碱含量、TSNAs 含量及重金属含量等方面均呈现出较为均衡且适宜的特点,因此,更适宜作为中式袋装型口含烟的主要烟叶原料。

表 8-1 不同烟叶原料制备样品理化指标检测结果

| 指标 | 保山香料烟 | 云南玉溪 K326 | 阿根廷白肋烟 | 云南昆明云 87 | 广东南雄烤烟 |
| --- | --- | --- | --- | --- | --- |
| 水分,% | 38.04 | 37.09 | 41.65 | 37.04 | 36.89 |
| 烟碱,mg/g | 4.96 | 7.25 | 7.55 | 7.69 | 7.35 |
| pH 值 | 6.3 | 7.19 | 6.35 | 6.4 | 6.37 |
| NNN,ng/g | 10.62 | 10.89 | 458.2 | 7.83 | 10.29 |
| NNK,ng/g | 37.14 | 41.87 | 497.67 | 31.5 | 53.57 |
| NAT,ng/g | 104.77 | 132.57 | 1564.33 | 129.71 | 155.06 |
| NAB,ng/g | 11.34 | 20.98 | 140.46 | 13.91 | 16.84 |
| TSNAs,ng/g | 163.87 | 206.31 | 2660.66 | 182.95 | 235.76 |
| 铬,μg/g | 0.62 | 0.81 | 1.12 | 0.8 | 0.6 |
| 镍,μg/g | 0.2 | 0.16 | 0.41 | 0.24 | 0.26 |
| 砷,μg/g | 1.93 | 1.36 | 2.37 | 1.66 | 1.69 |
| 镉,μg/g | 0.01 | 0.01 | 0.01 | 0.01 | 0.01 |

续表

| 指标 | 保山香料烟 | 云南玉溪 K326 | 阿根廷白肋烟 | 云南昆明云 87 | 广东南雄烤烟 |
|---|---|---|---|---|---|
| 铅,μg/g | 1.08 | 0.78 | 1.97 | 1.13 | 1.23 |
| 重金属总量,μg/g | 3.84 | 3.12 | 5.88 | 3.84 | 3.79 |

综上所述,在精心构思袋装型口含烟叶的配方设计时,我们计划以国产烤烟作为核心原料,同时审慎地融入国内外优质白肋烟,以丰富口感与风味层次。此外,为了精准调控配方中的烟碱含量并有效减少烟叶的直接使用比例,我们还将引入适当比例的膨胀烟梗颗粒作为填充物,以实现配方的优化与平衡。

#### 8.1.1.3 烟叶原料样品收集

我们成功收集了来自国内七个不同产地的烤烟样品,共计 21 个,这些样品涵盖了植株的上、中、下三个部位;此外,还收集了来自六个产地的晾晒烟样品,共计 10 个,这些晾晒烟样品涵盖了不同的品质等级。同时,我们也获得了来自美国的 3 个明火烤烟样品。综上所述,我们共收集了 34 个多样化的烟叶原料样品,其具体信息详见表 8-2。

表 8-2 烟草原料信息表

| 序号 | 类型 | 产地 | 等级 | 部位 | 备注 |
|---|---|---|---|---|---|
| 1 |  |  | C3F | 中部 | — |
| 2 |  | 云南昆明 | B2F | 上部 |  |
| 3 |  |  | X2F | 下部 |  |
| 4 |  |  | C3F | 中部 |  |
| 5 |  | 贵州毕节 | B3F | 上部 |  |
| 6 |  |  | X2F | 下部 |  |
| 7 |  |  | C3F | 中部 |  |
| 8 |  | 河南平顶山 | B3F | 上部 |  |
| 9 |  |  | X3F | 下部 |  |
| 10 |  |  | C3F | 中部 |  |
| 11 |  | 湖南郴州 | B3F | 上部 |  |
| 12 | 烤烟 |  | X3F | 下部 |  |
| 13 |  |  | C3F | 中部 |  |
| 14 |  | 黑龙江哈尔滨 | B2F | 上部 |  |
| 15 |  |  | X3F | 下部 |  |
| 16 |  |  | C3F | 中部 |  |
| 17 |  | 福建南平 | B3F | 上部 |  |
| 18 |  |  | X3F | 下部 |  |
| 19 |  |  | C3F | 中部 |  |
| 20 |  | 四川凉山 | B2F | 上部 |  |
| 21 |  |  | X3F | 下部 |  |
| 22 |  |  | DF-2 | — |  |
| 23 |  | 美国 | OSL | — | 明火烤烟 |
| 24 |  |  | OS-1 | — |  |

续表

| 序号 | 类型 | 产地 | 等级 | 部位 | 备注 |
|---|---|---|---|---|---|
| 25 | 晾烟 | 四川什邡 | 一 | 一 | GH-2 |
| 26 | 晾烟 | 四川半江 | 一级 | 一 | GQH-J1 |
| 27 | 晾烟 | 四川半江 | 三级 | 一 | GQH-J2 |
| 28 | 晾烟 | 四川德阳 | 一级 | 一 | GH-1 |
| 29 | 晾烟 | 四川德阳 | 一级 | 一 | GW3 |
| 30 | 白肋烟 | 湖北 | C3F | 中部 | — |
| 31 | 白肋烟 | 云南 | C3F | 中部 | — |
| 32 | 晒烟 | 四川广源 | 二级 | 一 | 白毛 |
| 33 | 晒烟 | 四川广源 | 一级 | 一 | 白毛 |
| 34 | 晒烟 | 四川什邡 | 一级 | 一 | 糊毛 |

#### 8.1.1.4 湿热处理后感官评价

我们将收集到的烟叶原料进行了细致的粉碎与过筛处理,筛选出16～60目之间的精细筛分物。随后,采用热处理工艺进行加工,设定热处理温度为100 ℃,持续处理时间为7 h。处理完成的烟粉被精心封装于规格为17 g/m² 的热封过滤纸制成的小袋中,每袋精确称量至0.2 g,小袋的尺寸被设计为1.4 cm×2.8 cm,以便于后续操作。

封装完成的烟粉样品进一步经过3 h 的紫外杀菌处理,以确保其卫生安全。之后,由专业的感官评价小组进行严格的感官评价,主要聚焦于满足感、刺激性、味感特征以及综合口感这四个核心指标。

感官评价的结果深刻揭示了不同产地与不同部位烟叶所制成的烟粉在口感特征上的显著差异,为后续的品质分析与优化提供了宝贵的参考依据。

#### 8.1.1.5 不同产地的烟叶感官比较

在满足感层面,河南平顶山、湖南郴州与福建南平的烟粉展现出较强的口感冲击力和较快的烟碱释放速率,尽管它们在这两方面仍稍逊于美国明火烤烟。云南昆明与四川凉山的烟粉则呈现出中等水平的口感冲击力和烟碱释放速率。而贵州毕节与黑龙江哈尔滨的烟粉,在这两方面表现较为温和,释放速率也相对较慢。

谈及刺激性,美国明火烤烟烟粉无疑以最强的辣感与麻感脱颖而出。河南平顶山、湖南郴州与福建南平的烟粉紧随其后,同样带来较为强烈的感官刺激。云南昆明与四川凉山的烟粉在刺激性上则显得更为均衡,而贵州毕节与东北哈尔滨的烟粉则相对温和,辣感与麻感较弱。

在味感特征上,美国明火烤烟烟粉以其丰富的香味、卓越的丰满度以及显著的苦味独领风骚。河南平顶山、湖南郴州与福建南平的烟粉在香味与丰满度上亦表现不俗,同时保留了一定的苦味。云南昆明与四川凉山的烟粉在香味丰富性与丰满度上处于中等水平,苦味相对较弱。至于贵州毕节与东北哈尔滨的烟粉,其香味较为单一,且苦味不甚明显。

综合口感而言,云南昆明与四川凉山的烟粉以其良好的口感舒适性和干净的余味受到好评。美国明火烤烟、河南平顶山、湖南郴州与福建南平的烟粉在综合口感上表现中等,余味尚算干净。而贵州毕节与东北哈尔滨的烟粉则在舒适性上略显不足,余味相对单调。

#### 8.1.1.6 不同部位的烟叶感官比较

在满足感方面,上部烟叶烟粉展现出强烈的口感冲击,伴随着较快的烟碱释放速率;中部烟叶烟粉则表现出适中的冲击强度与烟碱释放速度;而下部烟叶烟粉则相对较弱,其冲击强度及烟碱释放速率均较为缓慢。

在刺激性方面,上部烟叶烟粉带给口腔较为强烈的辣感与麻感;中部烟叶烟粉则在这两方面表现均衡;而下部烟叶烟粉,其麻感虽弱,但尖刺感却较为明显。

谈及味感特征,上部烟叶烟粉以丰富的香味与良好的丰满度著称,但伴随而来的杂味也较多,且略带苦味;中部烟叶烟粉在香味丰富性与丰满度上均处于中等水平,杂味较少,苦味也相对较弱;而下部烟叶烟粉则显得香味较为单薄、单调,甚至带有土腥气,苦味虽弱但整体风味不够鲜明。

综合口感而言,中部烟叶烟粉以其良好的舒适性与干净的余味脱颖而出;上部烟叶烟粉在舒适性上表现中等,余味尚算干净;而下部烟叶烟粉则在舒适性上略显不足,余味显得单调乏味。

#### 8.1.1.7 常测成分变化情况研究

针对烤烟与晾晒烟的不同特性,我们分别采用了各自最为适宜的工艺处理条件,并随后进行了全面的化学成分分析检测,重点考察了总糖、还原糖、总氮以及总烟草特有亚硝胺(TSNAs)等常规化学指标。检测结果显示,各成分含量在不同处理条件下并未发生显著变化,具体数据详见表8-3。

表8-3　总糖、还原糖、总氮、总TSNAs处理前后变化情况

|  | 烤烟 | | | 晾晒烟 | | |
| --- | --- | --- | --- | --- | --- | --- |
|  | 前 | 后 | 变化 | 前 | 后 | 变化 |
| 水分,% | 10～12 | 30～39 | / | 9～16 | 35～41 | / |
| 总糖,mg/g,以干重计 | 253～271 | 190～242 | −11% | 10～98 | 10～91 | 10% |
| 还原糖,mg/g,以干重计 | 236～255 | 170～217 | −18% | 3～89 | 5～81 | 20% |
| 总氮,mg/g,以干重计 | 12～20 | 14～21 | 9% | 20～49 | 21～49 | 7% |
| 总TSNAs,ug/g,以干重计 | 2～11 | 2～10 | −8% | 10.0～55 | 9～50 | −9% |

#### 8.1.1.8 烟碱变化情况研究

本研究深入探讨了34种不同烟叶原料在加热处理前后烟碱含量的变化情况。我们采用了电加热方式进行处理,并依据原料的感官品质及过往经验,设定了以下优化处理条件:每种原料的处理量均设定为100 g,处理电压控制在125～135 V之间,温度则维持在98～102℃范围内,而处理时间则根据烟叶类型有所差异,具体为:烤烟3 h、白肋烟7 h、美国明火烤烟5 h。

为确保检测结果的准确性与权威性,我们采用了行业标准《烟草及烟草制品烟碱的测定气相色谱法》(YC/T 246−2008)来测定烟碱含量。实验结果汇总于表8-4中,从表中数据可以清晰观察到,经过加热处理后,所有烟叶原料的烟碱含量均出现了不同程度的下降,下降幅度介于6%～30%之间。

表8-4　加热处理前后烟草原料烟碱含量变化分析检测结果(以干重计)

| 序号 | 样品名称 | 加热处理前/(mg/g) | 加热处理后/(mg/g) | 变化/(%) |
| --- | --- | --- | --- | --- |
| 1 | 凉山 B2L | 26.70 | 20.11 | −24.68% |
| 2 | 凉山 C3F | 21.64 | 17.99 | −16.87% |
| 3 | 凉山 X2F | 20.00 | 16.19 | −19.05% |
| 4 | 福建南平 B3F | 30.16 | 23.82 | −21.02% |
| 5 | 福建南平 C3F | 23.34 | 20.58 | −11.83% |

续表

| 序号 | 样品名称 | 加热处理前/(mg/g) | 加热处理后/(mg/g) | 变化/(%) |
| --- | --- | --- | --- | --- |
| 6 | 福建南平 X3F | 13.81 | 12.24 | −11.37% |
| 7 | 哈尔滨 B2L | 15.06 | 13.15 | −12.68% |
| 8 | 哈尔滨 C3L | 12.07 | 10.28 | −14.83% |
| 9 | 哈尔滨 X3F | 13.42 | 10.99 | −18.11% |
| 10 | 郴州 B3F | 30.78 | 26.65 | −13.42% |
| 11 | 郴州 C3F | 21.85 | 18.79 | −14.00% |
| 12 | 郴州 X3F | 16.00 | 13.73 | −14.19% |
| 13 | 平顶山 B3F | 28.59 | 25.80 | −9.76% |
| 14 | 平顶山 C3F | 21.67 | 19.20 | −11.40% |
| 15 | 平顶山 X3F | 14.81 | 12.43 | −16.07% |
| 16 | 贵州毕节 B3F | 34.29 | 30.33 | −11.55% |
| 17 | 贵州毕节 C3F | 23.07 | 19.17 | −16.91% |
| 18 | 贵州毕节 X3F | 15.56 | 13.34 | −14.27% |
| 19 | 昆明 B2F | 25.83 | 22.20 | −14.05% |
| 20 | 昆明 C3F | 17.81 | 15.32 | −13.98% |
| 21 | 昆明 X2F | 14.99 | 12.62 | −15.81% |
| 22 | 美国明火烤烟 OS-1 | 33.18 | 28.88 | −12.96% |
| 23 | 美国明火烤烟 OSL | 41.10 | 37.53 | −8.69% |
| 24 | 美国明火烤烟 DF-2 | 40.54 | 38.05 | −6.14% |
| 25 | 什邡晾烟 GH-2 | 22.32 | 17.93 | −19.67% |
| 26 | 什邡糊毛一级 | 25.95 | 20.36 | −21.54% |
| 27 | 半江晾烟 GQH-J1 一级 | 20.16 | 16.55 | −17.91% |
| 28 | 德阳什邡晾烟 GH-1 一级 | 22.62 | 18.99 | −16.05% |
| 29 | 广源晒烟白毛二级 | 18.66 | 15.57 | −16.56% |
| 30 | 半江晾烟 GQB-J2 三级 | 21.49 | 16.20 | −24.62% |
| 31 | 德阳什邡晾烟 GW3 一级 | 31.04 | 25.03 | −19.36% |
| 32 | 广源晒烟白毛一级 | 26.45 | 18.61 | −29.64% |
| 33 | 湖北白肋烟 C3F | 39.94 | 35.00 | −12.37% |
| 34 | 云南白肋烟 C3F | 64.09 | 57.23 | −10.70% |

## 8.1.2 非烟草原料的筛选

研究揭示,单纯依赖烟草材料制作的产品,在感官品质上往往表现出口感欠佳、刺激性过强的特点。为此,在产品配方中合理添加一定比例的添加剂成为必要之举,旨在优化产品的感官体验。这些添加剂主要包括矫味剂,用于调整不良味道;酸碱调节剂,以平衡产品的酸碱度;以及香味剂,用于增强产品的香气与风味,从而全面提升产品的感官品质。

### 8.1.2.1 矫味剂

据现有文献记载,食盐被广泛视为袋装型无烟烟草产品中最关键的矫味成分。实验数据进一步证实了其显著作用,即食盐能够有效改善产品的口感特性,显著提升用户的口腔舒适度。针对不同种类的烟草原料进行食盐添加后的感官评估结果显示,当食盐的添加量控制在 3.5%～4.5% 的范围内时,产品普遍展现出较为优异的口感特征。当然,在具体配方设计中,矫味剂的添加量还需根据产品的预期目标及设计需求进行精确调整与优化。

### 8.1.2.2 酸碱调节剂

烟碱,作为烟草中不可或缺的化学物质,其存在形态受 pH 值调控,区分为结合态与游离态,后者直接关联到产品的感官体验。在无烟烟草制品的使用过程中,烟碱的释放效率深受制品自身酸碱度的影响。因此,通过精准添加酸碱调节剂,能够有效调节制品的酸碱平衡,从而确保烟碱的顺畅释放。研究表明,碳酸氢钠与碳酸钠均具备调节酸碱度的能力,但二者在作用程度上存在细微差别。具体而言,在相同条件下,碳酸钠相较于碳酸氢钠能促使烟草释放更多烟碱,且释放速率更为迅猛。

针对高烟碱释放需求的产品设计,除了优选高烟碱含量的烟叶外,碳酸钠或碳酸氢钠常作为首选的酸碱调节剂。然而,在综合考虑烟粉的疏松性、感官刺激强度(特别是烟碱的冲击感)、国内烟叶的独特性,以及国内消费者对烟碱的耐受度等因素后,我们决定在袋装型无烟烟草试制样品中采用碳酸氢钠作为酸碱调节剂。

进一步的感官评价结果显示,当碳酸氢钠的添加量控制在 3%～4% 的范围内时,多数烟叶原料能够展现出适宜的冲击强度,为大多数评委所感知。当然,在具体的配方设计中,碳酸氢钠的添加量还需紧密结合产品的设计目标进行灵活调整与优化。

### 8.1.2.3 香味剂

香味剂在无烟烟草制品中扮演着至关重要的角色,它们能够赋予产品丰富多样的风味特征。在选用香味剂时,我们严格遵循国家食品添加剂安全性的相关规定,确保所有成分均符合安全标准。对于袋装型无烟烟草而言,我们精心筛选了一系列香味剂,这些香味剂既包括香料单体,也涵盖了香精及多种天然提取物。

在实验中,我们尝试将多种水果提取物直接添加至试制样品中,以探索其作为香味剂的潜力。结果显示,这些水果提取物与烟草原料展现出了优异的配伍性,能够显著提升产品的风味层次,因此完全适合作为香味剂在无烟烟草制品中应用。至于具体的添加量,则根据配方设计的实际需求进行灵活调整。特别值得一提的是,苹果、梅子、杨梅等水果的提取物在试制样品中表现尤为出色,为产品增添了独特的果香魅力。

此外,我们还对多种香精进行了详尽的添加实验,旨在筛选出最适合作为袋装型无烟烟草定香剂的成分。经过严格筛选与评估,薄荷香精与菠萝香精因其独特的香气特性及与烟草的良好融合效果脱颖而出,成为我们推荐的定香剂选择。

### 8.1.2.4 中药润喉成分

在国际市场上,为减轻口腔刺激并提升余味的舒适度,甜味剂常被巧妙融入产品中,其添加量则依据具体配方灵活调整。通过对国外同类产品及我们自制样品的深入品鉴,我们注意到袋装型口含烟中的烟碱往往会带来口腔与喉部的辛辣感,伴随发麻、收敛及干涩等不适。鉴于此,于烟草组合物中融入适量润喉利咽的成分,以开发出具有中式特色的无烟烟草制品,显得尤为迫切与重要。

结合传统食疗智慧与中药材的丰富知识(如"酸生津、甜润喉"的中医理论),我们精心筛选了一系列天然成分,包括但不限于胖大海、蝉蜕、桔梗、贝母、罗汉果、玄参、麦冬、甘草、枇杷叶、藏青果、大枣、石斛、生地、橄榄、山楂与黄芪等。这些物料的科学组合不仅能有效缓解上述不适感,还能显著提升产品的口腔余味,使之更为干净而舒适。

进一步的实验验证表明,甘草、罗汉果、胖大海、大枣、蜂蜜及橄榄等中药材在改善无烟烟草制品口感方面表现尤为突出。它们已被成功应用于我们设计的袋装型无烟烟草配方之中,为消费者带来更加愉悦的品吸体验。

#### 8.1.2.5 中药成分对样品的影响

我们精心选取了 2020 年云南玉溪出产的 K326 X3F 等级烟叶,将其 20~40 目与 40~80 目规格按 1∶1 的比例混合,并与等量的 20~80 微波膨胀梗丝以特定配方比例相结合。随后,这一混合物经过 30 min 的热处理,并被均分为两份。其中一份喷洒了包含蜂蜜、氯化钠、糖精钠的混合料液,并继续蒸制 20 min 后直接冷却;而另一份则添加了适量的甘草、橄榄粉、罗汉果与胖大海,混合均匀后蒸制 5 min 再行冷却。随后,向这份样品中直接撒入等量的碳酸氢钠粉末,并充分搅拌,最后加入山梨酸钾溶液。整个处理流程完成后,我们对样品进行了全面的检测与细致的评价。

如表 8-5~表 8-7 所示,实验数据清晰地揭示了甘草等中药成分的显著作用:它们对样品的 pH 值产生了较大影响,具体表现为加入甘草等物质后,样品的 pH 值出现了明显的下降。在感官体验方面,中药成分的加入不仅有效减轻了产品的刺激性,还赋予了其回甘的口感,同时显著缓解了喉部的不适感,为用户带来了更加舒适愉悦的品吸体验。

表 8-5 外加中药等物质对样品的理化指标的影响

| 样品 | 水分/(%) | pH 值 | 烟碱/(mg/g) | 重金属/(μg/g) | TSNAs/(ng/g) |
|---|---|---|---|---|---|
| 未加中药 | 35.92 | 6.46 | 10.17 | 6.27 | 210.72 |
| 加入中药 | 28.71 | 5.2 | 7.13 | 5.39 | 172.76 |

表 8-6 外加中药等物质对样品 TSNAs 含量的影响

| 样品编号 | NNN/(ng/g) | NNK/(ng/g) | NAT/(ng/g) | NAB/(ng/g) |
|---|---|---|---|---|
| 未加中药 | 14.68 | 53.93 | 118.73 | 23.38 |
| 加入中药 | 14.17 | 34.29 | 111.02 | 13.28 |

表 8-7 外加中药等物质对样品重金属含量的影响

| 样品编号 | 铬含量/(μg/g) | 镍含量/(μg/g) | 砷含量/(μg/g) | 镉含量/(μg/g) | 铅含量/(μg/g) |
|---|---|---|---|---|---|
| 未加中药 | 0.57 | 1.07 | 0.31 | 2 | 2.32 |
| 加入中药 | 0.37 | 1.03 | 0.97 | 1.36 | 1.66 |

### 8.1.3 袋装型口含烟试制品配方

经过上述深入细致的研究,本书成功确立了薄荷、菠萝及原味三种口味的袋装型口含烟试制品的精准配方。这些配方的具体细节已详尽列于表 8-8 中,以供读者参考与了解。

表 8-8　袋装型无烟烟草的配方

| 原料 | 配方 A/g | 配方 B/g | 配方 C/g |
| --- | --- | --- | --- |
| 烟叶粉末 20～40 目 | 4000 | 4000 | 4000 |
| 烟叶粉末 40～60 目 | 2000 | 2000 | 2000 |
| 盐 | 300 | 300 | 300 |
| 蜂蜜 | 300 | 300 | 300 |
| 白砂糖 | 120 | 240 | 480 |
| 罗汉果 | 120 | 240 | 480 |
| 大枣 | 90 | 90 | 90 |
| 甘草 | 60 | 60 | 60 |
| 梅子 | 60 | 60 | 60 |
| 安赛蜜 | 30 | 30 | 30 |
| 果糖 | 50 | 150 | 300 |
| 处理后水分含量 | 45% | 40% | 40% |
| 碳酸氢钠（以处理后烟粉计算） | 3.5% | 3% | 3% |
| 香精（以处理后烟粉计算） | | 菠萝香精 5%或薄荷香精 3% | |

## 8.2　胶基型嚼烟配方调控

### 8.2.1　设计思路

鉴于胶基型嚼烟的独特属性以及中国市场的多元化和消费人群的差异，我们在配方设计上力求实现生理满足的同时，赋予产品优异的口感体验——包括细腻的吃味、温和的刺激性以及悠长持久的香味。此外，我们精心挑选了与烟草风味和谐共生的原料，诸如可可、坚果、咖啡香、烘烤味以及清新的薄荷等元素，旨在让云南中烟的无烟烟草制品能够广泛赢得大众的青睐。

基于上述深入洞察，并结合对无烟烟草制品专利的透彻剖析、典型样品的细致分析以及烟碱释放的科学规律，本节在产品配方设计策略上着重于以下几点：

1. 明确国产烤烟为核心原料

我们确立了以国产优质烤烟为主要烟叶原料的配方框架，旨在高效利用我国丰富的烤烟资源，体现本土特色与优势。

2. 优化烟碱含量以适配市场需求

通过对产品烟碱含量的精细调整，我们旨在提升中国消费者的接受度和满意度，确保产品既满足消费者对烟草风味的追求，又符合健康导向的消费需求。

**3. 创新融合中医药智慧**

我们创新性地引入了中医药理论,在产品配方中巧妙融入具有清咽利喉功效的中药材,这一举措不仅丰富了产品的口感层次,更赋予了产品独特的健康益处,实现了口感与健康的双重提升。

### 8.2.2 烟碱添加方式

烟碱的添加方式通常涵盖四种途径:①直接添加烟碱;②利用烟碱提取物;③掺入烟草粉末;④采用烟碱复合盐。基于第三章关于烟碱释放规律的研究成果,我们依据这四种添加策略制备了嚼烟试验样品,并严格遵循《无烟烟草制品 胶基型嚼烟 感官评价方法》(QYNZY.J07.002—2014)标准进行了全面的感官评估。

鉴于烟碱复合盐当前尚处于实验室研发试制阶段,尽管已成功研发出三种类型的有机酸烟碱复合盐,但面临产量有限、成本高昂的挑战,距离实现工业化生产还需经历一段时间的生产条件优化与技术改进,当前条件尚不具备全面推广的成熟度。

因此,本研究重点聚焦于直接添加烟碱、使用烟碱提取物以及烟草超微粉末这三种方式,深入比较了它们在提供烟碱刺激性与持久性方面的表现,以及烟碱与香味成分之间的协调性,具体结果如表 8-9 所示。

表 8-9 三种烟碱添加方式感官评价

| 烟碱添加方式 | 口感特征 | 生理感受 |
| --- | --- | --- |
| 直接添加烟碱 | 协调性较差 | 刺激性较大,喉部明显阻塞 |
| 烟碱提取物 | 有一定化学气味 | 略有刺激性,喉部阻塞 |
| 烟草粉末 | 协调性较好,无不良余味 | 略有刺激性,喉部阻塞较小 |

经过综合的感官评价分析,我们发现采用烟草粉末添加烟碱的方式,其刺激性相对较小,烟碱带来的冲击感也较为温和。在咀嚼一段时间后,喉部并未出现显著的阻塞感。基于上述观察结果,我们最终决定采用添加烟草粉末的方式来引入烟碱。

### 8.2.3 烟草原料的制备

#### 8.2.3.1 烟草原料筛选

我们精心收集了涵盖不同等级、品种及类型的烟草原料样品,包括烤烟、白肋烟、香料烟和晾晒烟等,随后对这些样品进行了细致的粉碎与过筛处理,特别保留了 20 目、50 目、100 目及 200 目等不同粒径的筛分产物。为筛选出最优烟草口味,我们组织了多次由不同人员参与的品尝试验,重点评估了烟粉的粒度(颗粒感)、烟味纯正度、刺激性以及余味的持久性。试验结果汇总于表 8-10。

通过对比分析,我们发现当烟粉目数增加至一定水平时,其颗粒感逐渐减弱,直至 200 目左右时,颗粒感几乎不可察觉。因此,我们最终确定选用 200 目以上的粉碎粒度,以确保产品的细腻口感。

在考察国际市场趋势时,我们注意到袋装型口含烟的烟叶原料以明火烤烟、白肋烟和晾晒烟为主,而嚼烟产品则更倾向于直接添加烟碱或其提取物,这样的产品往往具有较强的生理刺激性和较大的劲头。鉴于国内市场尚未广泛推出此类产品,且考虑到国内消费者的消费习惯与体质特点,我们认为直接添加烟碱或其提取物的方式可能并不完全适合国内烟草消费群体。

表 8-10 添加不同品种烟叶感官评价

| 烟叶品种 | 整体感受 |
| --- | --- |
| 烤烟 | 入口烟味舒适,整体较协调,烟碱释放较平缓,口腔、胃肠道刺激尚可接受,稍有涩口,满足感尚可 |

续表

| 烟叶品种 | 整体感受 |
| --- | --- |
| 白肋烟 | 入口烟味稍显不协调,发酵味较凸显,烟碱释放迅速,劲头集中,生津感差,口腔、喉部钉刺感、辣感、收敛感重,胃肠道反应明显,上头,余味苦涩 |
| 晾晒烟 | 烟碱释放较慢,口腔喉部收敛感较重、舒适度一般,余味苦涩 |
| 香料烟 | 入口烟味较丰富,口腔、喉部刺激、收敛较弱,微有辣感、钉刺,满足感较好,余味舒适 |

在嚼烟中尝试添加不同烟叶原料时,从香味与口感层面观察,其差异并不显著,这主要归因于添加量普遍较低,通常控制在5%(质量分数)以内。而真正的差异体现在烟碱带来的刺激性与冲击性上,以及这些成分与整体风味的协调性、余味的悠长度等方面。因此,在选择烟叶原料时,我们全面考量了我国烟叶资源的特性与国情背景。

在原料筛选的过程中,我们精心品尝了多个等级、品种及类型的烟叶原料,并深入分析了我国烟叶的感官特征与生产实际。综合考量之下,我们计划以国产优质烤烟为主力,特别是红花大金元、K326等经典品种,同时适量融入晾晒烟与香料烟等特色原料,以期达到风味与品质的完美平衡。

#### 8.2.3.2 烟叶粉碎前处理工艺

在烟叶粉碎之前,至关重要的是对其进行一系列精心的柔性处理步骤,旨在确保烟叶中的天然香味物质得以完整保留,同时有效去除烟叶本身可能带有的青杂、苦涩味及刺激性成分,进一步丰富和提升烟叶的香气品质。此外,这一过程还旨在彻底杀灭烟叶表面的微生物,确保产品的卫生安全。为此,我们深入探索并优化了一系列前处理工艺,力求达到最佳的预处理效果。

#### 8.2.3.3 三维发酵

三维发酵技术,作为自然发酵原理的巧妙模拟,将烟叶置于精心设计的温湿度可控发酵室内。通过精细调控发酵环境中的温湿度参数,该技术旨在加速烟叶的自然发酵过程,从而在相对短的时间内显著提升烟叶的品质。在广泛查阅并参考大量相关文献的基础上,我们致力于在不引入任何外来微生物、酶或其他非天然物质的前提下,深入探索并优化发酵过程的控制条件。表8-11~表8-13详细记录了这一系列摸索过程中所得的关键控制参数及其影响,为三维发酵技术的进一步优化与应用提供了坚实的数据支持。

表 8-11 三维发酵温度摸索

| 条件 | 温度/℃ | 湿度/(%) | 时间/d |
| --- | --- | --- | --- |
| 1 | 20 | 20 | 5 |
| 2 | 25 | 20 | 5 |
| 3 | 30 | 20 | 5 |
| 4 | 35 | 20 | 5 |
| 5 | 40 | 20 | 5 |
| 6 | 50 | 20 | 5 |

表 8-12 三维发酵湿度摸索

| 条件 | 温度/℃ | 湿度/(%) | 时间/d |
| --- | --- | --- | --- |
| 1 | 40 | 20 | 5 |
| 2 | 40 | 30 | 5 |
| 3 | 40 | 40 | 5 |

| 条件 | 温度/℃ | 湿度/(%) | 时间/d |
| --- | --- | --- | --- |
| 4 | 40 | 50 | 5 |
| 5 | 40 | 60 | 5 |
| 6 | 40 | 70 | 5 |

表 8-13　三维发酵时间摸索

| 条件 | 温度/℃ | 湿度/(%) | 时间/d |
| --- | --- | --- | --- |
| 1 | 40 | 50 | 1 |
| 2 | 40 | 50 | 5 |
| 3 | 40 | 50 | 8 |
| 4 | 40 | 50 | 12 |
| 5 | 40 | 50 | 15 |
| 6 | 40 | 50 | 20 |

经过精心设计的发酵控制条件实验与细致的评估流程,包括人工品鉴与科学的成分检测,我们最终确立了优化的发酵参数:即将温度维持在约 40 ℃,相对湿度保持在大约 50%,并设定发酵时长为 15 天左右。采用此人工发酵工艺的烟叶,在颜色、香味及刺激性等多个方面均展现出显著的品质提升:杂气与刺激性大幅减弱,口感趋于更为舒适与纯净,整体烟叶质量得到了质的飞跃。

进一步的化学指标分析检测结果显示,发酵后的烟叶在香味成分上实现了显著提升,有机酸含量显著增加,而淀粉、蛋白质和果胶等不利于口感的物质则明显减少。这些变化不仅增强了烟叶的感官享受,也为其在后续加工及产品应用中提供了更为优越的基础条件。

#### 8.2.3.4　酵素发酵

本节研究聚焦于利用源自日本岛本微生物工业株式会社的酵素菌(BYM-FOOD)作为核心发酵微生物,并辅以精心挑选的自选功能微生物菌株,对先前优选出的烟丝进行发酵试验。此研究旨在深入探索其促进香味生成的能力,以期通过科学发酵手段实现烟叶原料的品质提升与刺激性降低,进而为胶基型嚼烟的配方生产提供更为优质的原料基础。

酵素菌,作为一种由细菌、酵母菌及丝状真菌共同构成的复合有益微生物群,以其卓越的兼气性发酵特性在有机质材料处理中展现出非凡的潜力。而本次试验所选用的自选菌株,则源自山东省潍坊岛本微生物技术研究所的精心选育,具体包括两株真菌——淡紫拟青霉(*Paecilomyces lilacinus*)与白腐霉(*Phanerochaete chrysosporium*),以及两株放线菌——栗褐链霉菌(Streptomyces badius)与浅黄链霉菌(Streptomyces flaveolus)。这些菌株的加入,旨在进一步增强发酵过程的综合效能,促进目标香味的生成与提升。

微生物培养基的精心选择确保了各菌株的最佳生长环境:酵素菌得以在麸皮马铃薯琼脂培养基中茁壮,淡紫拟青霉则在 Czapek's 琼脂培养基中绽放,白腐霉偏好 PDA 培养基,而栗褐链霉菌与浅黄链霉菌则分别在酵母麦芽汁琼脂培养基和高氏合成一号培养基中展现其活力。

在菌种配制环节,我们首先将酵素菌进行扩大培养,制备出复合微生物菌种(简称 BYM)。随后,淡紫拟青霉、白腐霉、栗褐链霉菌、浅黄链霉菌分别独立培养至适宜状态,于无菌条件下,利用高压灭菌处理过的有机固体载体进行吸附。之后,按照 1∶1∶1∶1 的质量比例,将这四种菌株混合并加入酵素菌中,添加量精准控制在 10%,从而创制出全新的复合微生物菌种(简称 BYM1)。此外,我们还尝试了不同的菌株组合:淡紫拟青霉与栗褐链霉菌以 1∶1 比例混合后加入酵素菌中,制得 BYM2;白腐霉与浅黄链霉菌则以相同比例混合,加入酵素菌后制得 BYM3。

发酵试验环节,我们将初步粉碎的卷烟烟叶与米糠、麸皮、稻壳、饼粕、蔗糖等辅料混合,加水充分搅拌至含水量维持在 55%。随后,分别接种 BYM、BYM1、BYM2、BYM3 四种菌种,并设置不接种组作为对照(CK)。将接种后的混合物置于 28~32 ℃ 的适宜温度下进行培养。在这期间,我们密切观察其外观性状的变化,并通过科学方法分析功能微生物的存活状况及其对产香能力和烟丝品质的潜在影响,具体数据如表 8-14 所示。

表 8-14　发酵前后化学成分对比表

| 条件 | 总糖/(%) | 还原糖/(%) | 烟碱/(%) | 总氮/(%) | 糖碱比/(%) |
| --- | --- | --- | --- | --- | --- |
| 发酵前 | 35.23 | 33.16 | 3.95 | 1.75 | 15.71 |
| 发酵后 | 36.92 | 34.53 | 3.80 | 1.83 | 18.05 |

对发酵前后的烟丝进行顶空-气相色谱/质谱测定,测定的总离子流色谱图如图 8-1 所示,分析结果如表 8-15 所示。

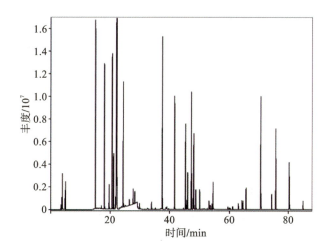

图 8-1　发酵后的卷烟烟丝挥发性成分 HS-GC/MS 检测的总离子流色谱图

表 8-15　发酵前后挥发性物质对比表(%)

| 编号 | 化合物名称 | 发酵前 | 发酵后 |
| --- | --- | --- | --- |
| 1 | 糠醛 | 15.652 | 21.702 |
| 2 | 甲基糠醛 | 1.363 | 2.137 |
| 3 | 苯乙醛 | 0.788 | 0.694 |
| 4 | 6-甲基 5-庚烯-2 酮 | 10.697 | 16.365 |
| 5 | 苯甲醇 | 16.638 | 14.417 |
| 6 | 苯乙醇 | 1.215 | 1.156 |
| 7 | 苯乙酮 | 2.095 | 2.330 |
| 8 | 芳樟醇 | 20.279 | 27.240 |
| 9 | 2,6,6-三甲基-2-环乙基-1,4-二酮 | 1.493 | 1.764 |
| 10 | 辛酸乙酯 | 0.068 | 0.281 |

续表

| 编号 | 化合物名称 | 发酵前 | 发酵后 |
| --- | --- | --- | --- |
| 11 | 麦芽酚 | 11.963 | 13.398 |
| 12 | 丁内酯 | 3.842 | 6.294 |
| 13 | 2-呋喃甲醇-乙酸 | 0.334 | 0.265 |
| 14 | 1-甲基-2-吡咯烷酮 | 0.096 | 0.086 |
| 15 | 乙基吡嗪 | 5.289 | 15.617 |
| 16 | 2-甲基吡嗪 | 0.316 | 10.759 |
| 17 | 4-环戊烯-1,3-二酮 | 0.229 | 2.086 |

结论：通过发酵处理，烟叶中的杂气与刺激性得到了显著减轻，有效降低了令人不悦的杂味与青涩气息，使得品尝时的口感更加舒适且纯净，从而全面提升了烟叶的总体品质。

此外，发酵后的烟叶在化学成分上亦展现出积极变化：香味成分的含量实现了显著提升，为烟叶增添了更为丰富的风味层次；同时，有机酸的含量有所增加，而淀粉、蛋白质和果胶类等可能影响口感的物质则明显减少，进一步优化了烟叶的感官体验与品质。

#### 8.2.3.5 烟草超微粉末的制备方式

超微粉碎技术，是一种采用机械或流体动力手段，有效瓦解固体内部凝聚力，将粒径超过 3 mm 的物料精细粉碎至 10～25 μm 范围内的先进操作技术。它诞生于 20 世纪 70 年代之后，是顺应现代高新技术快速发展需求而诞生的物料加工高新技术。超微细粉末作为这一技术的终极产物，展现出了一系列独特的理化特性，包括但不限于出色的溶解性、优异的分散性、强大的吸附能力，以及增强的化学反应活性，这些特性均为传统颗粒所不具备。因此，超微细粉末已在众多领域获得了广泛应用，包括但不限于食品、化工、医药、化妆品、农药、染料、涂料、电子以及航空航天等，为这些行业的创新与发展注入了新的活力。

粉碎室运用机械力原理，旨在克服固体物料内部的强大凝聚力，从而实现物料破碎。在业界习惯中，将大块物料分解为较小块料的操作称为破碎；而将小块物料进一步细化成细粉末的过程，则被称为磨碎或研磨，这两类操作合并起来统称为粉碎。物料颗粒的尺寸大小，即粒度，是衡量粉碎效果与程度的关键指标。基于被处理物料及所需成品粒度的不同，粉碎过程可细化为以下四种类型。①粗粉碎：适用于原粒度范围在 40～1500 mm 的物料，通过此过程，物料被破碎至成品粒度在 5～50 mm 之间。②中粉碎：针对原料粒度介于 10～100 mm 的物料，加工后成品粒度控制在 5～10 mm 之间。③微粉碎（或细粉碎）：针对原料粒度在 5～10 mm 范围内的物料，进行精细处理，最终成品粒度小于 100 μm。④超微粉碎（或超细粉碎）：同样适用于原料粒度在 5～10 mm 的物料，但加工精度更高，成品粒度精细至 10 μm 以下，展现了粉碎技术的极致精细度。

1. 磨介式粉碎

磨介式粉碎是一种通过运动中的研磨介质（磨介）所产生的冲击、非冲击式的弯曲、挤压和剪切等综合作用力，来实现物料颗粒细化的过程。其核心机制在于研磨与摩擦，尤其是通过挤压与剪切作用。粉碎效果深受磨介的尺寸、形状、配比、运动模式、物料的填充密度，以及物料本身的粉碎力学特性等多重因素影响。

磨介式粉碎技术中，代表性的设备包括球磨机、搅拌磨和振动磨三种。球磨机作为传统超微粉碎设备，虽能将产品粒度细化至 20～40 μm，但在追求粒度小于 20 μm 时，其效率显著降低，能耗增加，加工周期也相应延长。

搅拌磨则是在球磨机基础上的创新发展,由研磨容器、搅拌器、分散器、分离器和输料泵等关键部件构成。工作时,分散器的高速旋转产生强大离心力,促使研磨介质与颗粒浆料朝向容器内壁运动,从而引发高效的冲击性剪切、摩擦和挤压作用,实现颗粒的超微化与均匀化,最终产品的平均粒度可精细至数微米级别。

振动磨则利用磨介高频振动所产生的强烈冲击性剪切、摩擦和挤压效应,将颗粒进一步细化。其成品平均粒度能轻松达到 $2\sim3~\mu m$ 以下,且粉碎效率远高于球磨机,处理能力是同容量球磨机的 10 倍以上,展现了卓越的粉碎性能与效率。

2. 气流式超微粉碎

气流磨作为一种高效的超微粉碎技术,利用压缩空气或过热蒸汽通过喷嘴喷射出的超音速高湍流气流作为颗粒运动的媒介。在此过程中,颗粒间或颗粒与固定板之间发生强烈的冲击性积压、摩擦和剪切作用,从而实现精细粉碎。自 20 世纪 40 年代美国首台工业气流粉碎机问世以来,该技术已发展为包括圆盘式、循环管式、靶式、对撞式、旋转冲击式及流化床式在内的六大类机型。

相较于传统的机械式超微粉碎机,气流磨展现出显著优势:其粉碎粒度极细,可轻松达到 $2\sim40~\mu m$ 的范围,且粒度分布更为集中,即粒度均匀性更佳。此外,由于气体在喷嘴处膨胀时伴随的降温效应,粉碎过程中几乎不产生伴生热量,使得粉碎温升极低,这对于处理低熔点及热敏性物料尤为重要。

然而,气流磨亦有其局限性,主要体现在能耗较高,能量利用率通常仅约为 2%,相较于其他粉碎方法,其能耗成本显著偏高。关于产品粒度与喂料速度的关系,普遍认知存在片面性。虽然一般而言,喂料速度增加会导致产品粒度增大,但这一规律仅在喂料速度或粉碎机内颗粒浓度达到特定阈值后成立。高喂料速度下,粉碎机内颗粒浓度上升,可能引发颗粒拥挤效应,降低有效碰撞效率,仅"柱塞"前沿的颗粒能进行有效碰撞,而后部颗粒则主要经历低速碰撞、摩擦及发热。但反之,过低的颗粒浓度亦会减少颗粒间的碰撞机会,从而降低粉碎效率。因此,优化喂料速度与颗粒浓度,以达到最佳粉碎效果,是气流磨应用中需精细调控的关键环节。

综上所述,鉴于烟叶作为农作物的特性,为在保持其原有物质结构完整的前提下实现高效粉碎,我们倾向于选择气流式超微粉碎技术。该技术的主要优势概述如下:

(1)高效低温粉碎:与传统的机械粉碎方法截然不同,气流粉碎在作业过程中不产生局部过热现象,甚至能在低温环境下进行,其粉碎速度极快,瞬间完成,从而最大限度地保留了粉体的生物活性成分,为生产高质量产品奠定了坚实基础。

(2)粒径精细且分布均匀:气流粉碎技术能够确保原料上受力分布的均匀性,结合其精密的分级系统,既有效防止了大颗粒的形成,又避免了过度粉碎,最终获得粒径均匀的超细粉末。此外,这种超细粉末极大地增加了比表面积,进而显著提升了其吸附性、溶解性等理化性质。

(3)节省原料,提升利用率:经过超微粉碎处理后,得到的近纳米级细粒径超细粉通常可直接应用于制剂生产,相比之下,常规粉碎方法往往需要额外的中间处理步骤,这不仅增加了工艺复杂度,还可能导致原料的浪费。

(4)环保减污:气流式超微粉碎在完全封闭的系统内进行,有效避免了微粉对周围环境的污染,同时也防止了空气中灰尘对产品的污染,从而严格控制了微生物含量及灰尘水平,确保了产品的纯净度。

至于灭菌处理,烟叶在发酵完成后,我们采用了高压灭菌技术,处理时间设定为 30 min,以确保最终产品的卫生标准,菌落总数严格控制在每克不超过 100 个单位(cfu/g)。

**8.2.3.6 粒度分析**

在完成人工发酵与灭菌处理流程后,我们采用了气流超微粉碎技术进行处理,并随后运用了筛网分析与激光粒度分析两种先进手段,对粉碎后烟粉的粒度进行了全面而精确的验证。

在筛网分析环节,我们精心选取了具有代表性的烟草超微粉末样本,并依次通过 80 目、100 目及

200目筛网进行细致筛分。过程中,我们分别精确称量了各筛网上截留的粉末重量以及最终收集在托盘中的粉末重量,以此为基础计算了不同目数所对应粒度范围内烟草粉末的百分比占比。这一过程为我们深入分析了烟草超微粉末的粒度尺寸分布情况提供了关键数据支持,具体结果已汇总于表8-16中,以供后续参考与评估。

表8-16 筛网分析结果

| 目数 | 重量/g | 百分比/(%) |
|---|---|---|
| >80 | 3.006 | 1.6 |
| 80～100 | 1.511 | 0.8 |
| 100～200 | 4.560 | 2.4 |
| <200 | 179.091 | 95.2 |

从表8-16中可以看到,干燥和未干燥的烟草超微粉末中,均以粒度200目的颗粒为主,占比超过了95%,说明利用本方式制得的超微粉末粒度较细,可以满足使用要求。

此外,我们还采用了激光粒度分析技术,以精确测定特定粒度尺寸的粉末颗粒的重量及其百分比占比,所得结果如图8-2所示。该图清晰地展示了粉碎后的烟粉粒度主要集中在10 μm左右,这一数据基本满足了胶基型嚼烟对原料粒度的严格要求。

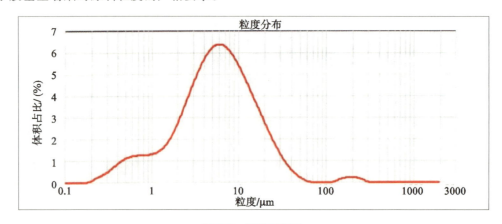

图8-2 干燥后烟粉

### 8.2.3.7 烟碱释放

我们深入研究了不同烟粉粒径对烟碱释放速率的影响,精心制备了多组样品,其粒径分别控制在40～60目、60～80目、80～100目、100～120目、120～140目、140～170目以及170～200目的范围内。随后,从每组样品中均匀选取了三份进行烟碱释放的体外模拟试验,以科学严谨的方法计算了烟碱的累计释放量,并据此绘制了详尽的累积释放曲线。实验结果直观呈现于图8-3中,为深入理解粒径与烟碱释放速率之间的关系提供了有力支持。

实验结果显示,将不同粒径的烟粉掺入胶基型嚼烟中,其烟碱释放速率展现出显著的差异性。具体而言,随着烟粉粒度的逐渐减小,烟碱的释放速率呈现出明显的加快趋势。这一现象很可能与烟碱在胶基型嚼烟中的均匀分散程度以及唾液与烟粉颗粒之间增大的接触面积密切相关。当烟粉目数过低,即颗粒较为粗大时,不仅会导致嚼烟在入口后烟碱释放速度过缓,还会在口感上产生明显的沙粒感,影响咀嚼的细腻度。从外观组织上看,也能清晰地观察到烟草颗粒物的存在。

值得注意的是,在嚼烟进入口中的5～10 min内,200目左右的样品烟碱累计释放速度有所减缓,这在一定程度上体现了烟碱的缓释效果,有助于减轻人体生理上的突然冲击感。综合考虑烟碱的入口释

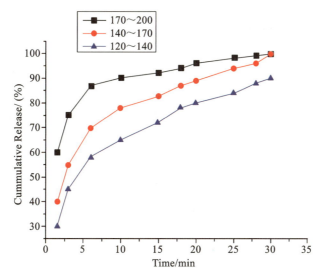

图 8-3 不同烟粉粒度嚼烟的烟碱释放曲线

放速度、咀嚼过程中的沙粒感、嚼烟的整体组织形态以及制备工艺的难易程度,我们最终决定选用 200 目作为烟粉的粉碎目标目数。

#### 8.2.3.8 烟碱设计值

基于国外嚼烟样品的广泛调研,并充分考量亚洲人群对烟碱的独特耐受能力,我们结合专业的感官评价技术,对烟碱在胶基型嚼烟中的最适含量进行了深入探索。实验中,我们按照烟粉重量百分比的 1%~4% 不等,精确地将烟碱添加到胶基型嚼烟中,以确保测试的全面性和准确性。随后,我们采用科学方法测定了各产品中烟碱的实际含量,并精心组织了一支评估团队,对不同添加比例的产品进行了全面的品尝与评价,具体结果汇总于表 8-17 中,以便为后续的优化与调整提供坚实的数据支撑。

表 8-17 不同烟粉添加量后嚼烟烟碱含量及感官评价

| 烟粉添加量 | 烟碱含量 | 感官评价 |
| --- | --- | --- |
| 1% | 0.2 mg | 滋味协调,无刺激,烟碱满足感较弱 |
| 2% | 0.5 mg | 滋味协调,无不良味道,余味纯净,烟碱满足感适中 |
| 3% | 1.0 mg | 滋味协调,无不良味道,略有刺激,烟碱满足感较强 |
| 4% | 1.5 mg | 滋味尚协调,有较明显不良味道,较有刺激,烟碱满足感过强 |

我们精心设计了一项实验方案,旨在探究不同烟粉添加量对嚼烟中烟碱含量的影响,并同步进行感官评价,以全面分析烟碱含量变化对人体生理感受的具体效应。

经过综合评估与考量,我们得出结论:当产品的烟碱含量维持在 0.2~1.2 mg/粒/片之间时,能够给予使用者中等程度的口腔与喉部刺激感,同时带来适宜的生理体验,整体感受颇为良好。基于这一发现,我们认为将烟草粉末的最终添加比例控制在 2%~3% 的范围内是较为理想且适宜的。

### 8.2.4 胶基型嚼烟试制品配方口味筛选

胶基型嚼烟,究其本质,是一种融合了烟草成分的口香糖。其整体配方架构与常规口香糖颇为相似,均涵盖了胶基基础、酸碱调节剂、甜味剂以及软化剂等关键成分,二者间的差异并不显著。然而,鉴于嚼烟中特需添加的烟草成分,这就要求在胶基型嚼烟的配方上进行一系列精细的调整。这些调整主要聚焦于口味的调和与优化,以及针对烟草特性而精心筛选的胶基材料等方面,以确保最终产品既保留口香糖的基本特性,又能完美融入烟草的独特风味与体验。

鉴于烟草的融入,无疑会在产品使用过程中为口腔及喉部带来诸如苦味、辣味、涩味等较为强烈的感官体验。为此,对胶基型嚼烟的口味进行精心筛选显得尤为重要。针对此挑战,我们广泛考察了包括薄荷、咖啡、柠檬、绿茶、菠萝、草莓、水蜜桃等在内的上百种口味选项,并逐一进行了试验小样的精心配制。随后,通过严格的感官评价流程,针对这些样品的苦味、辣味、涩味程度及其与烟草风味的协调性进行了全面评估,具体结果如表8-18所示。此举旨在筛选出与烟草完美融合,实现口感协调一致的口味组合。

表8-18 不同口味对嚼烟的影响

| | 苦味 | 辣味 | 涩味 | 协调性 |
|---|---|---|---|---|
| 薄荷 | + | + | + | 好 |
| 咖啡 | ++ | + | + | 中 |
| 柠檬 | + | + | + | 好 |
| 绿茶 | +++ | ++ | + | 中 |
| 菠萝 | + | ++ | ++ | 中 |
| 草莓 | + | + | + | 中 |
| 水蜜桃 | + | + | ++ | 中 |
| 蓝莓 | ++ | + | + | 中 |
| 哈密瓜 | + | + | + | 中 |
| 滇橄榄 | + | + | ++ | 好 |
| 西瓜 | + | ++ | + | 中 |
| 可乐 | + | ++ | + | 中 |
| 青苹果 | + | + | ++ | 中 |
| 美拉德产物 | ++ | + | | 好 |

协调性:以好、中、差来表示。

经上述深入研究证实,薄荷展现出卓越的苦味与辣味掩蔽能力;柠檬则以其独特的酸甜风味,有效促进口腔生津,显著缓解烟草可能引起的口腔及喉部不适感;咖啡更是巧妙地与烟草中的苦味相融合,非但消弭了负面体验,反而转化为令人愉悦的协调风味。此外,滇橄榄、哈密瓜以及美拉德产物亦与烟草展现出了良好的相容性,共同提升了产品的整体风味层次。

鉴于此,我们精心挑选了薄荷、咖啡、柠檬、滇橄榄、哈密瓜以及美拉德产物作为本产品的核心口味特征,旨在为消费者带来既独特又和谐的嚼烟体验。

## 8.2.5 胶基选择

胶基,作为一种无营养价值、不可消化且不溶于水的物质,以其卓越的咀嚼性成为口香糖与泡泡糖不可或缺的基石。尽管这两类产品中的胶基成分各有千秋,但其基本构成原理却殊途同归。

胶基的具体配方往往被视为商业机密,但其核心成分通常涵盖以下几大类:

①橡胶:作为胶基弹性的主要贡献者,可以是源自自然的橡胶,如枇杷胶或明胶(在日本也被称为"日本胶"),亦可是合成橡胶的杰作,如苯乙烯-丁二烯橡胶、丁基橡胶或聚异丁烯,它们共同赋予了胶基

以柔韧与弹力。

②酯类:这一类成分主要负责增强胶基的黏附性和浓度,常见的有松香甘油酯及松香等,它们如同黏合剂一般,让胶基更加紧密而富有黏性。

③蜡类:在胶基中扮演着软化剂的角色,主要由石蜡或微晶蜡构成,它们的加入使得胶基在咀嚼时更加顺滑,易于延展。

④脂肪:主要成分为氢化植物油,它们赋予了胶基良好的可塑性,使得其能够在不同形态间自如转换,满足消费者的咀嚼需求。

⑤乳化剂:以卵磷脂为主要成分,它促进了胶基中各成分的均匀混合,确保了产品的稳定性和一致性。

⑥填充物:主要由碳酸钙和滑石粉等矿物质组成,它们不仅构建了胶基的基本结构,还赋予了产品一定的体积和质感。

⑦抗氧化剂:如 BHT(丁基羟基甲苯),它们是胶基的保护神,能够有效防止产品因氧化而变质,从而延长产品的保质期,确保消费者享受到始终如一的新鲜口感。

自胶基型嚼烟诞生以来,胶基制造商便持续致力于优化胶基中的成分比例与配方,旨在开发出性能更卓越或具备独特功效的嚼烟胶基。尽管创新不断,但当前市场上广泛应用的胶基仍稳固地建立在以下六大核心组分之上。

#### 8.2.5.1 弹性体

弹性体作为口香糖胶基的关键基石,不仅赋予了产品卓越的咀嚼体验,还兼具增塑、成膜等多重功能。在胶基制备过程中,所选用的弹性体多为具备显著弹性和良好膨胀性的疏水性材料,这些材料能在遭受如咀嚼等外力作用后迅速恢复原状,长时间内维持胶体的弹性与适宜的软硬度平衡。

当前,嚼烟胶基的原料可大致划分为合成树脂与天然树脂(或称天然弹性体)两大类别。在合成树脂领域,聚醋酸乙烯酯(PVAC)、苯乙烯-丁二烯共聚物(SBR)、聚异丁烯以及异丁烯-异戊二烯共聚物(IIR)等是常见的选择。

而天然树脂方面,则涵盖了诸如糖胶树脂(亦称奇科胶)、莱开欧胶、芡茨棕树胶、节路顿树脂、巴拉塔树胶及天然橡胶等丰富种类。其中,糖胶树脂以其松软的弹性及高含胶量,被誉为制备嚼烟胶基最早且最为理想的原料。节路顿树胶,因其相似的特性,常被用作糖胶树脂的替代品。至于传统口香糖胶基,则广泛采用天然橡胶来调节胶姆糖的弹性,尽管其分子量高达 20 万,直接咀嚼难以实现,但经过精心炼制,降低软化点和分子质量后,便能完美融入胶基型嚼烟的配方之中。

#### 8.2.5.2 聚合型树脂

聚合型树脂,作为嚼烟胶基性能改良的得力助手,不仅与弹性体协同作用提升产品性能,还赋予胶基诸多独特特性,如卓越的塑性和耐咀嚼性。在众多树脂材料中,聚醋酸乙烯酯(PVAC)因其优异的性能成为制备嚼烟胶基的首选。PVAC 是一种在醋酸环境中由醋酸乙烯单体聚合而成的亲水性高分子,其平均聚合度介于 350~500 之间,值得注意的是,聚合度的提升虽能增强弹性,却也要求反应体系中必须添加适量的可塑剂以保持工艺性,因此,精准控制聚合度对于胶基制备及工艺优化至关重要。

作为口香糖胶基的核心原料,聚醋酸乙烯酯的优选聚合度范围通常设定在 200~700 之间,尤其是那些含有分枝结构且聚合度偏低的品种,更能满足胶基对弹性和加工性能的需求。此外,PVAC 的另一大优势在于其良好的亲水特性,其最高含水量可达约 25%,能够迅速与人体唾液相互作用,在口腔温度下实现自然软化,为咀嚼带来更为舒适的体验。

特别地,在制备板式口香糖时,树脂材料的选择尤为关键,聚合度控制在 200~400 之间的聚醋酸乙烯酯因其适宜的硬度和弹性,成为行业的优选方案。

### 8.2.5.3 可塑剂

在制备嚼烟胶基的过程中，原则上，源自动植物的各种蜡质均可作为有效的可塑剂使用，其核心作用在于软化胶基中的橡胶成分，赋予其良好的可塑性，从而简化后续的加工流程。胶姆糖基体中常见的可塑剂主要包括以下三种：

1. 微晶石蜡

作为润滑油馏分（源自原油蒸馏）经过复杂加工工序提炼而成的片状或针状结晶体，微晶石蜡主要由高纯度的正构烷烃构成，也可能含有少量带支链的烷烃或长侧链环烷烃。其独特的物理性质——高黏度、高熔点、卓越的延伸性和可塑性，以及均匀致密的组织结构，使得微晶石蜡在低温环境下依然表现出色，有效防止产品变脆。因此，微晶石蜡在嚼烟胶基制备中作为可塑剂的应用极为广泛。

2. 固体食用石蜡

这一类别同样展现出优异的可塑性能，包括蜜蜡、白蜂蜡、巴西棕榈蜡等多种类型，它们的主要化学成分为含有 20～36 个碳原子的直链烷烃。这些产品不仅无臭无味，触感滑腻，且熔点适中（56～58℃），能够有效地软化口香糖胶基中的橡胶成分，是制备过程中不可或缺的辅助材料。

3. 硬化油

在常温下呈现为白色或微黄色的蜡状固态，具有显著的疏水特性，熔点接近 58 ℃。尽管硬化油在制皂行业中有着广泛应用，但用于食品工业特别是嚼烟胶基制备时，需经过特殊处理以确保其安全性。在嚼烟胶基中，硬化油的主要功能与上述两种可塑剂相似，即软化胶基弹性体，同时降低产品的整体黏度，促进加工过程的顺利进行。

### 8.2.5.4 酯树胶

酯树胶，作为松脂与甘油经由精心设计的合成反应所得的产物，具备显著的体积感，这一特性使其能够有效提升产品的蓬松度与树胶质感，并在嚼烟的制备中强化其皮膜结构。然而，值得注意的是，若酯树胶品质不佳或发生陈化，可能会携带不良异味，这对最终胶基产品的品质将构成严重损害。在行业内，萜烯树脂与松香甘油酯等是应用最为广泛的酯树胶种类，它们以其稳定的性能和优越的效果赢得了市场的广泛认可。

### 8.2.5.5 乳化剂

在胶姆基的构成中，巧妙融合了亲水性胶基与亲油性胶基，两者均展现出良好的黏附力、弹性与硬度特性。为了确保最终制得的胶姆糖能够拥有卓越的性能，制备过程中必须精准添加适量的乳化剂。鉴于胶基中疏水性物质占比较高，选择具有较低 HLB 值（亲水亲油平衡值）的乳化剂显得尤为重要。合理应用这类乳化剂，不仅能促进胶基内部组织的均匀分布，避免黏牙现象，还能发挥软化作用，有效调节胶基弹性体的高弹性，并适当控制其硬度，从而显著提升胶基的加工性能与成品质量。

常用于胶基制备的乳化剂包括蔗糖二硬脂酸酯（HLB 值为 3.0）、单硬脂酸甘油酯（HLB 值为 3.8）、卵磷脂、甘油酯以及分子蒸馏单甘酯等。这些乳化剂各自具备独特的性能优势，通过科学配比与精心调控，能够共同作用于胶基体系，为制备出高品质、口感优异的胶姆糖产品奠定坚实基础。

### 8.2.5.6 填充剂

在嚼烟的制备过程中，可能会不可避免地出现孔洞与缝隙，这些问题不仅损害了胶基的外观美观性，也对其使用性能构成了显著影响。为有效解决这一问题，通常会在制备流程中引入一系列无机物质作为填料。常见的填料包括滑石粉、碳酸钙，部分胶基配方中还会采用碳酸镁、磷酸氢钙等作为补充的无机填充剂。

这些填充剂的应用不仅限于填补孔洞与缝隙，它们还发挥着多重积极作用：有效去除胶体中的生胶异味，显著提升成膜性能，并增强产品的容积感与视觉效果。此外，填充剂还能优化咀嚼体验，减少胶基间的黏着现象,并在一定程度上降低生产成本。

对于填充剂的选择,高纯度与细粒度是两大核心标准。在食品级碳酸钙的选用上,胶体碳酸钙与轻质碳酸钙因其优异的性能而备受青睐,成为加工过程中的理想添加剂。值得注意的是,在含有酸类香精的胶基配方中,滑石粉成为更为合适的选择,因为碳酸钙在此类环境中易与酸发生反应,生成二氧化碳气体,可能对加工过程造成不利影响,如气泡产生、结构不稳定等。

### 8.2.6 产品配方

#### 8.2.6.1 石林、阿诗玛配方

经过上述的配方筛选,最终确定的石林、阿诗玛的配方如表 8-19 所示。

表 8-19 石林、阿诗玛产品配方

| 组分 | | 口味 | 薄荷-轻 | 薄荷-重 | 柠檬 | 咖啡 |
|---|---|---|---|---|---|---|
| 胶基-JG | | | 30% | 30% | 30% | 30% |
| 甜味剂 | 糖醇类 | | 57% | 54.5% | 56% | 56% |
| | 阿斯巴甜 | | 0% | 0% | 0.1% | 0.1% |
| 软化剂 | | | 6% | 6% | 6% | 6% |
| 香精 | 口味香精 | | 1.5% | 2.5% | 2.5% | 2.5% |
| | 清凉因子 | | 1% | 1.5% | 0.1% | 0.1% |
| 酸碱调节剂 | | | 1.5% | 1.5% | 1.5% | 1.5% |
| 烟草粉末 | | | 2.8% | 4% | 4% | 4% |
| 烟碱含量/(mg/粒) | | | 0.26 | 0.36 | 0.34 | 0.37 |

#### 8.2.6.2 青系列——青莲、青云和青成配方

通过精心调配由香精香料衍生的美拉德产物与滇橄榄提取物,我们开展了一系列配方小试,精准锁定了各自的最佳添加比例。为进一步优化青成配方的口感体验,我们特别引入了人参粉,分别以 0.5% 和 1.0% 的比例进行添加,有效缓解了滇橄榄可能带来的舌尖麻刺感。基于上述深入研究与实验验证,我们最终确立了青成与青云两款产品的精确配方,详细数据参见表 8-20 与表 8-21。

表 8-20 青成产品配方

| 原料名称 | 质量百分含量/(%) |
|---|---|
| 胶基-JG | 30.00 |
| 山梨糖醇 | 56.20 |
| 山梨糖醇液 | 4.67 |
| 软化剂 | 1.20 |
| 甘油 | 0.73 |
| 特殊香料 A | 0.10 |
| 特殊香料 B | 0.10 |
| 烟末 | 2.00 |

续表

| 原料名称 | 质量百分含量/(%) |
|---|---|
| 烟草提取物 | 0.22 |
| 薄荷凉味剂 | 0.40 |
| 特殊香料 C | 0.11 |
| 人参粉 | 0.50 |
| 滇橄榄提取物 | 3.77 |
| 合计 | 100 |

表 8-21 青云产品配方

| 原料名称 | 质量百分含量/(%) |
|---|---|
| 胶基-JG | 30.00 |
| 山梨糖醇 | 57.00 |
| 山梨糖醇液 | 4.67 |
| 软化剂 | 1.20 |
| 甘油 | 1.20 |
| 特殊香料 D | 0.10 |
| 特殊香料 E | 0.10 |
| 烟末 | 2.00 |
| 烟草提取物 | 0.22 |
| 薄荷凉味剂 | 0.40 |
| 特殊香料 F | 0.11 |
| 美拉德产物 | 3.00 |
| 合计 | 100 |

## 8.3 有益于口腔健康的口含烟产品开发及论证

根据前面章节筛选出的有益于口腔健康的功效性物质,将这些功效性物质根据其有效工作浓度添加到口含烟实际配方中,并进一步评估它们是否能够改善口腔健康。

### 8.3.1 口含烟产品的配方优化

#### 8.3.1.1 原配方分析

原袋装型口含烟配方如表 8-22 所示。

表 8-22　原袋装型口含烟配方

| 原料 | 配方 A/g |
| --- | --- |
| 烟叶粉末 20～40 目 | 4000 |
| 烟叶粉末 40～60 目 | 2000 |
| 盐 | 300 |
| 蜂蜜 | 300 |
| 白砂糖 | 120 |
| 罗汉果 | 120 |
| 大枣 | 90 |
| 甘草 | 60 |
| 梅子 | 60 |
| 安赛蜜 | 30 |
| 果糖 | 50 |
| 处理后水分含量 | 45% |
| 碳酸氢钠（以处理后烟粉计算） | 3.5% |
| 香精（以处理后烟粉计算） | 菠萝香精 5% 或薄荷香精 3% |

经过对袋装型口含烟成分的深入比对与分析，我们发现其中能迅速溶解于唾液并显著提升渗透压的化合物主要包括盐、蜂蜜、果糖及碳酸氢钠，尽管这些成分的含量均维持在较低水平。相比之下，在胶基烟中，山梨糖醇与甘油则是导致唾液渗透压迅速上升的主要成分，尤为突出的是，山梨糖醇的质量分数高达 57%，其溶解于唾液后，能显著且迅速地提升渗透压水平。

这些成分差异在配方层面得到了合理解释，并直接反映在志愿者使用这些产品后唾液渗透压的变化上。具体而言，使用袋装型口含烟后，志愿者的唾液渗透压大致维持在 600～1000 mOsmol/kg 的范围内，这一变化幅度显著低于胶基烟所带来的影响，进一步凸显了两者在成分构成及生理效应上的显著差异。

袋装型口含烟使用后渗透压升高的原因复杂多样，难以仅通过减少某一特定成分的含量来有效降低其渗透压。因此，直接削减无烟烟草中某些成分的添加量以抑制唾液渗透压的上升，面临诸多挑战，需在未来通过全面优化无烟烟草的配方体系方可望实现。尽管直接调控渗透压以优化产品配方难度较大，但在配方中引入能够缓解渗透压应激的天然产物或化合物则显得相对可行且便捷。鉴于此，在小规模样品制作阶段，我们主要聚焦于添加这类天然产物和化合物，以期达到改善产品特性的目的。

### 8.3.1.2　配方优化

在袋装型口含烟中，在不改变原有配方的基础上，添加野菊花提取物和甘草提取物制作成袋装型口含烟。添加野菊花提取物及甘草提取物的量按照前述的试验结果换算而来，如表 8-23 所示。

表 8-23　优化后的袋装型口含烟配方

| 原料 | 配方/g |
| --- | --- |
| 烟叶粉末 20～40 目 | 4000 |
| 烟叶粉末 40～60 目 | 2000 |

续表

| 原料 | 配方/g |
|---|---|
| 盐 | 300 |
| 蜂蜜 | 300 |
| 白砂糖 | 120 |
| 罗汉果 | 120 |
| 大枣 | 90 |
| 甘草 | 60 |
| 梅子 | 60 |
| 安赛蜜 | 30 |
| 果糖 | 50 |
| 烟碱苹果酸盐 | 50 |
| 野菊花提取物 | 350 |

### 8.3.2 配方优化后的无烟烟草口腔感受测试

#### 8.3.2.1 口腔感受调查

遵循前述相似的测试方法,我们对口含烟进行了评估,但鉴于本次测试仅限于少量样品的逐一对比,志愿者仅需针对每对比较的产品,给出其更倾向于舒适还是不适的主观感受,并同时记录使用产品前后口气状态的变化。具体的测试样品清单详见表8-24。

表8-24 测试样品列表

| 编号 | 样品代号 | 样品描述 |
|---|---|---|
| 01 | A | 未优化配方的袋装型口含烟 |
| 02 | B | 优化配方的袋装型口含烟 |

针对上述产品,从南昌大学招募了10名志愿者,志愿者基本情况如下:
(1)年龄:22~24岁;
(2)性别:男性5名,女性5名;
(3)职业:在读研究生;
(4)吸烟史:仅一人有吸烟史。
所有参与测试者均签署了知情同意书。
测试方案细化如下:
(1)将全部待测样品明确划分为两类进行测试,即A类与B类。
(2)每位志愿者需严格按照产品说明使用样品,包括含服或咀嚼,确保测试条件的一致性。两类口含烟的测试需分开进行,且两次测试之间的间隔需超过7 d,以避免相互影响。测试应安排在一天内完成,志愿者在使用每个样品之间需保持至少2 h的间隔。每位志愿者需完成两次测试,第二次测试时随机调换样品顺序,以确保测试的客观性和公正性,同时,志愿者对样品的具体名称保持未知状态。
(3)在每次测试开始前及结束后,均需对志愿者的口气状况进行详细记录与评估。

(4) 于测试开始后收集志愿者口腔内产生的全部唾液,在这期间需提醒志愿者不得吞咽唾液,以确保收集的准确性。

(5) 对收集到的唾液体积进行精确测量,并据此计算出唾液流量,以评估不同样品对唾液分泌的影响。

(6) 进一步测定唾液的渗透压,以科学评估无烟烟草使用对唾液渗透压的具体影响。

(7) 根据志愿者的主观感受,对每类无烟烟草产品进行刺激性评估,分别评选出刺激性最强(最难以接受的)和刺激性最小(相对较温和的)样品。

(8) 建立评分标准,对志愿者的评价进行量化处理:每有一人认为某样品刺激性最大,则该产品减1分;每有一人认为某样品刺激性最小,则该产品加1分;若认为无明显区别,则不计分。最终,将所有参与者的评价汇总,得出每个样品的原始分数 M。为了便于后续与体外实验评估结果的对比,对原始分数进行适当调整,即在原始分数基础上加11,确保所有分数均为正数。

根据上述打分规则,最后评估得分为:

$$评估得分(Q) = 认为刺激最小人数 \times 1 + 认为刺激最大人数 \times (-1) + (测试人数 + 1)$$

主观感受的统计结果如表 8-25 所示。

表 8-25  主观评估原始数据

| 志愿者编号 | 样品编号 | A | B |
|---|---|---|---|
| 第一次测试 | NC001 | −1 | 1 |
| | NC002 | −1 | 1 |
| | NC003 | −1 | 1 |
| | NC004 | −1 | 1 |
| | NC005 | −1 | 1 |
| | NC006 | −1 | 1 |
| | NC007 | −1 | 1 |
| | NC008 | −1 | 1 |
| | NC009 | 0 | 0 |
| | NC010 | −1 | 1 |
| 第一次测试总分 | | −9 | 9 |
| 第二次测试 | NC001 | −1 | 1 |
| | NC002 | −1 | 1 |
| | NC003 | −1 | 1 |
| | NC004 | −1 | 1 |
| | NC005 | −1 | 1 |
| | NC006 | −1 | 1 |
| | NC007 | −1 | 1 |
| | NC008 | −1 | 1 |
| | NC009 | 0 | 0 |
| | NC010 | −1 | 1 |
| 第二次测试总分 | | −9 | 9 |

根据上表所呈现的数据,我们可以明确得出结论:在单盲测试环境下,经过配方优化后的袋装型口含烟在主观感受上展现出了显著的改善。在两次针对优化前后产品的对比测试中,仅有一位志愿者表示两者间无明显差异,而其余九位志愿者则一致认同,优化后的产品能够显著提升口腔舒适度,有效减轻刺激感。综上所述,绝大多数志愿者的反馈均指向了配方优化对于改善口腔感受的积极作用。

#### 8.3.2.2 唾液流量及口气的测定

在志愿者参与的上述测试流程中,我们不仅收集了唾液样本,还细致测定了唾液的流量与渗透压,并同步评估了使用者的口气状况。口气异常问题,其核心根源在于口腔内挥发性硫化物浓度的上升,这一过程与口腔微生物的活动紧密相关。为此,我们运用了先进的口气测量仪及便携式气相色谱仪,精准检测了志愿者在使用不同天然植物提取物前后,口气中挥发性硫化物(VSCs)的总浓度,特别是 $H_2S$ 与 $CH_3SH$ 这两种关键组分的含量变化。

如图 8-4 所示,对比优化配方前后的口含烟使用效果,我们发现两者在志愿者唾液流量的影响上并未展现出显著差异。然而,值得注意的是,优化配方后的口含烟显著降低了口气中的硫化物含量,这一结果有力证明了优化配方产品具有显著的清新口气功效。

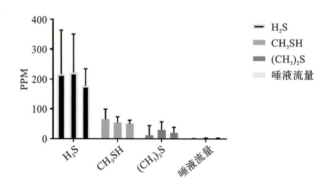

图 8-4　优化配方前后口含烟对口气及唾液流量的影响

#### 8.3.2.3 口腔细胞指标检测

1. 提取物的渗透压测定

取一片袋装型口含烟,随后向其加入 2 mL 已预热至 37 ℃ 的人工唾液,并置于研钵中。利用研磨杵,以每 15 秒一次的频率进行四次挤压操作。待 1 min 后,丢弃烟袋及其内剩余未溶解物,收集萃取液进行后续处理。将萃取液置于离心机中,以 16000 rpm 的速度离心 10 min,之后通过 0.22 μm 的滤膜进行过滤,以备后续使用。若不打算立即使用,应将过滤后的萃取液妥善保存于 -80 ℃ 的冷冻环境中。

针对优化前后的袋装型口含烟,我们均进行了两次独立的测定,并对所提取的样品进行了渗透压分析。测试结果显示在图 8-5 中,通过对比可以直观了解到优化配方对渗透压的具体影响。

2. MTS 测定细胞存活率

为了评估细胞存活率,我们采用了 MTS 法进行检测。鉴于前期分析已证实不同稀释倍数下该检测方法具有良好的线性关系,本次实验特选定 1/4 稀释倍数进行。具体实验流程如下:

(1)细胞准备:选取传代至 5~6 代的口腔上皮细胞作为实验对象,确保细胞状态稳定。

(2)细胞接种:待细胞生长至培养皿约 80% 满时,采用 0.25% 胰蛋白酶进行消化处理,随后使用 K-sfm 培养基将细胞配制成单个细胞悬液。精确控制每孔接种 8000 个细胞至 96 孔板中,每孔

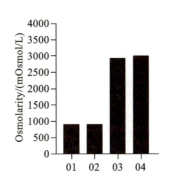

图 8-5　使用人工唾液提取的口含烟提取物渗透压测定

(01、02 号样品为优化配方前,03、04 号样品为优化配方后)

加入培养基体积为 100 μL,随后将细胞置于适宜条件下培养 24 h,以确保细胞贴壁并恢复良好生长状态。

(3)暴露处理:向各孔中加入用 DMEM/F12 培养基配制的不同浓度烟草提取液,继续培养 12 h,以观察烟草提取液对细胞存活率的影响。

(4)MTS 显色反应:向每孔中加入 20 μL MTS 溶液,随后将培养板置于培养箱中继续孵育 4 h,使 MTS 与活细胞中的脱氢酶发生反应,生成可溶性的甲䐶产物,其颜色深浅与活细胞数量成正比。

(5)结果测定与分析:利用酶联免疫监测仪,在 490 nm 波长下测定各孔的光吸收值。以时间为横坐标,将未加药处理组的细胞存活率设定为 100%,计算并绘制各浓度烟草提取液处理组的细胞存活比例图,直观展示烟草提取液对口腔上皮细胞存活率的影响。

遵循上述检测方法,我们将无烟烟草提取物按 1/4 体积比进行配制并开展实验。实验结果显示,01 号和 03 号样品分别导致了 30% 和 40% 的细胞死亡率。然而,在配方优化之后,02 号和 04 号样品提取物的细胞毒性显著降低,其引起的细胞死亡率被控制在 10% 以下,如图 8-6 所示。这一发现有力证明了优化配方后的口含烟能够有效减轻渗透压应激所导致的细胞死亡,展现出更好的生物相容性和安全性。

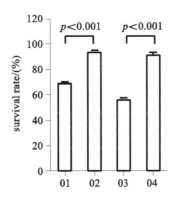

图 8-6　优化配方前后口含烟对口腔上皮细胞存活率的影响

(01、03 号样品为优化配方前,02、04 号样品为优化配方后)

#### 8.3.2.4　口腔微生物指标检测

将优化配方前后的口含烟提取物进行口腔致病微生物的抑菌实验。结果如表 8-26 所示。

表 8-26  优化配方前后口含烟对微生物生长状态的影响

| | | 变形链球菌 | 具核梭杆菌 | 戈氏链球菌 | 牙龈卟啉单胞菌 |
|---|---|---|---|---|---|
| 1 | 优化配方前 | — | — | — | — |
| 2 | 优化配方后 | ＋ | — | ＋ | ＋ |

注：—表示没有抑制作用；＋表示具有抑制作用。

由表 8-26 可以看出，优化配方后的口含烟对变形链球菌、戈氏链球菌、牙龈卟啉单胞菌的生长可产生抑制作用。

本节研究在无烟烟草中融入了精心筛选的天然中草药提取物，实验结果表明，优化后的配方不仅显著增强了口含烟对口腔上皮细胞的保护作用，还展现出了对口腔致病微生物的有效抑制作用，进而达到了抑制口腔炎症、清新口气的双重效果。最终，通过产品小样的实际测试，我们验证了先前的假设：无烟烟草的口腔感受与其渗透压之间存在正相关关系，且通过改善渗透压应激所引发的细胞死亡现象，能够有效地保护口腔上皮细胞，进而提升整体的口腔感受。这一发现为无烟烟草产品的进一步优化与改良提供了坚实的科学依据。

### 8.3.3 小结

本节深入探讨了袋装型口含烟的配方设计技术，并得出了一系列重要结论：

(1) 通过对多种烟叶原料的细致评价与严格筛选，我们确立了以国产优质烤烟为核心，辅以白肋烟及膨胀梗丝的组合策略，作为袋装型口含烟的叶组配方基本原则，确保了产品的原料基础坚实可靠。

(2) 针对非烟草原料部分，我们系统评估了矫味剂、酸碱调节剂及香味剂等多种添加剂的性能与适用性，精准界定了它们在配方中的合理添加范围，以优化产品的整体风味与品质。

(3) 针对当前国际市场产品存在的局限性，我们独辟蹊径，将中医药的智慧融入袋装型口含烟的配方设计中。通过精心筛选，我们成功将大枣、罗汉果、甘草、野菊花等兼具药用与食用价值的中药材融入配方，不仅显著提升了产品的口感，还赋予了其清咽润喉的独特健康益处。

(4) 基于上述研究，我们精心设计了三款各具特色的袋装型口含烟配方，包括薄荷清凉型、菠萝果香型以及经典烟草原味型，以满足不同消费者的多元化需求。

(5) 为验证优化配方的实际效果，我们进行了烟碱缓释性能与口腔感受的专项测试，结果充分证明了其优越性与市场潜力，为中式新型无烟烟草制品的开发与推广提供了坚实的技术支撑。

综上所述，本研究不仅明确了中式特色口含烟配方的基本组成与最佳配比，更为后续中式特色口含烟的深入研发与产业化应用奠定了坚实的基础。

本节还聚焦于胶基型嚼烟产品的配方设计与优化组合，经过深入研究与试验，成功推出了首款胶基型嚼烟，涵盖粒状与片状两大规格，并提供了多样化的口味选择。

(1) 在配方方案的制定上，我们明确以国产优质烤烟作为核心烟叶原料。通过专业人员的细致评吸，重点评估了烟粉的粒度（颗粒感）、烟味的纯正度、刺激性的平衡以及余味的悠长，最终选定粉碎目数在 200 目以上的烟粉，以确保产品的细腻口感与卓越品质。

(2) 原料选择环节，我们广泛品尝了不同等级、品种及产地的烟叶，并综合考虑我国烟叶的独特感官特性与实际生产状况。基于此，我们决定以国产烤烟为主打，特别是红花大金元、K326 等优质品种，同时巧妙融入少量晾晒烟与香料烟，以丰富产品的风味层次与复杂度。

(3) 鉴于亚洲人群对烟碱的特定耐受度，我们结合详尽的感官评价，对烟碱含量进行了精心调控。

经过综合评估,确定产品的烟碱含量应维持在 0.2～1.2 mg/粒/片的范围内,这一比例既保证了适度的口腔与喉部刺激感,又带来了舒适的生理体验与整体愉悦感。因此,我们最终将烟草粉末的添加比例控制在 2%～3% 之间,以达到最佳的风味与效果平衡。

(4)在香味创新方面,我们精心挑选了薄荷、咖啡、柠檬、滇橄榄、哈密瓜等天然风味元素,并巧妙融入美拉德产物,为产品赋予了独特而丰富的口味特征。这些口味的融合不仅提升了产品的吸引力,还满足了消费者多样化的口味偏好。

# 第九章
# 生产制造工艺技术

## 9.1 无烟烟草制品生产加工工艺

不同种类的无烟烟草制品在生产加工工艺上各具特色,但核心加工流程大致相似,涵盖烟草原料的精选与预处理、原料的加工处理、添加剂的融入以及最终产品的包装这四个关键环节。尤为重要的是,口含烟与嚼烟在各自的工艺流程及添加剂使用上,必须严格遵守食品安全的相关标准。

首先,需精心挑选适宜的无烟烟草原料,随后进行掺配、粉碎与筛分等预处理步骤。对于部分发酵型产品而言,还需经历特定的发酵过程,此过程中选用的微生物群落及发酵工艺依据产品特性而异。在加工时,还需细致考量不同大小颗粒的配比,以确保其对消费者吸食体验的最佳贡献。

原料预处理完成后,需采取恰当的杀菌消毒措施,以确保产品的安全性。常用的杀菌方法包括超高压杀菌技术、低温杀菌、巴氏杀菌法、超高温瞬时杀菌、微波杀菌、紫外线杀菌及臭氧杀菌等。在选择杀菌方式时,需综合考量杀菌时间、温度、湿度等因素对产品吸食感官品质的可能影响。

随后,对无烟烟草半成品进行加香加料处理,以提升产品的风味与品质。此过程中涉及的添加剂种类繁多,包括但不限于香味剂、甜味剂、酸碱调节剂、保润剂及抗氧化防腐剂等。在选用添加剂时,需周密考虑其加入条件、时间、顺序及用量等因素,以确保最终产品达到理想的感官效果与安全性标准。

不同种类的无烟烟草制品在包装设计上展现出显著的多样性,常见的包装形式包括散装、无纺布袋装以及膜包装等,这些包装形式均与其特定的吸食方式相匹配,共同追求着简便易用、安全可靠且能优化消费者吸食体验的目标。

以瑞典口含烟为例,其独特的细颗粒形态与高达50%以上的高含水量(亦有部分产品含水量控制在40%以下,呈现半干状态)共同构成了其显著特点。消费者可将产品轻松置于上唇与牙龈之间,享受无须唾出唾液的便捷吸食体验。瑞典口含烟的精心制作流程始于烟叶的干燥处理,随后是混合与研磨步骤,将研磨后的烟草粉末与适量水和盐通过加热混合搅拌,这一过程不仅实现了巴氏杀菌,有效杀灭了烟草中的微生物与细菌,还确保了产品的卫生安全。随后,通过添加碳酸钠调节pH值至8.5,并融入精心调配的调味剂,赋予了产品独特的口感与风味。

在瑞典,所有瑞典式口含烟的原材料与制造过程均需严格遵循瑞典食品法案的卫生标准。作为该领域的领军企业,瑞典火柴公司更是制定了名为"GothiaTek®"的专属质量标准,该标准对原材料的选择、制造过程的每一个环节以及最终产品的成分组成均设定了严苛的规范与限制。正是得益于这份对品质的不懈追求与严格把控,瑞典火柴的口含烟产品始终在市场中保持着领先地位,赢得了广大消费者的信赖与喜爱。

## 9.2 袋装口含烟生产加工工艺确定

### 9.2.1 国外加工工艺剖析

根据现有文献,袋装口含烟的生产流程详尽地涵盖了四个主要工序:烟草原料的粉碎、筛分与混配;烟草材料的处理;辅助材料的添加;以及最终的包装环节。

在烟草原料的粉碎、筛分与混配阶段,原料烟片首先被精细粉碎,随后依据不同的粒度标准进行筛分,最后依据既定的配方,将不同粒度的原料科学、均匀地混合,以确保产品质量的稳定性和一致性。

烟草材料的处理工序,作为整个生产流程的核心且高度保密的部分,其具体细节鲜少见于公开文献。一般而言,此环节包括发酵法与巴氏杀菌热处理法两种主流方式。发酵法涉及将粉碎后的烟草材料历经 2~3 年的自然发酵过程,此法在美国 Moist Snuff 型口含烟生产中占据重要地位。而巴氏杀菌热处理法,则是将按配方调配好的烟粉置于接近 100 ℃ 的水蒸气环境中进行连续的湿热处理,这一技术被瑞典 Snus 型口含烟视为经典制造工艺。

辅材添加工序则根据实际需求,灵活安排于烟草材料处理之前或之后进行。例如,矫味剂及水等辅料通常在处理前添加,而酸碱调节剂、保润剂及香味材料等则在处理工序完成后添加。其中,香味材料的引入方式多样,既有通过浸渍法深入渗透,也有采用喷施法均匀覆盖。

最后的包装工序,是将已添加完所有辅料并经过适当处理的半成品,在低温条件下储存一段时间后,利用先进的封装设备,精准分装成固定规格的小袋,即国际文献中广泛提及的"Pouch",也就是我们所称的袋装口含烟。

### 9.2.2 加工流程确定

当前,国内普遍采用高温高湿连续热处理法作为袋装口含烟烟草原料的核心处理手段。基于袋装口含烟配方中各成分的独特性质、具体的加工需求以及这些成分在工艺流程中的添加次序,我们精心设计了袋装口含烟的完整加工工艺流程,该流程详见图 9-1。此流程巧妙地将袋装口含烟生产所需的全部工序无缝衔接,形成了一个高效、有序的整体系统。

### 9.2.3 实验室试制线建立

基于袋装含烟制品的工艺流程与工程设计标准,我们将整个生产过程精细划分为制粉工序、热制工序、包装工序及辅料添加四大核心环节。以此划分为基础,我们精心设计了对应的实验室工艺路线(如图 9-2 所示),旨在确保每一步骤都能精准执行,以满足产品的高品质要求。

依据既定的工艺路线,我们精心设计了配套的加工设备体系。制粉工序集成了先进的片烟松散台 1、精磨机 2、多级电控振动筛分设备 4,以及原料烟粉储料柜 5,确保原料处理的精细与高效。热制工序则配备了专业的烟粉处理系统 7,以及成品烟粉储料柜 9,保障热处理过程的稳定与成品质量。至于包装工序,则采用了自动包装机 10,实现了快速、精准的包装作业。

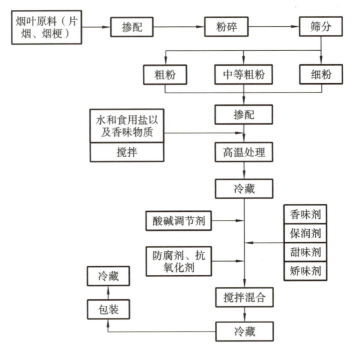

图 9-1　袋装含烟制品的加工工艺过程

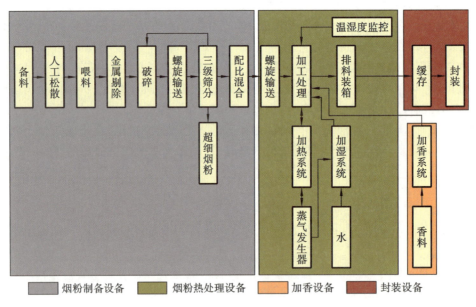

图 9-2　袋装口含烟实验室试制工艺路线示意图

整个生产流程中,各设备之间通过密闭式传输带实现无缝连接,确保了物料从出料到喂料的连续性与清洁性,有效避免了交叉污染,提升了整体生产效率与产品质量(如图 9-3、图 9-4、图 9-5 所示)。

在制备袋装口含烟的过程中,首先,烟叶原料被精心放置于片烟松散台 1 上,通过机械作用实现初步松散,随后,工作人员将松散后的烟叶手工送入精磨机 2 的进料口,经高效粉碎后获得粗烟粉。这些粗烟粉随即通过密闭式传输带 3 被输送至多级电控振动筛分设备 4,进行精细筛分,依据颗粒大小划分为四个等级。根据既定配方,不同筛分的烟粉按比例被送入原料烟粉储料柜 5 中,并在此阶段加入适量的矫味剂、甜味剂及香味剂等辅料,经过充分掺配均匀,形成最终的原料烟粉。

随后,原料烟粉借助密闭式传输带 6 精准地喂入烟粉处理系统 7。在系统内,根据工艺要求,对烟

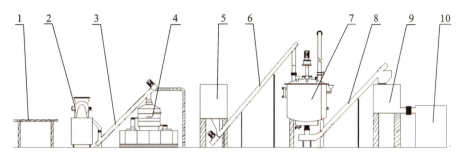

图 9-3　实验室试制线全线设备剖面图

1—片烟松散台；2—精磨机；3—密闭式传输带；4—多级电控振动筛分设备；5—原料烟粉储料柜；
6—密闭式传输带；7—烟粉处理系统；8—密闭式传输带；9—成品烟粉储料柜；10—自动包装机

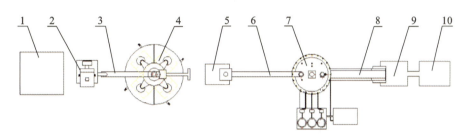

图 9-4　实验室试制线全线设备截面图

图 9-5　袋装无烟烟草实验工艺设备

A—烟草粉碎筛分设备；B—加料设备；C—物料处理罐；D—物料传送设备；E—封装设备

粉进行水蒸气热处理或料液施加等关键工艺步骤。处理完毕后，成品烟粉通过排料口排出，并再次经由密闭式传输带 8 被传送至成品烟粉储料柜 9 中。在储料柜内，根据配方需求进行二次加料与掺配，确保成品烟粉的品质与一致性。经过适度平衡后，成品烟粉被分批转移至自动包装机 10，采用透湿性小的包装袋，按照预定规格进行封装。最终，产品经过严格的灭菌处理，成为安全、优质的袋装无烟烟草。

该成套设备设计先进，各设备单元均支持通过电路系统实现分单元自动控制，灵活应对生产过程中的各种操作需求。整套设备不仅实现了从烟粉制备、处理到包装的全程自动化流水线作业，满足了实验室研发与工业生产的双重需求，而且在加工输送过程中，烟粉基本处于封闭环境，有效降低了噪声与粉尘污染，提升了生产效率和精度。此外，该设备设计合理，结构紧凑有序，既可作为完整的生产线使用，也便于针对特定环节进行产品优化研究，展现了高度的灵活性与实用性。

### 9.2.4 湿热处理参数优化

热处理法,作为袋装无烟烟草制品加工中的核心烟粉处理手段,在国际上常被称为专有巴氏热处理技术(Pasteurisation through a proprietary heat treatment process)。此过程通常在约 100 ℃ 的温度下进行,旨在有效杀灭烟粉中的微生物,显著提升产品的卫生标准和安全性。然而,关于具体的热处理参数细节,文献中鲜有详尽记载,国外无烟烟草公司对此亦高度保密。

为了探索最佳的热处理条件,我们进行了一系列实验。首先,烟粉颗粒在巴氏消毒锅中接受不同温度(70~120 ℃)的加热处理,持续 5 h。通过感官评价及烟粉颜色变化的细致观察,我们发现,当温度超过 103 ℃ 时,烟粉颜色迅速加深至黑色;而低于 70 ℃ 时,颜色变化缓慢,且伴随口感杂味增多、余味不净、刺激性增强等负面效果。因此,初步确定 75~90 ℃ 为较为适宜的热处理温度范围。

随后,我们固定温度在 75~90 ℃ 之间,进一步探究加热时间对烟粉品质的影响。实验涵盖了从 1~15 h 不等的多个时间段。结果显示,加热超过 8 h 后,烟粉颜色显著加深,出现碳化现象;而加热时间不足 6 h,则烟粉颜色变化不明显,且口感上存在劲头过大、嗿呛、杂味多等问题。综合评估后,认为 7~8 h 的加热时间最为理想,此条件下烟粉呈现均匀的红棕色,感官评价表现优异。

实验还表明,经过优化后的热处理工艺,烟粉不仅保留了显著的烟草香气,而且色泽更加诱人,口感更为细腻,刺激性得到有效控制,余味更为舒适。基于这些初步成果,我们深入研究了多个热处理参数(包括温度与时间)的优化组合,并系统评估了它们对烟粉感官特性的具体影响,以期为袋装无烟烟草制品的生产提供科学指导。

实验研究表明,实验室热处理的最佳条件确定为处理温度 75~85 ℃,处理时间 7~8 h。在此最优条件下,热处理后的烟粉展现出均匀一致的深红棕色泽,相较于原料烟粉,其颜色略有加深,同时口感更为优越,余味悠长且舒适,刺激性显著降低。

基于前一章节的深入研究,我们确立了袋装无烟烟草制品的配方设计原则,即配方应综合包含烟草主料、矫味剂、酸碱调节剂,并可根据产品特性灵活添加适量的香味剂与甜味剂等辅料。此外,结合国内烟草加工的独特性,我们明确了以热处理法作为袋装无烟烟草主料的主要处理手段。

在上述配方原则的指导下,我们进一步探索了影响袋装无烟烟草感官品质的关键工艺参数,包括但不限于热处理方法、烟粉颗粒细度、小袋包装材料的选择、烟草原料的品质以及添加剂的种类与用量等。同时,为了提升产品的市场竞争力,我们还对袋装口含烟的二次包装工艺及外观设计进行了深入研究与优化,力求在细节上追求卓越,为消费者带来更加愉悦的使用体验。

## 9.3 袋装口含烟生产加工工艺参数影响研究

### 9.3.1 不同烟草材料粒径的影响

我们精心选取了 2012 年产的 K326 玉溪 X3F 原料,具体粒径包括 20~40 目、40~80 目、小于 80 目,以及将 20~40 目与 40~80 目以 1∶1 的比例混合的样本。同时,我们引入了等量的 20~80 目微波膨胀梗丝,按照特定的配方比例进行混合。随后,这些混合物经过 30 min 的热处理,在这期间喷洒了包含蜂蜜、氯化钠、糖精钠的混合料液。之后,再经过 20 min 的蒸煮过程,随后冷却。在冷却过程中,我们加入了适量的碳酸氢钠粉末和山梨酸钾溶液,并充分搅拌均匀,最终制备出所需的样品。

针对这些样品,我们进行了全面的感官评价与科学的检测分析(详见表9-1、表9-2、表9-3)。感官评价结果显示,粒径过大的样品在溶解时表现出不易溶出的特性;而粒径过小的样品则溶出速度过快,且溶出过程不够稳定。

进一步的实验研究揭示,在热处理过程中,粒径较小的样品更容易出现结团现象。同时,在相同的处理条件下,随着烟叶原料粒径的减小,其水分含量呈现出下降的趋势。这些发现为我们后续优化生产工艺、提升产品质量提供了宝贵的参考依据。

表9-1 不同粒径烟草粉末对样品理化指标的影响

| 样品编号 | 水分/(%) | pH | $NO_2^-$/(mg/kg) | $NO_3^-$/(mg/kg) | 烟碱/(mg/g) | 游离烟碱/(mg/g) | 重金属/(mg/kg) | TSNAs/(ng/g) |
| --- | --- | --- | --- | --- | --- | --- | --- | --- |
| LJ-24 | 35.18 | 6.61 | 69.79 | 6332.51 | 9.85 | 7.82 | 5.95 | 255.06 |
| LJ-48 | 34.28 | 6.65 | 108.81 | 6073.04 | 10.55 | 8.55 | 6.42 | 215.51 |
| LJ-80 | 33.39 | 6.7 | 66.3 | 6069.21 | 10.6 | 8.91 | 7.37 | 219.64 |
| YC-12-2 | 35.92 | 6.46 | 90.14 | 6476.18 | 10.17 | 7.88 | 6.27 | 210.72 |

表9-2 不同粒径烟草粉末对样品TSNAs含量的影响

| 样品编号 | NNN/(ng/g) | NNK/(ng/g) | NAT/(ng/g) | NAB/(ng/g) |
| --- | --- | --- | --- | --- |
| LJ-24 | 18.75 | 61.2 | 150.8 | 24.31 |
| LJ-48 | 18.53 | 49.35 | 133.91 | 13.72 |
| LJ-80 | 13.24 | 57.02 | 133.89 | 15.49 |
| YC-12-2 | 14.68 | 53.93 | 118.73 | 23.38 |

表9-3 不同粒径烟草粉末对样品重金属含量的影响

| 样品编号 | 铬/(mg/kg) | 镍/(mg/kg) | 砷/(mg/kg) | 镉/(mg/kg) | 铅/(mg/kg) |
| --- | --- | --- | --- | --- | --- |
| LJ-24 | 0.57 | 1.03 | 0.29 | 1.94 | 2.12 |
| LJ-48 | 0.52 | 1.03 | 0.33 | 1.91 | 2.63 |
| LJ-80 | 0.79 | 1.16 | 0.38 | 1.92 | 3.12 |
| YC-12-2 | 0.57 | 1.07 | 0.31 | 2 | 2.32 |

## 9.3.2 热封过滤纸规格研究

我们全面完成了对 16 g/m²、17 g/m²、18 g/m²、19 g/m²、20 g/m²、22 g/m² 及 24 g/m² 等不同规格热封过滤纸的适用性研究。研究过程中,我们细致评估了这些材料在包装烟粉时的柔韧度、它们在热处理过程中的稳定性表现,以及在口含状态下对烟碱溶出度(包括释放速率、冲击强度等关键参数)的影响,同时还考察了口含状态下热封过滤纸的耐破损能力。

综合各项评估结果,我们最终确定,对于袋装无烟烟草的小袋包装材料,采用规格介于 17～20 g/m² 之间的热封过滤纸最为适宜。这一选择旨在确保包装材料既能提供足够的柔韧性和强度以应对生产和使用过程中的各种挑战,又能有效控制烟碱的释放特性,从而提升消费者的使用体验和产品的整体品质。

### 9.3.3 热处理投料顺序的影响

在保持原料配方一致性的前提下,我们针对热处理的执行顺序进行了多种策略的调整与对比实验。具体方案如下:

方案一:先将20~40目与40~80目的烟叶粉末各取一份,与四份20~80目的膨胀梗均匀混合。随后,对该混合物进行30 min的热处理,再添加蜂蜜、食盐等调味料,继续热处理20 min。之后,加入甘草等非烟草成分,进行5 min的最终热处理并冷却。

方案二:直接将全部原料配方混合均匀后,进行一次性55 min的热处理,在这期间加入蜂蜜、食盐等调味料,之后直接制成试制品。

方案三:分别将烟叶部分与烟梗部分各自进行30 min的热处理。随后,仅对烟叶部分添加蜂蜜、食盐等调味料,再进行20 min的热处理。之后,将处理过的烟叶与未经特别调味的烟梗部分及其他非烟材料混合。

方案四:同样分别处理烟叶与烟梗部分各30 min,但此次是对烟梗部分添加蜂蜜、食盐等调味料并额外热处理20 min。之后,再将处理过的烟梗与未经调味料直接热处理的烟叶部分及其他非烟材料混合。

通过对比分析表9-4~表9-6所展示的实验结果,我们得出结论:直接将所有物料混合后进行统一热处理的方式,在效果上最为优越。这一发现为优化生产流程、提升产品质量提供了有力依据。

表 9-4 加料顺序对样品理化指标的影响

| 样品编号 | 水分/(%) | pH | $NO_2^-$/(mg/kg) | $NO_3^-$/(mg/kg) | 烟碱/(mg/g) | 游离烟碱/(mg/g) | 重金属/(mg/kg) | TSNAs/(ng/g) |
|---|---|---|---|---|---|---|---|---|
| CK-10 | 28.71 | 5.2 | 37.74 | 4607.63 | 7.13 | 2.77 | 5.39 | 172.76 |
| Y-5Q | 30.2 | 5.18 | 49.18 | 4726.41 | 6.75 | 2.62 | 5.69 | 135.36 |
| G-6X | 29.68 | 5.19 | 40.92 | 4267.77 | 6.84 | 2.59 | 5.52 | 136.68 |
| ZC-48 | 25.33 | 5.19 | 57.18 | 4269.74 | 7.67 | 2.59 | 5.24 | 102.49 |

表 9-5 加料顺序对样品 TSNAs 含量的影响

| 样品编号 | NNN/(ng/g) | NNK/(ng/g) | NAT/(ng/g) | NAB/(ng/g) |
|---|---|---|---|---|
| CK-10 | 14.17 | 34.29 | 111.02 | 13.28 |
| Y-5Q | 12.19 | 32.96 | 85.45 | 4.76 |
| G-6X | 17.15 | 27.14 | 86.57 | 5.82 |
| ZC-48 | 11.72 | 26.48 | 60.22 | 4.07 |

表 9-6 加料顺序对样品重金属含量的影响

| 样品编号 | 铬/(mg/kg) | 镍/(mg/kg) | 砷/(mg/kg) | 镉/(mg/kg) | 铅/(mg/kg) |
|---|---|---|---|---|---|
| CK-10 | 0.37 | 1.03 | 0.97 | 1.36 | 1.66 |
| Y-5Q | 0.47 | 1.06 | 0.94 | 1.39 | 1.83 |
| G-6X | 0.48 | 1.08 | 1.01 | 1.36 | 1.59 |
| ZC-48 | 0.39 | 1.03 | 0.93 | 1.36 | 1.53 |

### 9.3.4 热处理温度的影响

热处理法作为袋装无烟烟草加工中的核心烟粉处理技术,在国际文献中常被称为专有巴氏热处理(Pasteurisation through a proprietary heat treatment process),其标准处理温度大致维持在 100 ℃左右。这一过程有效杀灭烟粉中的微生物,显著提升产品的卫生标准与安全性能。然而,关于热处理具体参数的详细报道较为稀缺,国外无烟烟草公司对此类信息亦高度保密。

初步实验成果表明,经过热处理工艺处理的烟粉,其烟草香气更为浓郁,色泽转变为诱人的棕色,口感显著提升,刺激性得到相对缓解,余味更加悠长舒适。基于这些初步发现,我们深入开展了多个热处理参数的优化研究,包括但不限于处理温度与时间的调整,并系统评估了这些参数对烟粉最终感官特性的影响。

实验研究的最终结论指出,实验室环境下热处理的最佳条件设定为处理温度 75～85 ℃,处理时长 7～8 h。在此最优条件下,热处理后的烟粉展现出均匀一致的深红棕色泽,相较于原料烟粉,其颜色更为深邃且富有层次,口感更加细腻,余味悠长且刺激性显著降低,为消费者带来更加愉悦的品吸体验。

### 9.3.5 热处理时间的影响

我们分别选取了以下原料进行加工:2009 年产的 K326(KB2F)烟叶原料,其中 20～40 目粒径的烟叶 25 g,40～80 目粒径的烟叶 25 g,以及 20～80 目粒径的膨胀烟梗 25 g 和同粒径范围的 HT 梗丝 75 g。将这些原料各自进行 30 min 和 60 min 的蒸煮处理,随后分别向各批次中加入蜂蜜、氯化钠和糖精钠,并继续蒸煮 20 min。接着,我们添加了甘草 37.5 g,橄榄粉 25 g,罗汉果 12.5 g 以及胖大海 12.5 g,并将所有成分充分混合均匀。之后,再进行 5 min 的蒸煮,待混合物冷却后,喷洒入预定的溶液,至此,样品制备流程圆满完成。

随后,我们针对这些不同处理条件的样品分别进行了感官评价与全面的检测分析,具体结果详见表 9-7、表 9-8 及表 9-9。这些评估旨在深入了解各处理参数对产品品质的影响,为后续的优化与改进提供科学依据。

表 9-7 不同蒸汽时间对样品理化指标的影响

| 样品编号 | 工艺过程水分/(%) | 制备完成样品水分/(%) | 样品 pH 值 | 烟碱/(mg/g) | 游离烟碱/(mg/g) | $NO_2^-$/(mg/kg) | $NO_3^-$/(mg/kg) | 重金属/(mg/kg) | TSNAs/(ng/g) |
|---|---|---|---|---|---|---|---|---|---|
| KQ-CB30 | 19.85 | 32.27 | 5.01 | 7.48 | 1.4 | 35.08 | 4216.32 | 4.54 | 120.08 |
| KQ-CB60 | 21.24 | 32.79 | 4.96 | 7.62 | 1.37 | 45.39 | 4077.13 | 3.95 | 102.82 |

表 9-8 不同蒸汽时间对样品 TSNAs 的影响

| 样品编号 | NNN/(ng/g) | NNK/(ng/g) | NAT/(ng/g) | NAB/(ng/g) |
|---|---|---|---|---|
| KQ-CB30 | 7.96 | 22.19 | 81.95 | 7.98 |
| KQ-CB60 | 6.17 | 10.68 | 70.52 | 15.45 |

表 9-9 不同蒸汽时间对重金属含量的影响

| 样品编号 | 铬/(mg/kg) | 砷/(mg/kg) | 镉/(mg/kg) | 汞/(mg/kg) | 铅/(mg/kg) |
|---|---|---|---|---|---|
| KQ-CB30 | 0.75 | 0.91 | 1.38 | 0.01 | 1.49 |
| KQ-CB60 | 0.47 | 0.91 | 1.29 | 0.01 | 1.27 |

## 9.4 胶基型嚼烟生产加工工艺

胶基,作为嚼烟性能的核心决定因素,其性能的优劣直接关联到胶基的精确配方及其独特的制备工艺。鉴于不同胶基间成分构成的差异性,其制备流程亦呈现出多样化的特点。追溯历史,美国的 John Curtis 不仅是胶基制备技术的先驱,更是口香糖的鼻祖,他的贡献不可磨灭。鉴于胶基型嚼烟的主要成分与口香糖相似,即主要由胶基与糖醇构成,因此,其生产工艺在很大程度上可以借鉴并参考口香糖的生产流程。

在制备胶基口香糖的经典工艺中,塑炼、捏合、均质化及乳化等关键环节相辅相成,共同确保了产品的卓越品质。塑炼过程通过高精度的设备剪切作用,赋予弹性体以恰当的弹性特质,有效避免了因弹性过高而导致的机械能耗损失,同时显著提升了弹性体的加工适应性,为后续与各类添加剂的充分融合奠定了基础。

而捏合作为胶基制备中不可或缺的一环,其重要性不言而喻。面对弹性体普遍存在的高内聚能特性,通过巧妙的剪切力、精确控制的高温环境或适宜的溶剂作用,我们能够巧妙地打破弹性体分子链间化学键的紧密束缚,释放其内聚能,从而显著提升其与其他添加剂的相容性与协同作用。在此过程中,可塑剂与填充剂的精准配比与协同作用,更是为弹性体的软化与性能的优化提供了有力保障。

均质化是一个专门针对聚合型树脂处理的关键步骤。鉴于聚合型树脂分子链冗长且内聚能强劲,自然状态下难以与弹性体顺畅融合,均质化过程便通过施加特定的剪切力,在外界机械能的作用下调整其内聚能强度,从而成功促进聚合型树脂与弹性体之间的紧密融合,克服彼此间的不亲和性。

乳化,作为胶基制备中的常见且至关重要的环节,对调控胶基的硬度起着决定性作用。经过乳化处理的各组分混合物能够展现出理想的软硬度平衡,同时乳化作用还能确保胶基内部各组分的均匀分散,有效避免亲水性与疏水性组分间的相互排斥,保持体系的稳定性。此外,适量乳化剂的加入还能有效预防组分黏附于加工设备(如辊筒)的现象,提升生产效率和产品质量。

为确保胶基产品外观的美观与整洁,专业的成型操作不可或缺。常见的做法是将处于非固态的胶基精准浇注至预先设计好的模具中,随后借助模具的约束与胶基的逐渐冷却,当胶基温度降至适宜保存范围时,即可形成预先设定的形状。此方法尤其适用于块状或板状胶基产品的生产。而对于条状或粒状胶基,则常采用高速切割技术与精密挤出喷嘴相结合的方式来完成成型过程,以满足多样化的市场需求。

口香糖的品质优劣深刻依赖于其精选的原材料与精湛的制作工艺。其核心制备原理在于利用天然或合成树脂(即弹性体)的固有弹性及独特性能,通过增塑、精炼或软化等处理手段,使其在接近人体口腔温度的环境中展现出卓越的咀嚼性和理想的成膜性。随后,巧妙融入糖分及各类添加剂,不仅赋予口香糖以甜美滋味与诱人香气,还实现了特定功能的赋予。

生产流程始于胶基的高温熔融阶段,熔融后的胶基经过精细过滤,随即被注入配备有高效翻转架的搅拌机中。在严格遵循技术规程的前提下,原料被缓缓而均匀地搅拌混合。此后,历经压片、冷却与回温等关键步骤,最终形成了以胶姆糖基为核心,外层紧密包裹着丰富香料、甜味剂等多种辅料的口香糖糖体。最终,借助机械化或手工的精细操作,完成糖体的成型与精美包装,从而呈现出形态多样、口味丰富的口香糖产品。

值得注意的是,由于胶基型嚼烟需在胶基基础上添加烟草粉末或提取物,其配方设计与生产工艺相较于普通口香糖存在显著差异。在研究片状胶基型嚼烟的生产工艺时,我们严谨参考了包括 Q/YNZY.J07.002—2014《无烟烟草制品 胶基型嚼烟感官评价方法》、GB 2760—2014《食品安全国家标准 食品添加剂使用标准》、GB 17399—2016《食品安全国家标准 糖果》、GB 5009.3—2016《食品安全国家标准 食品中水分的测定》以及 GB 1886.359—2022《食品安全国家标准 食品添加剂 胶基及其配料》在内的多项权威标准,以确保产品的品质与安全。图 9-6 直观展示了胶基型嚼烟的现代化生产现场。

图 9-6 嚼烟生产现场图片展示

### 9.4.1 产品要求

片状胶基型嚼烟规格要求:片状胶基型嚼烟重量为 2.4 g±0.1 g;片状胶基型嚼烟长度为 52 mm±0.5 mm;片状胶基型嚼烟宽度为 15 mm±0.5 mm;片状胶基型嚼烟厚度为 2.3 mm±0.5 mm。

### 9.4.2 生产工艺流程图

片状胶基型嚼烟的生产工艺流程如图 9-7 所示。

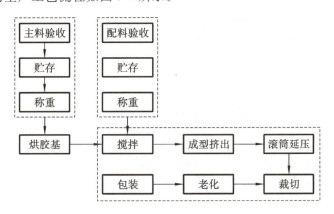

图 9-7 片状胶基型嚼烟的生产工艺流程

### 9.4.3 生产工艺技术要求

**1. 烟叶贮存管理**

烟叶的贮存严格遵守 GB/T 23220.1—2023 及 GB/T 23220.2—2023 标准,涵盖烟叶入库、原烟及片烟的贮存与养护、虫害综合防治以及烟叶出库等全方位技术要求,确保烟叶品质稳定。

**2. 烟叶精细粉碎**

对烟叶进行精细粉碎处理,并通过至少 200 目的筛网,以保证其细腻均匀的粒度,为后续工艺奠定良好基础。

3.胶基烘软工艺

将胶基置于烘箱中,以 40~60 ℃的温和温度烘烤 8~12 h,旨在软化胶基,优化其加工性能。特别地,采用 50 ℃恒温烘箱进行 4 h 保湿软化,能有效避免过度软化导致的苦涩口感及硬化问题。

4.高效搅拌混合

将烘烤软化后的胶基置于搅拌锅中,于 50 ℃、相对湿度 40%~55%的环境下搅拌 50 min。此过程利用剪切力促使胶基与辅料均匀分散,加速辅料吸收。混合顺序依次为:先胶基、糖粉与糖浆混合;再加入软化剂、烟粉、酸味调节剂及清凉剂等辅料;最后添加甜味剂与香味成分,确保各组分充分融合。

5.成型与冷却

将搅拌好的物料层叠置于带孔木盘上进行初步修整,随后让糖体在 20~30 min 内自然冷却至适宜成型温度(约 20 ℃),同时维持相对湿度在 40%~55%之间,以确保成型质量。

6.滚筒精确延压

采用滚筒延压工艺,精确控制压片厚度为 2.3 mm±0.1 mm,确保产品规格统一。

7.精密裁切

裁切工序中,严格控制产品长度为 520 mm±0.1 mm,宽度为 15 mm±0.1 mm,确保每片产品尺寸精准。

8.老化处理

在 20 ℃±2 ℃、相对湿度 40%~55%的条件下进行 24 h 的老化处理,使产品风味更加醇厚,质地更加稳定。

9.专业包装

图 9-8 展示了胶基型嚼烟的一次包装机作业场景。包装作业在严格控制的室内环境进行,要求温度保持在 20 ℃±2 ℃,相对湿度维持在 55%±10%,确保包装过程的卫生与产品质量。

**图 9-8　包装机**

### 9.4.4　质量检验

1.感官要求

将产品置于清洁、干燥的白瓷盘中,剥去所有外包装,检查色泽、形态、组织、滋味气味和杂质,具体参照应符合表 9-10 的规定。

2.净含量

剥去产品所有外包装,用感量为不低于 0.1 g 的衡器检验称量。

3. 干燥失重

按照 GB 5009.3－2016 中第二法即减压干燥法检验,干燥失重≤7.0 g/100 g。

4. 卫生指标

卫生标准应符合 GB 17399－2016 的规定。

表 9-10　感官要求

| 项目 | 要求 |
| --- | --- |
| 色泽 | 均匀一致,无明显颗粒 |
| 形态 | 片状完整,表面平整光滑,边缘整齐,大小一致,薄厚均匀,无缺角裂缝,无明显变形 |
| 组织 | 剖面紧密、细腻,咀嚼后有黏性和延伸性;无潮解现象 |
| 滋味气味 | 无异味 |
| 杂质 | 无肉眼可见杂质 |

5. 检验规则

1)出厂检验

产品出厂须经工厂检验部门逐批检验,并签发合格证;出厂检验项目包括感官要求、净含量和干燥失重。

2)判定规则

出厂检验项目全部符合本标准,判为合格品,如有一项不符合标准,判为不合格品,可加倍抽样复验。

6. 包装

包装材料应符合有关标准的规定;包装应严密、整齐,无破损。

7. 贮存

产品贮存在清洁、凉爽、干燥的仓库内,并应堆码在垛垫上,离地、离墙不少于 10 cm。

# 9.5　粒状胶基型嚼烟

在进行粒状胶基型嚼烟生产工艺研究过程中,参考了以下的标准:Q/YNZY.J07.002－2014《无烟烟草制品 胶基型嚼烟 感官评价方法》;GB 2760－2014《食品安全国家标准 食品添加剂使用标准》、GB 17399－2016《食品安全国家标准 糖果》、GB 5009.3－2016《食品安全国家标准 食品中水分的测定》、GB 1886.359－2022《食品安全国家标准 食品添加剂 胶基及其配料》。

## 9.5.1　产品要求

产品规格以目前阿诗玛和石林粒状胶基型嚼烟为例。粒状胶基型嚼烟规格要求:粒状胶基型嚼烟重量:1.4 g±0.5 g;粒状胶基型嚼烟长度:21 mm±0.5 mm;粒状胶基型嚼烟宽度:7.5 mm±0.5 mm;粒状胶基型嚼烟厚度:6.5 mm±0.5 mm。

## 9.5.2　生产工艺流程图

粒状胶基型嚼烟生产工艺流程如图 9-9 所示。

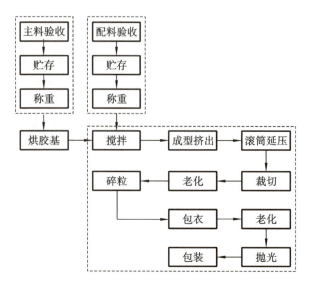

图 9-9　粒状胶基型嚼烟生产工艺流程

### 9.5.3　生产工艺技术要求

1. 烟叶贮存

烟叶贮存符合 GB/T 23220.1—2023 规定的烟叶入库、原烟贮存与养护、片烟贮存与养护、虫害防治、烟叶出库等技术要求。

2. 烟叶粉碎

将烟叶粉碎,过筛至少 200 目以上。

3. 烘胶基

将胶基放置在烘烤房内,温度为 40～60 ℃,时间为 8～12 h。

4. 搅拌

将烘烤好的胶基放入搅拌锅中,搅拌时间为 50 min,温度为 50 ℃,相对湿度控制在 40%～55%。物料添加的顺序:①胶基、糖粉和糖浆;②软化剂、辅料(烟粉、酸味调节剂、清凉剂等);③甜味剂、香味成分。

5. 成型挤出

将搅拌好的糖体冷却 20～30 min,成型温度控制在 20 ℃,相对湿度控制在 40%～55%。

6. 滚筒延压

压片厚度为 5.0 mm±0.5 mm。

7. 裁切

裁切长度为 18.0 mm±0.5 mm,宽度为 5.0 mm±0.5 mm。

8. 老化

老化温度要求为 20 ℃±2 ℃,相对湿度控制在 40%～55%,时间为 24 h。

9. 碎粒

将老化后的糖体放到碎粒机里面进行碎粒,碎粒的环境要求温度在 20～25 ℃,相对湿度控制在 40%～55%。

10. 包衣

包衣旋转锅进风温度控制在 20～23 ℃,进风相对湿度为 45%,包衣使用的糖浆其浓度范围一般为 70%～75%,糖浆温度为 75～85 ℃。包衣好的糖体重量为 1.40 g±0.5 g,糖体长度为 21.0 mm±0.5 mm,

糖体宽度为 7.5 mm±0.5 mm,糖体厚度为 6.5 mm±0.5 mm。

11.老化

将包衣好后的糖体放进老化间进行老化:老化温度控制在 22~25 ℃,相对湿度控制在 35%~55%,老化时间为 8~12 h。

12.抛光

将包衣老化后的糖体进行抛光,抛光室内环境温度应控制在 22~25 ℃,相对湿度控制在 35%~55%。抛光锅的进风温度控制在 20~23 ℃,进风相对湿度为 45%,抛光时间为 30 min。

13.包装

包装时室内温度要求为 25 ℃±2 ℃,相对湿度控制在 40%~55%。

### 9.5.4 包衣工艺探索

1.包衣概述

探索粒状胶基型嚼烟的包衣工艺,无疑是该领域的一大难点与技术核心。项目组巧妙地借鉴了口香糖包衣技术及传统片剂药物的包衣工艺,归纳出以下几种主流的包衣方法:

1)滚转包衣法(亦称锅包衣法)

此方法作为经典且广泛应用的包衣技术,适用于糖包衣、薄膜包衣及肠溶包衣等多种类型。它具体分为普通滚转包衣法和埋管包衣法。包衣锅通常由紫铜或不锈钢等材质制成,这些材料不仅稳定且导热性能优越,常设计为荸荠形状以优化包衣效果。

2)流化床包衣法

其制粒原理与流化制粒技术相类似,关键在于将片芯置于流化床内,通过高速气流的作用使片芯在包衣室内悬浮并处于持续的流化(或称为沸腾)状态。随后,以雾化形式将包衣材料的溶液或混悬液喷入,确保片芯表面均匀覆盖一层包衣材料。此过程中,通入热空气以促进包衣层的快速干燥,如此循环操作直至达到既定要求。

3)压制包衣法

此方法采用两台旋转式压片机协同作业,通过单传动轴连接以实现高效配合。操作流程中,首先用一台压片机将原料压制成片芯,随后利用传递装置将片芯无缝转移至另一台压片机的模孔中。在传递过程中,吸气泵负责清除片芯表面的细粉。在片芯抵达第二台压片机之前,模孔内已预先填充部分包衣物料作为底层,随后将片芯置于其上,并继续填充包衣物料直至模孔满溢,最后进行二次压制以形成完整的包衣片。

该方法的显著优势在于能够有效避免水分和高温对药物成分的潜在损害,同时拥有生产流程短、自动化水平高及劳动环境优越等特点。然而,其对压片机械的精度要求也相对较高。

2.胶基型嚼烟包衣工艺

1)包衣条件

项目组选用了历史悠久的滚转包衣法,并设定热风干燥温度为 45~50 ℃。实践表明,适度提升干燥温度能够显著提升水分散体包衣的效率,促进衣膜快速形成,使其外观更加致密光洁,有效减少了粘连现象的发生。

在转速与物料滚动状态方面,转速是影响片芯滚动状态的关键因素。经过反复试验,项目组确定了最佳转速为 50 r/min,以确保片芯在包衣过程中保持理想的滚动状态。然而,由于包衣锅的内壁光滑,这在一定程度上不利于物料的均匀滚动,容易导致片芯滑动,进而影响包衣效果。

为解决这一问题,项目组创新性地采用了在包衣锅内设置挡板的方法(具体为焊接四根铁条作为挡板)。这一措施显著增加了片芯在滚动过程中的摩擦力,使得片芯能够呈现出更加理想的均匀滚动状态,从而确保了包衣的均匀性和质量。

2)包衣方法

将片芯安放于倾角精确设定为 45°的包衣锅内,随后利用热空气对经过筛除细粉的片芯进行预热处理,温度控制在 35~40 ℃之间,同时维持转速为 50 r/min,以确保片芯经过 10 min 的充分打磨,边缘变得光滑,为后续包衣过程奠定良好基础。之后,筛选出合格的片芯进行精确称重,准备进入包衣阶段。

接下来,将木糖醇精心熬煮成糖浆,并冷却至适宜温度 50 ℃,以此作为包衣液备用。启动空气压缩机,调整至所需雾化压力,确保蠕动泵以恒定速度输送包衣液。同时,开启吹风机,细致调整喷枪的角度、进风位置及流速,确保包衣液能够均匀细腻地喷洒在片芯表面。

在包衣过程中,首先控制包衣锅的转速并启动喷枪进行初步包衣,此时喷雾速度应设定得较低,以防水分过快渗入片芯内部。待片芯表面初步形成一层均匀的薄膜后,逐渐增大喷雾速度以提高包衣效率。若过程中发现片芯表面过于潮湿,应立即暂停喷雾,待其自然干燥数分钟后再继续喷雾包衣,以确保包衣层的质量与均匀性。

如此循环操作,直至片芯达到产品所需的最终克重,从而完成整个包衣工艺,确保产品达到最佳包衣效果。

### 9.5.5 质量检验

1. 感官要求

将产品置于清洁、干燥的白瓷盘中,剥去所有外包装,检查色泽、形态、组织、滋味气味和杂质,具体参照应符合表 9-11 的规定。

表 9-11 感官要求

| 项目 | 要求 |
| --- | --- |
| 色泽 | 均匀一致,无明显颗粒 |
| 形态 | 片状完整,表面平整光滑,边缘整齐,大小一致,薄厚均匀,无缺角裂缝,无明显变形 |
| 组织 | 剖面紧密、细腻,咀嚼后有黏性和延伸性;无潮解现象 |
| 滋味气味 | 无异味 |
| 杂质 | 无肉眼可见杂质 |

2. 净含量

剥去产品所有外包装,用感量为不低于 0.1 g 的衡器检验称量。

3. 干燥失重

按照 GB 5009.3—2016 中第二法即减压干燥法检验,干燥失重≤7.0 g/100 g。

4. 卫生指标

卫生标准应符合 GB 17399—2016 的规定。

5. 检验规则

1)出厂检验

产品出厂须经工厂检验部门逐批检验,并签发合格证;出厂检验项目包括感官要求、净含量和干燥失重。

2)判定规则

出厂检验项目全部符合本标准,判为合格品,如有一项不符合标准,判为不合格品,可加倍抽样复验。

6.包装

包装材料应符合有关标准的规定;包装应严密、整齐,无破损。

7.贮存

产品贮存在清洁、凉爽、干燥的仓库内,并应堆码在垛垫上,离地、离墙不少于 10 cm。

## 9.6 本章小结

本章深入探讨了胶基型嚼烟制造的完整工艺流程及其关键技术参数,通过一系列精心设计的实验与研究,成功试制出云南中烟旗下的首款胶基型嚼烟产品,该产品系列涵盖了粒状与片状两大规格,满足了多样化的市场需求。

基于本项目在工艺领域的深入探索与显著成果,项目组积极行动,成功申请并获得了两项重要的企业标准认证,分别是 QYNZY.J05.003—2017《粒状胶基型嚼烟生产工艺标准》与 QYNZY.J05.004—2017《片状胶基型嚼烟生产工艺标准》。这两项标准的颁布,不仅标志着云南中烟在胶基型嚼烟生产领域的技术实力与标准化管理水平迈上了新台阶,也为后续产品的规模化生产与质量控制提供了坚实的规范基础。

# 第十章
# 产品质量和安全评价技术

## 10.1 无烟烟草评价体系的构建

本书通过全面调研市售及自主研发的袋装型口含烟与胶基型嚼烟产品，运用普查分析、深入的数据挖掘以及前瞻性的研究方法，同时借鉴并融合国家标准的共性指标，构建了系统且完善的云烟中烟无烟烟草质量体系。该体系随后被有效应用于实际产品中，不仅提升了产品的品质标准，更为云南中烟在新产品开发领域提供了坚实的质量保障与科学指导。

### 10.1.1 前言

遵循《中华人民共和国食品安全法》(简称《食品安全法》)中对于食品的明确定义："食品，乃指一切可供人类食用或饮用的成品、原料，以及依传统既为食品又兼具药用价值的物品，但不涵盖旨在治疗疾病之物品。"基于这一定义，食品的核心属性在于其"供人食用或饮用"的功能性。任何成品或原料，只要满足这一条件，即应纳入食品范畴。无烟烟草作为一种在不燃烧状态下，通过口腔或鼻腔消费，经由吸吮、咀嚼等方式，使释放物质经口腔及食道吸收的产品，从这一特征上看，似乎可初步归类于"食品"类别。

然而，无烟烟草与普通食品存在显著差异，主要体现在以下两方面：首先，食品的安全性是其最基本的要求。《食品安全法》强调食品必须无毒无害，符合营养标准，且不得对人体健康构成任何形式的即时、长期或潜在危害。反观无烟烟草，它含有卷烟中常见的有害成分如烟碱、多环芳烃及 N-亚硝胺等，因此难以确保其"安全性"。此外，袋装型口含烟制品通常缺乏一般食品所应含有的营养成分，故在营养层面上亦无法达标。

其次，尽管药品同样具备食用或饮用的特性，看似与食品有共通之处，但《食品安全法》明确将药品排除在食品范畴之外。这是因为药品具有一定的毒性，需要专门的法律法规进行监管。无烟烟草的主要活性成分烟碱同样具有毒性，这一特性使其与药品在毒性管理方面存在相似之处。因此，从这一角度出发，无烟烟草亦不应被视为食品。

综上所述，尽管无烟烟草在消费方式上呈现出一定的食品特征，但基于其安全性问题及对毒性成分的考量，它并不符合《食品安全法》中对于食品的定义，故应被排除在食品之外。

另一方面，无烟烟草亦由精选烟叶精制而成，其形态多样，包括粉末状、粒状或是两者的结合体，并以小袋装、透孔袋装或模拟食物形态等多种形式呈现。从制作工艺视角审视，袋装型口含烟历经晾晒、烤制、发酵及精细研磨等工序，这些过程主要改变了其物理形态而保留了原有的化学特性，因此，其本质上应归入烟草制品的范畴。值得注意的是，尽管我国现行的《烟草专卖法》及其相关法律法规尚未明确将无烟烟草制品纳入管理范畴，但国际上已有多个国家和地区，乃至相关组织，已先行一步，将袋装型口含烟等无烟烟草制品明确置于烟草制品的监管之下。

鉴于上述背景，本书认为，对无烟烟草制品的质量评价需融合食品与烟草两个领域的法规与标准，以确保评价的全面性和准确性。通过细致梳理相关资料，本书计划从感官评价、理化性质分析、卫生安全检测以及毒理学评估等多个维度，综合构建一套适用于无烟烟草制品的质量评价体系。

### 10.1.2 构建原则

云南中烟无烟烟草质量体系的构建原则精髓可归纳如下：

(1) 科学性与全面性并重：该体系以确保科学合理性为基石，覆盖产品质量的全方位考量，不仅源自并超越现有产品标准，更以其前瞻性和严谨性为产品质量提供坚实的保障与引导。

(2) 融合食品标准，强化烟草特色：在借鉴食品行业先进质量管理经验的同时，我们更加注重凸显无烟烟草产品的独特烟草属性，确保体系既能满足消费者对产品安全、健康的普遍期望，又能充分展现烟草制品的特有风味与品质要求。

## 10.2 袋装型口含烟质量和安全性评价技术

针对袋装型口含烟的质量评价，本书构建了袋装型口含烟质量评价体系，如图 10-1 所示。

### 10.2.1 感官评价技术

#### 10.2.1.1 袋装型口含烟感官评价方法的建立

在食品行业中，《中华人民共和国食品卫生法》由国务院相关部委及省、市卫生行政部门联合颁布，其第六条明确指出，食品必须确保无毒、无害，符合既定的营养标准，并展现出应有的色、香、味等感官特性。这些感官特性构成了评价食品质量优劣最为直观且关键的指标。即便食品的感官特性发生细微变动，乃至细微到难以被精密仪器精准捕捉的程度，人类的感觉器官——眼睛、鼻子、耳朵、嘴巴及双手，仍能凭借视觉观察、嗅觉识别、听觉判断、味觉体验及触觉感知，对食品的色泽、香气、滋味及外观形态进行全方位、综合性的鉴别与评估，从而客观、准确地反映食品的质量状况。

在实施感官检验的流程中，通常遵循一定的顺序：首先进行视觉检验，以审视食品的外观与色泽；随后是嗅觉检验，通过鼻子嗅闻食品的气味；接着是味觉检验，即亲口品尝食品的味道；同时，根据实际需要，还可能进行听觉检验（如评估某些食品的脆度或声音特性）及触觉检验（如感受食品的质地、硬度或滑腻感），以确保对食品质量的全面评价。

在卷烟及雪茄烟领域内，国家制定了《卷烟 第 4 部分：感官技术要求》(GB 5606.4—2005)、《雪茄烟 第 4 部分：感官技术要求》(GB 15269.4—2011) 等国家标准，以及《烟草及烟草制品 感官评价方法》(YC/T 138—1998)、《烟草在制品 感官评价方法》(YC/T 415—2011) 等行业标准，这些标准均详细规定

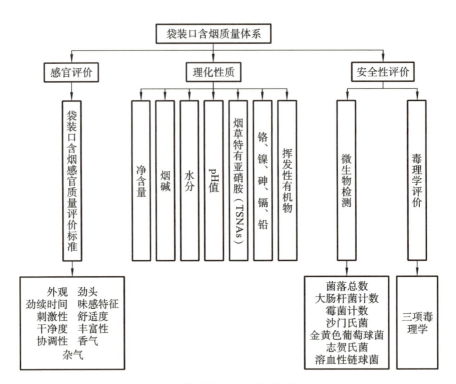

图 10-1　袋装型口含烟质量评价体系

了烟草制品的感官评价准则。这些准则涵盖了色泽、香气、协调性、杂气、刺激性及余味等多个维度，每项指标均配有明确的分级标准、详尽的描述及相应的分值体系。

深入分析这些指标与要求不难发现，其核心目的在于为卷烟、雪茄烟等烟草制品提供科学、系统的分级依据。然而，值得注意的是，这些烟草制品的传统消费方式主要通过燃烧后吸入烟气来实现，这与当前口用烟（如口含烟、嚼烟等）的消费模式存在显著差异。因此，在构建口用烟的感官评价体系时，上述标准虽具有一定的参考价值，但需充分考虑其消费方式的独特性。

尤为重要的是，所有烟草制品共有的核心特性在于其烟叶原料的使用，这是它们与其他类型消费品最为显著的区别。鉴于烟碱作为烟叶中的关键成分，其赋予烟草制品独特的刺激感与满足感，这一特性在口用烟的感官评价中应被特别强调与纳入考量。因此，在制定口用烟的感官评价要求时，除了参考传统烟草制品的感官标准外，还需特别关注并量化因烟碱存在而带来的特有感官体验，以确保评价体系的全面性与准确性。

因此，在综合食品与烟草行业感官评价的核心要素后，我们确立了无烟烟草感官评价的一级指标体系，涵盖香气、口感特征、生理感受、满足感及持续时间等方面。具体而言：

①香气：特指袋装型口含烟的特征性香料气息，细分为强、中、弱三个评价等级。

②口感特征：进一步细分为味感特征和综合特征两个二级指标。其中，味感特征涵盖甜味、酸味、苦味、咸味、辣感、麻感及异味等三级指标，每项均设强、中、弱、无四个评价等级；而综合特征则聚焦于舒适度、协调性、干净度及余味，采用好、中、差三个等级进行评价。

③生理感受：关注使用过程中口腔、喉部及胃肠道等生理器官的反应，包括口腔刺激、喉部刺激、喉部收敛感、头部晕感及肠胃刺激五个二级指标，每个指标均划分为强、中、弱三个评价等级。

④满足感：专指生理层面的满足感，同样设置为强、中、弱三个评价等级。

⑤持续时间：衡量烟碱释放效果的持久性，分为短、中、长三个等级。

⑥喜好程度：作为对样品整体接受度的综合评价，划分为优、良好、较好、较差、差五个等级。

以上各项评价指标及其分级标准详见表 10-1。

表 10-1 袋装型口含烟感官评价表

| 指标 | | 等级 | | | |
|---|---|---|---|---|---|
| | 香气 | 弱 | 中 | 强 | |
| 满足感 | 强度 | 弱 | 中 | 强 | |
| | 均匀性 | 差 | 中 | 好 | |
| 口感特征 | 味感特征 | 甜味 | 无 | 弱 | 中 | 强 |
| | | 酸味 | 无 | 弱 | 中 | 强 |
| | | 苦味 | 无 | 弱 | 中 | 强 |
| | | 咸味 | 无 | 弱 | 中 | 强 |
| | | 异味 | 无 | 弱 | 中 | 强 |
| | | 辣感 | 无 | 弱 | 中 | 强 |
| | | 麻感 | 无 | 弱 | 中 | 强 |
| | | 其他 | 无 | 弱 | 中 | 强 |
| | 综合特征 | 舒适度 | 差 | 中 | 好 | |
| | | 协调性 | 差 | 中 | 好 | |
| | | 干净度 | 差 | 中 | 好 | |
| | | 余味 | 差 | 中 | 好 | |
| 生理感受 | | 口腔 | 弱 | 中 | 强 | |
| | | 头部 | 弱 | 中 | 强 | |
| | | 喉部 | 弱 | 中 | 强 | |
| | | 肠胃 | 弱 | 中 | 强 | |
| 喜好程度 | | 差 | 较差 | 较好 | 良好 | 优 |
| 持续时间 | | 短 | | 中 | | 长 |
| 备注 | | 优点、不足、建议 | | | | |

本书所拟定的袋装型口含烟感官评价方法，当前以定性的描述性评价为主导，旨在初步辅助产品的前期研发工作。需要明确的是，此评价体系尚处于不够成熟与完善的阶段，未来将在持续的实践与应用中不断优化与改进，以期达到更加精准、全面的评价效果。

#### 10.2.1.2 试制品的感官评价

基于精心构建的袋装型口含烟感官评价体系，本书对自主研发的三种口味试制品进行了全面评估，并与国际市场上的代表性产品进行了深入对比。评价结果显示：首先，我们的三款试制品在香味上展现出纯正而自然的特质，味感特征令人愉悦且舒适，同时在刺激性与生理感受方面达到了恰到好处的平衡；其次，相较之下，国外代表性产品则展现出更为浓郁的香味，伴随而来的是较为强烈的刺激感与显著的生理反应。

综合比较而言，本书所开发的试制品在整体表现上优于国外同类产品，不仅在口味上更加贴合中国消费者的偏好，还在刺激性、满足感等关键维度上更好地满足了中国市场的独特需求。这一评价结果不仅验证了我们在配方设计阶段的预设目标，更为中式特色袋装型口含烟产品的进一步研发指明了清晰的方向，展现了其广阔的市场潜力与独特魅力。

## 10.2.2 理化评价技术

### 10.2.2.1 袋装型口含烟理化评价方法研究

鉴于袋装型口含烟配方的多样性与成分的复杂性,其相关理化特性对于保证产品质量具有举足轻重的作用。因此,科学合理地选择袋装型口含烟的理化评价指标显得尤为关键。本书通过系统梳理相关文献、标准与方法资料,并紧密结合前期试验的宝贵经验,精心筛选出了袋装型口含烟的理化关键指标。这些指标被确定为评估袋装型口含烟理化性能的核心依据,为产品质量的全面把控提供了坚实的理论基础与实践指导。

1. 净含量(重量)

在食品及烟草行业的相关标准中,对产品净含量有着严格而明确的规定。净含量作为衡量产品完整性和消费者权益的重要指标,一旦存在短缺,将直接构成对消费者的误导与欺骗。因此,将净含量纳入袋装型口含烟制品的理化评价指标体系,是确保其质量合规与市场信誉的关键一步。

2. 烟碱含量

考虑到袋装型口含烟制品的主要功效在于提供烟碱满足感,烟碱含量自然成为衡量其品质与强度的核心理化指标。烟碱含量的高低直接反映了产品的使用效果与消费者体验,是评判袋装型口含烟优劣的重要标尺。

3. 水分含量

研究表明,袋装型口含烟产品的水分含量对其感官体验与品质具有显著影响。水分含量偏高可加速烟碱感受与满足感的产生,但同时增加了包装成型的难度;反之,水分含量偏低则会延迟满足感的到来。因此,精确控制并检测水分含量,对于优化产品体验与保证品质至关重要。

4. pH 值

pH 值作为影响袋装型口含烟中游离烟碱比例的关键因素,其变化直接关联到产品的烟碱冲击感、满足感以及口腔舒适度。高 pH 值产品虽能带来更强的烟碱感受,但可能牺牲口腔舒适度;而低 pH 值产品则可能减弱烟碱冲击感与满足感,但提升口腔舒适度。因此,将 pH 值纳入理化评价体系,有助于实现产品特性的精细调控与消费者体验的优化。

5. 烟草特有亚硝胺(TSNAs)

鉴于国际癌症研究中心(IARC)已将烟草特有亚硝胺(TSNAs)列为致癌物质,且瑞典火柴的 GOTHIATEK®标准已明确对其进行限量要求,作为以烟草为主要原料的口含烟产品,对其进行 TSNAs 检测不仅是遵循行业规范的体现,更是保障消费者健康安全的必要措施。

6. 重金属含量

考虑到烟叶原料在种植过程中可能受到土壤等环境因素的污染,导致重金属含量超标,这些重金属可能通过口含烟产品进入人体,对健康构成潜在威胁。因此,对铬、镍、砷、镉、铅等重金属含量进行检测,是确保口含烟产品安全性的重要环节,也是保障消费者权益的必要举措。

袋装型口含烟理化指标及检测方法的具体信息见表 10-2。

表 10-2 袋装型口含烟理化指标及检测方法

| 指标名称 | 检测方法 |
| --- | --- |
| 净含量 | 天平称重 |
| 烟碱含量 | YC/T 246—2008《烟草及烟草制品 烟碱的测定 气相色谱法》 |
| 水分含量 | YC/T 31—1996《烟草及烟草制品 试样的制备和水分测定 烘箱法》 |
| pH 值 | YC/T 222—2007《烟草及烟草制品 pH 的测定》 |

续表

| 指标名称 | 检测方法 |
|---|---|
| TSNAs | CORESTA RECOMMENDED METHOD No72 DETERMINATION OF TOBACCO-SPECIFIC NITROSAMINES IN SMOKELESS TOBACCO PRODUCTS BY LC-MS/MS |
| 重金属(铬、镍、砷、镉、铅)含量 | YC/T 380—2010《烟草及烟草制品 铬、镍、砷、硒、镉、铅的测定 电感耦合等离子体质谱法》 |

#### 10.2.2.2 试制品的理化评价

本书选择了自制的 4 个样品进行了理化指标的检测,检测结果见表 10-3,结果表明,试制的产品重量在 0.39~0.45 g,烟碱含量为 7.02~13.42 mg/g,水分含量为 32.51%~35.92%,pH 值为 6.40~6.67,TSNAs 含量为 102.82~269.30 ng/g,重金属(铬、镍、砷、镉、铅)总量在 3.92~5.09 μg/g。理化指标整体达到配方设计要求。

表 10-3　试制样品的理化指标检测结果

| 指标 | 薄荷高 | 薄荷低 | 菠萝 | 原味 |
|---|---|---|---|---|
| 重量/g | 0.43 | 0.45 | 0.39 | 0.41 |
| 水分含量/% | 32.51 | 35.92 | 32.79 | 34.03 |
| 烟碱含量/(mg/g) | 13.42 | 10.17 | 7.02 | 7.81 |
| pH 值 | 6.67 | 6.46 | 6.40 | 6.43 |
| NNN/(ng/g) | 22.33 | 14.58 | 6.17 | 13.19 |
| NNK/(ng/g) | 68.5 | 53.93 | 10.68 | 46.99 |
| NAB/(ng/g) | 159.62 | 118.73 | 70.52 | 93.37 |
| NAT/(ng/g) | 18.85 | 23.38 | 15.45 | 14.00 |
| TSNAs/(ng/g) | 269.30 | 210.72 | 102.82 | 167.55 |
| 铬含量/(μg/g) | 0.43 | 0.57 | 0.47 | 0.53 |
| 镍含量/(μg/g) | 0.97 | 1.07 | 0.91 | 1.02 |
| 砷含量/(μg/g) | 0.38 | 0.31 | 1.29 | 0.23 |
| 镉含量/(μg/g) | 2.88 | 2.32 | 1.27 | 1.61 |
| 铅含量/(μg/g) | 0.43 | 0.57 | 0.47 | 0.53 |
| 重金属总量/(μg/g) | 5.09 | 4.84 | 4.41 | 3.92 |

### 10.2.3　卫生安全评价技术

#### 10.2.3.1　袋装型口含烟卫生安全评价方法研究

参照食品领域相关标准和要求,选择了菌落总数、霉菌计数、大肠杆菌计数、沙门氏菌、金黄色葡萄球菌、志贺氏菌、溶血性链球菌 7 个卫生指标作为袋装型口含烟卫生评价指标,具体检测指标及检测方法见表 10-4。

表 10-4　袋装型口含烟样品卫生指标及检测方法

| 检测指标 | 检测方法 |
|---|---|
| 菌落总数 | 3M 菌落总数测试片法 |

续表

| 检测指标 | 检测方法 |
|---|---|
| 霉菌计数 | 3M 霉菌测试片法 |
| 大肠杆菌计数 | 3M 大肠菌群测试片法 |
| 沙门氏菌 | 3M 沙门氏菌测试片法 |
| 金黄色葡萄球菌 | 3M 金黄色葡萄球菌测试片法 |
| 志贺氏菌 | 《食品安全国家标准 食品微生物学检验 志贺氏菌检验》(GB 4789.5—2012) |
| 溶血性链球菌 | 《食品安全国家标准 食品微生物学检验 β型溶血性链球菌检验》(GB 4789.11—2014) |

#### 10.2.3.2 试制品的卫生安全评价

为了对试制品进行毒理学评价,并与国外产品进行比较,选择了 3 个自制品和 2 个国外样品进行了相关试验。样品信息详见表 10-5。

表 10-5 卫生指标检测样品信息表

| 序号 | 样品名称 | 生产商 | 烟碱/(mg/g) |
|---|---|---|---|
| 1 | Skoal Bandist mint | 美国无烟 | 8.0 |
| 2 | Onico white portion Enbar | 瑞典火柴 | 0 |
| 3 | 自制样-1 | — | 13.42 |
| 4 | 自制样-2 | — | 10.17 |
| 5 | 自制样-3 | — | 7.02 |

我们对相关样品进行了卫生指标检测,检测结果见表 10-6。

表 10-6 样品卫生指标检测结果

| 序号 | 样品名称 | 菌落总数/(CFU/g) | 霉菌计数/(CFU/g) | 大肠杆菌/(CFU/100 g) | 沙门氏菌 | 金黄色葡萄球菌 | 志贺氏菌 | 溶血性链球菌 |
|---|---|---|---|---|---|---|---|---|
| 1 | Skoal Bandist mint | $9.8 \times 10^5$ | <10 | <29 | 未检出 | 未检出 | 未检出 | 未检出 |
| 2 | Onico white portion Enbar | 33 | <10 | <29 | 未检出 | 未检出 | 未检出 | 未检出 |
| 3 | 自制样-1 | 17 | <10 | <29 | 未检出 | 未检出 | 未检出 | 未检出 |
| 4 | 自制样-2 | 7 | <10 | <29 | 未检出 | 未检出 | 未检出 | 未检出 |
| 5 | 自制样-3 | 43 | <10 | <29 | 未检出 | 未检出 | 未检出 | 未检出 |

检测结果明确显示,国外 Onico 品牌样品及三款自制样品的菌落总数均低于 50 CFU/g,霉菌计数不超过 10 CFU/g,大肠杆菌含量低于 29 CFU/100 g,且未检测出沙门氏菌、金黄色葡萄球菌、志贺氏菌及溶血性链球菌,充分证明依据本书所述工艺制备的袋装型口含烟自制产品符合当前卫生安全标准。然而,值得注意的是,另一款国外样品——Skoal Bandits mint 的菌落总数却高达 $9.8 \times 10^5$ CFU/g,远超标准,尽管其他检测指标符合要求。这一异常情况提示我们,该样品在生产、包装、运输或储存的某一环节可能出现了问题,导致菌落总数严重失控。这一发现为未来袋装型口含烟产品的整个生产链——包括生产、包装、运输及储存——中的卫生控制指标敲响了警钟,强调了加强监管与重视的必要性。

### 10.2.4 毒理学评价技术

国际上多家知名烟草公司已针对其无烟烟草产品构建了全面的毒理学评估体系。雷诺烟草公司近期进行了一项对比研究,将 Eclipse 卷烟与市场上四款超低焦油卷烟的烟气冷凝物进行了体外毒性分析。通过中性红细胞毒性试验与 Ames 试验的严格检验,结果显著表明,Eclipse 卷烟的烟气冷凝物在细胞毒性和致突变性方面均低于所对比的四款市售超低焦油卷烟。

与此同时,菲莫公司也开展了深入研究,将电加热卷烟与标准参考卷烟 1R4F 的化学烟雾特性进行了详尽对比,涵盖了体外细菌遗传毒性评估、体外哺乳动物细胞毒性测试以及为期 90 天的大鼠烟气吸入实验。这一系列科学实验的结果一致指向:电加热卷烟在各项指标上的表现均优于传统的参考卷烟 1R4F。

此外,BAT 公司则专注于对 snus(一种无烟烟草制品)的提取物进行了多维度的毒性测试,包括细胞毒性、遗传毒性以及口腔黏膜刺激性试验,旨在全面评估其安全性。这些研究不仅展示了烟草行业在技术创新与产品安全方面的努力,也为消费者提供了更多关于无烟烟草产品健康风险的科学依据。

#### 10.2.4.1 袋装型口含烟毒理学评价方法研究

当前,国内外烟草行业普遍运用三项关键的体外毒理学实验——细胞毒性试验、体外微核试验及细菌回复突变试验——来评估传统卷烟的细胞毒性、遗传毒性及致突变性。鉴于无烟烟草制品与传统卷烟在使用模式及暴露途径上的显著差异,本书在借鉴传统烟草制品体外毒理学评估框架的基础上,经过深入研究,特别制定了针对口含烟样品的前处理流程及一套专属的体外毒理学评价体系。该评价体系涵盖了中性红细胞毒性试验、体外微核试验及细菌回复突变试验三大核心方法。

具体的前处理流程设计如下:首先,精确称取 1.0 g 口含烟样品,将其放置于 50 mL 的离心管中;随后,使用适量的细胞培养液将样品定容至 30 mL,并置于 37 ℃ 的恒温水浴环境中静置 24 h,以确保充分萃取;萃取完成后,先通过定性滤纸进行初步过滤,以去除固体残渣;之后,利用孔径为 0.45 $\mu$m 的有机滤膜进一步过滤,以彻底去除细菌等微生物污染;最终,将处理好的样品储存于 $-80$ ℃ 的环境中,以备后续的检测分析之用。

#### 10.2.4.2 试制品的毒理学评价

为了对试制品进行毒理学评价,并与国外产品进行比较,选择了 3 个自制品和 6 个国外样品共计 9 个样品进行了相关试验。样品信息详见表 10-7。

表 10-7 毒理学检测样品信息表

| 序号 | 样品名称 | 制造商 | 烟碱含量/(mg/g) |
| --- | --- | --- | --- |
| 1 | Skruf stark portion | 瑞典火柴 | 12 |
| 2 | Skoal Bandist mint | 美国无烟 | 8 |
| 3 | Onico white portion Enbar | 瑞典火柴 | 0 |
| 4 | General G3 extra strong | 瑞典火柴 | 20 |
| 5 | General classic wihte mini | 瑞典火柴 | 8 |
| 6 | Camel snus large frost | 美国无烟 | 8.5 |
| 7 | 自制样-1 | — | 13.42 |
| 8 | 自制样-2 | — | 10.17 |
| 9 | 自制样-3 | — | 7.02 |

中性红细胞毒性试验的结果清晰显示,所有 9 个样品(包括 3 个自制样品与 6 个国外样品)的提取物均对 CHO 细胞产生了可观测的毒性效应。随着检测剂量的递增,细胞抑制率也相应增加,呈现出显著的剂量-效应正相关关系。进一步的统计学分析揭示,自制样品与国外样品在细胞抑制率上并未展现出统计学上的显著差异($P>0.05$),表明两者在此方面的毒性效应相当。

Ames 试验的结果则明确指出,在 TA98 和 TA100 两种菌种检测体系下,针对 9 个样品(3 个自制与6个国外)的提取物,于125～1000 μL/皿的剂量范围内进行检测时,所有样品均未诱发出超过自发回变2倍的回复菌落数,且未显示出剂量-效应关系。这一结果有力地证明了所有样品的提取物对TA98和TA100菌种均不具备致突变性。

体外微核试验同样提供了重要信息,结果显示9个样品(3个自制与6个国外)的提取物在诱导微核率方面并未展现出显著的剂量-效应关系,且体外细胞微核试验结果均为阴性。这一发现表明,无论是自制样品还是国外样品,均不具有诱导细胞微核率增加的能力。

### 10.2.5 生物学效应

#### 10.2.5.1 人口腔细胞体外模型的建立

**1. 材料与仪器**

细胞培养与试剂:采用美国Gibco公司的DMEM/F12细胞培养液、磷酸盐缓冲液(PBS)及胎牛血清;美国Invitrogen公司提供的Defined Keratinocyte-SFM培养液、DispaseⅡ酶、胰蛋白酶;美国Santa Cruz公司供应的抗角蛋白抗体pan-Cytokeratin Antibody(AE1/AE3)、抗波形丝蛋白抗体Vimentin Antibody(V9)、抗肌球蛋白抗体MRCL3/MRLC2/MYL9 Antibody(D-9);以及美国Sigma公司出品的FITC标记的二抗、Hoechst染料、多聚甲醛、Triton-100表面活性剂、牛血清白蛋白(BSA)。

实验设备:运用Molecular Devices公司的高内涵筛选系统(HCS)进行高效分析;采用Thermo公司的$CO_2$培养箱维持细胞生长环境;Heal Force公司的二级生物安全柜确保实验操作的安全性;Nikon公司的TS100-F-HMC型倒置显微镜用于细胞观察;美国Corning公司的细胞培养瓶作为细胞培养的容器;Mettler Toledo公司的XS204型分析天平(感量达0.0001 g)确保精确称量;以及北京时代北利离心机有限公司的DT5-5型离心机进行样品处理。

**2. 方法**

1)口腔黏膜组织取材

精心选取6岁以下唇腭裂患者,在唇裂修复手术中,保留并收集手术切除的多余口腔黏膜组织。这些组织被立即置入含有DMEM/F12培养基的无菌试管中,随后迅速送往实验室进行进一步处理。

2)组织块的清洗与消毒

在超净工作台上,使用含有双抗(青霉素终浓度为100 U/mL,链霉素为50 μg/mL)的PBS溶液,对组织块进行三次彻底的冲洗,以有效去除附着在表面的血污和潜在细菌,确保组织的清洁与无菌状态。

3)人口腔黏膜上皮细胞的分离与纯化

首先,利用精细的眼科剪刀仔细剔除黏膜下组织,并将剩余黏膜剪切成约5 mm×5 mm的小块。随后,向其中加入0.25%的DispaseⅡ酶,置于4 ℃冰箱中温和消化16～18 h。接着,使用眼科镊子轻轻分离表层上皮与上皮下层。进一步修剪上皮层至约1 $mm^3$的小块,加入0.25%胰蛋白酶,在36 ℃条件下消化15 min(期间每5 min进行一次吹打振动),以去除未完全消化的细胞团块。之后,加入含有10%胎牛血清的DMEM/F12培养基终止消化反应,并通过吸管轻柔吹打,制备成单细胞悬液。将该悬液以1000 r/min的速度离心5 min,弃去上清液,用PBS再次冲洗一次后,重悬于预先添加了生长因子的KSFM培养基中。

4)原代培养与形态学观察

将制备好的人口腔黏膜上皮细胞及成纤维细胞单细胞悬液进行细胞计数,并以$1×10^5$～$2×10^5$个/mL的密度接种于25 $cm^2$的培养瓶中。随后,将培养瓶置于37 ℃、5% $CO_2$的恒温培养箱中进行培养。首次换液在接种后3天进行,之后每2天更换一次新鲜培养基。利用倒置显微镜每日观察细胞的贴壁情况、形态变化以及生长增殖状况,以记录并分析细胞的生长特性。

5）传代培养

当细胞生长至覆盖培养瓶底部约80%时，进行传代培养。首先，使用0.25%的胰蛋白酶对细胞进行消化处理，并在显微镜下密切观察细胞形态变化，直至细胞回缩变圆。随后，加入含有10%胎牛血清的DMEM/F12培养基终止消化反应。将细胞悬液以1000 r/min的速度离心5 min，弃去上清液后，用预先添加了生长因子的KSFM培养基重悬细胞。最后，按照1∶2的比例将细胞接种于新的培养瓶中，继续进行连续传代培养。

6）人口腔黏膜上皮细胞的鉴定

待细胞生长至稳定状态后，进行消化处理并接种于96孔板中，继续培养24 h。随后，移除上清液，以含4%多聚甲醛的PBS在室温下固定细胞4 h。固定完成后，弃去固定液，加入含有2% Triton-100和1% BSA的PBS溶液，于室温下处理30 min以破除细胞膜。之后，将细胞分为两组，分别加入1∶100稀释的抗角蛋白抗体和MRCL3/MRLC2/MYL9抗体，于4 ℃条件下孵育过夜。次日，移除抗体溶液，用含0.02% Triton-100的PBS洗涤细胞三次，每次5 min。随后，加入FITC标记的二抗，在室温下避光孵育4 h。再次洗涤后，加入终浓度为1 μg/mL的Hoechst溶液进行避光染色15 min。最后，用含0.02% Triton-100的PBS洗涤两次，每次5 min，并加入100 μL PBS溶液。利用高内涵筛选系统，选择FITC和DAPI双通道进行拍照，以完成细胞的鉴定。

7）人口腔黏膜组织块的贴壁培养

使用眼科剪刀将口腔黏膜组织修剪成约3 mm×3 mm的小块，并利用弯头镊子将这些小块直接贴附于培养瓶的底部。随后，将培养瓶底部朝上，向瓶内注入5 mL含有10%胎牛血清的DMEM/F12培养基，倒置放入37 ℃、5% $CO_2$的恒温培养箱中。培养12 h后，检查组织块是否已成功贴附于瓶底。若已贴附稳固，则轻轻翻转培养瓶，使其恢复正常位置，并继续静置培养。

8）人口腔黏膜成纤维细胞的原代培养及形态学观察

在培养过程中，每日观察组织块周围是否有成纤维细胞迁出。每3～4天更换一次培养基，并在换液过程中小心移除未成功贴附的组织块，同时避免触碰已贴附的组织块。持续观察7天内成纤维细胞的迁出情况。

9）人口腔黏膜成纤维细胞的传代培养

当成纤维细胞大量迁出并覆盖培养瓶底部时，使用0.25%的胰蛋白酶进行消化处理。在显微镜下观察细胞形态变化，待细胞回缩变圆后，立即加入含10%胎牛血清的DMEM/F12培养基以终止消化。将细胞悬液小心吸出，并去除其中的组织块碎片。随后，以1000 r/min的速度离心5 min，弃去上清液，加入新鲜的培养基，并将细胞悬液转移至新的培养瓶中继续培养。

10）人口腔黏膜成纤维细胞的鉴定

细胞生长稳定后，进行消化处理并接种于96孔板中培养24 h。后续步骤与人口腔黏膜上皮细胞的鉴定方法相同，包括细胞固定、细胞膜破除、抗体孵育、二抗结合、细胞核染色以及最终的拍照鉴定过程。不同之处在于，此处使用的抗体为1∶100稀释的抗波形丝蛋白抗体以替代抗角蛋白抗体，以特异性地识别成纤维细胞。

3. 结果

1）人口腔黏膜上皮细胞的形态学观察

在胰酶消化完成后，观察到的细胞形态呈现出不均一性，主要表现为圆形或多角形，且具有较强的折光性。接种后24 h内，细胞逐渐沉降并部分贴附于培养瓶底部，此时刚贴壁的细胞形态多为圆形、椭圆形或三角形。随着时间的推移，细胞开始伸出双极或多极的突起，胞质逐渐展开，折光性也随之降低。当细胞完全贴壁后，其形态转变为扁平状的多角形，类似铺路石，胞核清晰可见，位于细胞中心。

在接下来的2～3天内，细胞数量显著增加，且大小逐渐趋于均一。然而，在此期间仍可观察到少数形态不均一的大细胞散布其中。培养至第5天时，细胞增殖速度明显加快，核分裂现象变得更为频繁。

细胞逐渐汇合成片,展现出均匀、透明的典型上皮细胞特征(见图10-2),这表明细胞已进入稳定生长期。

细胞在传代后的12~24 h内即可迅速贴壁并开始生长。观察发现,第2~4代细胞的形态与原代细胞相比并未发生显著变化,依然保持着铺路石状的外观,并存在部分较大的细胞,这些细胞依然保持着较快的增殖速度。然而,从第4代开始至第5代,细胞的形态逐渐呈现出不规则的趋势,细胞间的边界变得模糊不清。此外,细胞胞质内部还出现了细小的空泡和黑色颗粒,这些变化可能预示着细胞状态的转变。随着代数的进一步增加,细胞的增殖速度明显减慢,最终可能陷入停滞状态(见图10-3)。

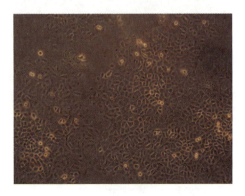 

图10-2 人口腔黏膜上皮细胞的原代培养(接种后10 d)　　图10-3 传代至第5代人口腔黏膜上皮细胞

2)人口腔黏膜上皮细胞的免疫荧光染色分析

图10-4展示了使用FITC标记的角蛋白抗体对人口腔黏膜上皮细胞进行特异性染色的结果。在图中,可以清晰地观察到所有细胞均呈现出角蛋白阳性的特征,表现为明亮的绿色荧光,而Hoechst染料则将细胞核标记为蓝色,两者共同构成了鲜明的对比。这一结果验证了人口腔黏膜上皮细胞中角蛋白的高表达特性。

为了进一步确认染色的特异性,我们设置了阴性对照组,如图10-5所示。在该组中,采用了FITC标记的肌球蛋白抗体对细胞进行染色。然而,与预期相符,图中仅显示出由Hoechst着色的蓝色细胞核,而未见肌球蛋白的阳性染色(即绿色荧光),从而排除了非特异性染色的可能性,进一步证明了实验结果的准确性和可靠性。

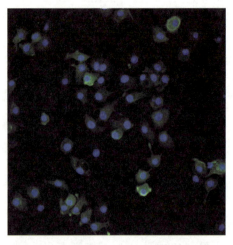 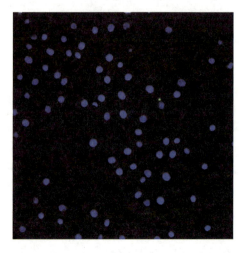

图10-4　角蛋白抗体及Hoechst染色的人口腔黏膜上皮细胞荧光图　　图10-5　肌球蛋白抗体及Hoechst染色的人口腔黏膜上皮细胞荧光图

3) 人口腔黏膜成纤维细胞的形态学观察与生长特性

在显微镜下持续观察发现，组织块在接种后的 2~3 天内逐渐贴附于培养基底，其边缘开始形成条索状的细胞突起，但此时尚未观察到单个细胞从组织块中迁出。大约 5 天后，可以清晰地看到组织块周围出现了迁移出的细胞，这些细胞贴壁生长，形态以长梭形为主，细胞核位于细胞中心，呈现出典型的成纤维细胞特征。同时，还观察到少量扁平状多角形细胞，它们呈现出类似上皮细胞的形态。

随着时间的推移，到第 10 天时，迁出的细胞逐渐呈现放射状生长模式（如图 10-6 所示），而多角形细胞的数量并未显著增加，组织块周围主要以典型的成纤维细胞为主。进一步培养至 20 天后，组织块周围的区域被细胞逐渐铺满。此时，利用胰酶进行消化处理，发现长梭形的成纤维细胞在短短 2~3 min 内即可被消化并脱落瓶壁，转变为折光率较高、形态圆润的细胞球，而多角形细胞则相对较为耐受，消化速度较慢。

经过传代培养后，细胞形态保持稳定（如图 10-7 所示），未发生明显变化，同时细胞的生长速度显著加快，显示出良好的增殖能力。

图 10-6　人口腔黏膜成纤维细胞的原代培养
（组织块贴壁后 10 d）

图 10-7　传代后的人口腔黏膜成纤维细胞
（第 3 代）

4) 人口腔黏膜成纤维细胞的免疫荧光染色分析

图 10-8 展示了采用 FITC 标记的波形丝蛋白抗体对人口腔黏膜成纤维细胞进行特异性染色的结果。在图中，所有细胞均呈现出鲜明的波形丝蛋白阳性信号，表现为明亮的绿色荧光，这充分验证了成纤维细胞中波形丝蛋白的高表达。同时，Hoechst 染料将细胞核清晰地标记为蓝色，与绿色荧光形成鲜明对比，便于观察细胞的形态与结构。

为了确认染色的特异性，我们设立了阴性对照组（图 10-9）。在该组中，使用了 FITC 标记的肌球蛋白抗体对细胞进行染色。然而，与预期相符，图中仅显示了由 Hoechst 着色的蓝色细胞核，并未观察到肌球蛋白的阳性染色（即绿色荧光），从而排除了非特异性染色的可能性，进一步证明了实验结果的准确性和可靠性。

### 10.2.5.2　袋装型口含烟对人口腔细胞生长状况的影响研究

1. 材料与仪器设备

**细胞培养试剂**：包括 DMEM/F12 细胞培养液、PBS 缓冲液及胎牛血清，均购自美国 Gibco 公司；Defined Keratinocyte-SFM 培养液及胰蛋白酶则来自美国 Invitrogen 公司；CCK-8 细胞增殖检测试剂盒则由天津百萤生物科技有限公司提供。

**仪器设备**：实验过程中采用了多种先进设备，包括 Thermo 公司出品的 $CO_2$ 培养箱，以维持细胞培养所需的恒定环境；Heal Force 公司生产的二级生物安全柜，确保实验操作的安全性；Nikon 公司的 TS100-F-HMC 型倒置显微镜，用于观察细胞形态及生长状况；此外，还使用了美国 Corning 公司制造的 96 孔板和细胞培养瓶作为细胞培养的容器；在样品处理及质量控制方面，则依赖于 Mettler Toledo

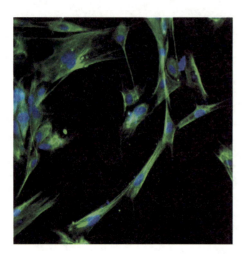

图 10-8　波形丝蛋白抗体及 Hoechst 染色的人口腔黏膜成纤维细胞荧光图

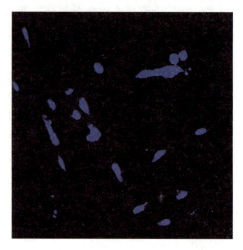

图 10-9　肌球蛋白抗体及 Hoechst 染色的人口腔黏膜成纤维细胞荧光图

公司的 XS204 型分析天平(感量达 0.0001 g),以及北京时代北利离心机有限公司的 DT5-5 型离心机。

实验用产品:本研究还涉及 General 品牌袋装型口含烟(White Mini 口味),其烟碱含量为 0.8%,标识为 G-M,作为特定实验条件下的测试样品。

2. 方法

1)袋装型口含烟的前处理步骤

取一袋袋装型口含烟制品,去除外包装后,加入 10 mL pH 值为 7.2 的磷酸缓冲液。随后,在 37 ℃恒温条件下,以 150 r/min 的速率震荡 24 h,以充分萃取其中的成分。之后,通过 8000 r/min 的离心处理 10 min,以分离固液两相。在生物安全柜内,使用 0.45 μm 孔径的一次性过滤器对上清液进行除菌过滤。将处理后的待测液分装至 1 mL 的无菌冻存管中,并置于 −20 ℃ 条件下保存,以备后续测定烟碱含量之用。

2)传统卷烟的前处理流程

依据 YQ 2−2011 标准附录 A 中的方法,对卷烟进行烟气捕集处理。首先,将卷烟置于恒温恒湿箱中平衡 48 h,以确保其状态稳定。随后,挑选出重量和吸阻均一致的烟支作为实验样品。按照标准方法,在全自动转盘式吸烟机上对 20 支卷烟进行抽吸,利用剑桥滤片捕集器中的剑桥滤片收集烟气的总粒相物。将收集到的剑桥滤片浸泡于 DMSO 溶剂中,并通过超声波提取 20 min,以充分提取其中的成分。最后,将提取液定容至浓度约为 10 mg TPM/mL 的 DMSO 溶液中,并置于 −80 ℃ 的超低温条件下保存,以备后续实验使用。

3)细胞接种过程

(1)人口腔黏膜上皮细胞的接种。

首先,将人口腔黏膜上皮细胞在 37 ℃、含 5% $CO_2$ 的二氧化碳培养箱中培养至第 2 代,确保细胞生长接近汇合状态且处于活跃的指数分裂期。试验前,通过倒置显微镜仔细检查细胞的汇合程度和形态特征。随后,移除培养瓶中的旧培养液,并用磷酸缓冲液轻柔洗涤细胞两次,以去除残留的培养基和杂质。之后,加入适量胰蛋白酶溶液,在 37 ℃ 条件下单层孵育约 5 min,以消化细胞间的连接。消化完成后,用适量的细胞生长培养基轻轻吹打细胞,形成均匀的单细胞悬液。

接下来,采用血球计数板进行细胞计数,精确计算出每毫升悬浮液中的活细胞数量。根据实验需求,使用细胞生长培养基调整悬浮液的细胞浓度至 $5\times10^4$ 个/mL。随后,将适量的单细胞悬浮液(每孔 100 μL)接种到 96 孔细胞培养板中,确保每孔细胞数量一致。最后,将接种好的细胞培养板放回至 37 ℃、5% $CO_2$ 的二氧化碳培养箱内,继续培养 24 h,以促进细胞的贴壁和生长。

(2)人口腔黏膜成纤维细胞的接种。

对于人口腔黏膜成纤维细胞的接种过程,其前期准备与上皮细胞类似。同样在 37 ℃、含 5% $CO_2$ 的二氧化碳培养箱中培养细胞至第 2 代,确保细胞生长状态良好且处于指数分裂期。试验前通过显微镜观察细胞形态和汇合度,并进行必要的洗涤和胰蛋白酶消化处理。然而,由于成纤维细胞对胰蛋白酶的敏感性较高,其消化时间通常较短(约 1 min)。

消化完成后,用细胞生长培养基制备成纤维细胞的单细胞悬浮液,并通过血球计数板确定细胞浓度。随后,将细胞浓度调整至 $3×10^4$ 个/mL,并按每孔 100 μL 的量接种到 96 孔细胞培养板中。最后,将接种好的细胞培养板置于相同的培养条件下(37 ℃、5% $CO_2$),继续培养 24 h,以观察细胞的生长和贴壁情况。

4)试验设计与分组

本试验精心设计为三组,即细胞对照组、溶剂对照组以及测试样品组,每组均设立三个平行样本,以确保实验结果的准确性和可靠性。

(1)测试样品剂量的精准设定。

在正式引入测试样品之前,我们严格遵循 MTT 细胞毒性试验标准(YQ/T 42—2013),通过科学方法计算出样品对目标细胞的 $IC_{50}$ 值。同时,精确测定各提取液中的尼古丁含量,并据此设定测试样品的浓度范围。原则上,最高测试剂量应控制在不引起超过 60% 细胞抑制率的水平,且实验浓度明确以尼古丁含量作为标示基准。

(2)受试物对细胞的暴露处理。

从培养箱中取出细胞培养板后,首先移除原有的培养基。随后,细胞对照组每孔加入 200 μL 的新鲜细胞生长培养基;溶剂对照组则加入与测试样品组最高检测剂量时等量的溶剂对照;而测试样品组则分别加入不同剂量的测试样品,并使用溶剂对照调整至各组孔内溶剂浓度一致,确保实验条件的标准化。完成加样后,所有组别均用细胞生长培养基补足至每孔 200 μL,随后将培养板放回 37 ℃、5% $CO_2$ 的二氧化碳培养箱中继续培养。

(3)CCK-8 孵育与吸光度值测定。

在预定的时间点,向每孔加入 20 μL 溶解的 CCK-8 溶液,随后将 96 孔细胞培养板置于 37 ℃、5% $CO_2$ 的二氧化碳培养箱中孵育 4 h。孵育结束后,使用酶标仪在 490 nm 检测波长和 630 nm 参考波长下读取各孔的 OD 值。实验采取连续监测的方式,每隔 24 h 测量一次,每次测量均取三个平行样本的平均值,以确保数据的稳定性和可重复性。

3.结果

图 10-10 展示了袋装型口含烟(G-M)对人口腔黏膜上皮细胞生长曲线的影响。从该图中可以清晰观察到,在最高浓度组(20 μg/mL)条件下,G-M 对上皮细胞的生长产生了一定的抑制作用。值得注意的是,实验过程中发现 G-M 提取液本身呈现棕黄色,这一特性导致其在 490 nm 波长下具有一定的吸光度,从而使得第 1 天和第 2 天的吸光值偏高。这一现象并不意味着此时细胞的实际数量较多,而是由提取液本身的颜色特性所引起的。相比之下,在中低浓度组(10 μg/mL 及 5 μg/mL)中,G-M 对上皮细胞的生长曲线并未造成显著的影响。

图 10-11 展示了传统卷烟烟气总粒相物(TPM)对人口腔黏膜上皮细胞生长曲线的影响。鉴于前期实验揭示 TPM 的半数抑制浓度($IC_{50}$)值较高,若直接采用与口含烟样品相同的浓度梯度进行实验,将导致细胞抑制率过高,从而无法全面观测生长曲线的变化。因此,经过实验探索,我们设定了 TPM 的实验浓度梯度为 5 μg/mL、2 μg/mL、1 μg/mL。

从图中可以清晰观察到,在最高浓度组(5 μg/mL)中,TPM 显著抑制了上皮细胞的生长。而在中浓度组(2 μg/mL),TPM 同样对上皮细胞的生长产生了明显的抑制作用,但程度较最高浓度组有所减轻。至于低浓度组(1 μg/mL),虽然 TPM 仍对上皮细胞生长有轻微影响,但这种抑制作用并不显著。

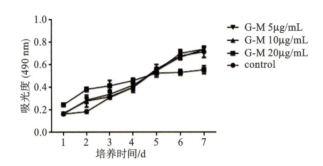

图 10-10　袋装型口含烟对人口腔黏膜上皮细胞生长曲线的影响图

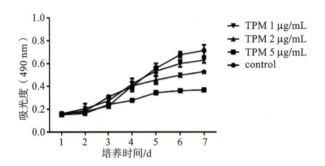

图 10-11　传统卷烟对人口腔黏膜上皮细胞生长曲线的影响图

图 10-12 呈现了袋装型口含烟(G-M)对人口腔成纤维细胞生长曲线的具体影响。从图中可以明确看出,在最高浓度组(20 μg/mL)中,G-M 对成纤维细胞的生长产生了显著的抑制作用。值得注意的是,实验过程中我们观察到,由于 G-M 提取液本身呈现棕黄色,这一特性使其在 490 nm 波长下具有一定的吸光度,进而导致了在实验初期(1 天和 2 天)测得的吸光值偏高,但这并不意味着细胞的实际数量或活性也随之增加。

在中低浓度组(包括 10 μg/mL 和 5 μg/mL),G-M 对成纤维细胞的生长影响较为有限,仅在实验后期(第 7 天)表现出一定的抑制作用,而对实验前期的生长曲线则未产生显著影响。这一观察结果为我们进一步理解 G-M 对口腔细胞生长的影响提供了有价值的线索。

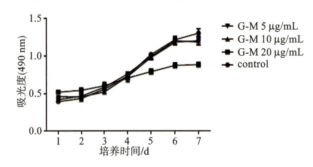

图 10-12　袋装型口含烟对人口腔黏膜成纤维细胞生长曲线的影响图

图 10-13 展示了传统卷烟烟气总粒相物(TPM)对人口腔黏膜成纤维细胞生长曲线的具体影响。鉴于 TPM 的半数抑制浓度($IC_{50}$)值较高,若直接采用与口含烟样品相同的浓度梯度,将导致细胞抑制率过高,从而无法全面观测生长曲线的变化。因此,经过实验探索,我们设定了 TPM 的实验浓度梯度为 2 μg/mL、1 μg/mL 和 0.5 μg/mL。

从图中可以明显观察到,在最高浓度组(2 μg/mL)中,TPM 对成纤维细胞的生长产生了显著的抑制作用,特别是在生长后期,细胞开始逐渐凋亡。在中浓度组(1 μg/mL),TPM 同样对成纤维细胞的生长造成了明显的抑制,并在培养的第 7 天观察到细胞逐渐死亡的现象。而在低浓度组(0.5 μg/mL),TPM 仍然对成纤维细胞的生长有一定的抑制作用,但这种抑制效果相较于中高浓度组而言并不显著。这一发现为我们深入了解 TPM 对口腔细胞生长的影响提供了重要依据。

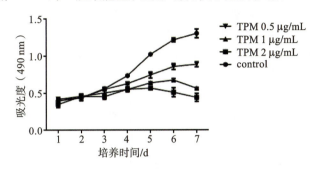

图 10-13　传统卷烟对人口腔黏膜成纤维细胞生长曲线的影响图

#### 10.2.5.3　袋装型口含烟对人口腔细胞凋亡状况的影响研究

**1. 材料和仪器**

细胞培养与检测试剂:采用美国 Gibco 公司提供的 DMEM/F12 细胞培养液、PBS 缓冲液及胎牛血清;美国 Invitrogen 公司供应的 Defined Keratinocyte-SFM 培养液、胰蛋白酶以及 Annexin V-FITC/PI 双染细胞凋亡检测试剂盒。

实验设备:配备有 FACSVantage SE 流式细胞仪,由 BD Biosciences 公司制造;采用 Thermo 公司的 $CO_2$ 培养箱维持细胞培养环境;二级生物安全柜由 Heal Force 公司提供,确保实验操作的生物安全性;Nikon 公司的 TS100-F-HMC 型倒置显微镜用于细胞形态观察;美国 Corning 公司生产的 24 孔板及细胞培养瓶作为细胞培养的载体;采用 Mettler Toledo 公司的 XS204 型分析天平(感量达 0.0001 g),确保实验称量的精确性;北京时代北利离心机有限公司的 DT5-5 型离心机用于细胞悬液的离心处理。

实验样品:选用 General 牌袋装型口含烟(White Mini 口味,烟碱含量 0.8%,简称 G-M)作为实验组样品;同时,以玉溪(硬,含 TPM)作为对照组样品。

**2. 方法**

1) 细胞接种

(1) 人口腔黏膜上皮细胞的接种。

人口腔黏膜上皮细胞在 37 ℃、含 5% $CO_2$ 的恒温培养箱中培养至第二代,此时细胞生长接近汇合状态,并处于活跃的指数分裂期。试验前,通过倒置显微镜仔细检查了培养细胞的汇合程度及形态特征。随后,移除培养瓶中的旧培养液,以磷酸盐缓冲液(PBS)轻柔洗涤细胞两次,并弃去洗涤液。接着,加入适量胰蛋白酶溶液,使细胞在 37 ℃条件下单层孵育约 5 min,以解离细胞。之后,使用细胞生长培养基轻轻吹打细胞,形成均匀的单细胞悬浮液。

利用血球计数板进行细胞计数,精确计算出每毫升悬浮液中的活细胞数量。根据实验需要,采用细胞生长培养基对单细胞悬浮液进行适当稀释,以确保细胞浓度达到 $5\times10^5$ 个/mL。随后,将稀释后的单细胞悬浮液以每孔 500 μL 的接种量均匀分配到 24 孔细胞培养板中。最后,将接种好的细胞培养板置于 37 ℃、含 5% $CO_2$ 的恒温培养箱内,继续培养 24 h,以供后续实验使用。

(2) 人口腔黏膜成纤维细胞的接种。

人口腔黏膜成纤维细胞在 37 ℃、含 5% $CO_2$ 的恒温培养箱中培养至第二代,此时细胞生长接近汇合,并处于活跃的指数分裂期。试验前,采用倒置显微镜细致观察了培养细胞的汇合状态及形态特征。随后,移除培养瓶中的旧培养液,并用磷酸盐缓冲液(PBS)轻柔洗涤细胞两次,弃去洗涤液。接着,加入适量胰蛋白酶溶液,在 37 ℃ 条件下对细胞进行单层孵育约 1 min,以有效解离细胞。之后,利用细胞生长培养基轻轻吹打细胞,使其形成均匀的单细胞悬浮液。

利用血球计数板进行精确的细胞计数,以计算出每毫升悬浮液中的活细胞数量。根据实验需求,采用细胞生长培养基对单细胞悬浮液进行适当稀释,直至细胞浓度达到 $5×10^5$ 个/mL。随后,将稀释后的单细胞悬浮液以每孔 500 μL 的接种量准确分配到 24 孔细胞培养板中。最后,将接种好的细胞培养板置于 37 ℃、含 5% $CO_2$ 的恒温培养箱内,继续培养 24 h,以供后续实验使用。

2) 试验分组及测试样品剂量的设定

(1) 试验分组。

试验分为三组,分别为细胞对照组、溶剂对照组和测试样品组,每个实验组均设立了 3 个平行样本。

(2) 测试样品剂量的设定。

在正式测试样品之前,我们首先进行了 MTT 细胞毒性试验,严格遵循既定标准方法,以精确计算出样品对目标测试细胞的半数抑制浓度($IC_{50}$)。与此同时,我们还测定了各提取液中的尼古丁含量。基于 $IC_{50}$ 值及实验设计需求,我们设定了测试样品的浓度范围,其中最高剂量原则上不超过能导致 60% 细胞抑制率的水平。实验中所采用的浓度均依据尼古丁含量进行明确标示,以确保实验条件的一致性和可比性。

(3) 受试物细胞暴露。

将细胞培养板从培养环境中取出后,首先轻柔地移除各孔内的培养基。随后,向细胞对照组各孔中准确加入 500 μL 的新鲜细胞生长培养基。对于溶剂对照组,则加入与测试样品组在最高检测剂量时所使用的等体积溶剂对照,以确保实验条件的一致性。在测试样品组中,按照预设的不同剂量梯度加入相应的测试样品,随后使用溶剂对照补齐各孔,以保证组内所有孔中的溶剂对照浓度与溶剂对照组保持一致。完成上述操作后,溶剂对照组和测试样品组均需用细胞生长培养基将孔内溶液的总体积调整至 500 μL。最后,将处理好的细胞培养板重新放回 37 ℃、含 5% $CO_2$ 的恒温培养箱中,继续培养以观察并记录实验结果。

(4) 细胞消化及染色。

经过 24 h 的孵育后,首先移除培养液,随后以磷酸盐缓冲液(PBS)对细胞进行两次轻柔洗涤。之后,利用 0.25% 胰蛋白酶进行消化处理以收集细胞,用于后续凋亡与坏死检测。细胞凋亡与坏死的评估采用 Annexin V-FITC/PI 双染法进行。在处理完细胞样品后,将收集到的细胞重新悬浮于 Annexin V-FITC/PI 双染检测试剂盒提供的 binding buffer 中,调整细胞浓度至约 $5×10^5$ 个细胞/毫升。

接下来,取 500 μL 的细胞悬液,向其中加入 5 μL Annexin V-FITC 并充分混匀,随后再加入 5 μL Propidium Iodide (PI),再次混匀。在室温下避光孵育 10 min 后,利用流式细胞仪进行检测。由于 Annexin V 与磷脂酰丝氨酸(PS)之间存在高度亲和力,在细胞凋亡早期,细胞膜内侧的 PS 会外翻至外侧,从而被 Annexin V-FITC 标记。而对于凋亡晚期的细胞和坏死细胞,PI 能够穿透细胞膜并染红细胞核。因此,在流式细胞仪的结果中,AV+/PI-象限代表早期凋亡细胞,而 AV+/PI+象限则代表晚期凋亡细胞或坏死细胞。

为确保结果的准确性,每个样品的数据统计与分析均基于至少 10000 个细胞的事件记录。

3. 结果

图 10-14 展示了袋装型口含烟(G-M)对人口腔黏膜上皮细胞凋亡状态的影响。从图中可以清晰观察到,在最高浓度组(40 μg/mL)条件下,G-M 显著诱导了上皮细胞发生一定程度的凋亡,但凋亡比例控制在不超过 20% 的范围内。而在中低浓度组(20 μg/mL)中,G-M 同样触发了上皮细胞的凋亡过程,但其诱导作用相较于高浓度组而言较为温和,凋亡程度有所降低。

图 10-15 呈现了传统卷烟烟气总粒相物(TPM)对人口腔黏膜上皮细胞生长曲线的具体影响。鉴于前期实验已揭示 TPM 具有较高的 $IC_{50}$ 值,若直接采用与口含烟样品相同的浓度梯度进行实验,将导致

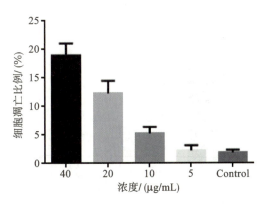

图 10-14　袋装型口含烟对人口腔黏膜上皮细胞凋亡状态的影响图

细胞抑制率过高,从而无法完整记录生长曲线的全过程。因此,经过细致的实验探索,我们设定了更为适宜的 TPM 实验浓度梯度,即 8 μg/mL、4 μg/mL、2 μg/mL 和 1 μg/mL。

从图中可以明显看出,在 8 μg/mL 和 4 μg/mL 的浓度组,TPM 对上皮细胞产生了显著的凋亡诱导作用,凋亡比例均高达 80% 以上,表明这些浓度下的 TPM 对细胞生长具有极强的抑制作用。在 2 μg/mL 浓度组,TPM 同样对上皮细胞展现出了较强的凋亡诱导效应,虽然程度较前两组有所减轻。即便在最低浓度组(1 μg/mL),TPM 依然能够引起相当一部分上皮细胞的凋亡,说明其对细胞生长的负面影响在低浓度下依然存在,但影响程度相对较低。

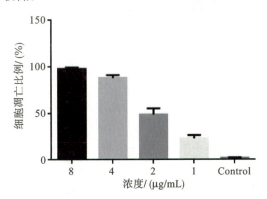

图 10-15　传统卷烟对人口腔黏膜上皮细胞凋亡状态的影响图

图 10-16 展示了袋装型口含烟(G-M)对人口腔成纤维细胞凋亡状况的影响。从图中可以观察到,G-M 对成纤维细胞确实具有一定的凋亡诱导作用。具体而言,在最高浓度组(40 μg/mL)时,G-M 导致了约 10% 的细胞发生凋亡,显示出较强的生物效应。而在较低浓度组,如 10 μg/mL 及 5 μg/mL,G-M 引起的细胞凋亡比例相对较低,仅为 3% 左右,表明其对细胞的凋亡作用随浓度降低而减弱。

图 10-17 详细描绘了传统卷烟烟气总粒相物(TPM)对人口腔黏膜成纤维细胞生长曲线的具体影响。鉴于 TPM 的 $IC_{50}$ 值相对较高,若直接采用与口含烟样品相同的浓度梯度,将会导致细胞抑制率过高,从而无法完整记录其生长曲线的动态变化。因此,经过精心设计的实验摸索,我们确定了更为合适的 TPM 实验浓度梯度,即 8 μg/mL、4 μg/mL、2 μg/mL 和 1 μg/mL。

从图中可以直观看出,在最高浓度组(8 μg/mL),TPM 对成纤维细胞产生了极为显著的凋亡和坏死效应,几乎导致了细胞的完全死亡(接近 100%)。在中浓度组(包括 4 μg/mL 和 2 μg/mL),TPM 同样引起了成纤维细胞的显著凋亡,表明其在此浓度范围内具有较强的生物毒性。即便在最低浓度组(1 μg/mL),TPM 仍然能够触发成纤维细胞的凋亡过程,尽管其凋亡作用相较于中高浓度组而言较为温和,但仍不容忽视。

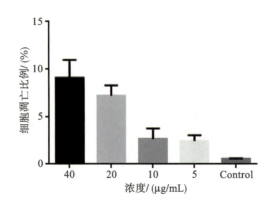

图 10-16　袋装型口含烟对人口腔黏膜成纤维细胞凋亡状态的影响图

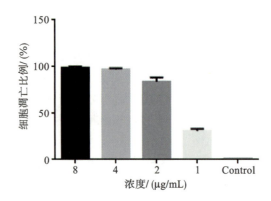

图 10-17　传统卷烟对人口腔黏膜成纤维细胞凋亡状态的影响图

## 10.3　胶基型嚼烟产品质量和安全性评价技术

### 10.3.1　感官评价技术

胶基型嚼烟,作为一种创新的无烟烟草产品,其核心在于采用可食用的天然树胶或热塑性树脂等环保胶基作为载体,融合了精选烟草及其提取物,制成一种可供咀嚼的无烟享受品。消费者通过咀嚼这种产品,不仅能体验到类似于传统烟草的满足感,更能在满足个人嗜好的同时,显著降低吸烟对健康的不良影响,同时避免了吸烟行为对环境的污染及二手烟对非吸烟者的潜在危害,体现了更高的环保与安全性。

值得注意的是,目前国内外对于胶基型嚼烟的感官评价方法尚缺乏系统性的研究报道,这一现状在某种程度上制约了该类产品的发展步伐。因此,本节研究聚焦于胶基型嚼烟独特的感官特性,通过借鉴胶基糖果及卷烟在感官质量方面的严格要求与经验,精心筛选出一系列能够准确反映其感官质量的关键指标,并科学合理地设定了各项指标的评分标准。旨在建立一套既符合企业实际需求,又具备较高科学性和实用性的胶基型嚼烟感官质量评价标准体系。

本研究的成功实施,对于指导胶基型嚼烟产品的规范化生产、加速新品研发进程、提升产品质量与一致性,以及促进整个行业的标准化发展等方面,均将产生深远的影响和重要的推动作用。

#### 10.3.1.1 企业标准的制定流程

迄今为止,国内外尚未有针对胶基型嚼烟感官评价方法及其相关标准的系统性文献报道。制定此类方法的挑战主要集中在合理筛选能够全面反映胶基型嚼烟感官质量的评价指标、精确确定各指标的权重,以及科学划分等级并明确其语言描述与分值标准上。为攻克这些难题,我们计划综合运用文献调研、专家评审等多元方法,以期构建出一套科学、合理的胶基型嚼烟感官评价体系。

鉴于胶基型嚼烟作为一种兼具食用性与烟草特性的特殊产品,其感官评价既需考虑胶基糖果的某些特性,又需兼顾烟草制品的独有风味。因此,广泛调研并深入分析卷烟、糖果、胶基糖果及其他相关食品的感官质量评价标准与方法,将为我们的研究工作提供宝贵的参考与指导。

在此过程中,赵镭等学者关于食品感官评价指标体系建立的一般原则与方法的研究成果尤为值得借鉴。他们详细阐述了食品感官评价体系的基本原则、构建流程及各环节的具体操作方法,并强调了感官特性描述术语的精准性、评价体系的适用性以及权重分配时的关键点。这些原则与方法将为我们制定胶基型嚼烟感官评价标准提供坚实的理论支撑与实践指导。

在食品行业标准 SB/T 10023—2017《糖果 胶基糖果》中,针对质量指标中的感官要求部分,做出了详尽而明确的规定。该标准精选了色泽、形态、组织、滋味与气味以及杂质这五大维度作为关键感官评价指标,全面覆盖了消费者对于胶基糖果感官体验的主要方面。值得注意的是,相较于早期的标准 SB/T 10023—1992《胶基糖果》,虽然新版本同样重视这六项指标(但去除了"最小包装"作为直接感官评价指标),但在具体的评分机制上有所不同,新版本并未直接为每个指标分配具体的分值权重,而是提供了更为灵活的评估框架,以便根据实际情况进行综合评判。

余美绒等人在评估口香糖的感官品质时,精心选取了滋味(权重50%)、色泽(权重20%)、形态(权重10%)以及咀嚼时间(权重20%)作为核心评价指标,这一体系全面而科学地覆盖了消费者对口香糖感官体验的主要方面。

海南省地方标准 DB46/T 75-2007《食用槟榔》(现已废止,此处仅作参考)中,明确规定了样品评价的方法:即将槟榔样品置于白色瓷盘之上,通过目视观察其形态与色泽,鼻嗅其香气,口尝以品评其滋味与口感,并检查是否含有杂质,这一系列步骤构成了完整的感官评价体系。

湖南省地方标准 DB43 132-2004《食用槟榔》则侧重于外观、香气、滋味与口感三个方面的感官评价,这一选择体现了对槟榔产品核心感官特性的高度关注。

谢元在研究中国与德国巧克力评价标准时,进行了深入的比较分析。他指出,国内采用百分制代扣法,而德国则遵循 DLG 标准,后者在衡量各指标重要程度时显得更为细致明确。在指标构成上,国内侧重于色泽(15%)、形态(20%)、组织(15%)、杂质(5%)、包装(10%)、滋味与气味(35%)等方面;而德国则关注外表(15%)、装饰(15%)、色泽(15%)、总体印象与形态(20%)、内表面与断面(15%)、咀嚼印象(35%),以及嗅觉与口感(两者之和高达55%),凸显了其对产品内在品质与消费者体验的高度重视。

在 GB 9678.2-2014《食品安全国家标准 巧克力、代可可脂巧克力及其制品》中,色泽、滋味与气味,以及组织状态被明确选定为关键的感官评价指标,以全面评估产品的感官质量。

YC/T 138-1998《烟草及烟草制品 感官评价方法》则详细规定了评吸员的选拔标准、卷烟样品的挑选流程、感官评价的具体要求、卷烟的检验规则以及结果表述方式。该标准明确将卷烟的感官要求细化为光泽(权重5%)、香气(32%)、协调性(6%)、杂气(12%)、刺激性(25%)、余味(20%)六大指标,并为每个指标设定了相应的权重,同时对各等级的具体描述及打分标准也做出了清晰的界定。

为了构建科学合理的胶基型嚼烟感官评价体系,我们广泛查阅并深入分析了与烟草制品、糖果特别是胶基糖果相关的学术论文、行业标准等文献资料,从中提炼出与胶基型嚼烟感官质量紧密相关的评价指标、分值设定及评定方法。

图10-18直观展示了胶基型嚼烟感官评价方法企业标准的制定流程,通过这一流程,我们旨在确保评价体系的全面性、科学性和可操作性。

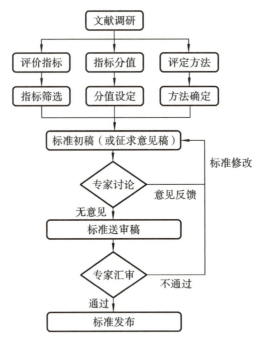

图10-18 企业标准制定流程图

#### 10.3.1.2 指标的筛选

嚼烟作为一种融合了胶基糖果与烟草制品特性的产品,其感官评价体系综合了两者的精髓,涵盖了外观、组织、特征香味、口感特征、生理感受及愉悦感六大关键指标。

外观:主要评估未包装状态下内容物的色泽、形态及均匀性,满分为5分。理想状态应表现为表面光滑,大小、色泽均匀一致,给人以视觉上的愉悦享受。

组织:此指标聚焦于未包装内容物的紧密度、细腻度,是否出现潮解现象,以及咀嚼后的黏弹性和延伸性。特别强调嚼烟应具备良好的黏弹性,咀嚼时无明显沙粒感,以满分10分为标准。

特征香味:指人们在咀嚼过程中能够体验到的、专属于该产品的独特香气与味道,及其持续释放的能力,是评价嚼烟风味品质的重要指标。

口感特征:涵盖酸甜苦辣麻等多种味觉体验在咀嚼过程中的表现,以及这些味觉之间的和谐共存与相互平衡,同时考察咀嚼后口腔内的余味,为整体口感评价提供依据。

生理感受:此指标关注人们在咀嚼嚼烟时,喉部、肠胃及头部等身体部位所产生的生理反应,如喉部的刺激与收敛感、肠胃的轻微刺激、头部的微妙变化,以及烟碱带来的特有生理满足感,是评估产品对人体影响的重要方面。

愉悦感:作为感官评价的综合体现,愉悦感涵盖了人们在咀嚼嚼烟过程中整体的情感体验,包括舒适度、协调性及这种愉悦感受的持久性,是衡量产品是否令人愉悦享受的最终标准。

#### 10.3.1.3 一般要求和检验方法

评吸员团队:应组建一个由不少于7名经过精心挑选的优选评吸员组成的团队。

评价器具标准:确保所有评价器具符合SB/T 10023—2017标准,采用清洁、干燥的白瓷盘作为样品容器,确保不会以任何形式干扰或影响评价结果的准确性。

口腔清洁要求:评吸过程中,口腔残留味道的清除需严格遵循YC/T 138—1998标准中的4.3条款执行。

环境控制：评吸活动应在符合 GB/T 13868－2009 标准的感官分析实验室内进行，以确保评价环境的适宜性。

抽样流程：产品质量检验的抽样工作需依据 SB/T 10023－2017 及 GB/T 5606.1－2004 标准执行。当评吸员数量增加时，可从备份样品中适当补充。对于产品设计与开发阶段，应根据实际需求确保样品数量充足。

试样制备与分发：试样制备需保证数量充足且一致性高，避免试样间存在显著差异。分发前应对试样进行编码，并随机分配给评吸员，以消除分发次序对评吸判断的影响。

评吸节奏管理：为防止感官疲劳和不适感，建议每日评吸试样数量不超过 10 颗，并选择在评吸员敏感性较高的时间段进行。

检验方法与要求：采用定量描述检验法作为主要检验手段。为评吸员提供标准化试样、标准样品及评分表格，要求他们按照既定格式对试样的各项指标进行精确计分或填写评吸意见。所有参与检验的评吸员均需接受相关方法的系统培训。

标准样品校验：在评价试样前或评价过程中，需定期对标准样品进行感官评价，以确保评价标准的统一性和准确性。

检验程序细节：评吸员需首先识别试样类型并确定其所属分数段，随后依据标准样品的感官质量特征对试样的各项单项进行细致计分，计分单位精确到 0.5 分。

计分参考标准：表 10-8 提供了嚼烟感官质量评价的详细标准，作为评吸员在评吸过程中的重要参考依据。

结果呈现方式：

• 数据表示：完成检验后，运用 3s 法、Dixon 检验法或格鲁布斯（Grubbs）检验法剔除异常值，计算各单项评分的算术平均值（保留两位小数），并汇总得出总分（保留一位小数）。

• 图表展示：根据实际需求，可选用雷达图、星形图等图表形式直观展示评价结果。

#### 10.3.1.4 编制过程

本书通过详尽的文献调研与分析，结合方法试验的实施，深入考察了相关评价指标，不仅分析了这些指标之间的内在联系与相关性，还深入剖析了它们如何共同作用于并影响胶基型嚼烟的感官品质。在此基础上，我们进行了科学的指标筛选，旨在精准识别出评价产品品质的核心要素，即关键指标。最终，我们成功构建了一个专为卷烟企业量身定制的、全面而有效的胶基型嚼烟感官质量评价体系，以满足行业对高品质产品评估的迫切需求。

在糖果与食品领域，早期的行业标准《胶基糖果》(SB/T 10023—1992) 详细列出了色泽、形态、组织、滋味与气味、杂质及最小包装六大感官要求指标，并分别赋予 15%、20%、15%、35%、5% 及 10% 的权重。而现行的《糖果 胶基糖果》(SB/T 10023—2017) 标准则精简了感官评价指标，保留了色泽、形态、组织、滋味与气味、杂质五项，但未具体设定各指标的分值。

对于食用槟榔，不同地区的标准亦有所差异。《食用槟榔》(DB43 132—2004) 与《食用槟榔》(DB46/T 75—2007) 均将外观、香气、滋味与口感作为核心感官评价指标，后者还特别强调了样品需在白色瓷盘上通过目测、鼻嗅、口尝进行综合评判，并增加了对形态、色泽、滋味与口感、杂质的考量。

在巧克力领域，《食品安全国家标准 巧克力、代可可脂巧克力及其制品》(GB 9678.2—2014) 聚焦于色泽、滋味与气味、组织状态三大感官指标。余美绒等人在评估口香糖时，则选取了滋味、色泽、形态与咀嚼时间，并分配了 50%、20%、10%、20% 的权重。

谢元的研究揭示了中国与德国在巧克力评价标准上的异同。中国采用百分制代扣法，涵盖色泽、形态、组织、杂质、包装、滋味与气味，权重分布为 15%、20%、15%、5%、10%、35%；而德国则依据 DLG 标准,注重外表、装饰、色泽、总体印象、形态、内表面与断面、咀嚼印象、嗅觉与口感,其中口感与咀嚼印象的权重合计高达55%,凸显了对内在品质的重视。

至于烟草制品,《烟草及烟草制品 感官评价方法》(YC/T 138—1998)详细规定了评吸员选拔、样品选择、评价要求、检验规则及结果表示。在卷烟感官评价中,光泽、香气、协调性、杂气、刺激性、余味等质量指标采用百分制,权重分别为5%、32%、6%、12%、25%、20%。而单料烟的感官质量评价则采用九分制,涵盖香气质、香气量、杂气、浓度、劲头、刺激性、余味、燃烧性、灰分等多个维度,且对各级别指标的具体描述与评分标准有明确规定。

综合现有文献资料,与胶基型嚼烟感官质量密切相关的评价指标繁多,涵盖了色泽、形态、组织、滋味与气味、杂质、咀嚼时间、总体印象、内表面与断面特性、咀嚼印象、嗅觉体验、口感、香气、协调性、杂气、刺激性、余味、劲头等超过二十项指标。其中,滋味、口感与香气等指标在评价体系中占据重要权重。

鉴于胶基型嚼烟的独特性,本书初步筛选了特征香、组织、口感特征、生理感受及满足感这五个核心评价指标。具体而言:

特征香:此指标融合了卷烟的香气标准与食品气味的特征,旨在反映产品入口后的主导香气特征,即消费者咀嚼时感知到的特有香气与味道,以及这些感官体验的持久性,它直接关联到产品的口味风格。

组织:依据《糖果 胶基糖果》(SB/T 10023—2017)标准,此指标专注于胶基型产品的物理特性,包括未包装内容物的紧密度、细腻度、防潮性能以及咀嚼过程中的黏弹性与延伸性。主要评估维度为黏弹性和沙粒感。

口感特征:综合糖果的滋味、槟榔的口感体验及烟草制品的吃味特点,此指标衡量人们在咀嚼胶基型嚼烟时,口腔感受到的各种味道(如酸甜苦辣麻)的协调性以及咀嚼后留下的余味。

生理感受:借鉴卷烟刺激性的评价标准,此指标关注人们在咀嚼过程中,喉部、肠胃及头部等生理部位所产生的感受,是评估产品对人体直接影响的重要指标。

满足感:针对卷烟制品的特殊性及单料烟中劲头的考量,此指标衡量烟碱带来的心理满足感,是评价产品整体体验不可或缺的一部分。

基于初步研究成果,2013年11月,《无烟烟草制品 嚼烟 感官评价方法》初稿应运而生,该稿详细规定了评价的一般要求、试样采集与制备流程以及结果呈现方式。评价指标聚焦于特征香、组织、口感特征、生理感受及满足感,采用文字描述作为主要评价方式。同年12月,红塔技术中心举办了首次胶基型嚼烟感官评价会议,与会专家亲身体验样品后,对初稿提出了宝贵意见,如建议味道描述采用非定量化的分级方式(如甜味分为合适、偏甜、不够甜),并提议增加"生津"与"外观"作为评价指标。

随后,根据深入研究及专家反馈,我们引入了外观指标,并借鉴现有文献,决定采用百分制评分体系,对各指标的分值进行了初步规划。参考《糖果 胶基糖果》(SB/T 10023—2017)及历史标准《胶基糖果》(SB/T 10023—1992),外观与组织指标分别被赋予5分与10分的最高分值;结合卷烟感官评价标准与产品特性,特征香味最高分设为15分;鉴于胶基型嚼烟对口感与生理感受的高要求,我们提升了这两个指标的权重,口感特征最高分达30分,生理感受则为25分;满足感则参考卷烟劲头分值,设为15分。

2014年3月,《无烟烟草制品 嚼烟 感官评价方法》修改稿完成,并邀请专家进行评议,进一步优化了分值设定。同年5月,根据专家建议,推出再修稿。2014年6月,云南中烟技术中心举办了第二次嚼烟感官评价会议,专家就新稿展开了深入讨论,提出了多项改进建议,如将"特征香"更名为"特征香味",将"满足感"整合入"生理感受"类别,新增"愉悦感"指标,并调整了标准标题为《无烟烟草制品 胶基型嚼烟 感官评价方法》。

综合专家意见与实际情况,2014年7月,《无烟烟草制品 胶基型嚼烟 感官评价方法》征求意见稿出炉,并向使用部门及专家广泛征求意见。该稿最终确定了六大感官质量评价指标:外观、组织、特征香味、口感特征、生理感受及愉悦感。其中,愉悦感特指咀嚼过程中的整体心情感受,涵盖舒适度与协调性,同时考虑到烟碱释放对愉悦感的影响,将其持续时间纳入评价范畴。愉悦感权重设定为15%,其余五项指标权重保持不变,分别为外观5%、组织10%、特征香味15%、口感特征30%、生理感受25%。

#### 10.3.1.5 标准表和原始记录表

胶基型嚼烟感官质量评价标准表如表10-8所示;胶基型嚼烟感官质量评价原始记录表如表10-9所示。

表10-8 胶基型嚼烟感官质量评价标准表

| 分数段 | 外观 | | 组织 | | 愉悦感 | | 特征香味 | | 口感特征 | | 生理感受 | |
|---|---|---|---|---|---|---|---|---|---|---|---|---|
| | 指标 | 最高分值 | 指标 | 最高分值 | 指标 | 最高分值 | 指标 | 最高分值 | 指标 | 最高分值 | 指标 | 最高分值 |
| Ⅰ | 表面光滑,大小、色泽均一 | 5 | 咀嚼时黏弹性好,无沙粒感 | 10 | 整体感受愉悦、优雅、舒适 | 15 | 特征香味明显、丰富、纯正,持续时间适中 | 15 | 滋味谐调,无不良味道,余味纯净 | 30 | 无刺激,无头部晕感,烟碱满足感适中 | 25 |
| Ⅱ | 表面较光滑,大小、色泽较均一 | 4 | 咀嚼时黏弹性中,沙粒感少许 | 8 | 整体感觉较愉悦、优雅、舒适 | 12 | 特征香味较明显、丰富、纯正,持续时间较长或较短 | 12 | 滋味较谐调,少许不良味道,余味较纯净 | 24 | 略有刺激,微有头部晕感,烟碱满足感较强或较弱 | 20 |
| Ⅲ | 表面尚光滑,大小、色泽不均一 | 3 | 咀嚼时黏弹性差,沙粒感较明显 | 6 | 整体感觉尚愉悦、优雅、舒适 | 9 | 特征香味尚明显、丰富、纯正,持续时间过长或过短 | 9 | 滋味尚协调,较明显不良味道,余味尚纯净 | 18 | 较有刺激,略有头部晕感,烟碱满足感过强或过弱 | 15 |

表10-9 胶基型嚼烟感官质量评价原始记录表

| 项目 | | 外观 5 | | | 组织 10 | | | 愉悦感 15 | | | 特征香味 15 | | | 口感特征 30 | | | 生理感受 25 | | | 合计 | 备注 |
|---|---|---|---|---|---|---|---|---|---|---|---|---|---|---|---|---|---|---|---|---|---|
| 分数段 | | Ⅰ | Ⅱ | Ⅲ | Ⅰ | Ⅱ | Ⅲ | Ⅰ | Ⅱ | Ⅲ | Ⅰ | Ⅱ | Ⅲ | Ⅰ | Ⅱ | Ⅲ | Ⅰ | Ⅱ | Ⅲ | | |
| 样品编号 | 牌别 | 5 | 4 | 3 | 10 | 8 | 6 | 15 | 12 | 9 | 15 | 12 | 9 | 30 | 24 | 18 | 25 | 20 | 15 | | |
| | 描述 | | | | | | | | | | | | | | | | | | | | |
| | 描述 | | | | | | | | | | | | | | | | | | | | |
| | 描述 | | | | | | | | | | | | | | | | | | | | |
| | 描述 | | | | | | | | | | | | | | | | | | | | |

续表

| 项目 | 外观 5 | | | 组织 10 | | | 愉悦感 15 | | | 特征香味 15 | | | 口感特征 30 | | | 生理感受 25 | | | 合计 | 备注 |
|---|---|---|---|---|---|---|---|---|---|---|---|---|---|---|---|---|---|---|---|---|
| 分数段 | Ⅰ | Ⅱ | Ⅲ | Ⅰ | Ⅱ | Ⅲ | Ⅰ | Ⅱ | Ⅲ | Ⅰ | Ⅱ | Ⅲ | Ⅰ | Ⅱ | Ⅲ | Ⅰ | Ⅱ | Ⅲ | | |
| 样品编号　牌别 | 5 | 4 | 3 | 10 | 8 | 6 | 15 | 12 | 9 | 15 | 12 | 9 | 30 | 24 | 18 | 25 | 20 | 15 | | |
| 描述 | | | | | | | | | | | | | | | | | | | | |

评吸人：　　　　　　　　　　　　　　　　　　　　　评吸时间：　　年　　月

#### 10.3.1.6　标准修改与完善

我们深入考察了整理出的评价指标、分值设置及评定方法，进行了指标间的相关性分析，探究了评价指标与嚼烟产品品质之间的内在联系，以及评定方法的适用性。基于这些分析，结合对嚼烟产品的亲身体验与品尝感受，我们初步筛选并确定了适用的评价指标、分值体系及评定方法，进而形成了企业标准的初步草案。

随后，我们准备了嚼烟样品（包括已有部分样品），并组织了专家评吸会议。会议围绕标准初稿（或后续修改稿）中的评价指标、分值设置及评定方法展开了深入讨论。重点评估了评价指标的代表性、合理性，以及评定方法的科学性、可操作性，并对各指标分值的设定进行了细致考量。同时，我们充分结合了实际情况与专家们的宝贵意见，对标准内容进行了合理的调整与优化，以确保其更加完善、符合实际需求。

#### 10.3.1.7　标准征求意见、送审及发布

为了确立胶基型嚼烟感官质量的全面评价体系，我们精心制定了评价指标、详尽设定了分值分配，并明确了科学的评定方法，从而形成了企业标准的征求意见稿。随后，我们广泛征求了相关部门及专家的宝贵意见，对征求意见稿进行了细致的修改与完善，以确保其科学性与实用性。修改后的标准被整理成送审稿，并提交至专业评审机构进行严格的评审。待评审通过后，我们正式发布了该标准，标志着适合卷烟企业应用的胶基型嚼烟感官质量评价方法体系的最终建立。这一体系的建立，将为卷烟企业在胶基型嚼烟产品的感官质量控制方面提供有力的技术支撑与指导。

### 10.3.2　化学指标检测技术

#### 10.3.2.1　烟碱

烟碱，亦称尼古丁，其化学结构为1-甲基-2-(2-吡啶基)吡咯烷（见图10-19），是茄科烟草植物中最为丰富且独特的生物碱成分，占比超过烟草中所有生物碱的95%，是评估烟草制品品质与安全性的关键指标。纯净的烟碱在常温条件下呈现为无色至淡黄色的油状液体，伴有强烈的辛辣气息与易潮解特性。值得注意的是，烟碱在低于60 ℃的环境中能与水结合形成化合物，并随水蒸气一同蒸发。燃烧吸烟时，释放出的烟碱对吸烟者的自主神经系统及中枢神经系统产生显著的兴奋刺激作用，这也是烟碱与吸烟成瘾性紧密相关的原因之一。

图 10-19　烟碱的骨架结构

烟碱分子结构独特，包含两个氮杂环及一个不对称碳原子，属于弱二级碱，能够捕获多达两个质子，因此其存在形态多样，包括游离态、单质子态及双质子态，如图10-20所示。有趣的是，卷烟的劲头大小并不直接取决于烟气中的烟碱总量，而是与烟碱的具体形态密切相关。游离态烟碱因其快速的人体吸收率和对中枢神经系统的强烈药理作用，往往赋予卷烟更强的劲头感受；相比之下，质子态烟碱的口腔吸收速度较慢。因此，深入研究和准确测定烟碱的不同形态对于理解其生理效应及卷烟品质具有重要

意义。

当前,国内外对烟碱形态的研究聚焦于四大领域:一是通过溶剂提取游离烟碱,并探讨其与烟草及烟气pH值的关系;二是利用HNMR技术直接测定烟碱的形态分布;三是进行烟碱及其他生物碱形态的理论计算与探索;四是基于"有效pH值"概念开展拓展性研究。Brunnemann K D等人的研究表明,当烟气pH值超过6.0时,烟碱开始以游离态存在,且随着pH值的升高,游离态烟碱的比例显著增加。然而,Morie在1972年基于均相体系酸碱平衡理论进行的计算则显示,主流烟气中游离烟碱的比例远低于实际检测结果,这可能是由于未充分考虑烟气中烟碱主要存在于非均相粒相物中的事实所致。同年,Weeks等人采用三氯甲烷作为溶剂,通过索氏提取法测定了多种烟叶中的游离烟碱含量,尽管其结果范围广泛(34%~90%),但考虑到提取过程中的酸碱平衡变化及耗时性,该结果亦可能存在一定偏差。

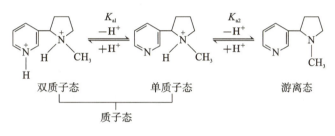

图 10-20　烟碱的动态平衡图

准确测定烟草制品中的烟碱含量,对于评估其质量与安全性而言,具有举足轻重的意义。当前,烟草及烟草制品中烟碱的检测手段多样,涵盖质量分析法、分光光度法、滴定法、旋光法、红外光谱定量法、原子吸收分光光度法、色谱分析法、电位分析法及极谱分析法等。然而,在众多方法中,流动分析法和色谱法因其卓越的分离效能,能够高效地将烟碱与其共存的复杂生物碱组分分离,从而实现快速且精确的定性与定量分析,因此成为当前的主流选择。

我国烟草行业标准《烟草及烟草制品烟碱的测定气相色谱法》(YC/T 246—2008)明确规定了烟草及烟草制品中烟碱含量的气相色谱测定方法,为行业提供了规范的指导。然而,在无烟烟草制品领域,尤其是针对新兴的胶基型嚼烟,由于产品形态新颖且基质成分复杂,相关研究相对匮乏,现有检测方法多聚焦于口含烟等产品,而针对胶基型嚼烟的专门性标准方法尚未建立。国内郑州烟草研究院张文娟等学者的研究虽提出采用正己烷-磷酸盐振荡萃取结合反向高效液相色谱(RP-HPLC)法进行测定,但仍未能填补这一空白。

鉴于胶基型嚼烟产品开发、质量控制及安全性评价对标准化检测方法的迫切需求,结合广泛的文献调研与行业标准方法分析,我们计划开发一种基于气相色谱-质谱法(GC-MS)的胶基型嚼烟烟碱含量测定方法。通过大量的实验验证与优化,旨在建立一套简便、快捷、准确的检测流程,并进而推动相关烟草行业标准的制定,为胶基型嚼烟的规范化生产与监管提供坚实的技术支撑。

1. 仪器
- XP504型分析天平(感量达0.0001 g,瑞士梅特勒-托利多公司出品);
- 100 mL同规格带塞三角瓶(天波品牌);
- 3017型振荡器(由北京金恒祥仪器有限公司生产);
- 8510E-MTH超声波发生器(型号来自美国BRANSONIC公司);
- KQ2200E型超声波清洗器(昆山市超声仪器有限公司制造);
- T890型及D-78224型超声波清洗器(均源自德国Elma公司);
- VTX-E涡旋混匀器(Lab-Biogen品牌);
- RCT basic型磁力搅拌器(德国IKA公司);

- PerkinElmer Clarus 600 气相色谱-质谱联用仪（美国 PE 公司），配备 DB-5MS 色谱柱。

2. 试剂

- 无水硫酸钠（分析纯，西陇化工股份有限公司提供）；
- 正己烷、甲基叔丁醚、异丙醇、无水乙醇、氢氧化钠、二氯甲烷（均为分析纯，由国药集团化学试剂有限公司供应）；
- 水质需符合 GB/T 6682—2008 中一级水的标准。
- 试剂标准品：

2-甲基喹啉，纯度不低于 98%；

烟碱标准储备液，浓度为 4000 μg/mL，均采购自美国 AccuStandard 公司。

3. 标准储备液

烟碱储备液：制备浓度为 4000 μg/mL 的烟碱异丙醇储备液，储存于 −20 ℃ 条件下并避光保存，其有效期为 6 个月。

4. 标准工作溶液

根据实际分析需求，将烟碱标准储备溶液梯度稀释至一系列预定浓度，以确保标准溶液的新鲜度和准确性，即现配现用。具体操作包括：分别量取 50 μL、125 μL、500 μL、1250 μL、2500 μL 的烟碱标准储备溶液至 50 mL 棕色容量瓶中，随后向每个容量瓶中准确加入 1 mL 内标储备液，并使用正己烷作为溶剂稀释至刻度线，从而制得五个具有不同浓度的烟碱系列标准溶液。

5. 内标标准液

精确称量 100 mg（精确至 0.1 mg）的 2-甲基喹啉，置于 100 mL 棕色容量瓶中。随后，加入正己烷作为溶剂稀释至刻度线，充分混匀。该内标储备液需在 −20 ℃ 条件下避光保存，其有效保存期为 6 个月。

6. 萃取溶液（一级内标液）

从内标工作溶液中移取 20 mL，转移至一个 1000 mL 的容量瓶中。接着，使用正己烷作为溶剂定容至刻度线，以配制成内标浓度为 20 μg/mL 的正己烷萃取溶液。此溶液需即配即用，以确保其分析效果。

7. 气相色谱、质谱条件

以下参数作为同型号仪器分析的基础参考，实际应用时，针对不同仪器进行分离鉴定前，应细致优化条件，以进一步提升分析方法的精密度与灵敏度。

色谱柱：选用熔融石英毛细管柱，规格为 30 m×0.25 mm（内径）×0.25 μm（膜厚），固定相为 5% 苯基-甲基聚硅氧烷，专为复杂样品分析设计。

程序升温程序：起始温度设定为 60 ℃，随后以 10 ℃/min 的升温速率逐渐升高至 280 ℃，并在该温度下保持 15 min，以确保样品完全分离；整个运行周期耗时 37 min。

载气与进样条件：采用高纯度氦气作为载气，流速精确控制在 2.0 mL/min；进样口温度设定为 250 ℃，进样体积为 1 μL，采用分流进样模式，分流比为 40∶1，以减少样品在进样口的热降解。

质谱检测参数：配备质谱检测器，设置溶剂延迟时间为 5 min，以有效避开溶剂峰干扰。电离电压设定为 70 eV，离子源温度维持在 230 ℃，传输线温度则设定为 250 ℃，确保离子高效传输。质谱扫描模式采用选择离子监测（SIM），针对烟碱及内标物 2-甲基喹啉的定性离子与定量离子，请参考表 10-10 中的具体信息。

数据分析：利用 NIST08 谱库进行自动检索，结合标准品的保留时间进行定性分析；通过构建内标标准曲线，实现目标物的精确定量分析。

表 10-10　质谱检测器检测烟碱的保留时间及定量定性离子

| 序号 | 化合物名称 | 保留时间/min | 定量离子 | 定性离子 |
|---|---|---|---|---|
| 1 | 2-甲基喹啉 | 7.11 | 129 | 102 |
| 2 | 烟碱 | 8.53 | 84 | 133 |

8.结果表示

利用气相色谱-质谱联用技术,对烟碱系列标准溶液进行检测,获取烟碱与内标的积分峰面积数据。随后,以烟碱积分面积与内标峰面积的比值为纵坐标,同时以烟碱浓度与内标物浓度之间的比值为横坐标,构建标准曲线。此标准曲线的相关系数 $R^2$ 应达到或超过 0.99,以确保高度的线性关系,同时,标准曲线的设计允许其不通过原点。试样中的烟碱含量以 $X$ 计,结果以 mg/粒表示,按下式计算:

$$X = 0.04C_1/5$$

式中:$C_1$——萃取溶液中烟碱的浓度,单位为毫克每升(mg/L)。

结果以两次平行测定的结果的平均值表示,精确至 0.01 mg/粒。

9.典型样品分析

为了评估产品的一致性与特性,我们对大量样品进行了精确称重,计算得出了每颗样品的重量分布范围、形态、平均值以及方差。基于这些统计数据,我们精心挑选了重量落在平均值±(1~3)倍方差区间内的样品,作为后续深入测定的对象。

胶基型嚼烟的构造精巧,主要由外层包衣和内层糖胚两大部分构成。外层包衣主要由糖浆与纤维素钠精心调配而成,为产品提供了独特的口感与外观。而内层糖胚,则是胶基、糖粉以及多种添加剂的完美结合。其中,胶基的核心是可食用的天然树胶,它赋予了嚼烟良好的弹性和咀嚼感;糖粉则主要由木糖醇和山梨糖醇组成,既保证了甜味,又兼顾了健康考量;添加剂则涵盖了香精香料、软化剂以及精选的烟草粉末与提取物(如图 10-21 所示),这些成分共同作用于提升产品的风味与口感。

图 10-21　胶基型嚼烟产品示意图

精确量取 8 mL 浓度为 5 mol/L 的氢氧化钠溶液与 40 mL 含有内标的萃取液,混合后置于一个 100 mL 的三角烧瓶中。随后,向其中加入 5 粒质量严格控制在(平均值±0.01)g 范围内的试样。使用磁力搅拌器持续搅拌混合液 110 min,之后静置 20 min,以便水相与有机相充分分层。

接下来,准确称取 3.0 g 无水硫酸钠,小心加入一次性使用且已灭菌的注射器中。通过轻轻敲打注射器外壁,确保无水硫酸钠被紧实填充。随后,使用移液器精确移取 2 mL 上层清液,将其加入注射器内,并通过内置的 0.22 μm 有机相滤膜过滤至一个 2 mL 的色谱分析瓶中,从而得到待测试的样品溶液。

最后,采用气相色谱-质谱联用技术对该样品溶液进行分析,以获取所需的化学信息。

10.实际样品中烟碱的分析结果

应用本方法,我们对五种不同种类的胶基型嚼烟进行了详尽的测定,所得的标准工作溶液及典型样品的色谱图已展示在图 10-22 中,而具体的测定结果则详列于表 10-11。分析结果显示,所有五个样品中均成功检测到了烟碱成分,其含量范围从较低的 0.102 mg/粒到个别样品中高达 0.98 mg/粒不等。鉴于烟碱含量在胶基型嚼烟中扮演着至关重要的角色,作为产品质量的关键指标,它在产品配方的研发阶段以及生产过程的监控中均应得到充分的重视与精确的控制。

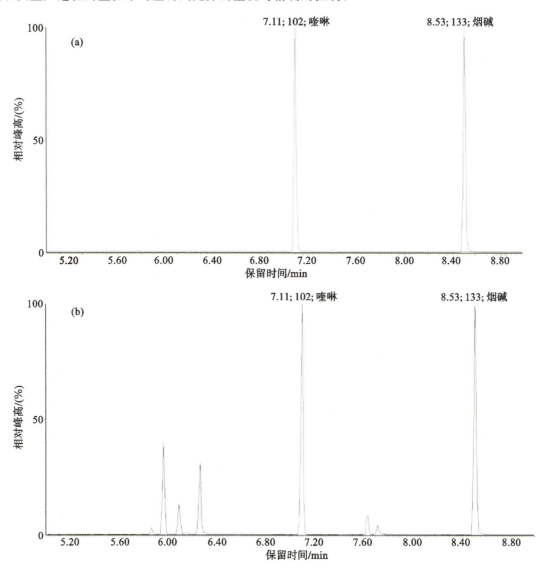

图 10-22　标准工作溶液(a)和胶基型嚼烟样品(b)的色谱图

表 10-11　样品测定结果

| 样品编号 | 1# | 2# | 3# | 4# | 5# |
|---|---|---|---|---|---|
| 烟碱含量/(mg/粒) | 0.391 | 0.102 | 0.980 | 0.257 | 0.436 |

采用气相色谱-质谱联用技术(在选择离子监测模式 SIM 下)，我们实现了对烟碱的精确测定。该方法结合了保留时间、定性选择离子及其丰度比进行定性分析，同时利用定量选择离子结合内标标准曲线法进行定量分析。单次测定中，我们选定试样量为 5 粒。实验过程中，使用了 8 mL 浓度为 5 mol/L 的氢氧化钠溶液，以及 40 mL 含有 20 mg/L 内标物 2-甲基喹啉的正己烷作为溶解与萃取剂。随后，利用磁力搅拌器对混合物进行 110 min 的充分搅拌，静置 20 min 后，取上层清液进行后续处理。清液经过 3.0 g 无水硫酸钠脱水，并通过滤膜过滤后，进行 GC/MS 分析。

本方法凭借其高效性，成功规避了复杂样品基质中其他非目标成分的干扰，展现出高灵敏度、简便快捷的提取与分析流程，以及定性、定量结果的准确性与可靠性。因此，它非常适用于胶基型嚼烟中烟碱含量的测定，为产品质量控制提供了强有力的技术支持。

### 10.3.2.2 水分

**1. 分析方法**

将待测的胶基型嚼烟样品,精确称量后,放置于预先设定并稳定运行的真空干燥箱内,于 80 ℃±2 ℃的条件下进行干燥处理,直至样品达到恒重状态。此过程中,通过精密分析天平(感量达 0.0001 g)测定样品在干燥过程中失去的水分质量。为确保干燥效果,使用装有高效干燥剂的干燥器,以维持低湿度环境。真空干燥箱与真空泵配合工作,确保箱内真空度达到 0.09 MPa,促进水分快速而均匀地蒸发。同时,选用材质稳定、不易腐蚀的扁形铝制或玻璃制称量瓶(瓶深 37 mm,直径 80 mm,配有合适的皿盖),以满足实验要求。

**2. 样品处理**

使用锋利的剪刀将胶基型嚼烟样品细心剪碎,确保碎片大小均匀,随后通过 5 目筛网进行筛选,以去除可能的杂质和较大颗粒。处理后的样品收集于自封袋中,通过充分混合,确保取样的代表性和均匀性,为后续分析做好准备。

**3. 测定**

首先,使用精密分析天平精确称取一个已干燥至恒重的称量瓶及其内部放置的约 3 g 待测样品。随后,将装有样品的称量瓶迅速放入真空干燥箱内,启动真空泵使箱内真空度迅速达到 0.09 MPa,并调整温度至 80 ℃±2 ℃。在此条件下干燥 4 h 后,取出称量瓶,立即加盖,转移至干燥器内冷却至室温。待完全冷却后,使用精密分析天平精确称重,记录数据至 0.001 g 精度。此过程需重复进行,每次加热 1 h 后再次称重,直至连续两次称重结果的质量差不超过 0.001 g,视为样品已达到恒重状态。

最后,根据测定结果,按下述公式计算胶基型嚼烟的干燥失重含量:

$$X = \frac{m_1 - m_2}{m_1 - m} \times 100$$

式中:$X$——胶基型嚼烟干燥失重的含量,g/100 g;

$m_1$——装有样品的称量瓶的总质量,g;

$m_2$——样品干燥后和称量瓶的总质量,g;

$m$——称量瓶的质量,g。

**4. 样品测定**

本书对具有代表性的样品进行了干燥失重测量,结果显示,水分含量在 1.3~2.9 g/100 g 之间,如表 10-12 所示。说明水分含量不大。

表 10-12 典型样品测定结果

| 样品名称 | 称量瓶的质量/g | 装有样品的称量瓶的总质量/g | 样品干燥后和称量瓶的总质量/g | 干燥失重含量/(g/100 g) |
|---|---|---|---|---|
| 样品 1 | 43.3574 | 46.3141 | 46.2315 | 2.8 |
|  | 43.9356 | 46.9936 | 46.9068 | 2.8 |
|  | 43.7508 | 46.8613 | 46.7711 | 2.9 |
| 样品 2 | 43.6045 | 46.6379 | 46.5928 | 1.5 |
|  | 42.8476 | 45.9159 | 45.8751 | 1.3 |
|  | 43.2473 | 46.3594 | 46.3174 | 1.3 |
| 样品 3 | 43.9054 | 47.0559 | 46.9712 | 2.7 |
|  | 49.2532 | 52.2633 | 52.1881 | 2.5 |
|  | 43.5829 | 46.5475 | 46.4623 | 2.9 |

续表

| 样品名称 | 称量瓶的质量/g | 装有样品的称量瓶的总质量/g | 样品干燥后和称量瓶的总质量/g | 干燥失重含量/(g/100 g) |
|---|---|---|---|---|
| | 43.4426 | 46.4527 | 46.3747 | 2.6 |
| 样品4 | 43.1202 | 46.2213 | 46.1469 | 2.4 |
| | 43.8485 | 46.7982 | 46.7244 | 2.5 |

#### 10.3.2.3 重金属

**1. 前言**

《烟草控制框架公约》(FCTC)中关于禁止烟草烟雾在公共场所扩散的严格规定,对传统烟草产业构成了显著挑战。为重塑行业竞争力并引领未来发展趋势,国家烟草专卖局自2014年初便积极部署,启动了一系列新型烟草制品的研发项目,其中无烟烟草作为关键领域之一,其代表性产品——胶基型嚼烟,正逐渐成为行业瞩目的焦点。

胶基型嚼烟,作为一种创新的无烟烟草制品,由瑞典火柴公司(Swedish Match)于2003年率先研发并推向市场。该产品巧妙地将烟草或烟草提取物作为有效成分,融入可食用的胶基基质中,通过咀嚼的方式向人体释放烟碱,为消费者提供了一种新颖的烟草体验方式。

然而,值得注意的是,胶基型嚼烟中所使用的烟草原料,作为重金属的潜在富集体,其安全性不容忽视。重金属元素因其在环境中的高稳定性、低降解性及高残留性,容易通过食物链累积至人体,成为威胁人类健康的潜在风险源,长期暴露甚至可能诱发癌症等严重疾病。鉴于此,自1990年起,Hoffman清单已明确将砷(As)、镉(Cd)、铬(Cr)、铅(Pb)、镍(Ni)、硒(Se)、汞(Hg)等重金属列为烟草中的重点监控对象,对其含量实施严格限制。

因此,准确检测胶基型嚼烟中的重金属含量,对于保障产品质量、加强市场监管具有至关重要的意义。当前,重金属的检测流程通常涵盖前处理与仪器分析两大环节。前处理阶段,可采用超声波提取、湿法消化、微波消解、灰化、固相萃取或悬浮液直接进样等多种技术手段,以有效提取并净化待测样品。随后,则运用分光光度法、原子光谱法(如原子吸收光谱、原子荧光光谱)、电感耦合等离子体质谱法(ICP-MS)以及中子活化分析等高精度仪器分析方法,对重金属元素进行定量测定,确保检测结果的准确性与可靠性。

灰化法,作为重金属检测领域的一项经典技术,其原理在于在富氧环境中对样品实施高温灼烧,促使烟草中的有机物彻底燃烧分解,随后将富含重金属的灰分通过酸解处理,以便进一步检测。施红林等人曾采用灰化结合高效液相色谱法,成功分析了烟草中的锰、铁、铜等重金属元素,结果显示该方法的样品回收率稳定在92%~108%之间。然而,灰化法亦有其局限性,如所需样品量较大、高温下金属易于烧结并附着于容器内壁,从而导致回收率不尽如人意,这些因素共同促使了该方法在现代检测中的应用逐渐减少。

分光光度法(UV-Visible Spectrophotometry)凭借其独特的检测机制——通过分析样品中重金属化合物对特定波长光的吸收程度来确定其含量,展现了操作简便、灵敏度较高以及设备成本相对较低的优势。然而,值得注意的是,该方法主要适用于单一元素的检测,且当样品溶液中存在大量杂质时,可能会产生一定的干扰。吕辉雄等研究者便运用此法成功检测了烟草中的汞含量,其检测下限达到了$20\ \mu g/L$,进一步验证了分光光度法在重金属检测领域的实用价值。

原子光谱法是一个涵盖广泛的检测方法体系,其中包括原子吸收光谱法(AAS)、原子荧光光谱法以及原子发射光谱法等。其中,原子吸收光谱法作为一种历史悠久的金属检测手段,其原理在于测量气态原子对特定波长光线的吸收强度,从而实现物质的定性与定量分析。在我国烟草行业的标准中,如

YC/T 173—2003、YC/T 174—2003 及 YC/T 175—2003 等,均采用了原子吸收光谱法来分析钾、钙、镁等元素的含量。

该方法以其单元素分析的高效性、所需样品量少以及高灵敏度而著称。例如,石玮玮等研究者通过结合流动注射与冷蒸汽发生技术,利用原子吸收光谱法成功地对烟草中的痕量镉和汞进行了检测,其检测限分别达到了 21 ng/L 和 8 ng/L,展现了该方法在超痕量分析中的卓越性能。

另一方面,原子荧光光谱法同样在烟草重金属检测中展现出强大实力。黄云等人的研究表明,采用 $HNO_3$-$H_2O_2$ 消化体系进行微波消化后,利用原子荧光光谱法能够同时测定烟草中的汞(Hg)和砷(As)含量。该方法不仅具有较宽的线性范围(Hg:0.1~150.0 μg/L,As:0.1~200.0 μg/L),而且检测限极低,均为 0.035 μg/L。此外,该方法还表现出良好的精密度(RSD 分别为 2.8% 和 2.5%)和高标准回收率(分别为 93% 和 96%),进一步验证了其在复杂基质中重金属检测方面的准确性和可靠性。

电感耦合等离子体质谱法(ICP-MS)是一种先进的质谱型元素分析技术,其核心在于利用等离子体作为离子源,实现了多种元素的同时高效测定。黄旭等研究团队通过微波消解技术预处理样品,随后采用 ICP-MS 成功检测了 11 种卷烟样品中的 Cr、Ni、As、Se、Cd、Pb 等六种重金属元素。该方法的检测灵敏度极高,所有目标元素的检出限均低于 1 μg/L,且测量结果的重复性良好,各元素测定的相对标准偏差(RSD,$n=6$)控制在 0.29%~3.55% 之间,样品加标回收率稳定在 90.6%~104.9% 的范围内。

胡清源等研究则进一步拓宽了 ICP-MS 的应用范围,他们利用该技术同时测定了烟叶中包括 Be、Na、Mg、K、Ti、V、Cr、Mn、Fe、Co、Ni、Cu、Zn、As、Se、Sr、Mo、Ag、Cd、Sn、Cs、Ba、Hg、Tl、Pb、Th 和 U 在内的 27 种元素。此方法的回收率优异,介于 93.64%~108.90% 之间,各元素的检出限低至 0.3563 μg/L~1.725 μg/L,且测量结果的稳定性良好,RSD 值在 1.28%~9.18% 之间波动。

李银科等研究团队则将 ICP-MS 应用于卷烟烟气中重金属元素的检测,以硝酸溶液作为捕集剂,精确测定了 Pb、As、Cd、Cr、Ni、Hg 等六种元素的含量。该方法展现出了极高的检测灵敏度,六种元素的检出限均远低于 0.01 μg/L,回收率保持在 89%~103% 之间,且测量结果的重复性良好,RSD($n=5$)值在 2.4%~3.4% 之间。

此外,CORESTA 无烟烟草制品分析小组也采用了 ICP-MS 与原子吸收光谱(AAS)这两种先进的分析技术,对瑞典式口含烟、美式口含烟、美式散装干鼻烟以及散叶式嚼烟等多种无烟烟草制品进行了全面的重金属检测,重点关注了铬(Cr)、镉(Cd)、汞(Hg)、镍(Ni)、铅(Pb)、砷(As)等关键重金属元素,确保了检测结果的全面性和准确性。

在广泛参考各类文献报道的方法及借鉴国际、国内行业标准的基础上,本研究致力于探索并优化微波消解结合电感耦合等离子体质谱法(ICP-MS),以精确测定胶基型嚼烟中的重金属含量。具体步骤包括将胶基嚼烟样品进行微波消解处理,随后进行有效的溶液转移与定容。在精心设定的仪器参数条件下,通过在线方式引入内标物,以确保分析的准确性与可靠性。随后,利用 ICP-MS 技术,依据质荷比强度与元素浓度的定量关系,直接测定样品溶液中的元素浓度,进而精确计算出样品中无机元素铬(Cr)、镍(Ni)、砷(As)、镉(Cd)和铅(Pb)的含量。本研究的核心在于构建一套科学、合理、可靠且稳健的分析检测技术体系,旨在为胶基型嚼烟的质量监控与安全性评估提供坚实的技术支撑。

2. 材料

超纯水:确保电阻率不低于 18.2 MΩ·cm,用于实验全程的溶剂配制。

浓硝酸:优级纯,质量分数为 65%,由上海圣维电子科技有限公司提供,用于样品消解及标准溶液配制。

盐酸:优级纯,浓度范围在 36.0%~38.0% 之间,由西陇化工股份有限公司供应,辅助样品消解过程。

氢氟酸:优级纯,浓度为 49%,由中国台湾联仕电子化学材料有限公司生产,用于特定样品的消解需求。

调谐液：含锂、钇、铈、铊、钴，浓度均为 1 μg/L，用于 ICP-MS 仪器的性能调谐与校准，由安捷伦公司提供。

内标储备溶液：包含锗、铟、铋，浓度均为 100 mg/L，用于 ICP-MS 分析中的内标校正，同样源自安捷伦公司。

标准溶液：包括铬、镍、砷、镉、铅的单元素标准溶液，初始浓度均为 1000 mg/L。通过精确量取不同体积的上述标准储备液至塑料容量瓶中，并使用 5% 的硝酸溶液稀释至刻度，制备出一系列浓度梯度的标准工作溶液。这些溶液的浓度范围需全面覆盖待测试样中预期检测到的各元素含量，以确保分析结果的准确性和可靠性。

仪器设备包括：

电感耦合等离子体质谱仪：采用安捷伦 7700x 型号，美国制造，为本次实验的核心分析设备。

密闭微波消解仪：安东帕 3000 型，奥地利生产，用于高效、安全的样品消解处理。

分析天平：感量达 0.0001 g，梅特勒 AB204-S 型号，瑞士制造，用于精确称量实验所需物料。

Milli-Q 超纯水系统：美国 Millipore 公司生产，用于制备高纯度的实验用水。

具塞比色管：容量 50 mL，用于样品的稀释、转移及储存。

3. 方法

称取 0.2～0.5 g 试样，精确至 0.0001 g，置于清洗好的聚四氟乙烯消解罐中，依次加入 6 mL 硝酸、2 mL 盐酸和 1 mL 氢氟酸，在 120 ℃下进行预消解，待黄烟冒尽，冷却至室温，置于微波消解仪中，按微波消解程序（表 10-22）进行消解，消解完毕，待温度降至室温后取出消解罐，将消解罐置于电热板上于 135 ℃下赶酸，至消解液剩余约 0.5 mL，于消解罐中加入 2.5 mL 硝酸，转移消解液并用超纯水定容消解液。同时做空白试验。

结果表明，用 6 mL 硝酸、2 mL 盐酸和 1 mL 氢氟酸作为消解酸体系，采用表 10-13 所示的微波消解程序可消解胶基烟样品，达到测定要求。

表 10-13 微波消解升温程序

| 起始功率/W | 爬行时间/min | 到达功率/W | 保持时间/min |
| --- | --- | --- | --- |
| 0 | 10 | 800 | 5 |
| 800 | 10 | 1400 | 25 |
| 1400 | 0 | 0 | 15 |

4. 电感耦合等离子体质谱仪参数

待测元素质量数，对应内标元素及积分时间如表 10-14 所示。

表 10-14 元素测定质量数、内标元素、积分时间

| 元素 | 测定质量数 | 内标元素 | 积分时间 |
| --- | --- | --- | --- |
| Cr | 53 | Ge | 1.0 s |
| Ni | 60 | Ge | 0.3 s |
| As | 75 | Ge | 1.0 s |
| Cd | 111 | In | 0.5 s |
| Pb | 208 | Bi | 0.3 s |

以 1 μg/L 的锂、钇、铈、铊、钴的调谐液对仪器参数进行优化，调谐电感耦合等离子体质谱仪至最佳工作环境，仪器工作参数如表 10-15 所示。

表 10-15　ICP-MS 工作参数

| 项目 | 工作参数 | 项目 | 工作参数 |
| --- | --- | --- | --- |
| 射频功率/W | 1550 | 雾化室温度/℃ | 2 |
| 载气流速/(L/min) | 0.80 | 蠕动泵采集转速/(r/s) | 0.2 |
| 辅助气流速/(L/min) | 0.40 | 蠕动泵快速提升时间/s | 30 |
| 采样深度/mm | 10 | 蠕动泵稳定时间/s | 30 |

5.工作曲线

取标准储备液,配制铬、镍、砷、镉、铅的混合系列标准溶液。以 Ge、In 和 Bi 作内标,在 He 模式下进行测定,分别以待测元素不同浓度下质荷比强度与内标质荷比强度的比值对待测元素的浓度作工作曲线。各元素的工作曲线和线性回归方程见图 10-23 和表 10-16。

表 10-16　ICP-MS 测定元素的线性关系

| 待测元素 | 工作溶液浓度/(μg/L) | 线性回归方程 | 相关系数 |
| --- | --- | --- | --- |
| Cr | 0.5,1.0,2.0,4.0,5.0,10.0,20.0 | $y=6.2\times10^{-3}x+3.3882\times10^{-4}$ | 0.9996 |
| Ni | 0.5,1.0,2.0,4.0,5.0,10.0,20.0 | $y=0.0169x+5.0953\times10^{-5}$ | 0.9996 |
| As | 0.5,1.0,2.0,4.0,5.0,10.0,20.0 | $y=7.139\times10^{-3}x+3.9181\times10^{-5}$ | 0.9998 |
| Cd | 0.5,1.0,2.0,4.0,5.0,10.0,20.0 | $y=1.447\times10^{-3}x+1.7351\times10^{-6}$ | 0.9998 |
| Pb | 0.5,1.0,2.0,4.0,5.0,10.0,20.0 | $y=8.744\times10^{-3}x+6.1232\times10^{-4}$ | 0.9991 |

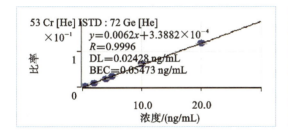
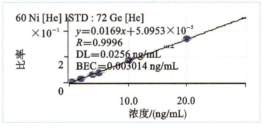
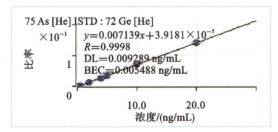
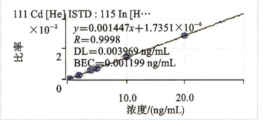
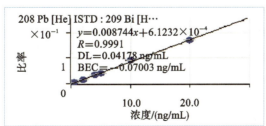

图 10-23　ICP-MS 测定铬、镍、砷、镉和铅的工作曲线

从图 10-23 可以看出，铬、镍、砷、镉、铅标准溶液在所配制的浓度范围内线性关系良好，满足检测要求。

6. 结果表达

仪器调谐完成后，在选定的仪器参数下，建立批处理并测定样品。

试样中各元素含量按下式进行计算，计算结果保留到小数点后两位。

$$X = \frac{(C_1 - C_0) \times V}{m \times 1000}$$

式中：$X$——试样中各元素含量，mg/kg；

$C_1$——测试消化液中各元素含量，μg/L；

$C_0$——空白试剂中各元素含量，μg/L；

$V$——试样消化液总体积，mL；

$m$——试样质量，g。

以两次平行测定的平均值为测定结果，结果精确至 0.01 mg/kg。

在重复性条件下，获得的两次独立检测结果的绝对差值：待测元素含量在 0.01～0.50 mg/kg 范围的，不得超过 0.05；待测元素含量高于 0.50 mg/kg 的，两次平行测定结果的相对差值不得超过 5%。

7. 样品测定

为了验证方法的适用性，同时测定了市售的 3 个胶基烟样品（C1、C2 和 C3）中铬、镍、砷、镉、铅的含量，结果见表 10-17，所测定样品（C1、C2 和 C3）中铬、镍、砷、镉、铅的含量略有不同，说明所建立的方法能满足样品检测需要。

表 10-17　不同胶基烟样品的铬、镍、砷、镉、铅含量测定结果（mg/kg）

| 样品名称 | 铬 | 镍 | 砷 | 镉 | 铅 |
| --- | --- | --- | --- | --- | --- |
| C1 | 0.24 | 0.63 | 0.02 | 0.06 | 0.06 |
| C2 | 0.25 | 0.27 | 未检出 | 未检出 | 0.14 |
| C3 | 0.16 | 0.14 | 0.02 | 0.02 | 0.04 |

8. 小结

（1）铬、镍、砷、镉、铅的标准溶液与仪器响应在所设定的浓度范围内均展现出线性关系大于 0.999 的优异表现，线性关系极佳，充分满足了检测需求。

（2）采用 $HNO_3 + HCl + HF$（比例为 6 mL+2 mL+1 mL）的消解酸体系，能够有效满足检测标准。

（3）本方法专门用于测定胶基烟中铬、镍、砷、镉、铅的含量，其检出限低至 0.002～0.009 mg/kg 范围内，表现出低检出限与高灵敏度的特点，完全符合检测要求。

（4）为评估方法的精密度，我们实施了样品在日内及日间的平行测定，并计算了测定结果间的相对标准偏差。结果显示，所有待测元素的日内与日间精密度均达到了质量控制的标准。

（5）为验证方法的准确度，我们对样品中的各元素进行了低、中、高三个不同水平的加标回收实验。实验结果显示，铬、镍、砷、镉和铅的加标回收率均稳定在（100±20）% 的范围内，充分证明了该方法在检测胶基烟样品中这五种元素时的准确性。

（6）为确保待测液的有效测定时间范围，我们对测试液的稳定性进行了考察。研究结果表明，制备完成的待测液应在 24 h 内完成测试，以确保数据的准确性。

综上所述，我们建立了基于微波消解-电感耦合等离子体质谱法（ICP-MS）的胶基烟样品中铬、镍、砷、镉和铅的测定方法。该方法不仅具有低检出限、高准确度和精密度，而且操作快速简便，非常适合于实际应用。

#### 10.3.2.4 烟草特有亚硝胺

**1. 前言**

烟草特有亚硝胺(TSNAs)作为烟草中最为丰富的N-亚硝胺类化合物,其存在仅限于烟草、烟草制品及卷烟燃烧产生的烟气中。TSNAs的含量水平对于科学评估吸烟行为对人类健康的潜在危害具有不可或缺的重要性。国际癌症研究机构(IARC)针对加拿大政府所列有害物质的毒性评估显示,NNK和NNN这两种纯化学成分的TSNAs被归类为可疑的人体致癌物。

鉴于TSNAs可能对吸烟者及被动吸烟者健康造成的潜在威胁,控制其在烟草及其制品中的含量已成为亟待解决的重大课题。因此,精确测定烟草及制品中的TSNAs含量,不仅是准确评估吸烟健康风险的基石,也为推动低危害卷烟产品的研发提供了坚实的数据支撑。

目前,科研界对TSNAs中的几种关键成分进行了深入研究,包括N-亚硝基去甲基烟碱(NNN)、N-亚硝基假木贼碱(NAB)、N-亚硝基新烟草碱(NAT)以及4-(N-甲基-N-亚硝胺)-1-(3-吡啶基)-丁酮(NNK),这些研究成果为深入理解和应对烟草危害提供了宝贵的视角。

自1973年起,气相色谱法便已被应用于烟草特有亚硝胺(TSNAs)的分析领域。当前,主流的TSNAs测试方法遵循GB/T 23228-2008标准中的GC-TEA法,该方法专注于卷烟主流烟气总粒相物中TSNAs的定量分析。然而,该方法存在显著局限性:每个样品需汇集20支卷烟的总粒相物,历经三次萃取,还需通过活化的碱性氧化铝柱进行净化,整个分析流程耗时近30 min,且日处理样品量上限仅为8个。此外,前处理步骤烦琐、溶剂消耗巨大、分析周期长、TEA检测器难以区分TSNAs与共流出的其他亚硝胺类化合物、系统死体积大及检出限较高等问题,均限制了其在大规模样品检测中的应用。

毛友安等人在CN1616962A中提出了一种创新的液相色谱-串联质谱法用于检测烟草特有亚硝胺。该方法同样基于20支卷烟的总粒相物收集,采用三甲基 13C3 标记的咖啡因作为内标,通过柠檬酸-磷酸盐缓冲溶液与环己烷的联合振荡提取滤片上的目标物,随后在氮气保护下浓缩有机相,并经盐酸酸化、相分离、水相加碱中和及反相固相萃取柱净化等复杂步骤。尽管使用了内标物,但该方法对目标化合物的选择性并不突出;同时,高达60 mL的溶剂消耗、共提取过程中泡沫导致的损失与误差,以及冗长复杂的前处理流程(每个样品约需30 min的分析时间,且日处理能力受限)均是其不足之处。

鉴于上述挑战,为减轻烟草特有亚硝胺对胶基型嚼烟使用者健康的潜在威胁,并有效控制其在产品中的含量,本书通过精心优化前处理条件与仪器分析方法,成功开发出一种既快捷又定量准确的TSNAs测定方法,专用于胶基型嚼烟。该方法不仅为精确评估胶基烟中TSNAs含量提供了强有力的技术支撑,还对推动新型烟草制品安全性的全面评价具有深远意义。

**2. 仪器与试剂**

1)仪器

液相色谱串联质谱系统:采用美国Agilent公司的1290高效液相色谱仪,搭配Agilent 6460三重四极杆液相色谱-串联质谱仪,并配备电喷雾离子源,以确保高精度的分析性能。

分析天平:选用瑞士梅特勒品牌,型号为AB204-S,其感量达到0.1 mg,满足精确称量的需求。

2)试剂

甲醇与乙腈:均为色谱纯级,由Dikma公司提供,用于样品的高效分离。

乙酸与甲酸:均为分析纯级,用于调节流动相pH值或作为溶剂添加剂。

超纯水:电阻率不低于18.2 MΩ·cm,保证实验的纯净环境。

乙酸铵:分析纯级,用于制备流动相或作为缓冲盐。

氘代标准品:包括氘代-4-(甲基亚硝胺基)-1-(3-吡啶基-d4)-1-丁酮(NNK-d4)和氘代-N-亚硝基降烟碱(rac N'-Nitrosonornicotine-d4,NNN-d4),纯度均不低于99%,用于定量分析中的准确校正。

目标分析物:N-亚硝基假木贼碱((R,S)-N-Nitrosoanabasine,NAB)、N-亚硝基新烟碱((R,S)-N-

Nitrosoanatabine，NAT)、4-(甲基亚硝胺基)-1-(3-吡啶基)-1-丁酮(NNK)以及 N-亚硝基降烟碱(rac N′-Nitrosonornicotine，NNN)，纯度均不低于98%，为待测的主要烟草特有亚硝胺成分。

3)材料

色谱柱：采用 Waters Acquity BEH C18 柱，粒径1.7 μm，规格为 2.1 mm×100 mm，专为高效液相色谱设计，提供卓越的分离效果。

固相萃取小柱：Oasis HLB 型，规格 60 mg/3 mL，由美国 Waters 公司生产，用于样品的预净化处理。

其他辅助材料：包括针筒、滤头以及高纯氮气(纯度＞99.999%)，确保实验操作的便利性与结果的准确性。

3. 标准溶液配制

1)内标储备液的制备

精确称取约 10.0 mg 的 NNK-d4 和 NNN-d4，分别使用甲醇作为溶剂，将其完全溶解后，转移至两个干净的 10 mL 棕色容量瓶中。随后，用甲醇小心地将溶液定容至刻度线，从而制得浓度均为 1.0 mg/mL 的内标储备液。此内标储备液应置于−18 ℃的环境中避光保存，以确保其稳定性，其有效期为 6 个月。

接着，分别准确移取 1.0 mL 已制备好的 NNK-d4 和 NNN-d4 的 1.0 mg/mL 内标储备液，转移至两个干净的 100 mL 棕色容量瓶中。再次使用甲醇将溶液定容至刻度线，以配制成 NNK-d4 和 NNN-d4 浓度均为 10.0 μg/mL 的一级混合内标溶液。此混合溶液同样应储存于−18 ℃的避光环境中，有效期同样为 6 个月。

2)标准溶液的制备

精确称取约 10.0 mg 的 NAB、NAT、NNK 和 NNN，分别使用甲醇作为溶剂，通过充分溶解后，转移至四个独立的 10 mL 棕色容量瓶中。然后，用甲醇准确地将各溶液定容至刻度线，以制得浓度均为 1.0 mg/mL 的标准储备液。这些标准储备液应在−18 ℃条件下避光储存，以确保其稳定性和准确性，其有效期设定为 6 个月。

4. 样品处理方法

将样品细心剪碎后，精确称取 2.00 g 置于 10 mL 的离心管中。随后，向其中加入 5 mL 浓度为 0.05 mol/L 的盐酸水溶液，并准确加入 100 μL 浓度为 100 ng/mL 的内标溶液。通过涡旋混合确保充分均匀后，进行 60 min 的超声提取过程。接着，将混合物在 10000 r/min 的条件下离心 10 min，以分离出上清液。

将得到的上清液全部加载到已预先活化的 Oasis HLB 固相萃取柱上。此萃取柱在使用前需依次通过 3 mL 甲醇和 5 mL 超纯水进行预活化处理。加载上清液后，用 3 mL 2%甲醇水溶液进行淋洗，以去除杂质。最后，用 3 mL 甲醇对目标化合物进行洗脱，并收集洗脱液。

将收集的洗脱液在氮气下吹干，以去除残留溶剂。之后，加入 1.0 mL 流动相，并通过超声处理使残留物充分溶解。最后，将溶解后的溶液通过 0.2 μm 滤膜过滤，并转移至进样瓶中，准备进行后续分析。

5. LC-MS/MS 分析

1)高效液相色谱参考条件

色谱柱：Waters Acquity BEH C18 柱(1.7 μm，2.1 mm×100 mm)；

流速：0.3 mL/min；

柱温：40 ℃；

进样量：5 μL；

流动相 A：甲醇，流动相 B：0.1%的乙酸溶液；

梯度洗脱条件见表 10-18。

表 10-18　快速型高效液相色谱梯度洗脱条件

| 时间/min | 流动相 A/(%) | 流动相 B/(%) |
| --- | --- | --- |
| 0 | 10 | 90 |
| 2 | 100 | 0 |
| 4.5 | 10 | 90 |
| 6 | 10 | 90 |

2)质谱参考条件

离子源:电喷雾电离源(ESI);

扫描方式:正离子扫描;

检测方式:多反应监测(MRM);

电喷雾电压:5000 V;

各分析物质谱检测参数见表 10-19。

表 10-19　质谱检测参数表

| 分析物 | 定量离子对($m/z$) | FG/V | CE/V | 定性离子对($m/z$) | FG/V | CE/V |
| --- | --- | --- | --- | --- | --- | --- |
| NAB | 192.1/162.2 | 68 | 5 | 192.1/133.1 | 68 | 21 |
| NAT | 190.2/160.2 | 64 | 5 | 190.2/106.1 | 64 | 13 |
| NNK | 208.2/122.2 | 74 | 9 | 208.2/148.1 | 74 | 10 |
| NNN | 178.2/148.2 | 65 | 5 | 178.2/120.1 | 65 | 17 |
| NNK-d4 | 212.2/126.1 | 78 | 9 | 212.2/110.1 | 78 | 21 |
| NNN-d4 | 182.1/152.2 | 64 | 5 | 182.1/124.1 | 64 | 17 |

6.结果的计算与表述

1)定性结果

在相同的实验条件下,我们分别测定标准溶液与样品溶液。若样品溶液中所检测到的色谱峰,其保留时间与标准溶液中某一特定组分峰的保留时间相吻合,同时,所选取的两对子离子的质荷比也完全一致,那么可以进一步通过梯度混合标准品的测定来获取 TSNAs 的平均保留时间及离子相对丰度(参见表 10-20)。接下来,将样品中定性离子的相对丰度与相应浓度标准工作溶液中定性离子的相对丰度进行比较,若此相对偏差未超过表 10-20 所规定的范围,则可确信样品中确实存在该特定组分。

表 10-20　定性确定时相对离子丰度的最大允许偏差

| 相对离子丰度/(%) | >50 | >20~50 | >10~20 | ≤10 |
| --- | --- | --- | --- | --- |
| 允许的相对偏差/(%) | ±20 | ±25 | ±30 | ±50 |

2)定量结果

胶基烟中 TSNAs 含量由下式计算得出:

$$X=\frac{cV}{m}$$

式中:$X$——每克样品中 TSNAs 的含量,ng/g;

$c$——萃取溶液中 TSNAs 的浓度,ng/mL;

$V$——萃取溶液的体积,mL;

$m$——称取样品量,g。

取两次平行测定结果的平均值为最终测试结果,精确至 0.01 ng/g,平行测定结果其相对平均偏差应小于10%。

7.小结

综上所述,本研究成功构建了基于液相色谱串联三重四极杆质谱法的技术体系,用于测定胶基烟中的烟草特有亚硝胺(TSNAs)含量,并对该方法的性能进行了全面评估。评估结果显示:

(1)连续三日内对 TSNAs 的测定,其相对标准偏差(RSD%)均低于5.62%,充分证明了该方法具备优异的重现性。

(2)该检测方法展现出了极低的检出限和定量限,这彰显了其卓越的灵敏度和检测能力,能够精准满足对 TSNAs 的严格检测需求。

(3)在胶基烟样品中的应用中,该方法的回收率稳定在88.47%~111.33%之间,表明所建立的分析方法回收效率高,完全符合胶基烟中 TSNAs 含量检测的精确性和可靠性要求。

综上所述,本方法不仅实现了 TSNAs 的同时高效测定,还兼具灵敏度高、准确性强的显著优势,是检测胶基烟中 TSNAs 含量的理想选择。

### 10.3.2.5 挥发性有机物

1.前言

根据世界卫生组织的界定,挥发性有机化合物(VOCs)是指那些在50~260 ℃范围内沸腾,且在室温下饱和蒸气压超过133.32 kPa,于常温状态下以蒸汽形态弥散于空气中的一类有机物质。依据其化学结构的差异,VOCs 可细分为八大类别:烷烃类、芳香烃类、烯烃类、卤代烃类、酯类、醛类、酮类以及其他类别。VOCs 的主要构成包括烃类、卤代烃、含氧烃及含氮烃,具体涵盖苯系物、有机氯化物、氟利昂系列、有机酮、胺类、醇类、醚类、酯类、酸类以及石油烃类化合物等。

VOCs 对人体健康构成显著威胁,主要表现为刺激眼睛与呼吸道,引发皮肤过敏,以及导致头痛、咽痛、乏力等不适症状。尤为严重的是,其中还包含多种潜在的致癌物质。

本节旨在通过构建顶空-气相色谱/质谱联用(HS-GC/MS)技术平台,以实现对胶基型咀嚼产品中挥发性有机物的精确分析。此方法的建立将有助于卷烟工业企业及时、准确地把握产品质量动态,为新产品研发提供坚实的质量监控与保障。

2.目标挥发性有机物的确定

根据其化学结构的不同,VOCs 可细化为烷烃类、芳香烃类、酯类、醛类以及其他多种类别。由于 VOCs 的广泛存在与独特性质,它们能够轻易地通过呼吸道、消化道及皮肤渗透进入人体,对人体健康构成致畸、致癌及致突变的潜在威胁。截至目前,已确认的 VOCs 种类超过300种,其中最为常见的有苯、甲苯、二甲苯、苯乙烯、三氯乙烯、三氯甲烷、三氯乙烷、二异氰酸酯及二异氰甲苯酯等。

鉴于 VOCs 在不同物质中的存在形态各异,其检测方法亦需根据介质特性灵活调整。当前,前处理技术多基于 VOCs 在常压条件下易于汽化的特性,其中顶空法(Head-space)尤为常用,进一步细分为静态顶空法与动态顶空法。静态顶空法以其操作简便著称,尽管灵敏度相对较低,但在 VOCs 检测领域仍占据广泛应用;而动态顶空法则涵盖了闭环剥离法(Closed-loop Stripping)与吹扫捕集法(Purge and Trap)等高效技术。此外,近年来兴起的固相微萃取法(Solid-phase Microextraction)也为 VOCs 检测提供了创新手段。

本节研究采用顶空-气相色谱/质谱联用技术,旨在精确测定胶基型嚼烟中的 VOCs 含量。通过全面调研国内外不同品牌、口味及烟碱含量的18种胶基型嚼烟样品,我们筛选并确定了8种具有代表性的 VOCs 作为分析指标(详见表10-21)。同时,本方法确保了良好的通用性与可扩展性,不仅能够适应多种基质类型的样品分析,还预留了将未来可能纳入分析范围的具体化合物纳入检测体系的灵活性。这一研究为烟草行业监控袋装型口含烟中的 VOCs 含量提供了可靠且相对统一的分析工具,也为胶基型嚼烟安全生产标准的制定与技术要求的实施奠定了坚实的实验基础。

表 10-21 胶基型嚼烟的典型挥发性有机化合物指标

| 样品编号 | 甲醇 | 乙醇 | 异丙醇 | 丙酮 | 1-丙醇 | 丁酮 | 正丁醇 | 甲苯 |
|---|---|---|---|---|---|---|---|---|
| 1 | √ | √ | √ | √ |  | √ | √ | √ |
| 2 | √ | √ | √ | √ |  |  | √ | √ |
| 3 | √ | √ | √ | √ |  | √ |  | √ |
| 4 | √ | √ | √ | √ |  |  |  |  |
| 5 | √ | √ | √ | √ |  |  | √ |  |
| 6 | √ | √ | √ | √ |  |  |  | √ |
| 7 | √ | √ | √ | √ |  |  |  |  |
| 8 | √ | √ | √ | √ |  | √ |  |  |
| 9 | √ | √ | √ | √ |  |  |  |  |
| 10 | √ | √ | √ | √ |  |  |  |  |
| 11 | √ | √ | √ | √ | √ | √ | √ |  |
| 12 | √ | √ | √ |  |  |  |  |  |
| 13 | √ | √ | √ |  |  |  |  |  |
| 14 | √ | √ |  |  |  |  |  |  |
| 15 | √ | √ |  |  |  |  |  |  |
| 16 | √ | √ |  | √ |  | √ |  |  |
| 17 | √ | √ |  | √ |  |  |  |  |
| 18 | √ | √ |  |  |  |  |  |  |

注：√表示检出。

### 3. 基质校正剂的选择

在较低的平衡温度条件下，基质校正剂应能够为多数挥发性有机化合物（VOCs）提供较低的分配系数，进而促使这些化合物在顶空空间中富集至较高浓度。现有文献已证实二甲基亚砜（DMSO）、N,N-二甲基甲酰胺（DMF）、DMI（此处 DMI 可能为特定化学物质的缩写，但非通用名称，为保持原意未改）、苄醇（BA）和正辛醇均可作为有效的基质校正剂。

为深入探究并有效补偿基质效应对顶空分析精度的影响，本实验精心选取了两种不同品牌或口味的胶基型嚼烟样品，各准确称取 1~2 g，迅速置于顶空瓶中。随后，分别向各样品中加入 1 mL 的三醋酸甘油酯、DMF 或 DMSO 作为基质校正剂，紧密密封后准备检测。实验设定平衡温度为 80 ℃，平衡时间为 30 min，以确保 VOCs 在气液两相间达到充分平衡。随后，通过测定挥发性有机化合物的峰面积来评估其含量，每组实验均进行两次平行测试以增强数据的可靠性。

实验结果显示，对于所研究的胶基型嚼烟样品而言，上述三种基质校正剂均有效降低了基质对顶空分析过程的干扰。在既定的色谱分析条件下，值得注意的是，三醋酸甘油酯的出峰时间晚于所有待测 VOCs 组分，且其对挥发性有机化合物的分析灵敏度表现最优。因此，综合考虑下，本实验最终选择三醋酸甘油酯作为优选的基质校正剂。

### 4. 顶空进样条件的选择

#### 1）平衡温度的优化

温度对顶空两相平衡体系具有显著影响。本实验以两种胶基型嚼烟为样本，采用三醋酸甘油酯作为基质校正剂，设定了 50 ℃、60 ℃、70 ℃、80 ℃、90 ℃ 五个不同的加热温度点，每点平衡 30 min 后，通过测定挥发性有机化合物的峰面积来评估其含量。实验采取双平行设计以确保结果的准确性。结果显示,随着加热温度的逐渐升高,峰面积显著增加,分析灵敏度相应提升,这归因于组分饱和蒸气压随平衡温度的升高而增大。然而,当温度达到80 ℃时,各组分响应值趋于稳定,且考虑到过高温度可能导致的样品热解、杂质增多及顶空瓶安全风险,最终选定80 ℃作为最佳顶空平衡温度。

2)平衡时间的确定

被测组分从样品基质向气相的扩散速率决定了平衡时间的长短。实验中,以三醋酸甘油酯为基质校正剂,在80 ℃平衡温度下,对两种胶基型嚼烟样品分别进行了15 min、25 min、35 min、45 min及60 min的平衡处理,随后通过峰面积评估挥发性有机化合物的含量。双平行实验确保了数据的可靠性。结果表明,随着平衡时间的延长,挥发性有机化合物的量逐渐增加,至45 min时达到稳定状态。因此,确定45 min为最佳平衡时间。

3)色谱与质谱条件的优化策略

在确保样品完整性的前提下,对顶空 GC/MS 系统的仪器条件进行了详尽的研究,包括色谱柱的精选、载气流速的优化、进样口温度的设定以及程序升温策略对分析结果的影响等,从而确立了适宜的气相色谱分析条件。同时,针对胶基型嚼烟中挥发性有机化合物的测定,对质谱条件进行了专项优化,如定性离子对与定量离子对的选择、离子源温度的调整等,结合文献与实验数据,最终确定了高效准确的质谱检测条件。

4)基质校正剂量的优化

为了确定最佳的基质校正剂量,实验选取了两种胶基型嚼烟样品,通过精确称量确保样品质量一致,并分别加入 100 μL、500 μL、1000 μL、1500 μL 及 2000 μL 的三醋酸甘油酯作为基质校正剂,密封后于80 ℃下平衡45 min,随后测定挥发性有机化合物的峰面积。双平行实验确保了数据的可靠性。结果显示,当加入 100 μL 三醋酸甘油酯时,挥发性有机化合物的峰面积达到最大值,表明此剂量下基质校正效果最佳,能显著提升挥发性有机化合物检测的灵敏度。

5. 样品分析

1)试样制备

精确称取1~2 g胶基型嚼烟样品,立即将其置入专用的20 mL顶空瓶中,随后加入0.1 mL的三醋酸甘油酯作为基质校正剂,密封后妥善保存以待分析。

2)试剂

实验所需试剂包括甲醇、乙醇、异丙醇、丙酮、正丙醇、丁酮、1-丁醇及甲苯(均为标准品,纯度不低于99.5%)。基质校正剂则选用DMF(N,N-二甲基甲酰胺)、DMSO(二甲基亚砜)和三醋酸甘油酯,以上校正剂均为色谱纯级别,纯度大于99%。

3)仪器设备

6890N/5973型气质联用仪,配备7694顶空进样器(HP-GC-MS,美国安捷伦公司),专为复杂基质中挥发性有机化合物(VOCs)分析设计。

MS204S型高精度电子天平(瑞士Mettler公司),感量达0.0001 g,确保称量准确性。

20 mL专用顶空瓶及100 μL活塞式移液枪,用于精确加入校正剂和样品处理。

4)仪器条件设置

顶空仪(HS):采用静态顶空技术,顶空瓶容量设定为20~25 mL,样品环容量3.0 mL。样品平衡温度设为80 ℃,样品环温度及传输线温度分别设定为160 ℃和180 ℃,以确保样品充分挥发且传输无损失。平衡时间设置为45 min,样品瓶加压至138 kPa,加压与充气时间均为0.20 min,样品环平衡时间0.05 min,进样时间1.0 min。

气相色谱仪(GC):装备VOC专用毛细管柱(VOCOL柱),规格为60 m×0.32 mm×1.8 μm。载气采用高纯度氦气,进样口温度设为180 ℃,采用恒流模式,柱流量设定为2.0 mL/min,分流比为20∶1。程序升温起始于40 ℃,保持2 min,随后以4 ℃/min的速率升温至200 ℃,并在此温度下保持10 min,

以充分分离各组分。

质谱仪(MS):辅助接口温度设定为220 ℃,采用电子轰击源(EI)作为电离方式,离子源温度及四极杆温度分别设定为230 ℃和150 ℃。电离能量为70 eV,运行于全扫描监测模式,扫描范围覆盖29～350 amu。在选择离子监测模式下,依据各挥发性有机化合物的质谱特征,选取相对丰度最高的离子作为定量离子,若存在干扰,则考虑选择次高丰度离子作为备选。同时,选取1～2个其他碎片离子作为辅助定量依据。

典型挥发性有机化合物的离子选择参数详见表10-22。

表10-22 挥发性有机化合物的定性定量离子

| 序号 | 挥发性有机化合物 | 保留时间/min | 定量离子 | 定性离子及其丰度比 |
|---|---|---|---|---|
| 1 | 甲醇 | 4.253 | 31 | 31∶15(100∶12) |
| 2 | 乙醇 | 5.350 | 31 | 31∶45∶15(100∶51∶7) |
| 3 | 异丙醇 | 6.289 | 45 | 45∶27∶19(100∶17∶10) |
| 4 | 丙酮 | 6.651 | 43 | 43∶58∶15∶27(100∶25∶12∶7) |
| 5 | 正丙醇 | 8.274 | 31 | 31∶42∶59(100∶14∶11) |
| 6 | 丁酮 | 10.275 | 43 | 43∶72∶29∶57(100∶25∶17∶8) |
| 7 | 正丁醇 | 12.602 | 56 | 56∶31∶41(100∶98∶88) |
| 8 | 甲苯 | 18.170 | 91 | 91∶65∶39∶51(100∶12∶11∶6) |

5)定性分析

取顶空瓶加入典型挥发性有机化合物标样,按仪器条件进行顶空-气相色谱/质谱分析,确定典型挥发性有机化合物标样的总离子流图、保留时间和定量离子峰。对照标样的保留时间和总离子流图,确定试样中的目标化合物。当试样和标样在相同保留时间处(±0.2 min)出现,并且对应质谱碎片离子的质荷比与标样一致,其丰度比与标样相比符合:相对丰度>50%时,允许±10%偏差;相对丰度20%～50%时,允许±15%偏差;相对丰度10%～20%时,允许±20%偏差;相对丰度≤10%时,允许有±50%偏差,此时可定性确证目标分析物。

典型挥发性有机化合物标样和试样的顶空-气相色谱/质谱图参见图10-24和图10-25。

6)定量分析

采用实验建立的测定方法对胶基型嚼烟进行测定,结果见表10-23。

表10-23 实际样品检测结果　　　　　　　　　　　　　　　(单位:μg/g)

| 样品名称 | 甲醇 | 乙醇 | 异丙醇 | 丙酮 | 1-丙醇 | 丁酮 | 正丁醇 | 甲苯 |
|---|---|---|---|---|---|---|---|---|
| 1 | 3.612 | 2.809 | 0.055 | 0.734 | ND | D | D | D |
| 2 | 50.581 | 111.563 | 0.135 | 1.061 | ND | ND | D | D |
| 3 | 68.618 | 179.188 | 0.150 | 0.833 | ND | D | ND | D |
| 4 | 59.144 | 152.620 | 0.142 | 0.757 | ND | ND | ND | D |
| 5 | 29.165 | 41.763 | 0.270 | 1.218 | ND | ND | ND | D |
| 6 | 57.391 | 137.091 | 0.139 | 0.937 | ND | ND | ND | D |
| 7 | 63.982 | 120.658 | 0.113 | 1.090 | ND | ND | ND | D |
| 8 | 92.482 | 298.949 | 0.148 | 1.160 | ND | ND | ND | D |
| 9 | 21.673 | 42.982 | D | 1.105 | ND | ND | D | D |
| 10 | 21.622 | 38.677 | 0.924 | 0.803 | ND | ND | D | D |

续表

| 样品名称 | 甲醇 | 乙醇 | 异丙醇 | 丙酮 | 1-丙醇 | 丁酮 | 正丁醇 | 甲苯 |
|---|---|---|---|---|---|---|---|---|
| 11 | 2.203 | 22.572 | 0.790 | 1.923 | 0.874 | 0.579 | 0.826 | 1.357 |
| 12 | 7.535 | 3.050 | D | 0.690 | ND | 0.042 | 1.665 | D |

注:其中 D 表示检出未定量,ND 表示未检出。

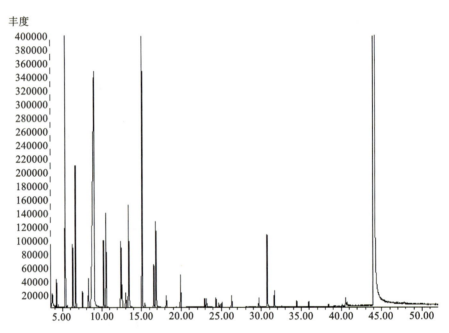

图 10-24　典型挥发性有机化合物标样的顶空-气相色谱/质谱图

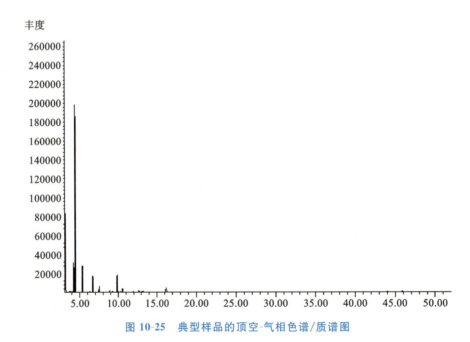

图 10-25　典型样品的顶空-气相色谱/质谱图

6. 结论

首先,通过精心设计的优化实验,我们成功建立了针对胶基型嚼烟中挥发性有机化合物的测定方法——顶空气相色谱/质谱联用法(HS-GC/MS)。此方法展现出卓越的扩展性,能够高效且准确地测定胶基型嚼烟样品中的挥发性未知成分,其操作流程简便快捷,结果更是精确可信。

其次,值得注意的是,挥发性有机化合物在浓度过高时极易引发急性中毒。轻度中毒症状包括头痛、头晕、咳嗽、恶心、呕吐,甚至可能出现类似醉酒的状态;而重度中毒则可能导致肝中毒,迅速陷入昏迷,甚至危及生命。鉴于此,我们对胶基型嚼烟中八种关键挥发性有机化合物的含量进行了详细测定。这些化合物的限量标准在美国FDA(食品药品监督管理局)与美国FEMA(食用香料与提取物制造商协会)的相关法规中均有明确规定,具体如表10-24所示。

通过对比分析测定结果,我们发现部分胶基型嚼烟样品中的甲醇、乙醇及1-丙醇含量超出了FDA与FEMA所设定的限量标准。

表10-24　8种化合物在食品中的限量

| | 甲醇 | 乙醇 | 异丙醇 | 丙酮 | 1-丙醇 | 丁酮 | 正丁醇 | 甲苯 |
| --- | --- | --- | --- | --- | --- | --- | --- | --- |
| 食品(FDA) | 50 | 20000 | 50 | 30 | — | 2000 | 2000 | — |
| FEMA | — | 230 | 10 | 5 | 0.50 | 70 | 1.0 | |
| 药物溶剂残留(FDA) | 3000 | 5000 | 5000 | 5000 | 5000 | 5000 | 5000 | 890 |

注:FEMA的规定以最低限量计,单位:μg/g。

#### 10.3.2.6　亚硫酸盐

1.前言

亚硫酸盐在食品工业中扮演着重要角色,作为食物、果品及饮料的防腐剂,它能显著提升食品的外观,使之更加符合消费者的审美期望。然而,过量摄入含有亚硫酸盐的食品可能导致一系列健康问题,包括呼吸困难、呕吐、腹泻等症状,尤其对气喘患者而言,可能诱发过敏反应,导致气喘复发,甚至存在致命风险。

针对亚硫酸盐的测定,目前存在多种方法。我国食品卫生标准推荐的测定方法主要包括分光光度法和氧化还原滴定法。然而,分光光度法在实际应用中易受样品中色素的干扰,影响测定结果的准确性;而滴定法则需要在测定前对样品进行蒸馏处理,操作过程相对烦琐。

鉴于上述方法的局限性,离子色谱法在食品中亚硫酸盐的测定中逐渐成为研究热点。该方法以其操作简便、灵敏度高的优势受到广泛关注。本文即采用离子色谱仪,建立了食品中亚硫酸盐的测定方法,并对该方法进行了全面评价。

在实验中,我们以水为提取剂,从胶基型嚼烟中提取亚硫酸盐组分,并采用甲醛作为$SO_3^{2-}$的稳定剂。随后,利用离子色谱柱对各组分进行有效分离,并通过电导检测器进行检测。通过保留时间进行定性分析,利用峰面积进行定量分析,从而实现对食品中亚硫酸盐含量的准确测定。

2.试剂

亚硫酸钠:优级纯,由西陇化工股份有限公司提供。

氢氧化钠:分析纯,同样源自西陇化工股份有限公司。

甲醛:浓度为37%,分析纯级别,亦由西陇化工股份有限公司生产。

超纯水:电阻率为18.2 MΩ·cm,确保实验用水的高纯度。

标准系列溶液制备:精确称取1.0000 g的亚硫酸钠固体,向其中加入0.20 mL的37%甲醛溶液,随后加入2.00 mL浓度为10 mmol/L的氢氧化钠溶液,并补充10.00 mL的超纯水。使用振荡器充分振摇至均匀后,采用去离子水定容至1000 mL,从而获得浓度为1000 mg/L的标准储备溶液。进一步地,利用超纯水将此储备溶液稀释成一系列浓度梯度,分别为0.2 mg/L、0.5 mg/L、1.0 mg/L、2.0 mg/L、5.0 mg/L、10.0 mg/L及20.0 mg/L,此浓度范围精心设定,旨在全面覆盖并超过预计样品中可能检测到的亚硫酸钠含量。

### 3. 仪器设备及材料

ICS-2000 离子色谱分析仪(美国 DIONEX 公司),配备有恒温电导检测器(CD)以及 AS40 自动进样器,确保分析过程的精确与高效。

IonPac AS11-HC 阴离子分析柱与 IonPac AG11 阴离子保护柱,均源自美国 DIONEX 公司,为离子色谱分析提供稳定且高质量的分离性能。

MilliQ 超纯水仪(美国 Millipore 公司),用于制备高纯度的实验用水,确保分析结果的准确性。

水系 0.45 μm 一次性专用滤头,由广州紫安科技有限公司生产,用于样品的预处理,有效去除杂质。

超声波清洗仪,用于清洗实验器材,确保实验环境的清洁与无污染。

高速离心机(美国 SIGMA 公司),提供强大的离心力,帮助样品快速分离,提高实验效率。

### 4. 样品处理

准确称取样品约 2.0 g 于 50 mL 具塞比色管中,加入 0.05 mL 37% 的甲醛及 0.5 mL 10 mmol/L 的 NaOH 溶液,然后加入 10.0 mL 超纯水,用振荡器振摇均匀后,超声浸提 30 min,静置 4 h,用超纯水定容至刻度。将其溶液用高速离心机在 10000 r/min 下高速离心 10 min 后,取上清液作为待测样液。

### 5. 样品测定

1) 仪器条件

按照离子色谱操作手册设置并运行离子色谱仪,应用梯度淋洗作为分析检测胶基型嚼烟中亚硫酸盐根含量的方法。

抑制器的抑制电流强度为 179 mA,柱温为 30 ℃,检测器池温为 35 ℃。淋洗梯度如表 10-25 所示。

表 10-25 淋洗液的淋洗梯度

| 时间/min | KOH 浓度/(m mol/L) |
| --- | --- |
| 0 | 5 |
| 6 | 5 |
| 27 | 10 |
| 35 | 15 |
| 39 | 35 |
| 45 | 35 |
| 50 | 60 |

2) 标样检测

将标准系列样品按上述条件检测,绘制亚硫酸盐标准工作曲线,相关系数不小于 0.99。

3) 样品检测

将上述提取液通过 0.22 μm 一次性专用滤头过滤后上离子色谱仪分析。

### 6. 结果计算

计算公式:

$$\omega(亚硫酸盐) = \frac{cV}{m}$$

式中:$\omega$——样品中亚硫酸盐的含量,mg/kg;

$c$——萃取样品中亚硫酸盐的浓度,mg/L;

$V$——萃取液的体积,mL;

$m$——样品的质量,g。

结果表达:结果以两次平行测定的算术平均值表示,精确至 0.1 mg/kg。两次检测值相对平均偏差 ≤10%。

7.色谱图

色谱图如图 10-26～图 10-28 所示。

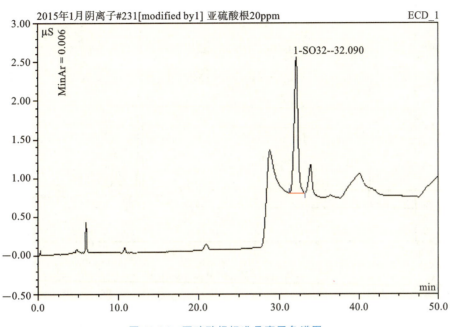

图 10-26　亚硫酸根标准品离子色谱图

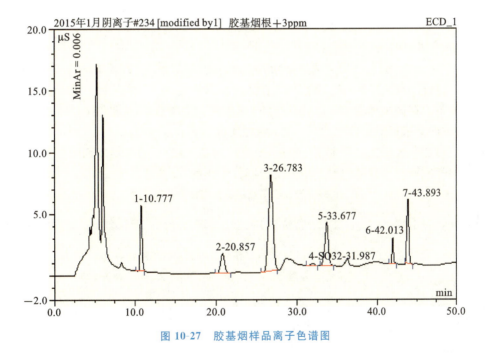

图 10-27　胶基烟样品离子色谱图

## 10.3.3　卫生安全评价技术

### 10.3.3.1　测试指标

当前,针对胶基型嚼烟的微生物指标及其限量管控,行业内尚缺乏明确的规范与要求。然而,与胶基型嚼烟在消费特性上相近的糖果及胶基糖产品,则已建立了详尽的卫生标准体系,其中明确界定了微生物指标及其限量标准。

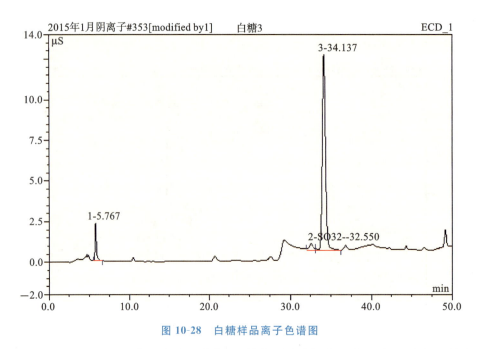

图 10-28　白糖样品离子色谱图

具体而言,GB 17399—2016《食品安全国家标准 糖果》详尽规定了糖果产品的各项指标要求,涵盖原料、感官品质、理化特性及微生物安全等多个方面,同时明确了食品添加剂的使用规范、生产加工过程的卫生条件、检验方法、包装标识以及贮存运输等环节的要求。在微生物指标上,该标准特别指出了菌落总数、大肠菌群以及特定致病菌(如沙门氏菌、志贺氏菌、金黄色葡萄球菌)的限量要求,其检测方法则遵循 GB/T 4789.24 标准执行。

同样,GB 17399—2016《食品安全国家标准 糖果》也为胶基糖果类产品制定了全面的卫生标准,包括原料选择、感官特性、理化指标、微生物安全、食品添加剂使用、生产加工卫生、检验流程、包装标识、贮存运输等多个环节。在微生物指标方面,该标准同样规定了菌落总数、大肠菌群、霉菌以及特定致病菌的限量,其检测方法则依据 GB 4789.25—2024 标准执行。

鉴于胶基型嚼烟与胶基糖果在多个方面的相似性,当前实践中,胶基型嚼烟的卫生指标及检测方法多参照胶基糖果标准执行。具体的卫生指标及检测方法详情,可参见表 10-26。

表 10-26　胶基型嚼烟的卫生指标及检测方法

| 无烟烟草制品类型 | 归类 | 标准依据 | 卫生指标(微生物指标) | 检测方法 |
| --- | --- | --- | --- | --- |
| 硬质糖型<br>含片型<br>膜型爽口片型 | 糖果 | GB 17399—2016《食品安全国家标准 糖果》 | 菌落总数、大肠菌群、致病菌(沙门氏菌、志贺氏菌、金黄色葡萄球菌) | GB 4789.24—2024、GB 4789.33—2024、GB 4789.46—2024 |
| 口香糖型 | 胶基糖 | GB 17399—2016《食品安全国家标准 糖果》 | 菌落总数、大肠菌群、霉菌、致病菌(沙门氏菌、志贺氏菌、金黄色葡萄球菌) | GB 4789.25—2024 |

因此,在参照糖果及胶基糖的卫生标准基础上,嚼烟产品的微生物测试指标应涵盖菌落总数的测定、大肠菌群的计数,以及致病菌的检验,具体包括金黄色葡萄球菌、沙门氏菌、溶血性链球菌和志贺氏菌的检测,以确保其安全性与卫生质量。

#### 10.3.3.2　测试方法

在胶基型嚼烟的微生物检测方法上,GB 4789 系列标准方法被认定为适用于此类产品,同时,为了更全面地保障产品质量,建议进一步融合我国进出口食品所采用的微生物学测试方法。特别地,考虑到其实用性与效率,PetrifilmTM 测试片法也被视为适用于胶基型嚼烟的微生物检测。表 10-27 详细列出了 GB 法及 PetrifilmTM 测试片法的相关标准方法,以供参考与遵循。

表10-27 6类微生物检测指标的方法标准

| 测试指标 | 方法标准 | | |
|---|---|---|---|
| | 食品安全国家标准 | 出入境检验检疫行业标准 | |
| 菌落总数 | GB 4789.2—2016《食品安全国家标准 食品微生物学检验 菌落总数测定》 | SN/T 0168—2015《进出口食品中菌落总数计数方法》 | / |
| 大肠菌群计数 | GB 4789.3—2016《食品安全国家标准 食品微生物学检验 大肠菌群计数》 | SN/T 0169—2010《进出口食品中大肠菌群、粪大肠菌群和大肠杆菌检测方法》 | SN/T 4547—2017《商品化试剂盒检测方法 大肠菌群和大肠杆菌 方法一》 |
| 金黄色葡萄球菌检验 | GB 4789.10—2016《食品安全国家标准 食品微生物学检验 金黄色葡萄球菌检验》 | / | SN/T 4546—2017《商品化试剂盒检测方法 金黄色葡萄球菌 方法一》 |
| 沙门氏菌检验 | GB 4789.4—2024《食品安全国家标准 食品微生物学检验 沙门氏菌检验》 | / | / |
| 溶血性链球菌检验 | GB 4789.11—2014《食品安全国家标准 食品微生物学检验 β型溶血性链球菌检验》 | SN/T 2754.9—2011《出口食品中致病菌环介导恒温扩增(LAMP)检测方法 第9部分:溶血性链球菌》 | / |
| 志贺氏菌检验 | GB 4789.5—2012《食品安全国家标准 食品微生物学检验 志贺氏菌检验》 | SN/T 2754.3—2011《出口食品中致病菌环介导恒温扩增(LAMP)检测方法 第3部分:志贺氏菌》 | / |

金黄色葡萄球菌的 PetrifilmTM 测试片标准方法目前仅限于定量测定,尚未涵盖定性检验。鉴于此,我们针对该测试片在定性检验中的适用性,采用了金黄色葡萄球菌标准菌株,并与 GB 4789.10—2016《食品安全国家标准 食品微生物学检验 金黄色葡萄球菌检验》标准进行了详尽的比对研究。研究结果表明,金黄色葡萄球菌 PetrifilmTM 测试片法完全适用于金黄色葡萄球菌的定性检验。

此外,尽管 3M 公司已成功研发了沙门氏菌 PetrifilmTM 测试片系统,但遗憾的是,目前尚未形成与之配套的技术标准。

为进一步探索,我们选取了实验室自制的三种胶基型嚼烟样品,分别采用了 GB 4789 系列标准方法与 PetrifilmTM 测试片法进行了全面的比较研究。具体研究结果已汇总于表 10-28 和表 10-29 中,供后续分析与参考。

表10-28 3个胶基型嚼烟样品的 GB4789 方法微生物测试结果

| 样品编号 | 菌落总数测定 /(CFU/g) | 大肠菌群计数* /(CFU/100 g) | 致病菌检验 | | | |
|---|---|---|---|---|---|---|
| | | | 沙门氏菌 | 金黄色葡萄球菌 | 志贺氏菌 | 溶血性链球菌 |
| 1# | 69.00 | <30 | 未检出 | 未检出 | 未检出 | 未检出 |
| 2# | 114.67 | <30 | 未检出 | 未检出 | 未检出 | 未检出 |
| 3# | 91.33 | <30 | 未检出 | 未检出 | 未检出 | 未检出 |

* 大肠菌群计数测试中没有大肠菌群菌落生长,报告为<30 CFU/100 g。

表 10-29　3 个胶基型嚼烟样品的 PetrifilmTM 测试片法微生物测试结果

| 样品编号 | 菌落总数测定 /(CFU/g) | 大肠菌群计数* /(CFU/100 g) | 致病菌检验 | | | |
| --- | --- | --- | --- | --- | --- | --- |
| | | | 沙门氏菌 | 金黄色葡萄球菌 | 志贺氏菌 | 溶血性链球菌 |
| 1# | 53.33 | <30 | 未检出 | 未检出 | 未检出 | 未检出 |
| 2# | 97.00 | <30 | 未检出 | 未检出 | 未检出 | 未检出 |
| 3# | 102.67 | <30 | 未检出 | 未检出 | 未检出 | 未检出 |

*大肠菌群计数测试中没有大肠菌群菌落生长,报告为<30 CFU/100 g。

针对三个样品的两类测试方法所得到的检测结果显示:①在菌落总数测试指标上,通过方差分析比较两类检测方法对三个样品的菌落总数(CFU/皿或片)检测结果,结果显示两类方法在每皿或每片上的菌落总数 CFU 差异并无显著性,这表明此两种菌落总数检测方法均能有效地应用于嚼烟的菌落总数检测中;②对于大肠菌群计数指标,两类检测方法均未发现大肠菌群菌落生长,其检测结果完全一致;③在四项致病菌检验指标上,两类方法均未检出相应的致病菌,检测结果同样保持一致。

因此,综合考虑上述结果,我们建议在菌落总数测定、大肠菌群计数、金黄色葡萄球菌及沙门氏菌的检验中采用 PetrifilmTM 测试片法。而对于志贺氏菌和溶血性链球菌的检测,则分别遵循 GB 4789.5—2012《食品安全国家标准 食品微生物学检验 志贺氏菌检验》和 GB 4789.11—2014《食品安全国家标准 食品微生物学检验 β型溶血性链球菌检验》的标准方法进行检测。

#### 10.3.3.3 小结

参考食品行业的相关法规,并严格遵循风险评估的原则,我们为胶基型嚼烟精心制定了全面的微生物测试指标,并据此建立了科学可靠的检测方法。通过对代表性样品进行深入的微生物测试,结果显示这些产品样品中并未显示出显著的微生物污染风险,从而确保了产品的安全性和质量。

### 10.3.4　毒理学评价技术

本书针对无烟烟草制品(如胶基型嚼烟与口含烟)与传统卷烟在使用方式及暴露途径上的显著差异,借鉴了传统烟草制品体外毒理学评价的成熟方法,并经过深入研究,创新性地制定了针对胶基型嚼烟的专属样品前处理流程,以及一套专门适用于口含烟制品的体外毒理学评价体系。该评价体系全面而严谨,涵盖了中性红细胞毒性试验、体外微核试验以及细菌回复突变试验三种科学方法,旨在科学、准确地评估这些新型烟草制品的潜在健康影响。

#### 10.3.4.1 前处理方法研究

用剪刀剪成 2 mm³ 小块后加入研钵中,量取 10 mL pH 7.2 的磷酸缓冲液,加入 4~5 mL 在研钵中,加热至 37 ℃浸泡 30 min,再研磨 10 min,将溶液移入 15 mL 离心管中,将剩下溶液倒入研钵中继续研磨 10 min,然后移入离心管中,用 0.45 μm 一次性过滤器过滤后,分装在 1 mL 无菌离心管中,测定烟碱含量后于-20 ℃环境下保存待用。

#### 10.3.4.2 体外毒理学评价方法

参考《烟草及烟草制品 烟气安全性生物学评价 第 1 部分:中性红细胞毒性试验》《烟草及烟草制品 烟气安全性生物学评价 第 2 部分:细菌回复突变试验》《烟草及烟草制品 烟气安全性生物学评价 第 3 部分:微核试验》开展。

#### 10.3.4.3 胶基型嚼烟对人口腔细胞生长状况的影响研究

1. 材料与设备

细胞培养相关:采用美国 Gibco 公司的 DMEM/F12 细胞培养液、PBS 缓冲液及胎牛血清;美国

Invitrogen 公司的 Defined Keratinocyte-SFM 培养液与胰蛋白酶;以及天津百萤生物科技有限公司提供的 CCK-8 试剂盒。

实验仪器:配置有 Thermo 公司的 $CO_2$ 培养箱,确保细胞培养环境的稳定性;Heal Force 公司的二级生物安全柜,保障实验操作的安全性;Nikon 公司的 TS100-F-HMC 型倒置显微镜,用于细胞形态观察;美国 Corning 公司的 96 孔板与细胞培养瓶,满足细胞培养需求;Mettler Toledo 公司的 XS204 型高精度分析天平(感量达 0.0001 g),确保实验称量的精确性;以及北京时代北利离心机有限公司的 DT5-5 型离心机,用于细胞悬液的分离与纯化。

研究对象:选用 Nicorette 力克雷烟草口香糖(烟碱含量标示为 2 mg,型号 N-2),作为实验中的特定研究对象。

2.方法

1)胶基型嚼烟的前处理

取胶基型嚼烟 1 粒,用剪刀剪成 2 $mm^3$ 小块后加入研钵中,量取 10 mL pH7.2 的磷酸缓冲液,加入 4~5 mL 在研钵中,加热至 37 ℃浸泡 30 min,再研磨 10 min,将溶液移入 15 mL 离心管中,将剩下溶液倒入研钵中继续研磨 10 min,然后移入离心管中,用 0.45 $\mu m$ 一次性过滤器过滤后,分装在 1 mL 无菌离心管中,测定烟碱含量后于-20 ℃环境下保存待用。

2)细胞接种

(1)人口腔黏膜上皮细胞的接种。

人口腔黏膜上皮细胞在设定条件为 37 ℃、含有 5% $CO_2$ 的恒温培养箱中培养至第二代,此时细胞生长接近汇合状态,且正处于活跃的指数分裂期。在实验前,使用倒置显微镜详细检查培养细胞的汇合程度及形态特征。随后,轻轻移除培养瓶中的旧培养液,以磷酸盐缓冲液(PBS)轻柔洗涤细胞两次,并弃去洗涤液。接着,向培养瓶中加入适量胰蛋白酶溶液,于 37 ℃下孵育约 5 min,以单层消化细胞。之后,用细胞生长培养基终止消化,并轻轻吹打以形成均匀的单细胞悬浮液。

采用血球计数板计数法,精确计算每毫升细胞悬浮液中的活细胞数量。根据计算结果,利用细胞生长培养基调整单细胞悬浮液的浓度,直至达到 $5\times10^4$ 个细胞/毫升的目标浓度。随后,将调整好浓度的单细胞悬浮液以每孔 100 $\mu L$ 的接种量,均匀地种植到 96 孔细胞培养板中。最后,将接种完成的 96 孔细胞培养板置回至 37 ℃、5% $CO_2$ 的恒温培养箱内,继续培养 24 h。

(2)人口腔黏膜成纤维细胞的接种。

人口腔黏膜成纤维细胞在 37 ℃、含有 5% $CO_2$ 的恒温培养箱中培养至第二代,此时细胞生长接近汇合状态,且正处于活跃的指数分裂期。在实验前,采用倒置显微镜细致观察培养细胞的汇合程度及形态特征。随后,轻柔地移除培养瓶中的培养液,以磷酸盐缓冲液(PBS)洗涤细胞两次,并彻底弃去洗涤液。接着,向培养瓶中加入适量的胰蛋白酶溶液,于 37 ℃条件下单层孵育约 1 min,以有效消化细胞。之后,迅速加入细胞生长培养基终止消化,并轻轻吹打,使细胞均匀分散,形成单细胞悬浮液。

利用血球计数板计数法,精确测定每毫升细胞悬浮液中的活细胞数量。根据测定结果,使用细胞生长培养基对单细胞悬浮液进行适当稀释,以确保细胞浓度达到 $3\times10^4$ 个/毫升。随后,将稀释后的单细胞悬浮液以每孔 100 $\mu L$ 的接种量,均匀分配至 96 孔细胞培养板中。接种完成后,将 96 孔细胞培养板置于 37 ℃、5% $CO_2$ 的恒温培养箱内,继续培养 24 h。

实验设计方面,本实验共分为三组:细胞对照组、溶剂对照组和测试样品组。每组实验均设置 3 个平行样本,以确保实验结果的准确性和可重复性。这样的分组设计有助于全面评估测试样品对细胞生长或功能的影响,同时排除溶剂本身可能带来的干扰。

(3)测试样品剂量的设定。

在引入测试样品之前,我们遵循 YQ/T 42—2013 标准方法,率先实施了 MTT 细胞毒性试验,以精确计算出样品对目标测试细胞的半数抑制浓度($IC_{50}$)值。与此同时,我们还对各类提取液中的尼古丁含量进行了准确测定。基于获得的 $IC_{50}$ 值及实验设计需求,我们确立了测试样品的浓度设置原则,即最高测试浓度不应超出能够引起 60% 细胞抑制率的水平,以此确保实验的安全性与有效性。在实验报告中,所有实验浓度均将直接以尼古丁含量作为标示,以便于结果的分析与解读。

(4)受试物细胞暴露。

取出细胞培养板后,首先移除其中的培养基。随后,按照以下步骤进行操作:细胞对照组每孔加入 200 μL 的新鲜细胞生长培养基;溶剂对照组则加入与测试样品组在最高检测剂量时所使用的相当量的溶剂对照;测试样品组则分别加入不同剂量的待测样品,并通过添加溶剂对照来确保各组内所有孔中的溶剂对照浓度与溶剂对照组保持一致。完成样品添加后,使用细胞生长培养基将溶剂对照组和测试样品组各孔内的溶液体积调整至 200 μL。之后,将培养板重新放回 37 ℃、5% $CO_2$ 的二氧化碳培养箱中继续培养。

(5)CCK-8 孵育与吸光度测定。

向每孔中精确加入 20 μL 溶解好的 CCK-8 溶液,随后将 96 孔细胞培养板置于 37 ℃、5% $CO_2$ 的二氧化碳培养箱内孵育 4 h。孵育完成后,使用酶标仪在 490 nm 检测波长和 630 nm 参考波长下测定各孔的 OD 值。为了获取更全面的数据,实验设计为每隔 24 h 测量一次,每次测量均取 3 个平行样品的 OD 值平均值作为该时间点的结果。

3.结果

图 10-29 为胶基型嚼烟(N-2)对人口腔黏膜上皮细胞生长曲线的影响图,由图可以看出,三个浓度组的 N-2 均对上皮细胞的生长未产生明显影响。

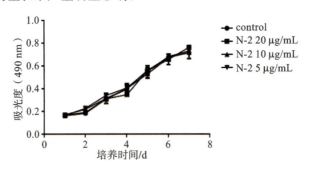

图 10-29　胶基型嚼烟对人口腔黏膜上皮细胞生长曲线的影响图

图 10-30 为胶基型嚼烟(N-2)对人口腔黏膜成纤维细胞生长曲线的影响图,由图可以看出,三个浓度组的 N-2 均对成纤维细胞的生长未产生明显影响。

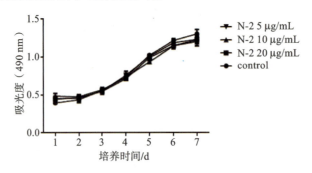

图 10-30　胶基型嚼烟对人口腔黏膜成纤维细胞生长曲线的影响图

#### 10.3.4.4　胶基型嚼烟对人口腔细胞凋亡状况的影响研究

1.材料与仪器

细胞培养与检测试剂:采用美国 Gibco 公司提供的 DMEM/F12 细胞培养液、PBS 缓冲液及胎牛血清;美国 Invitrogen 公司供应的 Defined Keratinocyte-SFM 培养液、胰蛋白酶,以及 Annexin V-FITC/PI 双染细胞凋亡检测试剂盒,用于细胞培养与凋亡分析。

实验设备:配备有 BD Biosciences 公司的 FACSVantage SE 流式细胞仪,用于细胞凋亡的定量分析;Thermo 公司的 $CO_2$ 培养箱,确保细胞培养环境的稳定性;Heal Force 公司的二级生物安全柜,保障实验操作的安全性;Nikon 公司的 TS100-F-HMC 型倒置显微镜,用于细胞形态观察;美国 Corning 公司的 24 孔板与细胞培养瓶,满足细胞培养需求;Mettler Toledo 公司的 XS204 型高精度分析天平(感量达 0.0001 g),确保实验称量的精确性;以及北京时代北利离心机有限公司的 DT5-5 型离心机,用于细胞悬液的分离与纯化。

研究对象:包括 General 牌袋装型口含烟(White Mini 口味,烟碱含量 0.8%,型号 G-M)、Nicorette 力克雷烟草口香糖(烟碱含量 2 mg,型号 N-2)、酸角味烟草含片(烟碱含量 0.5 mg,型号 S-0.5),以及玉溪(硬,TPM)作为烟草制品的代表性样本,用于后续的实验研究。

2. 方法

1) 细胞接种

(1) 人口腔黏膜上皮细胞的接种。

人口腔黏膜上皮细胞在 37 ℃、含有 5% $CO_2$ 的恒温培养箱中成功培养至第二代,此时细胞生长状态接近汇合,且正处于活跃的指数分裂期。在实验操作前,通过倒置显微镜对培养细胞的汇合程度及形态进行了细致的观察。随后,轻柔地移除了培养瓶中的旧培养液,并使用磷酸盐缓冲液(PBS)对细胞进行了两次清洗,以确保培养环境的纯净,清洗后的 PBS 被彻底弃去。接着,向培养瓶内添加了适量的胰蛋白酶溶液,并在 37 ℃ 条件下进行单层孵育约 5 min,以有效分散细胞。之后,通过加入细胞生长培养基,轻轻吹打使细胞均匀悬浮,形成单细胞悬浮液。

为了准确测定细胞浓度,我们采用了血球计数板计数法,精确计算出了每毫升细胞悬浮液中的活细胞数量。根据测定结果,我们利用细胞生长培养基对单细胞悬浮液进行了适当的稀释,以确保最终的细胞浓度达到 $5×10^5$ 个/毫升。随后,将稀释后的单细胞悬浮液以每孔 500 μL 的接种量,均匀地分配至 24 孔细胞培养板中。完成接种后,将 24 孔细胞培养板置于 37 ℃、5% $CO_2$ 的恒温培养箱内,继续培养 24 h,以供后续实验使用。

(2) 人口腔黏膜成纤维细胞的接种。

人口腔黏膜成纤维细胞在设定条件为 37 ℃、5% $CO_2$ 的二氧化碳培养箱中培养至第二代,此时细胞生长接近汇合,且正处于活跃的指数分裂期。实验前,使用倒置显微镜对培养细胞的汇合程度和形态进行了仔细检查。随后,轻轻移除培养瓶中的培养液,以磷酸盐缓冲液(PBS)洗涤细胞两次,并彻底弃去洗涤液。接着,向培养瓶内加入适量胰蛋白酶溶液,在 37 ℃ 条件下进行单层孵育约 1 min,以有效消化细胞。之后,加入细胞生长培养基终止消化,并轻轻吹打使细胞分散均匀,形成单细胞悬浮液。

利用血球计数板计数法,我们准确测定了每毫升细胞悬浮液中的活细胞数量。根据测定结果,我们使用细胞生长培养基对单细胞悬浮液进行了适当的稀释,以调整细胞浓度至 $5×10^5$ 个/毫升。随后,将稀释后的单细胞悬浮液以每孔 500 μL 的接种量,均匀分配到 24 孔细胞培养板中。然而,此处注意到一个小错误,原本应提及的是 24 孔板,但后文却错误地写成了 96 孔板。因此,应确保将种好的 24 孔细胞培养板放置于 37 ℃、5% $CO_2$ 的二氧化碳培养箱内,继续培养 24 h,以供后续实验使用。

2) 试验分组及测试样品剂量的设定

(1) 试验分组设计。

本试验精心划分为三个独立组别:细胞对照组、溶剂对照组以及测试样品组。为确保结果的可靠性,每个试验组(包括上述三组)均设立了 3 个平行样本,以进行重复验证。

(2) 测试样品剂量的精准设定。

在正式引入测试样品之前,我们依据标准方法 YQ/T 42—2013 执行了 MTT 细胞毒性试验,以此为基础精确计算出样品对目标测试细胞的 $IC_{50}$ 值。同时,我们还测定了各提取液中的尼古丁含量,并据此设定了测试样品的浓度范围。在设定最高剂量时,我们遵循了不超过产生 60% 细胞抑制率的原则,且实验浓度直接以尼古丁含量作为标示,确保了剂量的准确性和可比性。

(3)受试物细胞暴露流程。

从细胞培养板中取出细胞后,我们首先移除了原有的培养基。随后,向细胞对照组每孔加入 500 μL 的新鲜细胞生长培养基;溶剂对照组则加入与测试样品组在最高检测剂量时等量的溶剂对照;测试样品组则根据预设的不同剂量加入相应量的样品,并通过添加溶剂对照来确保各组内所有孔中的溶剂浓度保持一致。完成上述操作后,我们使用细胞生长培养基将溶剂对照组和测试样品组各孔内的溶液体积调整至 500 μL,随后将培养板置于 37 ℃、5% $CO_2$ 的二氧化碳培养箱中继续培养。

(4)细胞消化、染色与流式细胞仪检测。

经过 24 h 的孵育后,我们移除了培养液,并以 PBS 缓冲液洗涤细胞两次。随后,利用 0.25% 胰蛋白酶对细胞进行消化并收集。为了检测细胞的凋亡与坏死情况,我们采用了 Annexin V-FITC/PI 双染法。将收集的细胞重悬于双染检测试剂盒提供的 binding buffer 中,调整细胞浓度至约 $5×10^5$ 个/mL。接下来,取 500 μL 细胞悬液,先后加入 5 μL Annexin V-FITC 和 5 μL Propidium Iodide(PI),充分混匀后,在室温下避光反应 10 min。最后,利用流式细胞仪进行检测。由于 Annexin V 与磷脂酰丝氨酸(PS)具有高度亲和力,在细胞凋亡早期,PS 会从细胞膜内侧翻转至外侧,从而被 Annexin V-FITC 标记。而对于凋亡晚期的细胞和坏死细胞,PI 能够穿透细胞膜,使细胞核呈现红色。因此,通过流式细胞仪的分析,我们可以清晰地区分出早期凋亡细胞(AV+/PI-)、晚期凋亡细胞或坏死细胞(AV+/PI+)。每个样品的数据统计与分析均基于至少 10000 个细胞的检测结果,确保了数据的准确性和可靠性。

3.结果

图 10-31 为胶基型嚼烟(N-2)对人口腔黏膜上皮细胞凋亡状况的影响图,由图可以看出,N-2 对上皮细胞存在一定的凋亡作用,在最高浓度组(40 μg/mL)引起约 10% 的细胞凋亡,在 10 μg/mL 及 5 μg/mL 浓度仅引起约 2% 的细胞凋亡,与对照组相比并不显著。

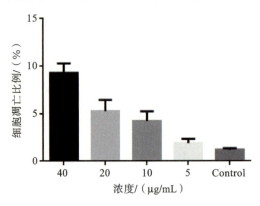

图 10-31 胶基型嚼烟对人口腔黏膜上皮细胞凋亡状态的影响图

图 10-32 为胶基型嚼烟(N-2)对人口腔黏膜成纤维细胞凋亡状况的影响图,由图可以看出,N-2 均对成纤维细胞的凋亡产生的影响并不显著,即使在最高浓度组(40 μg/mL)也仅引起不到 3% 左右的细胞凋亡。

## 10.3.5 小结

本节聚焦于袋装型口含烟与胶基型嚼烟,精心构建了一套全面而系统的质量评价体系,该体系广泛覆盖了感官评价、物理特性分析、化学指标检测及安全性评估四大维度,涵盖了多个关键指标,开创了此类产品质量评价体系的先河。本体系在深度融合国家标准、行业规范及 CORESTA 针对无烟烟草产品

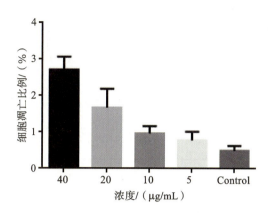

图 10-32　胶基型嚼烟对人口腔黏膜成纤维细胞凋亡状态的影响图

的推荐指南的基础上,创新性地制定了一系列行业标准与企业标准,为无烟烟草产品的品质控制筑起了坚实的防线。

特别值得一提的是,本书所研究的行业标准《口含烟中烟碱含量测定方法研究》,作为无烟烟草制品质量评价的核心标尺,不仅具备行业引领性,为行业内同类产品的研发指明了方向,还展现了其技术上的前瞻性与先进性。

此外,本书所确立的感官评价体系、依托食品物性分析技术的物理特性分析手段、多元化的化学指标检测方法及严格的安全评价策略,均为行业内构建无烟烟草制品质量分析框架与质量管理体系提供了宝贵的参考模板,有效促进了产品研发流程的优化与质量监控水平的提升,实现了显著的经济效益与社会效益的双赢局面。